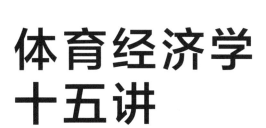

体育经济学
十五讲

何立华◎著

北京大学出版社

PEKING UNIVERSITY PRESS

内 容 简 介

本书兼顾体育经济的一般性和特殊性，以看见"看不见的手"为主线，全面系统地介绍了体育经济学的基本原理和分析方法，让体育与经济学实现了更为有机的融合。本书共 15 讲，内容包括：当体育遇见经济学、认识经济学、像经济学家一样思考、看见"看不见的手"、体育世界的"人"与物、信息不对称与体育生意、体育垄断与价格歧视、体育寡头与策略博弈、赛事转播与拍卖设计、体育赞助与讨价还价、职业联盟与制度安排、职业俱乐部与双边市场、体育劳务与竞争平衡、体育博彩与彩票价格、体育发展与公共政策。

本书既可以作为体育类专业本科生和研究生的专业课教材，又可以作为经济、管理类本科生和研究生的选修教材以及体育经济研究人员的参考用书。

图书在版编目（CIP）数据

体育经济学十五讲 / 何立华著. —北京：北京大学出版社，2024.2
ISBN 978-7-301-34701-0

Ⅰ.①体… Ⅱ.①何… Ⅲ.①体育经济学—高等学校—教材 Ⅳ.①G80-05

中国国家版本馆 CIP 数据核字（2023）第 238697 号

书　　　　名	体育经济学十五讲	
书　　　　名	TIYU JINGJIXUE SHIWUJIANG	
著作责任者	何立华　著	
策 划 编 辑	李娉婷	
责 任 编 辑	耿　哲　李娉婷	
标 准 书 号	ISBN 978-7-301-34701-0	
出 版 发 行	北京大学出版社	
地　　　　址	北京市海淀区成府路 205 号　100871	
网　　　　址	http://www.pup.cn　新浪微博：@北京大学出版社	
电 子 邮 箱	编辑部 pup6@pup.cn　总编室 zpup@pup.cn	
电　　　　话	邮购部 010-62752015　发行部 010-62750672　编辑部 010-62750667	
印 刷 者	河北文福旺印刷有限公司	
经 销 者	新华书店	
	787 毫米×1092 毫米　16 开本　18 印张　420 千字	
	2024 年 2 月第 1 版　2024 年 2 月第 1 次印刷　2025 年 8 月第 2 次印刷	
定　　　　价	58.00 元	

前 言
PREFACE

党的二十大报告指出，要加强基础研究，突出原创，鼓励自由探索。本书的自由探索，可以追溯到十年前。2014 年，第一次讲授"体育经济学"时，我非常"自信"：一方面，自己是"资深"的体育爱好者；另一方面，自己接受过一定的经济学专业训练。也正是因为这份"自信"，我甚至鲁莽地向学生承诺，要为他们撰写一本《体育经济学十五讲》。

正如海恩说要"把提供良好的通识教育视为己任"，我当时的想法其实很简单，就是希望通过把体育与经济学更紧密地结合在一起，让学生对体育，尤其是体育经济有更深刻的认识，让学生拥有基本的经济学素养。如今回想起来，从最初的文献阅读和资料收集，到2018 年构思框架和动手准备，再到之后的撰写、修改甚至是几易其稿，我对"把自己的学科作为基地，大胆地进入其他学科"行程中的苦涩与甜蜜确实有了更多的体会。

本书的构架和内容

本书分 4 个部分，共 15 讲，主要内容如下。

第一部分为体育经济学的由来，即第 1 讲"当体育遇见经济学"，在介绍体育及其分类和意义之后，立足于结果不确定、反向联合生产、竞争平衡，阐释了体育经济学的由来及其发展。

第二部分为对经济学的概略考察，由 3 讲组成。第 2 讲"认识经济学"，基于经济学的主题、假设以及发展历程，阐述了现代经济学的基本特征和经济学家的分歧与共识。第 3 讲"像经济学家一样思考"，通过将经济学的思维方式概括为 4 个问题，并结合 2 个简单的经济模型以及边际分析方法，展示了经济学家是如何思考的。第 4 讲"看见'看不见的手'"，以完全竞争市场为参照系，简要展现了"看不见的手"及其价值。

第三部分为体育经济的基础讨论，由 4 讲组成。第 5 讲"体育世界的'人'与物"，以产品、企业、产业三个关键词为线索，展现了体育经济的全景及结构。第 6 讲"信息不对称与体育生意"，基于信息不对称、体育无形资产以及信号发送等，强调信息不对称是理解体育生意——竞赛表演服务市场的关键。第 7 讲"体育垄断与价格歧视"，结合"一视同仁"的定价与三类价格歧视，展现了（体育）垄断者的权衡取舍及其特征。第 8 讲"体育寡头与策略博弈"，引入博弈论以及策略思维，分析了体育寡头之间的竞争以及可能的合作。

第四部分为体育经济的专题讨论，由 7 讲组成。第 9 讲"赛事转播与拍卖设计"，分析了转播商的最优竞价策略，并结合同步多轮拍卖与英超转播拍卖实践探讨了拍卖设计问题。第 10 讲"体育赞助与讨价还价"，剖析了体育赞助的本质特征，并通过 3 个讨价还价模型解释了赞助费用为何日渐高企。第 11 讲"职业联盟与制度安排"，阐释了职业联盟的经济属性、主要类型、基本职责，并围绕"确保竞争平衡"介绍了相关测度方法及制度安排。

第 12 讲 "职业俱乐部与双边市场"，分析了球迷（现场）参与的影响因素，以及双边市场情形下俱乐部门票价格的权衡取舍。第 13 讲 "体育劳务与竞争平衡"，依托对球员工资的统计描述与理论考察，探讨了 3 类典型的球员工资差异的具体成因以及相关的激励安排。第 14 讲 "体育博彩与彩票价格"，展现了体育博彩的鲜明 "个性"，以及隐藏在博彩公司权衡取舍背后的博彩价格。第 15 讲 "体育发展与公共政策"，紧扣大众体育、学校体育和精英体育的外部性，强调体育发展是系统工程。

可能的特色或优点

着眼于内容全面、形式简单、有吸引力，本书希望能够做到以下两点。

一是严谨。本书的分析涵盖了体育的所有子类及体育产业的所有层级，既指向劳务市场，也包括产品市场，尤其是竞赛表演服务的 3 个细分市场。为了避免杂乱无章，本书选择由表及里，即在体育维度上由体育世界的概貌到体育产业的全景再到微观的体育组织，在经济学维度上由经济学的概略考察到体育经济的基础讨论再到体育经济的专题讨论。围绕体育的整体概貌以及经济特性，以看见 "看不见的手" 为主线，由浅入深、循序渐进地切入，让体育与经济学实现了有机融合。

二是鲜活。为了简洁直观，本书利用简单的图和表，归纳了体育经济的一系列典型特征；利用丰富的统计数据，刻画了体育经济的一系列基础事实。为了叙述生动，本书依托丰富多彩的体育史事与有趣的经济学，把体育史事与经典案例有机地融入各讲，从而增强了内容的可读性。至于体育经济的一般原理与理论，本书既注重通俗化又兼顾严谨性，相关数学推导主要借助知识拓展模块予以展现。

致谢

本书是在课堂教学的不断发展中形成的。从最初中南民族大学体育学院的专业课 "体育经济学"，到后来全校开设的通选课 "当体育遇见经济学"，正是因为学生，尤其是社会体育指导与管理专业的历届学生的陪伴与帮助，我找到了新的方向，获得了新的成长。作为初稿的第一批读者，我指导的硕士研究生李雪婷、卢燕妮、王月玫、李芳琳等帮我润色文字、纠正错误，她们的帮助显然是有益且不容忽视的。

在写作过程中，我的研究生导师文建东先生的帮助一以贯之，从撰写目标到框架拟定，从内容组织到文字表述，没有恩师的谆谆教导，本书是绝对不可能完成的。在受益于本书列示或未列示的诸多文献之外，我诸多同事的大力支持，尤其是王祖山、黄迎新、柯尊韬、李波、李彦军、李建国、白勇军、韩斌、金宁、侯志涛等的指导、建议和批评，让我的前行充满了源源不断的动力。而中南民族大学本科教材建设项目所提供的资助，则为本书的顺利出版提供了重要保障。

此外，编辑李娉婷女士和耿哲女士的细致、耐心和坚持，如同她们的建议，让我印象深刻、获益良多，衷心感谢她们为我提供的帮助。

当然，受限于本人的知识储备和学术水平，书中的错误和不足在所难免，还恳请各位同人与读者不吝赐教。

何立华

2023 年 8 月于武汉南湖

目 录

CONTENTS

第1讲

当体育遇见经济学

当体育遇见经济学，会发生怎样的故事，会擦出怎样的火花？带着疑问和好奇，在本讲，我们讨论的问题主要有：①体育是什么，它有着怎样的历史进程和发展趋向？②为什么关注体育，或者说，体育有哪些特殊意义？③作为体育经济学奠基人之一的尼尔为何强调体育经济学是"特有"的？

教学目标

通过学习，认识体育发展的历史进程和发展趋向；了解体育的含义、分类与意义；理解体育经济学的"特有"性及其研究内容。

教学蓝本

章节安排	主要内容	知识要点
1.1 走马观花看体育	体育发展的历史沿革及趋向	体育发展的大众化、商业化、全球化
1.2 体育为什么重要	体育的含义、分类及重要意义	体育、大众体育、健身休闲体育、竞技体育、社会资本、关联效应
1.3 体育经济学及其发展	体育经济学的兴起及研究内容	结果不确定、反向联合生产或反向联合产品、竞争平衡

为什么要学习体育经济学？

原因很简单——体育事业及产业独特且重要，体育发展需要经济学提供指导。

审视当前中国的体育发展情况，应该承认，其基本特征依旧是"成绩不小，问题不少"。比如，在经济不断增长的背景下，为什么许多职业俱乐部会举步维艰甚至破产解散？"从娃娃抓起"一喊就是30多年，为什么中国青少年足球人才总是青黄不接？在目标与方向已基本明确的情形下，针对"充分发挥市场在资源配置中的决定性作用"，中国体育发展的道路到底该怎么走？

这些问题，没有现成的答案。

思考和回应这些问题，或许正是我们学习体育经济学的意义之一。

1.1 走马观花看体育

1.1.1 从原始到现代

体育是一个现代词汇，却有着最为古老的生命。

历史资料显示，公元前7万年左右，早期智人会进行专门的投掷长矛练习。

在漫长的远古时期，为了求食（如采集、渔猎）及安全（如应对野兽或其他人群的进攻和防卫），人类慢慢地掌握了如走、跑、跳、浮水、搏斗等基本运动技能。

到了公元前776年，萌芽之后的体育迎来了自己的第一次盛会——为了向诸神致敬，希腊人举办了首届古代奥林匹克运动会。据说，在首届古代奥林匹克运动会上，跑步是唯一的竞赛项目。后来，摔跤、拳击、五项竞技及各类赛车和赛马等项目也被逐步添加进去。

希腊城邦衰落之后，罗马人成了历史舞台的新主角。挥舞着"面包和娱乐"的大旗，罗马人将希腊人传统的体育运动和赛事推向了新的高潮。除了跑步、拳击、摔跤等常规项目，罗马人还喜欢观赏赛马和战车比赛，对野蛮的角斗士和追猎游戏尤为热衷。

但罗马人的"热情"并非恒久炙热的。

公元393年，罗马皇帝狄奥多西一世宣布基督教为国教。在早期的基督教教会看来，竞技运动是一种堕落的生活方式，"要么祷告，要么劳动"才是救赎的法门。基督教成为国教的第二年——公元394年，狄奥多西一世颁布禁令，存续了千年的古代奥林匹克运动会因而停办。公元404年，狄奥多西一世次子、罗马皇帝霍诺里乌斯则是更进一步，明令禁止角斗士和追猎游戏。

摆脱低潮需要新的英雄，历史把任务交给了骑士。

公元8世纪，骑士作为独立社会阶层，在历史舞台上开始崭露头角。成为骑士，需要学习"骑士七技"，即游泳、投枪、击剑、骑术、狩猎、弈棋、诗歌等七种技艺。被册封后，骑士为了提升战斗力、获得声望和财富，经常会举办和参加比武游戏。

起初，教会对骑士比武也是严厉打压的。不过，骑士是"上帝的战士"，是教会统治的重要基础。万般无奈之下，教会只能"睁一只眼闭一只眼"，选择对骑士比武网开一面。恰似石头下的小草，骑士比武是给点阳光就灿烂，由野蛮的血腥厮杀逐渐走向有序的作秀表演，于 12 世纪达到顶峰，并一直延续至 17 世纪。

对体育发展来说，骑士比武意义非凡。骑士比武的英文单词"tournament"就是最好的证明。中世纪后期，骑士比武留下来的种子，经由文艺复兴、宗教改革及启蒙运动的孕育，终于发芽，也让体育迎来了自己的春天。

春天款款而至，原因之一是思想有了重要转变。

1431 年，在《论快乐》中，瓦拉强调，"肉体和精神不可截然分开，更不可能处于对立的状态""美是对人体的基本恩赐"。1693 年，在《教育漫话》中，洛克更是开宗明义地指出，"健康之精神寓于健康之身体"。

新思想的不断涌现，让"肉体是灵魂的监狱"的旧教义成了明日黄花。

1423 年，维多里诺创办宫廷学校"快乐之家"，提倡身体、精神、道德要协调发展，使得户外跑跳、骑马、击剑、游泳、射箭等成了学校教育的日常科目。1774 年，巴泽多组建"泛爱学校"，创立了著名的体育课程"德绍五项"，即跑步、跳高、攀登、平衡和负重。

实践出真知，体育理论也由此开始生根发芽。

1569 年，美尔库里亚利斯发表《体操术》（6 卷本）。1793 年，"近代体育之父"古茨穆茨出版《青年体操》。1794 年，菲特出版《体育辞典》（3 卷本），史上第一部体育百科全书也由此正式问世。

之后，随着工业革命的爆发，工商业迅速发展、城市不断兴起、劳工阶层日渐壮大，体育发展也终于踏上了自己的康庄大道。

1811 年，雅恩在柏林郊外的哈森哈德创建了德国的第一个体操场，并成立体操协会。1816 年，他与自己的追随者恩斯特合作出版《德国体操》。1840 年，雅恩的另一个追随者——施皮斯先后发表《体操术理论》（4 卷本）及《学校体操》（2 卷本）。经由他们的努力，19 世纪前半叶，德国体操在欧美各国迅速传播，风靡一时。

与德国体操并驾齐驱的，是欧洲大陆的另一重要体操体系——瑞典体操。1814 年，林格在斯德哥尔摩创建瑞典皇家中央体操学院。1840 年，林格的《体操的一般原理》正式发行。林格与他的追随者一起，在总结前人经验的同时，立足于近代科学方法，创立了瑞典体操。相比于德国体操，瑞典体操不仅注重体育的军事功能，还强调人体自身的完善和发展。

隔海相望的另一端，达尔文"适者生存"的观点正大行其道。

与所有其他新生力量一样，英国崛起之时的英国人英姿勃发、热情洋溢，立志屹立于进化金字塔之巅，因此非常重视体育学习和身体锻炼。在英国人眼中，无论是传统的，还是他国传入的，各式各样的户外运动皆是有用之物，他们都乐于兼容并包。于是，狩猎、登山、疾跑、跳远、跳高、射箭、投石、掷铁饼、游泳、赛艇、帆船、水球、滑冰、羽毛球、板球、高尔夫球、曲棍球、橄榄球、足球等体育项目，就像春天的花朵，在英伦三岛上争奇斗艳、盛极一时。

从体育理论到运动创新，从规则形成到规则统一，从业余组织到专业协会，从场馆建设到运动推广及传播，英国人都取得了长足的进步。就这样，英国户外运动与德国体操、瑞典体操一起，就像三驾马车，有力地拉动着体育由近代走向现代。

1896 年，在希腊雅典，首届夏季奥林匹克运动会的圣火被熊熊点燃，光耀四野。

自此，人类正式揭开了现代体育的发展序幕。

1.1.2　大众化、商业化、全球化

1896 年之后，正如工业革命之后的世界经济——分工逐步深化、规模日趋庞大、市场力量崛起并不断得到强化，体育领域的变化也是天翻地覆的。

放眼世界、回望历史，我们容易发现，体育发展的基本态势主要表现为大众化、商业化和全球化。

（1）大众化

"大众化"，也称"生活化"，这种变化的头功应该记在英国人身上。

英国人的办法，说起来也简单，就是——从娃娃抓起。

19 世纪初，在英国的一些公学（实际上是私立学校）中，户外竞赛，如板球、高尔夫球等颇为盛行。在发展过程中，英国人逐渐认识到，体育有利于学生养成"遵守规则、团队合作、克己忍让"的精神。19 世纪下半叶，越来越多的户外竞赛在公学中流行起来，不仅有英国的"现代四项"——划船、橄榄球、曲棍球和草地网球，还有狩猎、骑马、墙手球等课外活动。

1870 年，英国颁布《初等教育法》，越来越多的平民子弟因此能进入公立学校，接受正规教育。与公学不同，公立学校的运动场地和设施十分有限，因而推动了另外一种体育模式——综合体育训练的发展。综合体育训练课程内容颇为丰富，不仅有奔跑、跳跃、平衡训练，还有适合女生的韵律体操、舞蹈和柔韧性训练。

综合体育训练课程的开展，标志着体育开始走向大众化。

如今，正如我们能观察到的，体育已是人们日常生活不可或缺的一部分。

美国体育健康产业协会（SFIA）的统计数据显示，2020 年，美国运动人口达到 2.297 亿，运动参与率达到 75.6%。在参与排名的 25 个运动项目中，徒步和登山的参与人口分别名列第一和第二。徒步的参与人口约为 1.14 亿，比 2019 年上升了 2.3%。登山的参与人口约为 5780 万，比 2019 年上升了 16.3%。

中国国家国民体质监测中心的调查数据显示，2020 年，中国居民（7 岁及 7 岁以上）每周参加 1 次及 1 次以上体育锻炼人数比例为 67.5%，经常参加体育锻炼人数比例为 37.2%。与 2014 年的调查相比，分别增长了 18.5 个百分点和 3.3 个百分点。

（2）商业化

"商业化"，俗称"生意化"，开路先锋则由美国人担当。

商业化，几乎可以说是体育大众化的必然结果。

与略显拘谨的英国人不同，美国人没有传统的约束，亦无文化的羁绊，似乎更为信奉"不管白猫黑猫，捉到老鼠就是好猫"。跨过英国人的足迹，秉承实用主义，美国人勇于开拓、锐意进取，为体育商业化发展开疆拓土。

1858 年，美国人举办了史上第一场商业比赛——纽约与布鲁克林两个城市联队的全明星棒球赛。1869 年，美国人组建了世界第一家职业棒球俱乐部——辛辛那提红袜。1876 年，

"棒球沙皇"赫尔伯特接管全美棒球协会，将其改名为国家联盟（National League，NL），由此成立了世界第一个真正意义上的职业联盟。

今天，美国人创建的四大职业联盟——美国国家橄榄球联盟（National Football League，NFL）、美国职业棒球大联盟（Major League Baseball，MLB）、美国男子职业篮球联赛（National Basketball Association，NBA）及美国国家冰球联盟（National Hockey League，NHL），不但举世闻名，而且是体育商业化最成功的典范。

美国人的成功，鲜活地阐释了一个简单的道理，唯有商业化和产业化，体育的可持续发展才会具备坚实的经济基础。换句话说，体育需要热情地拥抱商业，只有让市场发挥决定性作用，才能实现"更快、更高、更强"。

（3）全球化

成功的生意，自然是越做越大。

生意越做越大甚至于全球化，可以说是体育商业成功的重要标志之一。

体育的全球化，大致表现在以下 3 个方面。

一是体育项目的全球化。

实质上，全球化就是把"民族的"推广为"世界的"。比如如今的华夏大地，年轻人热爱的羽毛球、乒乓球、篮球、足球，无一不是舶来品。与此同时，中华民族的传统体育项目，如武术、摔跤、围棋，就像从不寂寞、从不烦恼的小草，遍及天涯海角。

二是体育产品的全球化。

英格兰足球超级联赛（Premier League，简称英超）刚成立的时候，每个赛季的海外转播收入只有 760 万英镑（1992—1997 赛季版权周期）。短短二十几年，这一数字就已经上升至 11 亿英镑（2016—2019 赛季版权周期）。随着亚马逊、推特、YouTube 及英特尔等新生力量的入场，可以预期，英超海外扩张的步伐将不可阻挡。

在中国，一些跨国体育公司（如阿迪达斯等）的产品，在大街小巷随处可见，其每年获得的收入和利润非常惊人。进入 21 世纪，腾讯体育、PP 视频、咪咕视频等平台就赛事转播权展开了激烈的争夺。当今的中国，已经是全球体育市场不可或缺的一个组成部分。

三是体育要素的全球化。

30 多年来，姚明的案例应该是中国体育商业化最成功的案例之一。2002 年，姚明被火箭以状元签选中之后，不仅在体育上取得了颇多成绩，还在商业领域取得了非凡成就，被誉为"中国最大的单个出口商品"。与此类似，在欧洲和北美各类赛场上的大量外籍球员，都是体育劳务全球化的鲜活例证。

劳务之外，资本的跨国流动也异常活跃。2016—2017 赛季，欧洲足球协会联盟（Union of European Football Association，简称欧足联或 UEFA）的统计数据显示：英超的 20 支球队中共有 12 支球队为外资所有，如曼联、曼城、利物浦、阿森纳等；英格兰足球冠军联赛（Football League Championship，简称英冠）的 24 支球队中共有 14 支为外资所有；在西班牙、意大利、法国等欧洲国家的联赛中，外资持股比重尽管还比较小，但也在缓慢上升。

1.1.3　中国的体育发展

虽然中国的体育历史悠久，但"体育"一词是一个舶来品。

20 世纪初，中国大批留学生东渡日本求学，仅 1901—1906 年，留学生数量就达 13000 多人。其中，就有不少留学生选择了体育专业。这些留学生回国之后，"体育"一词也随之引入中国。

1949 年，中华人民共和国成立。在随后的 70 多年里，通过艰辛的付出和不懈的努力，中国人不仅挺直了自己的脊梁，在各领域，当然也包括体育领域，都取得了可喜的、长足的进步。

回首 70 多年走过的路，中国体育发展经历过波折、坎坷和低潮，但积极向上、奔腾不息的主旋律却始终不曾变更。从过程看，借鉴经济学家罗斯托的"经济成长阶段论"，再结合体育发展的具体水平及特征，可以简单地将中华人民共和国成立后的体育发展大致划分为以下 4 个阶段。

（1）探索阶段（1949—1957）

中华人民共和国成立后，中国体育事业也紧接着开始了积极的、有益的探索。

1949 年 9 月，中国人民政治协商会议第一届全体会议通过《中国人民政治协商会议共同纲领》，明文规定"提倡国民体育"。

1952 年 6 月，中华全国体育总会成立大会在北京胜利召开。

1952 年 11 月，中央人民政府体育运动委员会正式成立。

（2）停滞阶段（1958—1976）

1958—1976 年，中国的体育工作经常处于全面停滞状态，中国体育事业的探索步伐也被迫暂停了下来。

（3）起飞准备阶段（1977—1991）

1977 年 7 月，中共十届三中全会召开。历经波折之后，中国迎来全新的时代。相应地，中国的体育事业终于再次起步，并逐渐走向正轨。

1979 年 11 月，中国奥林匹克委员会（以下简称中国奥委会）在国际奥林匹克委员会的合法席位得到恢复。

1984 年 7 月，中国首次参加奥林匹克运动会（以下简称奥运会），并由许海峰成功实现中国奥运会历史上金牌零的突破。

（4）起飞阶段（1992 年至今）

在"改革开放胆子要大一些"的号召之下，中国的体育事业也迎来了历史性的变革。

1992 年 6 月，中国足球协会召开"红山口会议"，正式揭开了足球职业化的改革序幕。此次会议后，中国篮球、乒乓球等项目，先后进行了市场化改革的积极尝试。

2002 年 6 月，姚明成为 NBA 史上第一位外籍"状元"。尤为可喜的是，2003—2008 年，姚明连续 6 个赛季入选 NBA 西部全明星阵容。NBA 的市场推广及姚明的成功，让大批青少年喜爱上了篮球运动，中国的篮球热也因此长盛不息。

2004 年，F1（一级方程式赛车世界锦标赛）和 NBA 季前赛首次登陆中国。这标志着，国外体育企业及资本开始进入中国。

2008 年，北京奥运会胜利召开。天时、地利、人和，正是在这一史上"最成功的奥运会"上，中国代表团荣获 51 枚金牌，第一次登上了奥运会金牌榜的榜首。

政策方面，随着国务院《全民健身计划纲要》《"健康中国 2030"规划纲要》《体育强国建设纲要》三个纲领性文件的先后印发，"健康中国"与"体育强国"两大发展目标格外清晰，逐渐成为全民共识。

1.2　体育为什么重要

1.2.1　体育是什么

有人说，体育是一种复杂的社会文化现象。

有人说，体育是现代生活的一个重要组成部分。

这样的描述大抵不错，不过，却有模棱两可、似是而非之嫌。

需要承认，体育含义丰富、类型繁多，想对其进行准确的定义及全面的描述其实并不轻松。在《体育运动中的社会学问题》中，伍兹通过把内容上有所重叠、一定程度上可以互换的四项人类活动——玩耍、游戏、体育和工作结合在一起，"建造"了体育运动的金字塔并对（竞技）体育的定义进行了相关论述，这可能是为数不多的成功案例之一。

之所以不轻松，原因很简单——在中文里，"体育"实际上是一种简称。

或者，更准确地说，它经常是两个词组的简称。

一个是"体育运动"，在英文中，与"sport"或"sports"相对应。在学术界，体育运动也被称作广义的体育，是指人们以身体与智力运动为手段，以娱乐身心、增强体质以及实现全面发展为目的，所进行的一种有意识、有组织的社会活动。

另一个是"身体教育"，在英文中，与"physical education"相对应。在学术界，身体教育又被称作狭义的体育，是指一个传授锻炼身体的知识、技能，以发展身体、增强体质、培养道德和意志品质的教育过程。

体育，既有广义的，又有狭义的，自然容易被人混淆，让人误解。

不过，区分起来倒也不复杂。"体育运动"，有时也称"运动"。也就是说，广义的体育，实际上就等于"运动"。至于狭义的体育——"身体教育"，意思其实就是"运动教育"或"体育教育"。

基于应用的需要，许多国家对体育项目进行了分类。

在美国，体育被划分为 2 类——自然运动和非自然运动。在东欧等国家，体育被划分为 4 类——游戏、体操、运动（竞技）和旅行。在日本，体育也被划分为 4 类——游戏、竞技、表演性运动和形式的运动（如空手道、弓道、柔道、剑道、相扑等）。

把国际划分方式与中国体育表述结合起来，我们主张从 2 个维度对体育进行分类。

一是主体维度，即基于参与主体不同，把体育划分为以下 3 个子类：

① 学校体育；

② 大众体育；

③ 精英体育。

其中，学校体育经常被称作青少年体育。在中国，讲青少年体育的时候，人们谈论的实际上主要是学校体育。大众体育，即群众体育或社会体育，是指城镇居民（如企事业单位职工）及农民因健身、娱乐等目的而进行的内容丰富、形式多样的身体锻炼活动。至于精英体育，为了与业余体育相区分，也被称作专业体育，它可以进一步划分为非职业的专业体育和职业的专业体育，可能是为了表述更方便，它们经常分别被简称为专业体育和职业体育。二者之间的不同，主要表现在职业体育更具生产性和商业性。

二是客体维度，即基于目的、内容及属性不同，把体育划分为以下 3 个子类：

① **体育教育**；

② **健身休闲体育**；

③ **竞技体育**。

其中，体育教育即狭义的体育，与主体维度的学校体育大致是对应的；**健身休闲体育**是指人们以增进身心健康、丰富生活情趣、完善自我为目的的身体锻炼活动；**竞技体育**也称**竞技运动**，是指运用身体技能及相关设施或器材，按照一系列确定的规则决定胜负的竞赛性活动。

需要说明的是，健身休闲体育与竞技体育之间既有联系又有区别。

无论是健身休闲体育还是竞技体育，二者一般都涉及身体的移动和相应的技能，如身体协调性、力量、速度、耐力和柔韧性等。

至于二者的区别，我们最好把主体、客体 2 个维度（的分类）结合起来看。

现实生活中，由于竞技水平有限，人们的身份一般是业余爱好者或业余运动员，而不是职业运动员或专业运动员。人们进行体育活动，往往是出于热爱，在与自然或其他人的竞争和对抗中，提高体育技能，增强身体素质，享受其中的挑战和兴奋感，以获得内心的满足，即目的是获得精神享受而非其他的外在奖励。与此不同，以运动训练和运动竞赛为主要形式的竞技体育，参与者的目的主要是创造优异成绩，争夺比赛优胜奖。

简单地说，与大众体育一致，健身休闲体育对应的是体育健身休闲活动；与精英体育一致，竞技体育对应的是体育竞赛表演活动（竞技体育表演服务），竞赛规则更明确，需要配备专门的设施或设备，竞争和对抗也更激烈。

主体维度也好，客体维度也罢，体育总是会涉及一定的项目。为了有更清晰的认识，这里，我们把（竞技）体育项目及类别简要地展示于表 1-1 中。

表 1-1　（竞技）体育项目分类定位表

项类	项群	项簇	主要项目
竞争项类	时间竞赛项群	取小时间竞争	田径（径赛、竞走等）、自行车、F1 赛车、游泳、帆船、滑冰、高山滑雪
		取大时间竞争	航空模型（F1 类、F3B：留空时间课题等）、滑翔（留空时间竞赛）
	距离竞赛项群	取小距离竞争	射击、射准射箭
		取大距离竞争	田径（跳跃、投掷等）、航空模型（F3B：距离飞行课题等）
	重量竞赛项群	取小重量竞争	暂缺
		取大重量竞争	举重、力量举
	分数竞赛项群	取小分数竞争	健美、马术（障碍赛马）、高尔夫球
		取大分数竞争	艺术体操、武术套路、跳水、花样游泳、花样滑冰、自由式滑雪

续表

项类	项群	项簇	主要项目
对抗项类	个体对抗项群	同场个体对抗	摔跤、柔道、拳击、击剑个人赛、棋类个人赛、地掷球单人赛
		隔区个人对抗	乒乓球单打赛、羽毛球单打赛、网球单打赛
	偶体对抗项群	同场偶体对抗	地掷球双人赛、桥牌对式赛、围棋混双赛
		隔区偶体对抗	乒乓球双打赛、羽毛球双打赛、网球双打赛、沙滩排球
	集体对抗项群	同场集体对抗	足球、篮球、棒球、冰球、橄榄球、曲棍球、马球、桥牌队式赛
		隔区集体对抗	排球、藤球单组赛、航海多项、拔河
	团体对抗项群	同场团体对抗	击剑团体赛、棋类团体赛、地掷球团体赛
		隔区团体对抗	乒乓球团体赛、羽毛球团体赛、网球团体赛

注：改编自王蒲的"运动竞赛项目体系的验证与思考"，略有删改。

1.2.2　"独自打保龄"

体育有什么用？

或者说，体育具有什么样的价值和意义？

"身体是革命的本钱""健康是 1，其他是后面的 0"，人量的事实告诉我们，有规律的体育活动能带来健康、增添快乐、延长寿命。同时，就像有广告词讲的"他好我也好"一样，个人积极参与体育锻炼，受益的不仅是自己及家人，实际上还有利于整个社会，比如会降低公共医疗卫生支出。

20 世纪末，帕特南敏锐地观察到，当初托克维尔所描述的美国社区生活正在逐渐衰落，那些热心公益事业、关注公共话题、喜好结社、喜欢过有组织的公民生活的美国人不见了。"独自打保龄"（bowling alone）语带双关，帕特南借此生动地描绘了美国社会的这一变化，并对其属性及成因进行了深入的探讨。

在帕特南看来，民主质量及民主制度的绩效，都可以从公民传统和公民社区的相关状况中得到解释。了解了这一点，就容易明白，《独自打保龄》实际上是帕特南另一部著作——《使民主运转起来》的一个延续和拓展。

1993 年，在《使民主运转起来》中，帕特南探讨了另一个密切相关的问题：为什么民主改革在一些地区取得了成功，而在另一些地区却失败了？

通过对自己祖国——意大利 20 多年长期不懈的追踪与考察，帕特南发现，社会资本（social capital），即个体或团体之间的社会网络、互惠性规范及由此产生的信任，是民主得以运行的关键，而社会资本的建立及提升，则与社团组织，如合唱团、互助会、足球队，甚至是鸟类观察俱乐部等，息息相关、密不可分。

帕特南的研究表明，对社会资本与政治民主来说，体育发展的意义既独特，又重要。

相关的例证，可以说是比比皆是。

在德国，作为德国足球甲级联赛（以下简称德甲）的基石之一，"50+1"规则确保了俱乐部会员在德甲俱乐部中"具有多数参与权"。在西班牙，鼎鼎大名的巴塞罗那足球俱乐部

（以下简称巴萨）的最知名的标签就是"不仅仅是一家俱乐部"。

至于英国，情形则更是如此。

基于深厚的历史文化积淀，英国城镇具有很强的自治性、社群性（或社区性），而足球俱乐部则是这种特性最重要的表现之一。翻阅体育史或足球史，容易发现，英国足球俱乐部自诞生起就与社区有着天然的联系。足球俱乐部，往往被认为是社区的代表。比如在伦敦，阿森纳代表的是伊斯灵顿区，托特纳姆热刺代表的是哈林盖区，切尔西代表的是哈默史密斯和富勒姆区。社区成员则通过支持代表自己社区的足球俱乐部，来获得社区的归属感和认同感。英超推行的"英超社区行动"，就是对这种紧密的内在联系的鲜活展示。

当然，中国的例证也不少。

最知名的，应该首推中国女排。

1981 年 11 月，在第三届世界杯女子排球赛上，中国女排苦战 5 局击败东道主日本队，首次夺冠。1982 年 9 月，在第九届世界女排锦标赛上，中国女排以 3：0 战胜东道主秘鲁队，第二次夺得世界冠军。1984 年 8 月，在洛杉矶奥运会上，中国女排以 3：0 力克东道主美国队，再次登顶。1985 年 11 月，在第四届世界杯女子排球赛上，中国女排以 3：0 力挫东道主日本队，第四次获得世界冠军。1986 年 9 月，在第十届世界女排锦标赛上，中国女排以 3：1 击败古巴队，再次获得冠军。

连续五届世界大赛，看到中国女排让五星红旗一次次高高升起，让《义勇军进行曲》一次次响彻赛场，亿万中国人热血沸腾。在女排精神的感召下，"学习女排、振兴中华"成了那个时代的最强音，激励着各行各业的国人积极投身于改革开放的伟大事业。

1.2.3 体育的经济意义

"生命在于运动"，体育的价值和意义体现在不同层面。

在宏观层面，体育是社会发展和人类进步的重要标志，是综合国力和社会文明的重要体现；在微观层面，体育发展是"人的全面发展"的强力助推器——体育发展有利于提升人们的身体素质和健康水平，有利于丰富人们的文化娱乐生活，有利于激励人们在精神与行动上追求卓越、超越自我。

1.2.2 节已经展示了体育发展对社会资本、政治民主的重要作用。

而体育发展在经济层面的积极意义，毫无疑问，也不容小觑。

体育发展的经济意义，简要来说，主要体现在以下两方面。

1. 体育产业是国民经济的重要组成部分

事实胜于雄辩，让我们用统计数据来对此予以说明。

2019 年，巴萨官网公布了自己的营收情况：总收入、总支出分别为 9.9 亿欧元和 9.73 亿欧元，盈利 1700 万欧元，税后净利润 450 万欧元。

2020 年，巴萨委托普华永道进一步调查了自己的经济贡献。结果显示，2018—2019 赛季，巴萨为社会创造了 11.91 亿欧元的财富，在巴塞罗那市地区生产总值中占比 1.46%；为巴塞罗那市政府直接贡献税收达 3.66 亿欧元，约为该市财政支出预算的 13.81%。

作为城市的象征，巴萨的影响和贡献是显而易见的。

在北美，情形更是如此。

进入 21 世纪之后，北美（职业竞技）体育市场规模增长势头强劲，已发展为一个世界性的产业。如图 1-1 所示，2009 年，北美（职业竞技）体育市场收益为 487.3 亿美元；2023 年，这一指标上升为 831.0 亿美元，15 年间，北美（职业竞技）体育市场收益的年均增速高达 3.89%。

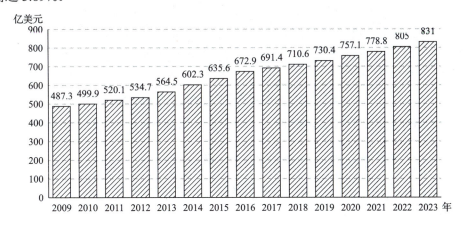

图 1-1　2009—2023 年北美（职业竞技）体育市场收益

注：数据源于美国创新汇智管理咨询公司调查报告"North American sports market size 2009-2023"（2018年之后为预测数据），收益包括门票、赞助、媒体版权及特许商品收入 4 个子类。

在收益之外，我们当然更应该关注产业增加值。

2015 年，美国 Plunkett 研究中心的调查数据显示，美国体育产业增加值高达 4984 亿美元，约为美国 GDP 的 3%，是其汽车产业增加值的 2 倍、影视产业增加值的 7 倍。其中，排名前三的体育产业子类——户外运动、健身、体育用品的增加值分别为 1600 亿美元、1050 亿美元、480 亿美元。而职业体育与竞赛表演虽然位列第四和第五，但二者的增加值分别为 240 亿美元和 224 亿美元，在整个体育产业中的合计占比仅为 9.27%。也就是说，竞技体育尽管是美国体育产业的"掌上明珠"，但它在整个体育产业中的占比却并不算高。

在中国，随着改革开放的不断推进，体育产业也开始快速发展。

统计数据显示，2006 年，中国体育产业增加值为 982.89 亿元，在 GDP 中所占比重为 0.45%；2020 年，中国体育产业总规模为 27372 亿元，增加值为 10735 亿元，在 GDP 中所占比重为 1.06%。

如图 1-2 所示，15 年间，中国体育产业增加值年均名义增速高达 18.62%，体育产业发展呈现出了良好的态势。

图 1-2　2006—2020 年中国体育产业发展状况

注：数据源于历年国家统计局和国家体育总局联合发布的全国体育产业总规模与增加值数据公告。

2. 体育发展是经济增长的重要推动力量

体育发展对经济增长的推动效应既有直接的，也有间接的。

先说直接效应。

经济学有一个原理，即"一国的生活水平取决于它生产物品与劳务的能力"。

体育产业的不断发展，自然意味着生产"体育物品与劳务"或体育产品和服务的能力的不断提升。正如图 1-2 所展示的，作为国民经济的一个组成部分，体育产业的发展，显然会直接地推动国民经济实现一定程度的增长。而实现程度的高或低、直接效应的大或小，则与体育产业在国民经济中所占的比重及其自身的增长速度有关。

再说间接效应。

一般情形下，间接效应主要表现在以下两方面：

① 带动相关产业发展；

② 促进人力资本积累。

还是以巴萨为例，先对前者予以说明。

在巴萨的委托调查中，普华永道发现，巴萨在就业方面的"创造力"极为惊人——每个由巴萨直接创造的工作岗位，都会在巴塞罗那市范围内创造 12 个额外的工作岗位。2018—2019 赛季，巴萨直接或间接地为巴塞罗那市创造了近 19500 个就业机会——这一数值，是该市就业人口总量的 2.65%。

巴萨为何具有如此惊人的"创造力"？

正如赫希曼等经济学家所强调的，体育产业具有 3 种联系效应（linkage effect），即后向关联效应（backward linkage effect）、前向关联效应（forward linkage effect）及旁侧关联效应（lateral linkage effect）。

体育产业的后向关联效应，指的是其自身的高速增长，会对各种投入品产生新的要求，从而刺激这些投入品的发展。一般来说，职业俱乐部会关心球员的"生产"效率，如跑动距离和速率、传球次数及成功率、对抗次数及成功率等。球场上带热成像功能的摄像机、新兴的体育运动数据分析服务等，都是由此而生的。

体育产品或服务，有时也是其他产业的投入品。自然地，体育产业也会对这些产业产生影响。例如，电视台、广告公司、新媒体、网络直播平台等的不断发展，体现的正是体育产业的前向关联效应。

类似于互补品（那些需要组合在一起才能更好满足人们某种需要的商品），有些商品与体育产品或服务之间存在着密切的联系。这种联系，使得体育产业会产生旁侧关联效应。旅游、酒店、交通等，通常是体育产业旁侧关联效应最常见的受益者。

体育产业除上述 3 种效应外，更重要的是，它的发展对人力资本积累意义非凡。

正如党的二十大报告强调"人才是第一资源"，在新增长理论看来，人力资本（human capital）是经济增长的决定性因素。

所谓人力资本，是指体现在劳动者身上的资本，如劳动者的知识、技能、经验及体力（健康状况）等。体育发展，尤其是学校体育、大众体育的发展，对一个国家人力资本的形成及积累具有独特且重要的影响。

1.3　体育经济学及其发展

1.3.1　诞生：我们不一样

体育与经济学的相遇，可以说是"相见恨晚"。

1956 年，罗滕伯格发表的"棒球运动员的劳务市场"，是体育与经济学的第一次相遇。

1964 年，尼尔发表的"职业体育的特有经济学"，是体育与经济学的第二次相遇。

这两篇经典论文，被学术界认为是体育经济学的奠基之作。

作为主要的奠基人，罗滕伯格与尼尔的开创性贡献是，把经济学的分析方法首次引入了体育领域。更重要的是，罗滕伯格与尼尔都敏锐地观察到，体育市场，尤其是竞赛表演服务市场，具有与众不同的经济属性，而正是这些独特的经济属性，让体育经济学最终成为一门独立的学科。

体育市场的"特有"或"特殊"，可以用体育经济学最重要的 3 个术语来描述：

① 结果不确定（uncertainty of outcome）；

② 反向联合生产（inverted joint product）；

③ 竞争平衡（competition equilibrium）。

从对象看，它们涉及的是体育市场最核心的部分——竞赛表演服务市场。

其中，结果不确定主要与（市场）需求有关，它是结果不确定假说（uncertainty of outcome hypothesis）的简称，即（假设）消费者偏好实力旗鼓相当、结果难以预知的比赛。它的"特殊"在于，一般情形下，人们总是厌恶风险、规避不确定；而在竞赛表演服务消费中，与人们总是喜欢谜底在最后一刻揭晓一样，对大部分人来说，赛事正是因"一切皆有可能"而精彩，"结果不确定"是衡量竞赛表演服务质量的重要维度之一。

反向联合生产或反向联合产品则主要与（市场）供给有关。它的"特殊"在于，与一般企业产品生产中参与者之间主要是一种合作关系不同，在以职业联盟为代表的竞赛表演服务的生产过程中，参与者之间的关系是既合作又竞争：一方面，比赛总是需要对手，需要与对手合作或"联合"才能为人们提供服务；另一方面，比赛就是一较高下，"生产"就是体能和技能上的激烈对抗、激烈竞争，因此，参与者在生产过程中存在非常强烈的竞争关系——与合作或"联合"不同的一种"反向"关系。

竞争平衡涉及的是职业联盟及其治理。一般情形下，市场竞争都备受推崇和鼓励——"自由竞争是件好事情"。而竞赛表演服务市场的"特殊"在于：一方面消费者偏好结果不确定，另一方面生产就是对抗和竞争。类似于鱼与熊掌不可得兼，二者之间"天生"就有矛盾，存在冲突：结果不确定需要棋逢对手，但"市场奖励成功者，惩罚失败者"，对抗和竞争因此会走向失衡。自然地，这就需要职业联盟及相关机构进行干预——为"失败者"提供一定的保护和支持，以便在俱乐部之间维持一定的、适度的竞争平衡。

知识拓展 1-1

体育经济学的 11 个"锚点"

罗滕伯格的"棒球运动员的劳务市场"，是体育经济学的先河之作。

在这篇论文中，罗滕伯格的开创性贡献之一是归纳了美国职业棒球大联盟 MLB"不同寻常"的特征。2005 年，在"'棒球运动员的劳务市场'黄金周年纪念"中，福特将这些特征称作体育经济学研究的 11 个"锚点"。

（1）劳务市场是垄断的。

（2）产品市场是垄断的。

（3）因上座人数——现场球迷人数不同，俱乐部有富有穷（有大小之分）。

（4）上座人数是门票价格、收入水平等变量的函数。

（5）保留条款（reserve clause）并不导致球员均匀配置（在各俱乐部之间）。

（6）逆序选秀（reverse-order draft）的好处，在很大程度上是虚幻的。

（7）球员对高薪前景及自身表现的高估，让大联盟极具吸引力，并导致了与小联盟之间的薪酬分化。

（8）棒球队业主是理性的，以利润最大化为目标。

（9）为了生产出成功的产品（结果不确定），球队之间的实力差距不应"太大"。

（10）就资源配置来说，自由市场是有效率的。

（11）废除保留条款，既不影响训练数量，也不影响比赛质量。

在罗滕伯格看来，尽管特征不同寻常，但没有理由将体育与其他行业区别对待——它们都可以用统一的经济学框架予以分析。罗滕伯格的讨论，既指向劳务市场，也涉及产品市场，如结果不确定的重要性、（产品）需求函数的性质及特征等。通过与自由市场的竞争结果相比较，罗滕伯格认为市场是有效率的，保留条款及其他制度安排，如收益分享

（revenue sharing）、最高工资限制（maximum salary limits）及特许经营权（franchise）等，不会对俱乐部之间的球员配置产生影响。或者，更准确地说，它们并不会促使球员在各俱乐部之间实现均匀配置。这一观点，被后来的体育经济学家称作不变性原理（invariance principle）。

尽管当年罗滕伯格没有注意到北美联盟与欧洲联盟差异显著，也未曾料到电视机的流行及互联网的崛起会给体育世界带来天翻地覆的变化，但他勾勒的 11 个"锚点"，尤其是著名的结果不确定（假说）和不变性原理，为诸多后来者开辟了广阔道路。

1.3.2 体育经济学的兴起

在体育经济学诞生之后的很长一段时间里，其相关研究都进展缓慢。

奠基人之一的罗滕伯格，直到 40 多年后——2000 年，才发表自己在该领域的第二篇论文"职业团队体育的资源配置与收入分配"。另一位奠基人尼尔，实际上从事的主要是制度经济学研究，直到 2004 年离世——罗滕伯格离世的同一年，他几乎再也没有涉足过体育经济学。统计数据表明，在欧洲，1971—1980 年，体育经济学论文的篇数是每年 0～4 篇；1981—1990 年，体育经济学论文的篇数是每年 4～24 篇；1991—1998 年，体育经济学论文的篇数是每年 23～48 篇。

与研究进展缓慢不同，20 世纪下半叶，全球体育事业的变化却是天翻地覆的。

世界经济的不断发展，电视转播技术的日趋成熟及互联网的迅速崛起，让休育产业如虎添翼，体育发展的大众化、商业化、全球化趋势也因而日渐凸显、不可阻挡。

伴随着体育的迅速发展，在北美与欧洲，赛事相关的案件和诉讼也开始不断增多，对相关规章制度的分析需求也开始不断升温，大学里的体育经济学的教学需求自然也开始紧迫起来，体育管理课程的发展速度也日渐加快。体育产业经济地位的持续攀升，现实需求的不断扩大，使得越来越多的学者开始关注体育经济问题，并开展了大量研究工作。

21 世纪初，体育经济学终于迎来了自己的春天，主要表现在以下 3 个方面。

（1）学术组织和专业期刊相继诞生

1999 年 7 月，国际体育经济学会在法国利摩日市成立。2007 年 6 月，北美体育经济学会在美国艾奥瓦州成立。2010 年 10 月，欧洲休育经济学会在德国科隆市成立。

三大体育经济学会的相继成立，一方面表明体育经济学的研究队伍在不断壮大；另一方面催生了专业学术期刊。2000 年 2 月，北美体育经济学会主办的《体育经济学杂志》正式创刊。2006 年 2 月，欧洲体育经济学会主办的《国际体育金融杂志》正式发行。

（2）专业教材不断出版

2000 年，体育经济学专业的教材面世，有克恩主编的《体育经济学》，以及利兹和阿尔门编写的《体育经济学》。其中，利兹和阿尔门编写的教材，是当前世界范围内最流行的教材之一。

2001 年，李明等编著的以体育产业经济分析为主题的教材《体育经济学》的出版，也是体育经济学学科建设的一个重要成果。2002 年，福特耗时数年撰写的《体育经济学》终于问世。与利兹和阿尔门一样，福特的这部著作也是一本相当流行的教材。

2004 年桑迪等撰写的《体育经济学：国际视角》、2009 年唐沃德等撰写的《体育经济学：理论、证据与政策》、2011 年布莱尔撰写的《体育经济学》、2012 年格拉顿等撰写的《全球体育经济学》、2015 年罗德里格斯等编著的《竞技体育经济学》，以及 2019 年加西亚编著的《体育与经济学》等，也都各有侧重，特色鲜明。

此外，随着研究的不断推进，一些细分的专业教材也陆续出版。

（3）学术论文大量涌现

2000 年之后，随着专业期刊的相继出现，体育经济学学术论文数量开始呈爆发式增长。

在体育经济中，竞赛表演服务既是主导产业，又是核心内容。因此容易发现，现有研究的最为突出的特征，便是它们主要是围绕竞赛表演服务而展开的。结构上，体育组织，尤其是职业俱乐部及职业联盟，一头连接着要素市场，另一头连接着产品市场（包括门票、转播和赞助等子市场），是竞赛表演服务业的中心节点，与产品消费者、要素供给者一起，共同构成了体育经济的核心要件，影响和决定着体育经济的资源配置。

在产品市场上，体育组织与球迷和观众、赛事转播商、赞助商及其他企业，是最主要的经济主体。这些主体之间存在的密切且复杂的关系，使得体育产品市场具有一些与众不同的特性。相应地，观众需求及参与、赛事组织及转播、体育赞助等，都是体育经济学的重要研究对象。此外，由此衍生的体育博彩，也成为体育经济学研究的新热点。

在要素市场，尤其是劳务市场，竞争平衡无疑是焦点。许多学者强调，竞争平衡是体育组织内部治理及外部规制的核心诉求和基本准则。与竞争平衡相关的制度安排一般有两种：一是与劳务资源配置相关的制度安排；二是与收入分配相关的制度安排。

对于前者，围绕罗滕伯格的不变性原理，学术界就保留条款、自由球员及有限自由球员、逆序选秀、工资帽及奢侈税等，开展了大量研究。对于后者，学术界以不同形式的收益分享为研究对象，也积累了丰富的成果。此外，针对组织内的其他制度安排，如升降级制等，体育经济学家也有很多研究。

在体育组织之外，政府和公共管理部门的法律法规及其他制度安排，对职业联盟的竞争平衡也有深刻影响。相应地，针对博斯曼法案、欧足联财政公平法案等，学术界也展开了很多讨论。

学术界普遍认为，体育产业对（地区）经济增长具有重要影响。2000 年之前，这一认识不过是一种理论推导或假说，而 21 世纪之后，与这一观点相关的实证研究逐渐增多。从内容上看，该类研究主要是围绕体育赛事、体育场馆、球队或俱乐部等的经济效应展开的。

1.3.3　体育经济学及其研究内容

先说体育经济学的研究内容。

毕竟，对于现有研究的概貌，我们已经有了初步的认识。

从现有文献看，体育经济学的研究内容，主要涉及两大主题：

① 体育与经济的关系；
② 体育领域的经济活动。

其中，前者主要包括两方面：一是经济对体育的决定和制约作用；二是体育对经济的促进作用。因为主题相近，所以这一领域的体育经济学研究，与产业经济学、城市经济学及增长理论等，存在着密切联系。

后者则以体育产品与体育要素这两个市场为基础，涉及体育赛事及其组织、体育消费、体育赞助、体育博彩及体育规制等多个议题。相应地，这一领域的体育经济学研究，与消费者行为理论、厂商理论、市场理论，以及劳动经济学、公共部门经济学、产业经济学等密不可分。

从性质看，"体育与经济的关系"的相关研究属于中观或宏观层面的研究，"体育领域的经济活动"的相关研究则与微观经济学密切相关。

正如 1.3.2 节所展示的，"体育领域的经济活动"的相关研究成果无疑更为丰富。这主要有两方面原因：一方面，无论是研究方法和技术，还是资料和数据获取，进行"体育与经济的关系"研究所面对的挑战都更为艰巨；另一方面，由于经济制度的差异，欧美国家传统上并不特别重视产业政策，因此不论是针对中观层面的体育产业及体育产业政策，还是针对宏观层面的体育产业经济增长效应，有影响的研究成果都不多。

正因如此，本书的"体育经济学"涉及的主要是"体育领域的经济活动"。

然后，让我们回到本讲最重要的问题之一：什么是体育经济学？

国外对体育经济学的理解一般有两种。

一种是体育经济学利用体育产业的经验证据来发展经济学理论和验证经济学假说。在理论方面，爱德华和罗森"委托-代理"框架下劳务市场的锦标赛模型、泰勒的企业研发竞争的锦标赛模型等，都是成功的理论模型。在实证方面，对于激励理论和劳务市场行为研究，体育市场提供了丰富的案例。另一种是体育经济学利用经济学理论、范式和方法来解释体育事业及体育产业中的现象和问题。

在国外的经典教材中，一般难以找到体育经济学的明确定义。但综合来看，国外教材及相关文献中的体育经济学，通常更偏向于第二种含义。

在中国，可能是习惯使然，这一问题似乎更受关注。

尤其是教材中，大部分学者强调，体育经济学是应用经济学的一个分支。

比如丛湖平和郑芳指出，体育经济学是研究体育领域的经济现象及经济活动的本质特点和规律的学科；钟天朗认为，体育经济学是在体育与经济的交叉和边缘地带成长起来的一门新学科；王兆红和许寒冰认为，体育经济学是用经济学方法研究体育领域经济规律及问题的应用学科；张瑞林和王会宗强调，体育经济学是研究如何将稀缺的体育资源在各种可供选择的用途中进行最有效的配置，以求得人类体育运动欲望之最大满足的一门社会科学，是运用经济学原理研究体育与经济的关系及体育领域的经济现象、经济活动及其本质和规律的一门应用性、交叉性的学科。

部分学者还进一步强调，体育经济学隶属于产业经济学。

比如张保华认为，现代体育经济学是以经济学一般理论为指导，研究现代体育经济活动中的各种经济现象、经济关系和经济规律的科学，是一门应用性学科，是一门产业经济学；骆秉全认为，体育经济学是从经济学的角度或以经济学的分析方法研究体育产业的应用经济学；马天平认为，体育经济学是不同体育场景下的应用经济学，类似一个部门经济学；靳英华及李艳丽认为，体育经济学是一门以经济学为理论基础，运用经济学的研究方法，将体育领域中现实存在的经济学现象和经济行为及体育与经济发展的关系作为其研究对象的部门经济学。

总的来看，对于体育经济学是什么，迄今为止学术界尚未形成统一认识，尽管多数学者都承认，体育经济学是经济学的一个重要分支，是经济学与现代体育有机结合的产物。

太多的定义、不同的说法，难免让人迷惑：体育经济学到底是什么？

要想回答这个问题，我们需要做减法，即先回答经济学是什么，我们把任务留给下一讲。

思考与讨论

1. 你接触过的体育项目有哪些，它们具有哪些特征，分别属于体育的哪些子类？

2. 关于电子竞技体育属性的争论一直没有停止过。2003 年，国家体育总局将电子竞技列为第 99 个体育竞赛项目。不过，由于"与奥运精神背道而驰"，且"每一款游戏都有它的生命周期"等，奥委会已数次拒绝电子竞技成为奥运会观察项目。你认为电子竞技是一种体育项目吗，为什么？

3. 职业联盟及俱乐部主要有哪些全球扩张的方法和措施？

4. 中国田径协会的统计显示，2023 年上半年我国注册马拉松赛事达 133 场，其中全马赛事 61 场，半马及其他项目 72 场。从关联效应看，这些赛事会产生什么样的经济影响？

5. 体育及其发展具有什么样的社会意义？

6. 为什么说体育市场（尤其是竞赛表演服务市场）是特殊的？

7. 体育经济学的研究主题及内容有哪些？

8. 有学者认为，2011—2019 赛季广州恒大淘宝（现为广州队）获得八次中超联赛冠军并不是一件好事情。对此，你怎么看，为什么？

第 2 讲

认识经济学

经济学是什么？正如每个读者心中都有一个哈姆雷特，各种经济学教材对经济学定义的阐述也不尽相同。兼听则明，为了更好地认识和学习经济学，本讲的讨论主要从 3 个方面展开，即经济学的研究主题与基本假设、经济学的诞生和发展历程，以及经济学家的分歧与共识。

教学目标

通过学习，认识经济学发展的大致历程；了解经济学家的分歧与共识；理解经济学的研究主题，以及经济学家的关切、使命和立场。

教学要求

章节安排	主要内容	知识要点
2.1 经济学是什么	经济学的研究主题、内容及立场	（共同）富裕、假设、经济主体、稀缺性、经济学、体育经济学
2.2 经济学的发展历程	经济学是如何走向现代的	边际革命、凯恩斯革命、卢卡斯批判、现代经济学
2.3 经济学家的分歧与共识	分歧的原因及经济学家的共识	经济自由主义、国家干预主义、实证分析、规范分析、经济学原理或理念

引言：冷静的头脑，善良的心地

在人生的长河，如何找到自己的方向？

经济学家的建议是：学习和认识经济学，能帮助我们更好地理解现实世界——理解人的行动、人与人之间的互动，以及由此产生的经济结果和社会现象；能帮助我们更精明地参与经济生活，更理性地做出个人决策，更清醒地追寻理想和幸福，进而为整个社会进步做出自己的贡献。

当然，所有的认识和感受，或多或少地，都会带有一定的私人属性。马歇尔曾语重心长地告诫他的同行，要保持"冷静的头脑，善良的心地"——既要像科学家那样描述世界，也要对周遭人类的悲惨命运抱有同情，并努力做出一些改变。

确实，经济学一些颇为晦涩的专业术语，如稀缺、理性、偏好、需求、收益、成本、供给、市场、均衡、效率、公平、自由等，可能会消减甚至吞噬我们的学习热情。不过，无视"沮丧"、保持耐心、迎难而上，应该是更好的选择。

多年以后，我们或许会像 21 岁才接触经济学课程的梯若尔一样感慨，"经济学恰如音乐、文学、体育等其他任何学科，我们越理解它，就会越喜欢它。"

2.1 经济学是什么

2.1.1 经济学的永恒主题

1776 年，"经济学之父"斯密出版了最重要的经济学著作之一——《国民财富的性质和原因的研究》（以下简称《国富论》）。

正如书名的直接表白，斯密关注的核心问题是：

一个国家怎样才能变得富裕，人们的生活怎样才能得到改善？

之后的 200 多年里，经济学沿着斯密开辟的道路前进。它经历过曲折，甚至跌落至低谷，不过，"怎样才能变得富裕"始终是推动经济学不断前行的主线，直到今天，依然如此。

20 世纪末，经济学家卢卡斯注意到，穷国不仅穷，而且经济增速非常慢。比如，1980 年，印度的人均收入为 240 美元，而工业化市场经济国家（包括爱尔兰、瑞士等）人均收入的均值为 10000 美元；1960—1980 年，印度实际人均国民生产总值（GNP）的年均增长率为 1.4%，而韩国为 7.0%。

卢卡斯提醒我们，经济增长速率的高低，对人类福利的影响巨大，甚至"令人震惊"。

从数据上看，印度的经济增长速度比韩国低 5.6 个百分点，差距看似不大，实则不然，因为如果想让实际人均 GNP 翻一番，印度需要 50 年，而韩国则只需要 10 年。

打个比方，把经济增长看作一场接力赛，两个年轻的韩国人和印度人在同一起点出发——他们的收入相同，但两人的速度不同——印度人的（收入增长）速率为 1.4%，韩国人是 7%。50 年之后，当印度人和韩国人的孙辈接过接力棒的时候，他们之间的收入差距已是 16 倍之多。也就是说，即使初始收入水平相同，如果一国经济增长速率较低，那么无须太长时间——在两代人之后，这个国家的"富裕"程度就会远远落后于其他国家。

因而卢卡斯在 1988 年发表的"论经济发展的机制"中感叹，"一旦开始思考经济增长，人就很难再去思考其他问题"，并提出了自己的疑问：

印度政府能否采取一些措施以获得更快的增长？如果可以，那么措施是什么？如果不可以，那么造成这一结局的"印度特色"又是什么？

无须仔细辨识就可以发现，卢卡斯的"疑问"不过是"富裕"问题的现代版本而已。

当然，每个时代面临的经济难题可能不尽相同。19 世纪，在工业革命带来的财富与阶级矛盾之间，人们需要做出取舍。20 世纪，庞大的失业潮带来巨大的威胁，其后果触目惊心。21 世纪，日益加剧的收入不平等，以及全球气候变暖，成了新的难题。

不过，就像基什特尼在《经济学通识课》——一本有趣的经济学说史通俗著作中所总结的，经济学家关心的，其实始终是生活中最基本的问题：

人类社会的良好生活需要什么？人们怎样才能获得幸福与满足？真正的经济和社会繁荣由何而来？

这是经济学开始的地方。

在经历了一系列的争议、争执，甚至反对之后，这也是经济学再次出发的地方。

2.1.2　科学研究从假设开始

一个铁球从 100 米的高空落下来，需要多长时间？

接受过正规训练的人一般会先说："假设铁球落地时受到的阻力为 0"。在物理、化学等学科的学习过程中，类似的假设，我们经常会遇到。

与自然科学一样，经济学的科学研究，也是从假设开始的。

经济学中，假设（hypothesis）是指人们对复杂世界的一种合理简化。

这里的"合理"，是指假设不是毫无事实根据的推测或臆断，相反，它需要科学地凝练和体现事物的本质特征。

我们清楚，现实世界复杂无比，人的行为及各种经济现象往往是多种因素或变量共同作用的结果。有些因素的影响，可能重如泰山；有些因素的影响，可能轻若鸿毛。在科学研究中，经济学家通过假设，将一些次要因素排除在分析之外，使复杂的问题简单化，从而把注意力集中于关键的、核心的问题及因素。

可以说，假设是经济学家进行研究工作的出发点，代表着经济学家分析问题的研究视角，展示了经济学家对现实经济核心特征的科学认识及取舍。在研究工作中，经济学家一般会先通过假设来描述经济世界。

经济学中，假设通常会涉及制度、生产技术、市场、信息等多个方面，如假设制度是外生给定的，信息是完备的，生产技术是规模报酬不变的，市场是完全竞争的，等等。

但是最核心的假设，一般来说主要有两个：

① 理性人假设；
② 稀缺性假设。

之所以说这两个假设是核心，原因是：前者是针对"人"的假设，后者主要是针对"物"的假设（当然它也涉及人力资本及时间等资源的假设），而"人"与"物"是现实世界最基本的两个要素。

在经济学中，"人"通常被称作经济主体（economic agent），即经济生活中做决策的个人或集体。其中，个人可以是孤岛上的鲁滨孙，但更多是指社会中的个人，如你、我、他或她；集体——个体的集合，如家庭、企业、大学、俱乐部、工会、政党、政府、国际组织等。

无论是个人还是集体，不同的经济主体势必有所不同。一般情形下，经济学家会假设人是"经济人"（economic man）或"理性人"（rational man），即假设决策者的行为是理性的，他们在既定的有限信息下追求自身利益最大化。

从定义看，理性人假设至少包含两层含义。

第一，决策者知晓自身利益。

这一层含义意味着，进行研究工作需要先明确"经济主体的利益什么"。

为此，经济学会进一步假设：家庭的利益是"效用"，企业的利益是"利润"。在体育经济学中，一般会假设北美联盟的职业俱乐部的利益是"利润"，欧洲联盟的职业俱乐部的利益是"效用"。除此之外，对于利益的相关特征，可能也需要做出科学规定，如假设消费者的偏好性状良好。

第二，决策者以理性的方法追求自身利益。

这一层含义意味着，决策者将根据自身最佳利益来行事。

由于追求自身利益，经济人或理性人往往会被贴上"利己""自利"的标签。虽然人有同理心，有时会利他，甚至是自我牺牲。但是，我们需要看到，"利己"或"自利"不仅是一种行为假设，更是人类社会的客观现象，是人类行为的一个基本趋向。

在追求自身利益（如"获得幸福与满足"）的过程中，人们需要物品来满足自己的欲望或需要。满足人类欲望或需要的物品一般有两种——自由物品与经济物品。前者，人类无须努力就能自由获取，如阳光、空气等；后者则不同，需要人类投入资源并进行加工才能生产出来。

在经济学中，资源（resource）是指人们用来生产经济物品的要素或条件。它既包括有形的东西，如现金、矿藏、森林、健身房、体育馆、操场等；也包括无形的东西，如时间、运动技能、创意想法、工作经验、社会人际关系等。也就是说，资源既涉及自然资源，也包括社会资源、"人"的资源，尤其是人力资本。

从性质看，资源的重要特征之一是有多种用途，即不但有用，而且用途多样。比如，体育馆既可以用来举办比赛，也可以用来开演唱会；人们有闲暇时间，可以去看电影，也可以打羽毛球。

除此之外，与经济物品一样，资源还具有另一个重要特征——有限。

有限，用经济学术语来说，就是相对稀缺（relative scarcity）或稀缺性（scarcity），即相对于人的无限欲望，资源及用它们生产出来的产品在一定时期内总是有限的。

稀缺性假设，刻画了经济世界的核心特征，凸显了现实生活的两大矛盾。

一是人的欲望是无限的。日常餐饮，需要的无非是"一日三餐"，不过孔子也曾提过"食不厌精，脍不厌细"；夜间休息，需要的不过是一张床，不过，这张床如果摆在舒服的房间里，则可能会让人感到更满足、更幸福。

二是人拥有的资源和商品是有限的。对许多人来说，有些商品是梦寐以求却又可望而不可即的。即使是超级富豪，也同样面临相对稀缺的约束。不同的是，有的人感叹"有时间却没有钱""有钱真好"，有的人却惆怅"有钱却没有时间""金钱不是万能的"。

"理性人"的欲望是无限的，但产品和资源却相对稀缺，由此演绎的经济学原理之一便是——人们面临权衡取舍。

2.1.3　经济学是什么

经济学是什么？

在斯密看来，经济学是一门"研究国民财富增长和分配的科学"。斯密的阐述，彰显了经济学在社会科学中的重要意义，突出了经济学的宏大主题——"经济增长与收入分配"。

随着研究的不断深化，之后的经济学家更倾向于从微观的视角来阐释经济学。

基于微观视角，经济学的定义大致可以分为两类。

一类侧重于稀缺性假设，主张从资源或生产要素的角度来定义经济学。

1932 年，在"经济科学的性质和意义"中，罗宾斯首次提出"经济学是研究稀缺资源如何有效配置的科学"。也就是说，经济学研究的问题主要是如何使有限的稀缺资源得到有效配置。直到今天，罗宾斯的定义依然是经济学最通行的定义之一，经常为各种教材所引用。

另一类则侧重于理性人假设，主张从人的角度去理解经济学。

1949 年，在《人的行为》中，米塞斯特别强调"人的行为是有目的的""选择，是人的一切决定之所以决定""经济问题本身的处理，绝不能避免从选择行为开始"，因此，他主张基于人类行为学的一般理论，以"人的行为"来讲述经济学，即认为经济学是人的行为通论或人的行为学的一个分支，并且是其中最精密的一部分；或者说，经济学是一门"研究理性人如何决策的科学"，任务是"指出如果你想达到某一目的，你就得如何行为"。

与之类似，范里安在《微观经济学：现代观点》中强调，"经济学主要是针对人而不是商品的一门学科"，经济学模型侧重考察"人们是如何做出选择的，以及他们之间是如何相互影响的"；鲁宾斯坦在《经济学寓言》中指出，经济学探讨的是个人和社会的决策过程，"它考察人是如何做决策的"。

这两类定义各有优点，择其一难免美中不足。

为此，我们倾向于推荐阿西莫格鲁等人的定义：经济学（economics）是研究经济主体为配置稀缺资源如何进行选择，以及这些选择如何影响社会的一门科学。

阿西莫格鲁等人的定义，优点非常突出：既包含经济学的两个基本假设，也强调个体选择如何影响社会，充分地体现了方法论的个体主义及经济学的思维方式。

由此，可以回到第 1 讲最后未解答的那个问题——体育经济学到底是什么？

对于这一问题，我们的理解是：体育经济学（sports economics）是研究体育领域经济主体为配置稀缺资源如何进行选择，以及这些选择如何影响社会的一门新学科。

2.2　经济学的发展历程

2.2.1　斯密与经济学的诞生

经济学，是一门古老的学问，源头可追溯至古希腊亚里士多德时期。不过，在很长一段时间里，经济学更多的是作为伦理学的一个分支。

16—17 世纪，随着重商主义出现，人类社会第一次有了真正的经济学说。

1615 年，重商主义者蒙克莱田发表《献给国王和王后的政治经济学概论》，首创了政治经济学这个学科名，经济理论研究内容也由此从家产管理扩展到了国家财富。重商主义认为，金银是财富的唯一形态，在金银矿开采之外，唯有对外贸易才可增进财富。因此，重商主义者主张国家干预经济生活，尤其是国际贸易，禁止金银输出，增加金银输入。

重商主义的盛行致使农业极度衰落。

18 世纪下半叶，重农主义在法国诞生。从魁奈的纯产品理论出发，重农主义将研究视角从流通领域转向生产领域，认为只有农业才是生产的，地租是剩余价值的唯一形式。重农主义者以自然秩序——人类社会存在不以人的意志为转移的客观规律为信条，反对重商主义的国家干预政策，主张自由放任。

反对重商主义的，还有斯密。

1776 年，斯密出版《国富论》，标志着经济学作为一门独立的学科正式诞生了。

与重商主义不同，斯密继承了配第创立的劳动价值论，认为财富是物质产品，劳动是财富的源泉，市场自动调节比人为调节更能符合社会整体利益——"看不见的手"原理（principle of invisible hand），并据此主张自由放任政策。作为古典经济学或古典政治经济学的集大成者，斯密被誉为"经济学之父"，他为政治经济学建立了完整的理论体系，从而为经济学正式拉开了发展序幕。

在斯密之后，李嘉图进一步发展了劳动价值论，他认为价值由社会必要劳动决定，提出了著名的比较优势理论；萨伊把政治经济学划分为财富的生产、分配和消费三部分，提出了著名的萨伊规则——"供给自创需求"；马尔萨斯则利用换得劳动说，提出了著名的有效需求说及马尔萨斯陷阱。

1848 年，穆勒出版《政治经济学原理》。在这本书中，斯密的启发性、李嘉图的条理性、马尔萨斯的独创性，被联结在了一起，实现了有机整合。正因如此，穆勒的《政治经济学原理》，也被看作经济学的第一本通用教材。

2.2.2　边际革命与经济科学

古典经济学的"大厦"建于劳动价值论之上，有着不容忽视的内在缺陷。在马尔萨斯提出挑战之后，历史把改进的任务交给了"边际革命"。

边际革命的"革新"至少包括以下两方面内容。

（1）提出了边际效用价值论

1871 年，杰文斯出版《政治经济学理论》，门格尔撰写《国民经济学原理》；1874 年，瓦尔拉斯印行《纯粹政治经济学要义》。源于对"价值由什么决定"的不约而同的思考，三人各自独立地提出了边际效用价值论。

正如"水与钻石的悖论"凸显了劳动价值论的内在缺陷，边际学派认为"价值尺度具有主观的性质"，主张以"边际效用"作为价值衡量尺度，即价值取决于人对物品边际效用的主观心理评价。由此出发，边际学派为人们揭示了市场价格形成的规律——价格是竞争条件下买卖双方对物品的评价相互均衡的结果。

（2）引入了边际分析方法

伴随边际效用价值论的诞生，经济学研究首次拥有了自己的数理工具——边际分析方法。边际分析方法的引入，让"理性人"的形象——"在衡量边际成本和边际效用后决定自己行为的人"，逐渐立体了起来。在边际最优原理的映照之下，消费者行为、厂商生产行为的内在逻辑异常清晰，经济学因而有了新的形象——"快乐与痛苦的微积分学"。

正如熊彼特所说，经济学除了在一些特别简单的情况下不需要利用数学，在其他情况下如果不采取本质上是数学的方法，就无法给出严格的证明，分析方法及工具的数理化，是科学研究的标志之一。边际分析方法直到今天依然是经济学最基本的分析方法之一，它意味着个体主义方法论或方法论的个体主义的崛起，意味着经济学研究视野和分析方法的重大转变——从早期的哲学思辨开始向科学范式不断挺进。

革命必定产生混乱，经济领域也概莫能外。调和及统一，再次成为经济学发展的新需要。

1890 年，马歇尔出版《经济学原理》——经济学的第二本通用教材。

《经济学原理》是马歇尔二十多年辛勤工作的结晶。马歇尔不仅为经济学发明了一系列常备工具，如消费者剩余、弹性系数、代表性企业或典型企业、内部经济和外部经济、长期和短期等，更是在继承古典经济学经济自由主义的同时，用需求曲线描述了人的消费行为，用供给曲线阐释了厂商的生产行为，并把它们完美地结合起来——用简洁的几何图示方法，把分歧众多的经济学重新整合为一个精美的、完整的体系，让自己的理论能够从整体上被公众所接受。

2.2.3　凯恩斯与宏观经济学

从古典经济学到新古典经济学，"看不见的手"几近完美。

财富源于"一国国民每年的劳动"，"供给自创需求"。货币不过是覆盖于实物经济之上的一层薄薄的"面纱"，其变动只会对价格水平产生影响。市场就像一台工况良好的机器，供给与需求之间的自发调节机制顺畅，外部或内部冲击最多导致货币工资下降，充分就业几乎是必然的。

未曾料想，1929 年，大萧条爆发。

大萧条带来的经济打击，几乎是毁灭性的。1929—1933 年，在发源地美国，失业率由 3.2% 急剧攀升至 25.2%，失业人口超过四分之一；股票价格暴跌，股票总市值蒸发 89.5%；通货紧缩严重，物价下跌超过 30%。世界范围的经济萧条也随之而来，1932 年全球总产出仅为 1929 年的 50%。

为什么会出现经济危机？

对于这一问题，传统理论既不能给出令人信服的说明，也无法提供令人满意的应对之策。传统理论遭遇了前所未有的挑战。

危急关头，经济学迎来了"凯恩斯革命"。

1936 年，凯恩斯出版了《就业、利息和货币通论》（以下简称《通论》）。

在《通论》中，凯恩斯基于马尔萨斯的有效需求理论及罗斯福的新政经验，解释了经济危机的成因，并提出了应对方案。当然，正如书名所显示的，凯恩斯的研究还涉及劳务市场和货币市场。

与传统理论截然相反，凯恩斯认为，（在短期内）"需求决定供给"。凯恩斯的基本判断或许是这样：大萧条期间，失业率居高不下，但合格的劳务数量并没有明显减少；工厂大量倒闭，但机器、设备和产能并不会随之消失；危机前的生产技术，更不会在几年内无端失传。

也就是说，危机并非源于供给，病根子应该在需求上。

需求为什么会出问题？

凯恩斯认为根源在于三大基本规律，即边际消费倾向递减规律、资本边际效率递减规律、流动性偏好规律。前两个规律导致消费需求不足，第三个规律则导致投资需求不足。两种不足综合在一起，凯恩斯称之为有效需求不足——总需求与总供给的前进脚步并不完全一致，难以齐头并进。

劳务市场上，雇佣合同总是涉及一定的时间期限，因此工资具有向下刚性——可以向上增加，但很难向下减少。也就是说，劳务市场并非无摩擦的，对于经济运行出现的新变化，名义工资并不能做出足够的调整。（短期的）有效需求不足，不可避免地会带来失业，进而导致经济危机。

"凯恩斯革命"的意义，简单来说，至少包括以下两个方面。

（1）创立了"宏观经济学"

经济学有两个重要分支，即微观经济学和宏观经济学。

凯恩斯以前的新古典主义时期，经济学家的工作主要涉及微观经济学（microeconomics）——研究单个经济主体如何做出选择，以及这些选择如何影响价格、资源配置和其他经济主体福利的经济学说。微观经济学通过分析单个消费者和企业的行为及其相互作用，揭示了行业和市场是如何运转和演变的，以及它们是如何受到政府政策及经济环境影响的。

追随魁奈、马尔萨斯等人的脚步，凯恩斯把自己的研究聚焦于社会总体经济的运行及表现。《通论》出版后，相关的研究迅速发展，并形成一个独立的理论体系——宏观经济学（macroeconomics）——把经济视为一个整体而对经济中各有关总量的决定及其变动进行研究的经济学说。凯恩斯对经济学做出了开创性贡献，今天，经济总量的相关术语，如国民总收入、经济增长率、就业总水平、通货膨胀率、国际收支等，已家喻户晓、广为人知。因此，凯恩斯被誉为"宏观经济学之父"。

（2）催生了国家干预

有效需求不足会导致失业，失业会降低居民收入，进而加剧有效需求不足。在凯恩斯看来，"自由放任"等同于听任有效需求不足继续存在，放任失业与危机横行。就像凯恩斯的拥护者所说的"根本就没有自动的安全机制""大萧条根本就不会自愈"，国家必须进行干预。

如何干预？逻辑比较简单，既然问题源于有效需求，干预就要对症下药，进行"总需求管理"。至于原则或方针，凯恩斯强调要"相机抉择"，即见机行事，经济萧条时采用扩张性的宏观经济政策，经济过度膨胀时采用紧缩性的宏观经济政策。具体的宏观经济政策，则既可以是直接的——通过财政政策直接扩大总需求；也可以是间接的——通过货币政策间接调节私人投资。

凯恩斯的思想，为政府摆脱经济危机、防止经济过热，提供了理论依据。第二次世界大战之后，西方各国普遍奉行凯恩斯的国家干预政策，并实现了经济繁荣。因此，凯恩斯也被誉为"战后繁荣之父"。

《通论》甫一面世，就获得了极大的成功。在凯恩斯的追随者，如希克斯、汉森等的推动下，凯恩斯主义也因此取代新古典经济学，成为经济学的新主流。

2.2.4　走进现代经济学

20 世纪 40 年代，经济学推开了现代之门。

1948 年，萨缪尔森出版《经济学》。

萨缪尔森的《经济学》，将凯恩斯主义与新古典经济学融合在了一起，是经济学思想史上的第三次综合，是经济学的第三本通用教材，被很多人誉为经济学的"百科全书"。

在以萨缪尔森为代表的一批美国经济学家的努力下，新古典综合学派逐渐形成。一系列与凯恩斯的理论相关的最新研究成果被综合在一起，形成了所谓的宏观经济学。传统的经济学理论，包括消费者行为理论、厂商理论、市场理论、一般均衡理论及福利经济学等，则被称作微观经济学。

20 世纪 60 年代末，石油危机引发滞胀——严重失业与通货膨胀并存。

对于这种前所未有的新现象，就像三十多年前的古典经济学和新古典经济学一样，新古典综合学派也束手无策。

之后，在对峙和争论中，反对国家干预的新自由主义经济学各学派纷纷崛起，并于 70 年代末占据了经济学的主导地位。

新自由主义经济学的相关学派主要包括：以弗里德曼为代表的货币主义，以卢卡斯、萨金特、巴罗、华莱士为代表的理性预期学派，以科斯、诺思、威廉姆森、阿西莫格鲁为代表的新制度经济学，以布坎南、奥尔森、塔洛克、唐斯为代表的公共选择学派，以及以蒙代尔、拉弗、万尼斯基为代表的供给学派等。

货币主义认为，货币是影响经济活动和物价水平的最主要因素，反对通过财政政策来应对经济衰退和扩大就业，主张实行"单一规则"的货币政策。

供给学派认为，在供求关系上供给是首要的、决定性的（基于萨伊定律），滞胀完全是由总需求管理（政策）造成的，只有增加总供给才能解决滞胀问题。

理性预期学派指出，凯恩斯主义的政策有效论是建立在适应性预期的假设（假设人们根据过去的经济变量记录预测未来）之上的，类似于刻舟求剑，因而对凯恩斯主义提出了严厉的批评，即著名的"卢卡斯批判"——如果人们是理性的，那么人们会最大限度地利用所得信息来做决策而不会犯系统性的错误，因此，政府的经济干预政策是无效甚至有害的。

20 世纪 80 年代，针对以理性预期学派为代表的新自由主义所发出的严厉批评，新一代经济学家，如施蒂格利茨、阿克洛夫、曼昆、罗默等，开始致力于为凯恩斯主义构建微观基础，从而催生了新凯恩斯主义。

新凯恩斯主义的工作主要建立在两个基本假设之上：①新凯恩斯主义假设家庭和厂商具有理性预期；②新凯恩斯主义假设市场存在（各种）失灵，尤其是假设价格和工资调整存在刚性或"黏性"，即价格和工资不能随经济条件的变化而立即调整。工资和价格的黏性，以及新凯恩斯主义模型中出现的其他市场失灵，意味着经济可能无法实现充分就业。因此，在新凯恩斯主义者看来，国家干预无疑是必要的。

2008 年，美国爆发金融危机，并迅速蔓延至全球。之后的局势似乎表明，新凯恩斯主义大有后来居上之势。当然，这并不会让我们感到惊讶。类似于新古典综合学派，新凯恩斯主义实际上就是新古典主义与凯恩斯主义的一种新融合。从新凯恩斯主义的两个基本假设出发，其实也容易发现这种趋势。毕竟，新凯恩斯主义有时也称新-新古典综合学派或新综合学派。

经济学走到今天，总的来看，就像田国强在"现代经济学的本质（上）"中所总结的，现代经济学主要是在 20 世纪 40 年代以后发展起来的，它以个体通常逐利为基本出发点，通过引入和采用严谨的科学方法并运用数学分析工具，对现实进行历史和实证的观察，进行严谨的内在逻辑分析，然后上升到理论，再回到现实进行观察、检验，系统地探究人类经济行为和社会经济现象，它是一门科学，具有科学的分析框架和研究方法。

2.3　经济学家的分歧与共识

2.3.1　经济学家的分歧

200 多年里，经济学家分分合合。

总的来看，经济学家之间的分歧与争议，其实并不"复杂"。简单来说，就是"主义"不同，即经济自由主义（economic liberalism）与国家干预主义（state interventionism）不同。

"主义"不同，其实就是对于"怎样才能变得富裕""怎样获得幸福与满足"之中的"怎样"，各经济学家有不同的认识，存在争议。

其中，主张经济自由主义的经济学家，可以看作斯密的追随者。

斯密清楚人是自利的、利己的，他不认为"利他"是社会和谐的必要条件，"人类几乎随时随地地需要同胞的协助，要想仅仅依赖于他人的恩惠，那一定是不行的"。在《国富论》中，斯密全面深刻地论证了，只有在让人们根据自身利益采取行动的时候，社会才会实现良性运转，他写下了广为人知的一段名言。

确实，他通常既不打算促进公共的利益，也不知道他自己是在什么程度上促进那种利益……由于他管理产业的方式目的在于使其生产物的价值能达到最大程度，他所盘算的也只是他自己的利益。在这场合，像在其他许多场合一样，他受着一只<u>看不见的手</u>的指导，去尽力达到一个并非他本意想要达到的目的。也并不因为事非出于本意，就对社会有害。<u>他追求自己的利益，往往使他能比在真正出于本意的情况下更有效地促进社会的利益。</u>

也就是说，"利己"不仅不可怕，相反能使整个社会受益，而且比有意或刻意的"利他"能"更有效地促进社会的利益"——更有效地利他。因此，对于上述的两个"怎样"，经济自由主义认为，最好的办法是"自由放任"，不任意干涉私人经济活动，不任意干预资本和劳动的投放、转移。

国家干预主义的看法则截然不同。凯恩斯系统地提出了国家干预理论和政策。与斯密不同，凯恩斯对于市场机制能有序运行——短期内能有序运行，深表怀疑。他认为，"市场保持非理性状态的时间，可能比你保持不破产的时间更长"。不仅如此，凯恩斯还特别提醒人们，"在长期，我们都已死去。"

在凯恩斯看来，人有理性的一面，也有非理性的一面——兼有"动物精神"，再加上经济世界并非全无摩擦，因此市场运行不可能完全畅通无阻，不可能精确有效地解决相应的资源配置问题。

在凯恩斯的大旗之下，国家干预主义反对自由放任，主张扩大政府职能、限制私人经济，希望借助政府力量来矫正市场失灵，以实现国民经济的稳步增长。但许多经济学家针锋相对地指出，国家干预难以规避"政府失灵"（government failure）——由于现实经济社会的复杂性和政治制度的独特性，用来弥补市场经济缺陷的政府职能本身也可能失去作用。

2.3.2　为什么会有分歧

经济学有分歧是必然的。

毕竟，现实世界复杂无比。

在自然层面，如地理区位、资源环境等，国家或地区之间有着天然的差异。在社会层面，各国的历史传统、文化风俗、政治制度等，更是各具特色。在时间维度，即经济发展的具体阶段，（民族）国家之间的竞争态势，会对实现目标的路径设计、方式选取产生重大影响。

不过，为了认识经济学，我们还是需要追问：

为什么会有分歧？

回答这个问题之前，我们需要先了解经济学研究的两种基本范式：

① 实证分析；

② 规范分析。

实证分析（positive analysis），也称实证经济学（positive economics），即指对经济事物进行描述、解释和预测的研究。实证分析只考察经济现象"是什么"，如经济现状如何，为何会如此，其发展趋势是什么。对于这种现象好不好，该不该如此，则不做评价和分析。例如，统计资料显示，2016 年中超联赛球员平均年薪全球排名第 6，约为 59 万英镑，远高于排名第 7 的美国大联盟（约 24 万英镑）和排名第 8 的日本 J 联赛（约 16 万英镑）。对于这一经济现象，实证分析的一个重要内容可能是，从球员供给和球员需求两个层面出发，探讨其产生的具体原因。

规范分析（normative analysis），也称规范经济学（normative economics），即基于某一准则判断经济事物好坏及为政策制定提供依据的研究。规范分析力图对经济事物做出"好"或"不好"的判断。比如，有人认为，事实证明高薪并没有激发中国足球达到国际一流水平或亚洲一流水平，因此建议通过设定"工资帽""奖金帽"等来限制中超联赛球员的收入。

经济学的分歧，主要与规范分析有关，即对于市场机制是"好"还是"不好"——是否有效率、是否公平，经济学家有着不同的判断。

具体原因，则如曼昆在《经济学原理：微观经济学分册》中所阐述的，主要有两点。

（1）科学判断不同

经济自由主义与国家干预主义之所以意见相左、针锋相对，原因之一是对于市场是否有效率（市场有效率或市场失灵）的判断不同。

其中，市场失灵（market failure）是指市场机制不能有效配置资源的现象或情形。例如大萧条时期，工人失业、工厂倒闭、机器设备闲置等，都代表着市场失灵。在以新古典经济学为基础的微观经济学教材中，市场失灵的原因一般归结为 4 种情形，即不完全竞争、不完备信息、外部性及公共物品。

为了简便起见，这里仅针对"不完全竞争"，说明经济学家之间的争议和分歧。

不完全竞争（imperfect competition）是指存在这样一些市场，其中至少有一个大到足以影响市场价格的买者（或卖者）。与此不同，完全竞争（perfect competition）则是指竞争不受任何阻碍和干扰的市场结构。完全竞争市场有 3 个特点，即市场上买者和卖者数量众多、产品是同质或大致相同的、市场可自由地进入或退出。

基于静态分析，新古典经济学的结论是，完全竞争带来效率，不完全竞争导致资源配置扭曲。换句话说，在新古典经济学看来，完全竞争与不完全竞争几乎是完全对立的。不过，对于新古典经济学的分析及结论，许多经济学家提出了疑问。

比如，奥地利学派。

奥地利学派认为，"市场是一个过程"，即市场是动态的、非均衡的。要想在市场竞争中胜出，企业就必须创新——要与众不同（生产别人不生产的产品），要比别人做得更好（产品质量更高、产品价格更低、产品服务更好等）。

这样的行为，必然会产生新古典经济学定义中的"垄断"。不过，从动态的角度看，创新及由此产生的技术进步是经济增长的唯一源泉，是市场有效率的重要保证。因此，新古典经济学依据静态分析来断定"市场会失灵"，无疑是错误的。

（2）价值观不同

正如许多经济学家所警示的，"市场并不必然带来公平的收入分配""市场经济可能会产生令人难以接受的收入水平和消费水平的巨大差异"，在"市场有效率"与"市场失灵"的争议之外，经济学的另一大争议是："市场的结果是公平的"或"市场无法确保结果公平"。

两种观点截然对立的原因在于，在经济学家的规范分析和推理背后，存在着不同的伦理思想，存在着不同的价值观、公平观。

经济学中的公平观，可以简要归纳于表 2-1。

表 2-1　经济学中的公平观

公平观	经济含义
平均主义	追求数量平均，将产品在社会所有成员间平均分配
功利主义	追求社会所有成员的总效用最大化
罗尔斯主义	追求境况最糟者的效用最大化
自由至上主义	市场作用的结果是最公平的

以上 4 种公平观，分别代表着人们对社会福利最大化的不同诠释。

其中，平均主义认为"只有平等才能带来效率"，要求平均配置，让社会所有成员得到相同数量的产品。

功利主义追求"最多人的最大幸福"，即社会所有成员的效用总和的最大化，由于收入再分配政策是有成本的，因此效用总和的最大化并不要求社会完全平等。

罗尔斯主义认为，倘若处于"无知之幕"下，人们会渴望改善最贫困者的境况，因此，改善穷人的境况比提升富人的境况要重要得多，社会需要优先考虑穷人的利益，需要以境况最糟者的效用最大化为目标。

自由至上主义强调，"如果规则不公平，那么（分配）就不公平"，所以，只要财产的取得是正当的，商品的交换是自愿的，那么一个社会中的收入分配就是正义的、公平的。也就是说，竞争性市场的结果是公平的，因为它鼓励并奖赏那些最有能力的和工作最努力的人。

不同的公平观，势必会对规范分析及推理结果产生影响。

自然地，经济学家之间的争议和分歧也就不可避免。

 知识拓展 2-1

正义、公正与公平

党的二十大报告强调，要让现代化建设成果更多更公平惠及全体人民。若要领会这精神，对其中提到的公平可能需要有更多的认识。为此，我们最好从公平与正义、公正之间的联系和区别开始说起。

哲学中，正义通常是指一种道德标准或一种道德评价理论，有时也指一种道德评价。正义一般被分为两类，即分配正义与矫正正义。

其中，分配正义涉及的是财富、权利、荣誉、机会等的分配，常见问题主要有分配什么、分配给谁，以及什么是适当的分配等；矫正正义涉及的是对被侵害的财富、权利、荣誉、机会等的恢复和补偿，又经常被进一步细分为两个小类，即处罚正义与补偿正义。

当正义特指一种道德评价时，正义与公正或公平基本上是等同的。也就是说，公正和公平一样，都是基于正义（理论）而得到的一种价值判断。不同的是，公正通常是指基于矫正正义而得到的一种价值判断；公平通常是指基于分配正义而得到的一种价值判断。

在很多著作及经济学教材中，公平与正义经常互换使用。如罗尔斯的"正义即公平"或"（作为）公平的正义"，其实就是把分配正义与公平等同起来，或者说把公平看作正义的一个次级理论。

实际上，公平同时也是一种比较性概念，是指与他人比较起来某个人的状况如何。或者，更准确地说，公平是指人与人之间的一种特殊的平等关系。如果在互换位置之后，你和对方都觉得各自的新处境是可以接受的，则你与对方之间就是公平的。换句话说，公平就是一种"己所不欲勿施于人"意义上的平等。

自然地，公平与均等或平等也存在着密切的联系。

一方面，公平赋予平等规范性的含义。或者说，公平与否才是判断一种平等是否应得的道德基础。现实中，存在着诸多不平等，但并不是所有不平等都需要改变（有时也无法改变，如我们的相貌、智商、出身等），所以特别强调公平是一种"特殊"的平等关系。

另一方面，具有内在价值的平等可以用来解释什么是公平。比如，根据机会平等、程序平等、结果平等，我们可以把公平细化为起点公平、过程公平、结果公平等。

2.3.3　经济学的基本观点

争议和分歧，可能会让人对经济学产生误解，甚至心生怀疑。

对此，我们要有客观的认识。

第一，围绕经济自由与国家干预，经济学家之间的争议和分歧，不仅涉及"国家干预是否应该"，还涉及"国家应该如何实施干预"，即"干预什么、怎么干预"。

第二，正是那些争议和分歧，促使经济学家迎难而上、不断求索，进而达成新的共识。

第三，也是最重要的，进入 21 世纪，除对研究方式、研究方法的认识一致外，经济学家对自由放任和国家干预的认识也逐渐一致起来。

新的共识正在形成。

比如，2009 年，阿西莫格鲁在总结 2008 年金融危机的教训时指出，经济学这门学科深刻而重要的贡献在于，它在抽象层面上，指出了欲望既不好也不坏。在健全的法律和监管体制下，激励利益最大化、竞争和创新行为，使得欲望成了创新和经济增长的引擎。然而，如果没有适当的制度和监管约束，欲望将退化为寻租、腐败和犯罪。

又比如，在《共同利益经济学》的前言中，梯若尔强调："经济学并非为私有财产和个人利益服务，也不为那些想利用政府权力强推其价值观或保证其个人利益的人服务。它既不支持完全基于市场的经济，也不为全部由国家掌控的经济背书。经济学致力于实现共同利益，其最终目标是让世界变得更美好。"

200 多年来，围绕"怎样才能变得富裕""怎样获得幸福与满足"，成千上万的经济学家满怀热忱地投身其中，孜孜以求。一些经济学家对 200 多年来经济学的重要贡献进行了梳理和归纳，并将它们称为"原理""理念"或"思维方式"等。

这里，我将它们统称为经济学的基本观点，并展示于表 2-2 中。

表 2-2　经济学的基本观点

经济学的十大原理（曼昆《经济学原理：微观经济学分册》）	经济学的十大理念（考恩和塔巴洛克《微观经济学：现代原理》）	经济学的十大思维方式（张维迎《经济学原理》）
人们怎样做出决策？ 1. 人们面临权衡取舍 2. 某种东西的成本是为了得到它所放弃的东西 3. 理性人考虑边际量 4. 人们会对激励做出反应	1. 激励很重要 2. 好的制度能使个人利益和社会利益趋于一致 3. 抉择无处不在 4. 用边际进行思考 5. 干预供求定律会产生后果 6. 财富和经济增长的重要性 7. 制度很重要	1. 人的行为是有目的的 2. 只有个体才有能力决策 3. 世界上没有免费的午餐 4. 人们是在边际上做选择 5. 自由交换是互利的 6. 分工是进步的源泉 7. 结果比动机更为重要 8. 自由竞争是件好事情

续表

经济学的十大原理 （曼昆《经济学原理：微观 经济学分册》）	经济学的十大理念 （考恩和塔巴洛克《微观经济学： 现代原理》）	经济学的十大思维方式 （张维迎《经济学原理》）
人们怎样相互交易？ 5. 贸易可以使每个人的状况都变得更好 6. 市场通常是组织经济活动的一种好方法 7. 政府有时可以改善市场结果 **整体经济如何运行？** 8. 一国的生活水平取决于它生产物品和劳务的能力 9. 当政府发行了过多货币时，物价上升 10. 社会面临通货膨胀与失业之间的短期权衡取舍	8. 经济的繁荣和萧条不可避免，但可以适度调节 9. 政府发行过多货币会造成物价上涨 10. 中央银行任务艰巨	9. 制度比人强 10. 世界是不确定的，企业家是重要的

在后面的章节，我们有时会直接引用表 2-2 的基本观点而不做特别说明。这样处理的目的只有一个：

更好地认识（体育）经济学。

思考与讨论

1. 对于经济学的核心问题，你有怎样的认识和理解？
2. 为什么经济学家的研究工作需要做假设，经济学有哪些主要假设？
3. 除了理性人和经济人假设，经济学家针对人还有哪些假设？
4. 参考大学迎新晚会门票免费，列举什么是免费的，什么是稀缺的？并解释你的答案。
5. 对于"体育经济学是研究体育领域经济主体为配置稀缺资源如何进行选择，以及这些选择如何影响社会的一门新学科"，你怎么看？
6. 经济学是如何发展演进的？
7. 经济学家之间为什么会有分歧？

第3讲

像经济学家一样思考

像经济学家一样思考，就是要学会用经济学的方法、工具、概念和理论去分析现实问题，并做出正确决策。本讲从方法论的个体主义出发，通过将经济学的思维方式简要地概括为4个问题，再结合2个简单的经济模型及边际分析方法和边际优化原理，我们将看到经济学家是如何思考的。

教学目标

通过学习，认识经济理论、经济模型，以及二者的联系和区别；掌握经济学的重要工具——边际分析方法；理解经济学的思维方式及方法论的个体主义。

教学要求

章节安排	主要内容	知识要点
3.1 科学研究与经济学思维	经济学的方法与思维方式	方法论的个体主义、科学研究、经济学的思维方式
3.2 用模型描述世界	经济研究的理论表述及经典范例	经济理论、经济模型、循环流向图、机会成本、比较优势
3.3 用边际进行思考	为什么要在边际上做权衡取舍	总收益、总成本、净收益或利润、边际收益、边际成本、边际优化原理

引言：我不要"金子"

小时候，我们可能听过这样一个故事：从前，甲、乙两个穷人遇到了一位能"点石成金"的神仙。神仙给每人一百两黄金，甲很高兴地接了黄金，乙却不要……

学习（体育）经济学，就应该像乙一样。

因为，凯恩斯说，经济学是一种方法，一种智力工具，一种思维技巧；诺思说，经济学的力量就在于它是一种思维方式；贝克尔则强调，经济学有别于其他社会科学而成为一门学科的关键不是它的研究对象，而是它的分析方法。

确实，和数学不一样，经济学里没有现存的、永恒的"正确"答案。

相比于背诵概念和观点，掌握经济学的分析方法无疑更为重要。相应地，认识方法论的个体主义、理解经济学的思维方式、熟悉经济学的基本模型、掌握与"成本—收益"计算密切相关的边际分析方法，应该是一个良好的开端。

3.1　科学研究与经济学思维

3.1.1　坚持"个体主义"

在经济学中，正如"欲望既不好也不坏"，个体主义并无丝毫贬义色彩。

与其他社会科学相比，经济学最显著，多半也是最引以为傲的特征，就是遵循个体主义方法论或方法论的个体主义（methodological individualism），即强调在一切与人有关的科学分析中，必须坚持人本主义原则，把"个人"作为分析的基本单位和出发点。

1908 年，熊彼特首次提出这一概念，经过门格尔、米塞斯、哈耶克等的努力，方法论的个体主义如今已被看作现代经济学理论体系的根基。

在《经济学中的制度》中，卢瑟福将方法论的个体主义概括为 3 个假设（或基本命题）。

命题 1：只有个人才有目标和利益

对命题 1 的理解主要涉及两个方面。

其一，集体或社会是由个人组成的，离开了个体的人，它们将不复存在。

方法论的个体主义总是强调：个体的人是构成经济社会活动真实的、唯一的基础。在《人的行为》中，米塞斯指出，"国邦、民族、教会，以及在分工下的社会合作，只有在某些个人的一些行为当中才可看得出来。如果没有看得见的国民，就没有可以看得见的国……可是，如果你以为集体是可以具体化的，那就是妄想。集体绝不是看得见的；集体之被认知，总是由于了解那些行为人赋予它的意义"。

其二，集体或社会"自己"的目标和利益，都是由个体的人赋予的。

现实生活中，集体经常会宣示"自己"的目标。巴萨的口号是"不仅仅是一家俱乐部"，北京（中赫）国安足球俱乐部的口号是"国安永远争第一"，海尔集团说"创中国的世界名牌，为民族争光"是自己的使命，苹果公司说"让每人拥有一台计算机"是自己的愿景。

猛一听，集体仿佛有"自己"的目标。不过，我们清楚，职业俱乐部的目标可能源于会员的诉求，也可能来自威权的意志。至于企业的目标，看起来大义凛然、崇高无比，但最终却都毫无意外地指向其所有者及成员的个人利益。

正因如此，方法论的个体主义强调，只有个人才有目标和利益。

命题 2：社会系统及其变迁产生于个人行为

社会系统及其变迁之所以产生于个人行为，是因为只有个人才有决策能力和行动能力。

或者说，是因为集体"自己"既不可能决策，也不可能行动。

现实中，显而易见的事实是——个人有自己的头脑、嘴巴和手脚；而集体与个人不同，它没有单一的头脑、嘴巴和手脚，不会感受、思考、评估，它是不可见的。

日常生活中，人们有时会说，某集体做了某事，如洛杉矶湖人与詹姆斯签署了一份为期四年、价值 1.54 亿美元的加盟协议，利物浦第六次捧起了欧洲冠军联赛冠军奖杯，国家体育总局发布了《中国足球改革发展总体方案》。之所以有这样的表述，是因为人们把集体作为一种拟人化的概念，或者为了便于交流，用集体的概念来指代其中的一个或一些行动着的个人而已。

与此类似，在经济学中，为了简便起见，一般会将集体（如家庭、企业、政府等）看作单一的决策者，忽略或不关心集体中的个人对集体"决策"的具体影响和贡献。经济学家这样做，主要是为了紧扣主题、简化分析。

命题 3：社会现象最终要通过个人的行为来加以说明

命题 1 和命题 2，自然就引出了"社会现象最终要通过个人的行为来加以说明"。

一方面，只有个人才有目标和利益，集体或社会则不然；

另一方面，只有个人才有决策能力、行动能力，集体或社会则不然。

所以，米塞斯强调，如果我们仔细追究个人们各种行为的意义，我们总会知道关于集体行为的种种。因为在各个成员的行为以外，绝没有一个集体存在……所以要认识整个的集体，就得从个人行为的分析着手。

在《个人主义与经济秩序》中，哈耶克进一步指出，真个人主义认为，我们唯有通过理解那些指向其他人并受其预期行为指导的个人行动，方能达至对社会现象的理解。

为此，方法论的个体主义主张，把"个人"作为分析的基本单位和出发点，即对社会现象的分析应是从个人到社会、从微观到宏观，而不是从社会到个人、从宏观到微观。只有进行个体分析，才能真正理解社会现象及其本质。

当然，社会现象是个体行为的结果，但并不是说个体行为不受社会影响。

正如哈耶克所指出的，方法论的个体主义强调"集体现象是个体行为的结果，并反过来影响个体行为"，并把它视作自己的核心含义之一。曼昆提出的经济学原理之一——人们会对激励做出反应，其中的一些激励就与人们所在的群体有关。

人的整个性质和特征都取决于他们存在的社会，观察身边的人与事，容易发现，诸如社会规范、文化传统、风俗习惯等，都无时无刻不在影响着人们的行为。

3.1.2 经济学的思维方式

理解经济学的思维方式，一般有两种模式。

一种是"点"的模式，即主张从经济学的基本观点去理解经济学的思维方式。

比如，张维迎的《经济学原理》，主张用 10 个基本观点去理解经济学的思维方式。

又比如，巴德和帕金的《微观经济学原理》认为，经济学的思维方式由六大思想组成，即：①选择就是权衡取舍；②人们通过比较收益与成本来做出理性选择；③收益是你从某事物中所得到的；④成本是你为了得到某事物所必须放弃的；⑤大多数选择都是在边际上做出的；⑥选择会对激励做出反应。

另一种是"线"的模式，即主张从科学的研究方法去理解经济学的思维方式。

哲学家波普尔认为，所有的科学都建立在对世界（不完美）的观察之上，科学的方法就是指从这些观察中归纳出一般规律，并通过进一步的实验加以证实。

波普尔与经济学家，应该是同路人。

在《经济学原理：微观经济学分册》中，曼昆将波普尔的方法表述为三部曲：①用科学家的眼光去观察社会；②通过观察，提出理论；③收集和分析数据，以证明或否定他们的理论。换句话说，科学研究涉及 3 个基本步骤——观察现实、构建理论、验证理论，它是一个从现实出发又回到现实，并再次出发的循环递进过程。

在探索过程中，经济学家是如何思考和分析问题的？

在《经济学（微观部分）》中，卡尔兰和默多克认为，经济学家的思考一般会涉及 4 个问题：①经济主体的欲望和约束是什么？②要权衡取舍的是什么？③其他人会做出什么样的反应？④为什么其他人尚未这样做呢？

类似地，在"经济学的思想与方法"中，田国强指出，一个规范经济理论的分析框架基本上由 5 个部分或步骤组成：①界定经济环境；②设定行为假设；③给出制度安排；④选择均衡结果；⑤进行评估比较。

根据方法论的个体主义，我们清楚，一切经济现象和经济问题，都是人的行为选择及互动的结果。由此出发，并结合卡尔兰和默多克及田国强的观点，我们认为，经济学家的思维方式可以简洁地表述为以下 4 个问题。

（1）背景是什么

经济理论，很多时候可以看作一个"故事"。

就像写作或评介记叙文一样，经济分析首先需要明晰"故事"背景。

从内容来看，经济理论的"故事"背景一般会涉及 3 个方面，即有哪些经济主体，经济主体的目标是什么，以及经济主体面临什么约束。

经济分析中，经济主体的多寡，一般与探讨的主题有关。例如，探讨体育消费决策，可能仅需分析某一代表性消费者；探讨体育赞助，则可能需要假设存在多个潜在买家。常见的经济主体的目标有"效用最大化""利润最大化"等。如第 2 讲所提到的，北美联盟与欧洲联盟的俱乐部的利益诉求可能存在差异。至于约束，在资源禀赋之外，如制度安排、生产技术、信息状况、市场结构等，往往都是"故事"发展的重要背景。自然地，在（体育）经济学的学习过程中，我们需要对相关约束予以重点关注。

（2）如何选择

经济主体有目标且面临约束，因此，人们在面临权衡取舍时需要做出选择。

经济主体应该如何选择？

我们知道，经济主体的目标与约束，是最核心的两个因素。

围绕目标与约束，考察行为选择，我们需要且可以进一步地明确经济主体的具体问题及其包含哪些基本要素。

比如，在《经济学：微观部分》中，阿西莫格鲁等分析消费者行为决策时，提炼了"买者的问题"的3个基本要素："你喜欢什么""商品和服务的价格""你有多少钱可以花"。通过这样的细化和分解，消费者的目标、约束及外部环境或条件，几乎是一目了然的。相应地，分析生产者行为决策时，阿西莫格鲁等把"卖者的问题"的基本要素分解为"生产商品""做生意的成本"和"做生意的回报"，对于它们的含义，我们也应该是了然于心的。

当然，就像卡尔兰和默多克所提醒的——其他人会做出什么样的反应，如果不是生活在孤岛上的鲁滨孙，经济主体面临的约束可能还包含"受制于人"。比如，职业俱乐部招兵买马，不仅要考虑卖家会如何选择，还经常要考虑竞争对手会做何种反应。自然地，"如何选择"的相关分析，经常会涉及经济主体之间的内在联系及相互作用。

（3）结果是什么

借鉴物理学的概念，经济学家一般会把"结果"称作均衡（equilibrium）。

结果是什么？"故事"里的经济主体如果只有一个，如仅有一个代表性消费者或一家典型企业，那么这一问题实际上等于在问"最优决策是什么"，分析起来相对来说就比较简单。

当然，"故事"里也可能有多个经济主体。正如方法论的个体主义所强调的，"集体现象是个体行为的结果"，此时考察"结果是什么"，就需要从个人走向集体。

比如，在产品市场，家庭（们）做出消费选择，厂商（们）做出生产选择。由前者的最优决策，可以推导出市场需求；由后者的最优决策，可以推导出市场供给。经济主体之间的相互作用——这里主要是彼此竞争，会产生一种"合力"，推动市场最终走向"均衡"。

在产品市场之外，经济主体之间可能还有其他联系，如同时涉及要素市场。此时，对"结果是什么"的考察，就会从一个市场走向多个市场，从一个产业走向多个产业，以至于涉及经济整体的宏观运行。

（4）结果"好"吗

"善良的心地"就是要让世界变得更美好，因此，我们需要问：

结果"好"吗？

在第2讲，我们知道，"好"或"不好"总是涉及一定的准则或标准，涉及规范分析。经济学中，"好"或"不好"的判断准则或标准一般有两个。

一是效率（efficiency），即社会从其稀缺资源中得到或实现最大利益的一种状态。

要判断是否有效率，经济学家一般会先判断"结果"是否存在帕累托改进。所谓帕累托改进（Pareto improvement），是指能够至少使一个人的状况变好而不会对任何其他人造成损害的调整或变化。对于某一既定状态，如果不存在帕累托改进，这样的状态或"结果"被称为帕累托最优（Pareto optimality）或帕累托效率（Pareto efficiency），即无法在不使任何人福利受损的情况下提高总福利的一种状态。

二是公平（fairness），即人与人之间的一种特殊的平等关系。

在部分经济学家看来，市场经济的资源配置结果即使是有效率的，也可能是不合意的——"结果"可能是不公平的。类似于自然的动物世界，竞争意味着"优胜劣汰"，"结果"不公平——收入分配不平等几乎不可避免。有时,"结果"可能非常残酷,会出现收入分配极化现象。

经济学家承认,市场经济并不是一个目标,它充其量只是一种工具——一种并不完美的工具。相应地,个人利益与集团利益、社会利益相悖的情形,自然也是经济学研究的重点之一。比如,针对一个国家或地区的核心经济问题——收入分配问题,经济学家就不平等的衡量、成因、影响及应对等所展开的讨论已经不计其数。

3.2　用模型描述世界

3.2.1　经济理论与经济模型

经济学家的任务之一,是揭示经济世界如何运行。

在我们身边,即使是日常的衣食住行,涉及的产品也是成百上千的。打开我们手机中的 App,如逛逛淘宝、翻翻京东、刷刷拼多多,产品的种类,几乎是"你能想到的都有,想不到的也有"。这些产品的生产、销售及服务,牵扯到的商家的数量甚至会以千万计。除此之外,政府部门和社会组织,如国资委、金融监管总局、证监会、税务局、工商局、消费者协会、世界银行等,对经济运行及我们工作和生活的影响也是举足轻重、不可忽视的。

经济世界如此复杂,以至于即使仅描述某一产品市场的完整细节,也是非常困难的。当然,退一步讲,即使能够准确无误地描述整个现实世界,我们也将会被各种细枝末节所淹没,永远无法得到科学答案。

对此,经济学家的办法是抽象简化、演绎归纳。

既然不可能把一切因素都考虑进来,那就需要先区分哪些因素重要,哪些因素不重要,然后将不重要的因素忽略掉。通过研究范围界定、决策者目标假设及行为描述,经济学家小心谨慎地将情景简化到只保留了必要的核心部分。化繁为简之后,经济学家就可以对特定的基本因素及其内在联系展开逻辑推理,进而演绎归纳出自己对经济事物基本特征的认识和理解。

这种认识和理解,正是许多人眼里的"熟悉的陌生人"——经济理论。

所谓经济理论(economic theory),是指经济学家在对经济事物的主要特征及内在联系进行概括和抽象的基础上,对经济事物进行的系统描述。与道理一样,经济理论未必就是博大精深、深奥难懂的。为了让人一目了然,在科学严谨的基础上,理论的论证和表述最好还能生动有趣、通俗易懂。

为此,需要借助有力的工具。其中,最为常见的就是经济模型。

类似于地图,经济模型(economic model)是经济理论的一种简明表述,是用来描述和研究与主题相关的经济变量之间的相互关系的一种理论结构。经济学的建模方式一般有 3 种,即语言文字、图形图表及数字符号。3 种方式各具特色:语言文字比较细腻,图形图表比较简明,数字符号则比较严谨。

当然,由于 3 种方式都是经济学家思维方式的直接体现,因此它们并无本质不同。

参考卡尔兰和默多克所总结的，经济模型要发挥作用，需要做到以下 3 点。

（1）一个好的经济模型会做出清晰明白的假设

"科学研究从假设开始"，清晰明白的假设非常重要：

第一，可以让人们看到经济学家对现实世界做了何种简化；

第二，可以使模型更易接受客观的评判——人们既可以直接研究假设的合理性，也可以通过考察其后果而予以间接证明；

第三，可以让人们清楚模型在何种情形下有用，而在其他情形下则需要小心谨慎。

比如，我们知道，理性人假设并不总是正确的。我们之所以接受这一假设，是因为多数情况下它是近似正确的。如果模型做了这样的假设，那么我们就明白，在人非理性的时候，该模型就可能是不准确的。

（2）一个好的经济模型能明晰原因、预测结果

模型要有用，意思是模型不仅能够描述经济联系，还可以用来预测未来。就像"知其然"必须"知其所以然"，要想预测未来将会发生什么变化，就必须弄清楚何为因、何为果。如果 A 是因、B 是果，那么模型还必须要解释为什么是 A 引起了 B。也就是说，在经济分析中，要想预测市场结果，我们就需要了解影响市场结果的具体因素，需要了解这些因素的作用原理或作用机制。

（3）一个好的经济模型能准确描述现实世界

一个模型如果不能描述现实世界的真实事件，那么这个模型就是有问题的。经济学家承认，由于假设是对现实世界的一种简化，因此模型并不是完全准确的。但是，如果预期结果经常不准确，或者不是近似准确，那么这样的模型就毫无用处。

如何判断模型是否符合现实？这需要科学研究迈出它的第三步——验证理论。与自然科学不同，经济学家一般很难通过实验来开展这一工作，所以只能退而求其次，通过观察现实世界发生的事件，并收集可以证实或反驳该模型的相关数据，从而检验他们的模型。

3.2.2 模型一：经济世界的基本结构

前面一直强调，现实世界复杂无比。

从经济的角度来看，现实世界有"三多"：一是参与主体多，有农民、工人、技术人员、企业家、（跨国）公司、政府部门、（跨国）社会组织等；二是产品种类多，有食物、衣服、图书、家具、计算机、互联网、理发服务、影视作品、赛事娱乐节目等；三是经济活动多，有雇佣、信贷、研发、制造、销售、购买、纳税、分红等。

如何描述复杂无比的经济世界？

或者问，经济世界是如何运行的？

循环流向图模型，就是经济学家为此而提出的。

循环流向图（circular-flow diagram），是一个说明货币及投入和产出如何通过市场在家庭与企业之间流动的经济模型。

循环流向图，是常见的经济模型之一，在某种意义上也是最重要的经济模型之一。所以，在许多经济学教材中，循环流向图一般都会被提及，往往还是最先被提及的，就像本书一样。市场经济运行的循环流向图如图 3-1 所示。

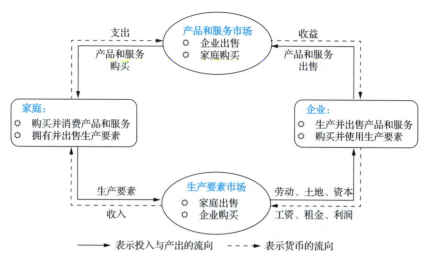

图 3-1　市场经济运行的循环流向图

图 3-1 就像是速写，简明扼要地勾画几笔，经济世界的基本结构及内在联系便跃然纸上、呼之欲出。它的突出特征（或优点），至少包括两方面。

（1）通过两个简化，展现了经济世界的核心要件

简化之一，是经济只有两类决策者——家庭与企业。

企业用劳动、土地和资本等投入品（或要素）来生产产品和服务。家庭是这些投入品的拥有者（由此获得各种收入），并购买、消费企业生产的所有产品和服务。

简化之二，是经济只有两类市场——产品和服务市场与生产要素市场。

在两类市场上，家庭与企业彼此交易、相互作用。或者，更准确地说，"一个人的支出是另一个人的收入"，在产品和服务市场上，作为买者的家庭的消费决策与作为卖者的企业的供给决策相互作用，共同决定着该市场的运行及结果；在生产要素市场上，作为买者的企业的需求决策与作为卖者的家庭的供给决策相互作用，共同决定着工资、租金和利润的支付，进而决定着家庭的收入水平。

（2）通过两条流向曲线，刻画了经济世界的内在联系

由于家庭的收入与消费支出、企业的收益与生产支出存在着密切联系，因此产品和服务市场与生产要素市场并不是孤立存在的。相反，如图 3-1 中用实线表示的投入与产出流向、用虚线表示的货币流向所展示的，这两类市场相互作用、相互影响，循环往复、永不停歇地运转着。

于是，循环流向图展现了经济世界的基本轮廓，虽然它既没有考虑政府与国际贸易，也没有对产品品类及市场结构等给予相应说明。

借助循环流向图，经济学家通过目标假设和行为描述，可以进一步分析经济主体会"如何选择"。比如，在产品市场，家庭会做出什么样的消费决策，厂商的生产决策是什么样的；在要素市场，家庭对劳动供给与储蓄投资会如何选择，厂商的要素购买决策又是什么样的。

更进一步地，结合两类市场中两类经济主体的内在联系和相互作用，通过探讨"结果是什么""结果'好'吗"，经济学家可以推导出自己的理论——为大众揭示现实世界里经济组织及市场运行的基本特征和一般规律。

3.2.3　模型二：贸易创造价值

我们知道，经济学原理之一是"贸易可以使每个人的状况都变得更好"，或者说"自由交换是互利的"。类似地，对于"贸易可以增进福利""商业是最大的慈善"，我们或是耳熟能详，或是偶有所闻。

贸易为什么会带来好处？

或者更进一步地问，贸易带来的好处有多大，其发生的前提条件是什么？

对于这些问题，古典经济学家李嘉图利用一个简单的例子——两种物品（葡萄酒和衣服）、两个国家（英国和葡萄牙），最早做出了回应和解释。

李嘉图的解释，即著名的比较优势模型。

借用曼昆的《经济学原理：微观经济学分册》中的例子，我们把李嘉图的模型展示如下。

假设经济体（economy，简称经济）只有两个人——1个牧民和1个农民。

他们每人每天工作8小时且会生产两种物品——牛肉与土豆，他们既爱吃牛肉也爱吃土豆。其中，牧民非常能干，无论是养牛还是种土豆，都非常精通，1小时的劳动能够生产3单位牛肉或6单位土豆；农民则什么都不擅长，1小时的劳动只能够生产1单位牛肉或4单位土豆。

两人（人们）的生活怎样才能得到改善？

初一看，似乎很难。

毕竟，无论是生产牛肉还是生产土豆，牧民都更为擅长。就直觉而言，牧民似乎没必要与农民发生联系，自给自足应该是他最好的选择。

李嘉图却不这样看。

在李嘉图看来，即使牧民干什么都更为擅长——与农民相比，无论是养牛还是种土豆都具有绝对优势（absolute advantage），即一个生产者比另一个生产者能用更少的投入生产某种物品的能力，但他依然可以通过与农民进行贸易，使两人——他自己和农民的生活得到改善。

贸易的好处的计算和比较如表 3-1 所示。

表 3-1　贸易的好处

	农民		牧民	
	牛肉	土豆	牛肉	土豆
没有贸易				
生产与消费	4	16	12	24
有贸易				
生产	0	32	18	12
贸易	得到 5	付出 15	付出 5	得到 15
消费	5	17	13	27
贸易的好处				
消费增加	+1	+1	+1	+3

先看没有贸易的情形，由于两个人都既爱吃牛肉又爱吃土豆，因此假设牧民选择生产并消费 24 单位土豆和 12 单位牛肉，农民选择生产并消费 16 单位土豆和 4 单位牛肉。

再看有贸易的情形，假设牧民向农民提议，"我每天用 6 小时养牛、2 小时种土豆，而你所有的时间都用来种土豆，最后我每天用 5 单位牛肉来交换你 15 单位土豆。"理性的农民稍作思考，就愉快地接受了牧民的提议。表 3-1 最后一行的数据表明，农民和牧民都会因此而受益。

结果似乎有些出人意料。

李嘉图的睿智在于，他发现贸易发生的前提是比较优势，而非绝对优势。

所谓比较优势（comparative advantage），是指一个生产者能比另一个生产者以更低的机会成本生产某种物品的能力。其中，机会成本（opportunity cost）是指人们做出某种选择时，舍弃的可从其他选择中所能获得的最大收益。在经济学中，机会成本的概念非常重要，如曼昆就将它视作经济学原理之一——"某种东西的成本是为了得到它所放弃的东西"。

从机会成本的角度来看，一方面，牧民生产 1 单位牛肉的机会成本是 2 单位土豆，农民生产 1 单位牛肉的机会成本是 4 单位土豆，因此，牧民在生产牛肉上有比较优势；另一方面，牧民生产 1 单位土豆的机会成本是 1/2 单位牛肉，农民生产 1 单位土豆的机会成本是 1/4 单位牛肉，因此，农民在生产土豆上有比较优势。

也就是说，在没有贸易的情形下，农民的牛肉消费价格（4 单位土豆）要高于牧民（2 单位土豆），而牧民的土豆消费价格（1/2 单位牛肉）却要高于农民（1/4 单位牛肉）。

自然地，通过贸易和分工合作，两个人都可以获得更多的好处。

李嘉图的这个模型，也被称作比较优势理论。尽管没能说明贸易价格是如何确定的，但这个理论模型却含义丰富。

① 贸易可以使每个人的状况都变得更好（贸易价格介于两种机会成本之间）；
② 贸易发生的前提是比较优势，而非绝对优势；
③ 比较优势普遍存在（因为一个人不可能在两种物品生产上都拥有比较优势）；
④ 贸易无须外力强制，不必侵犯个人自由。

其中，第一条意为"贸易创造价值"——把物品从低价值使用者手中转移到高价值使用者手中，其含义可能需要稍微做一些说明。

回到经济学的永恒主题：

人们怎样才能获得幸福与满足？

张维迎认为，从人类历史来看，方式有两种：一是"强盗的逻辑"，即通过使别人不幸福，让自己变得幸福，如偷、欺骗、抢、掠夺、战争等；二是"市场的逻辑"，即互利互惠——为别人创造价值，为别人创造财富，然后自己获得收入，变得更幸福。

相比于"强盗的逻辑"，"使每个人的状况都变得更好"的贸易是一种现代方式。作为一种正和博弈，贸易推动"人人为我，我为人人"，从而让我们的社会变得更文明、更和谐、更美好。

由此，就容易理解，斯密为什么会强调"商业是最大的慈善"。

3.3 用边际进行思考

3.3.1 逐利需要计算成本

经济学家总是强调，"人的行为是有目的的"——追求自己的最大利益。

因此，分析人的行为，首先需要搞清楚：

利益是什么？

不同人的答案可能不尽相同。

因为，有的人喜欢美食，重视健康；有的人追求金钱，渴望权势；有的人追逐名气，崇尚荣誉；有的人热爱自由，珍惜情感⋯⋯

无论利益是什么，追求利益都需要行动。

由于资源相对稀缺，经济学家把人的每一项行动，都看作"选择"，并且强调选择了什么就意味着放弃了一些其他的什么。

类似于百里挑一，选择或资源配置决策一般是针对多种可选方案的择一决策。周末下午的两个小时，如果你选择去图书馆学习体育经济学，那么就意味着你放弃了其他选择，比如用这两个小时去看电影，或者打游戏。城市一隅的某块土地，如果政府选择把它拍卖给房地产开发商，那么就意味着政府放弃了其他选择，比如修建一座公园，或者建造一座体育馆。

换句话说，人只要行动，就会有成本——成本包含在行动中。

所以，经济学家总是强调，"世界上没有免费的午餐""有得必有失"。

图 3-1 中的"得"，在产品市场上对企业来说，就是自己行动和选择所产生的总收益（total revenue，TR）；对家庭来说，就是自己行动和选择所得到的总效用（total utility，U）。

其中的"失"，或者说"世界上没有免费的午餐"中的"费"，就是经济主体做出某一选择所支付和承担的总的机会成本——简称总成本（total cost，TC）。

机会成本（opportunity cost），是经济学最重要的概念之一，需要铭记于心。

在比较优势模型中，我们清楚，机会成本，是指人们做出某种选择时，舍弃的可从其他选择中所能获得的最大收益。回到前面的例子，周末下午学习体育经济学的机会成本，就是这两个小时用于其他所有可能选项，如看电影、打游戏、学习其他课程、跑步、睡觉、兼职赚钱等，所能得到的最大好处或价值。这里，我们应该注意，在金光闪闪的金钱之外，机会成本也可能是"隐性"的——不涉及直接的货币支付。

"有得必有失"，逐利的理性人，自然需要计算成本和收益，权衡得失。

比如，追求最大利益的企业，就需要权衡自己的总收益与总成本。

也就是说，企业需要计算自己的净收益（net revenue）或利润（profit）——总收益与总（机会）成本的差值。

为了表述方便，经济学家通常将净收益或利润记为 π，即有：

$$利润 = 总收益 - 总成本$$

$$\pi = \mathrm{TR} - \mathrm{TC}$$

(3-1)

由式（3-1）可知，企业追求最大利益，实际上等同于追求利润最大化。正因如此，企业的利益最大化问题，通常被称作利润最大化问题。

 **知识拓展 3-1**

理解成本，"别只盯着钱"

机会成本，有的显而易见，有的则不然。

为此，经济学家把企业生产的（机会）成本划分为两类：一类是显性成本（explicit cost），即生产中需要企业支出货币的投入成本，比如你开设一家游泳馆之后，需要支付员工工资、场馆租赁费等；另一类是隐性成本（implicit cost），即生产中不需要企业支出货币的投入成本，比如你没有给自己发工资，也没有为一些自有设备支付费用。

与经济学家不同，会计师的工作之一是记录流入和流出企业的货币。因此，他们仅计算显性成本，而忽视隐性成本。由于对成本理解不同，因此经济学家和会计师对利润的看法也就有了差异，即经济学家衡量的是企业的经济利润（economic profit），在经济学中一般简称利润；会计师衡量的是企业的会计利润（accounting profit）。

为了直观起见，我们把二者的差异用图 3-2 表示。

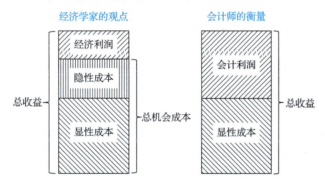

图 3-2 经济学家与会计师眼中的成本和利润

根据经济学家的观点，我们可以把式（3-1）改写为：

$$(经济)利润 = 总收益 - 总机会成本 \tag{3-2}$$

其中，

$$总机会成本 = 显性成本 + 隐性成本 \tag{3-3}$$

如图 3-2 所示，会计利润一般要高于经济利润。

这一结果出现的原因在于，会计师核算成本时"只盯着钱"，而非计算了生产中涉及的所有稀缺资源的价值。

在经济学家看来，隐性成本虽然不涉及现金支出，但对企业及其他经济主体的决策来说，与显性成本一样，非常重要。比如你打算现场看球，那你不仅要考虑门票、交通、停车等显性成本，还要考虑时间等相关的隐性成本。又比如你打算考研，那你不仅要考虑学费、住宿费、生活费等显性成本，还要考虑高昂的与时间等相关的隐性成本。

3.3.2　边际、边际变化与边际量

经济学原理说，"理性人考虑边际量"；经济学理念讲，"用边际进行思考"。

为了理解，我们需要先认识 3 个极易混淆的经济学术语：

① 边际；

② 边际变化；

③ 边际量。

从字面意思来看，边际是指边缘的、边界的。经济学中，边际（marginal）是指额外的、追加的、额外增加的或增加的。当然，边际也可以理解为额外减少的或减少的。虽然表述不同，但它们并无本质差异。前一种说法之所以更常见，更多的是因为习惯使然，或者说是为了表述的方便。

与边际相对应，边际变化（marginal change）是指在现有行动边缘上进行的微小调整或微量变动。经济学中，边际变化也可以理解为"额外增量"或"增量"。例如，周末再增加一个小时去学习体育经济学，在食堂再多买一个馒头或再多打一两米饭，为了健康或减肥每天再多跑一千米，都是我们行动的边际变化或边际调整。

"人的行为是有目的的"，意思是说，人的行动指向目的，是为目的服务的。

所以，在数学上，决策者的目的或目标，可以看作其行动的函数。

这个函数，经济学家称之为目标函数。

用 y 表示决策者的目标（如企业的净收益或利润），用 x 表示决策者的行动（如企业的产量），那么决策者的目标函数可以记为 $y = f(x)$。目标函数 $y = f(x)$ 的意思是，y 随 x 的变动而变动，即目标的值会随着行动的变动而变动，如企业的利润会随其产量的变动而变动。

在 $y = f(x)$ 中，行动 x 被称作函数的自变量（independent variable），即由决策者操纵、掌握的变量；目标 y 被称作函数的因变量（dependent variable），即因自变量作用而发生变动的变量。自变量为决策者主动操纵、掌握，是引起因变量发生变动的因素或条件。因此，自变量 x 被看作是因变量 y 的原因。

人的行动的变动，即使是一个微小的调整，也会对目标实现（程度）产生一定的影响。比如，企业再多（或少）生产和售卖 1 单位产品，它的利润（数量）也会随之发生变动。为了实现最大利益，决策者需要了解，自己的行动对目标有着怎样的影响。

为了测度行动对目标的影响程度或强度，经济学家引入了一个重要的术语——边际量（marginal quantity），即对函数关系中自变量（边际上）的微小变动与由此导致的因变量的变动的数学度量。或者更简洁地说，边际量是两个增量之比，即自变量的增量与因变量的增量之比。

根据这一定义以及目标函数，边际量可以表述为：

$$边际量 = \frac{\Delta y}{\Delta x} \tag{3-4}$$

其中，Δx 表示的是自变量 x 的一个微小调整或微小增量，即决策者行动的边际变化；Δy 表示的是由于自变量 x 发生微小调整，因变量 y 随之发生的变动数量，即因行动微小调整而导致决策者目标实现程度的变动数量。

在式（3-4）中，容易发现，当右侧分数中的分母 Δx 为 1 时（即行动的边际变化为 1 时），边际量的计算最方便、最简单。正因如此，在经济学教材，包括本书的后续章节中，决策者某一行动的微小调整通常被表述为（在这个行动的边缘上）"再增加 1 单位"或"额外增加 1 单位"。如分析家庭消费决策时，会说"额外增加 1 单位商品的消费"；分析企业生产决策时，会说"额外增加 1 单位商品的生产"；等等。

相应地，<u>边际量</u>也指自变量额外变动 1 单位所导致的因变量的变动数量。

知识拓展 3-2

边际量、斜率与导数：三位一体

在几何图形上，边际量就是斜率。

如图 3-3 所示，曲线 $y = f(x)$ 的割线 MN 的斜率，是对 x 的变动（即从 x_0 调整到 $x_0 + \Delta x$ ）与由此引发的 y 的变动（即 $f(x_0 + \Delta x) - f(x_0) = \Delta y$ ）之间关系的数字度量。

或者，像边际量的常规表述那样，<u>斜率</u>（slope）也可以说是自变量 x 的单位变动所引起的因变量 y 的变动。

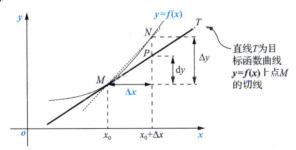

图 3-3　边际量、斜率与导数：三位一体

在图 3-3 中，当自变量 x 在点 x_0 处取得增量 Δx 时，因变量 y 相应地取得增量：
$$\Delta y = f(x_0 + \Delta x) - f(x_0)$$

当 Δx 趋近于 0 （ $\Delta x \to 0$ ）的时候，如果 Δy 与 Δx 之比的极限存在，则称函数 $y = f(x)$ 在点 x_0 处可导，并称这个极限为函数 $y = f(x)$ 在点 x_0 处的导数，记作：

$$f'(x_0) = \lim_{\Delta x \to 0} \frac{\Delta y}{\Delta x} = \lim_{\Delta x \to 0} \frac{f(x_0 + \Delta x) - f(x_0)}{\Delta x} \tag{3-5}$$

如果函数 $y = f(x)$ 在其定义域内处处可导，那么定义域内的每一个确定的 x 值都对应着 $f(x)$ 的一个确定的导数，这样就构成了一个新的函数，这个函数就是原函数 $y = f(x)$ 的导函数，通常被记作 y' 或 $f'(x)$ 。

把式（3-5）中的 x_0 换成 x ，即得到导函数的定义式：

$$f'(x) = \lim_{\Delta x \to 0} \frac{\Delta y}{\Delta x} = \lim_{\Delta x \to 0} \frac{f(x + \Delta x) - f(x)}{\Delta x} \tag{3-6}$$

也就是说，<u>导数</u> $f'(x)$ 实际上就是自变量的增量 $\Delta x \to 0$ 时边际量或斜率的极限。

在微积分中，导数 $f'(x)$ 也经常被记作 y' 、 $\dfrac{dy}{dx}$ 或 $\dfrac{df(x)}{dx}$ 。其中，dx 代表的是自变量 x 的

微分（differential），或者说自变量 x 的一个微小变化量，且有 $dx = \Delta x$；dy 和 $df(x)$ 代表的是函数 $y = f(x)$ 的微分，且有 $dy = df(x) = f'(x)dx$。同时，微积分的知识告诉我们，在 $f'(x) \neq 0$ 的条件下，当 $|\Delta x|$ 很小的时候（并不要求 $\Delta x \to 0$），有近似等式 $\Delta y \approx dy$。

再次回到图 3-3，对可微函数来说，当 $|\Delta x|$ 很小的时候，在点 M 附近，我们可以用切线段 MP 来近似替代曲线段 MN。也就是说，用微分 $dy = f'(x)dx$ 近似替代增量 $\Delta y = f(x + \Delta x) - f(x)$。正如图 3-3 所展示的，导数 $f'(x)$ 是曲线 $y = f(x)$ 的切线的斜率。这里的近似替代，实际上就是用切线 T 的斜率近似替代割线 MN 的斜率。

综上所述，我们可以说，"边际量、斜率与导数，是三位一体的"。

3.3.3 让边际收益等于边际成本

现在，让我们回到经济主体的决策问题：

如何在各可行选项中找到最优选项？

所谓最优（optimum），就是使总收益减去总成本后的净收益最大的可行选择。

寻找最优，方法有两种：

一是水平优化，即先分别计算各可行选项的净收益，然后从中挑选出最优选项；

二是差别优化，即先计算从一个选项换成（临近的）另一个选项时净收益的变动，然后通过边际比较来选择最优选项。

两种方法的共同点是都需要计算净收益。

两种方法的差别则可以通过一个简单的例子来说明。

一个篮子里装有 100 个大小不一的苹果，如何挑出其中最大的苹果？

水平优化的办法，就是一一对比；差别优化的办法，则是先排除，把那些不可能是最大的苹果先排除掉，留下最大的苹果（但不保证是最大的），然后进行边际分析。

两种方法都可以找到最优选项。

不过，水平优化有时却难以奏效，尽管它浅显易懂。

比如，下围棋。

围棋，是一种既简单又复杂的游戏。一方面，围棋的规则比较简单：棋子走在交叉点上，双方交替行棋，以围地多者为胜；另一方面，因可行选项数量庞大，围棋又无比复杂：棋盘上有纵横各 19 条直线，将棋盘分成 361 个交叉点，一共约有 10^{170}（10 的 170 次方）种可能性或可行选项，即使是超级计算机，也无法穷举围棋所有的可能结果。

所以，AlphaGo 之父哈萨比斯选择了差别优化。

为了让 AlphaGo 战胜世界顶级棋手，哈萨比斯及其团队设计了两个可以深度学习的神经网络——策略网络和价值网络。其中，策略网络用来预测人类棋手后手最有可能发生的排名前 5 或者前 10 的（潜在）位置移动，并不分析所有可能下法（均值近 200 种）；类似地，价值网络则用来计算和预测自己的各种可能下法的赢棋概率，并通过置信区间进行学习，选出最有可能获胜的情形和下法。

2016 年 3 月，AlphaGo 以 4∶1 的总比分击败世界冠军、韩国棋手李世石；2017 年 5 月，在学习中不断成长的 AlphaGo，又以 3∶0 的总比分战胜世界排名第一的中国棋手柯洁。

与 AlphaGo 一样，为了找到最优，经济学家强调"人们在边际上做选择"。

等同于"理性人考虑边际量""用边际进行思考"，经济学家的意思是，通过行动的边际变化或边际调整，人们可以从各可行选项中挑选出最优选项。或者说，通过边际分析，决策者可以找到自己的最优选项。

所谓边际分析（marginal analysis），是指对行动微小调整所产生的边际收益与边际成本进行的计量、比较和分析。其中，边际收益（marginal revenue，MR）是指某一行动额外 1 单位的调整所产生的额外收益；边际成本（marginal cost，MC）是指某一行动额外 1 单位的调整所产生的额外成本。

生活中，我们的决策很少是极端的非黑即白。相反，它经常需要在介于黑白之间的灰色地带做出选择。或者说，需要在"多一点"与"少一点"之间进行选择。午餐时，你的决策一般不是在完全不吃与大吃一顿之间进行选择，更多的可能是问自己"是否再多加一点米饭"。考试临近时，你的决策不是在放弃考试与每天学习 24 小时之间做出选择，而是考虑是否该多花 1 小时去复习功课（在现有的学习安排的基础上）。

我们知道，理性人"充满理智""精于判断和计算"。一般情形下，理性人没有经过全面、仔细计算的初选方案就算不是最好的，也应该是最好的之一，或者说与最优的结果不会偏离太远。正如早餐时你要买 3 元钱的葱油饼，老板第一刀切下来的那一块总会与你所要的相差无几。为了保证切给你的正好是价值 3 元钱的，在第一刀之后，老板只需要做边际调整，即再增加一点或再减少一点，就能让你得到想要的。

边际分析中，最优决策遵循的是边际优化原理（principle of optimization at the margin），即如果某一行动的微小调整所带来的边际收益与边际成本正好相等，那么该行动就是最优的。更简洁地说，最优选择应具有的性质或前提条件之一是，

$$边际收益 = 边际成本$$

$$MR = MC \tag{3-7}$$

式（3-7）为什么是最优选择的前提条件？

采用反证法，假设某个行动的选择是最优的，但是这个行动的微小调整所带来的边际收益与边际成本并不相等。如果这个行动的一个微小调整所产生的边际收益大于边际成本，那么通过这个调整，就可以进一步增加净收益；如果这个行动的微小调整所产生的边际收益小于边际成本，那么通过与这个微小调整相反的调整，也可以进一步增加净收益。

显然，这个假设是自相矛盾的。

由此，我们知道，如果某个行动的选择是最优的，那么任何微小调整都不能增加其净收益，即有边际收益 MR 等于边际成本 MC，否则这个选择就不是最优的。

作为经济学最基本的分析方法之一，边际分析的重要性无须多言。

在后续章节中，我们将会反复用到边际分析、边际优化原理，即"边际收益 = 边际成本"或"MR = MC"。对于初学者来说，熟悉和习惯边际思考的逻辑可能需要时间。因此，进一步学习下面的知识拓展，是有必要的。

知识拓展 3-3

边际革命、微积分与最优化

19 世纪 70 年代，瓦尔拉斯、杰文斯、门格尔等引领的边际革命，被认为是经济学的一场全面革新。正如第 2 讲已提到的，边际效用学派的贡献在于边际效用价值论和边际分析方法。这里，我们以企业决策为例，对后者进行一个简要的介绍。

理性人的目的是追求自己的最大利益。对企业来说，就是追求最高的利润。

在数学上，企业的最优问题可以表述为：

$$\max 利润 = 总收益 - 总成本$$
$$\max \pi = TR(x) - TC(x)$$

（3-8）

式（3-8）中的自变量 x，即企业的行动。一般情形下，自变量 x 涉及的是产品数量（或者产品价格）。当然，在产品数量给定的情形下，如足球联赛每个赛季的场次总是给定的，自变量 x 也可能是产品质量，或者是与要素投入和需求相关的变量（如职业俱乐部雇用的球员的数量或质量等）。

对于式（3-8）所代表的企业最优问题，根据微积分的相关知识容易知道，用数学方法求极值就是对目标函数求导，当它的一阶导数为 0 时，即找到极值点。

由此，企业最优问题的一阶条件记为（这里我们不探讨二阶条件）：

$$\frac{d\pi}{dx} = \frac{dTR(x)}{dx} - \frac{dTC(x)}{dx} = 0$$

（3-9）

根据定义以及知识拓展 3-2，边际收益与边际成本可分别写作 $MR(x) = dTR(x)/dx$、$MC(x) = dTC(x)/dx$。也就是说，式（3-9）中的 $dTR(x)/dx$ 代表的是企业（某一）行动的微小调整所带来的边际收益，$dTC(x)/dx$ 代表的是该微小调整所产生的边际成本。

式（3-9）反映了边际优化原理——如果某一行动的微小调整所带来的边际收益与边际成本正好相等，那么该行动就是最优的。

相应地，式（3-9）可以改写为：

$$MR(x) = MC(x)$$

（3-10）

简便起见，式（3-10）经常被写作 $MR = MC$，即式（3-7）。

杰文斯说，经济学是"快乐与痛苦的微积分学"。显然，对于认识和学习经济学，熟悉和掌握一定的微积分知识，如基本初等函数的求导，函数的和、差、积、商的求导，多元函数的偏导数、偏微分和全微分，以及条件极值问题中的拉格朗日函数和拉格朗日乘子法等，无疑帮助极大。

思考与讨论

1. 为什么个体商户的老板经常会高估他们的利润水平？
2. 举例说明你在进行某一行为选择时会遇到哪些约束。

3. 针对你的家人及朋友，列举一种他们参与产品和服务市场的方式，以及一种参与生产要素市场的方式。

4. 基于循环流向图，考察自己家的经济活动和行为选择，你是否有新的认识？

5. 你在水上篮球比赛中赢得了 100 元。你可以选择现在花掉它，或者在利率为 5%的银行账户中存 1 年。现在花掉 100 元的机会成本是什么呢？

6. 在 1 小时内，甲可以洗 2 辆汽车或剪 1 块草坪，乙可以洗 3 辆汽车或剪 1 块草坪。谁在洗汽车上有绝对优势，谁在剪草坪上有比较优势？

7. 1918 年，贝比·鲁斯加入纽约洋基时，他既是球队最好的投手，也是球队最好的击球手。假设你是当时球队的主教练，你该如何决策？

8. 为什么经济学家主要使用差别优化而不是水平优化？

第4讲

看见"看不见的手"

　　理解市场、理解经济学，"看不见的手"是关键。在本讲，由买者的权衡取舍，可以看见个人需求与市场需求及二者的影响因素；由卖者的权衡取舍，可以看见个人供给与市场供给及二者的影响因素；当他们"走"到一起时，在买者与卖者的竞争、买者之间的竞争、卖者之间的竞争中，"看不见的手"及其作用或价值，便几乎一览无余。

教学目标

　　通过学习，掌握个人需求与市场需求及二者的影响因素；掌握个人供给与市场供给及二者的影响因素；理解经济学的市场结构之一——完全竞争，以及"竞争均衡带来社会最优"或"自由竞争是件好事情"。

教学要求

章节安排	主要内容	知识要点
4.1 消费决策与市场需求	（市场）需求及其影响因素	效用、消费者均衡、个人需求、支付意愿、市场需求、需求的变动
4.2 生产决策与市场供给	（市场）供给及其影响因素	边际成本、停产点、个人供给、保留价格、市场供给、供给的变动
4.3 完全竞争与市场均衡	竞争均衡及其经济含义	完全竞争、价格接受者、均衡分析、市场机制、社会总剩余、激励

引言：经济学深处的秘密

在《作为实验科学的微观经济系统》中，史密斯曾感叹，"价格体系——秩序是如何从自由选择中产生的？如同宇宙的膨胀、物质间的引力，这是一个深邃、基本和发人深思的科学秘密。"

我们没有揭秘的能力，这里想要做的，不过是推荐一个有力的工具——"供给-需求"模型与均衡分析。因为，在《微观经济学：现代原理》中，考恩和塔巴洛克曾告诫我们，"经济学中最重要的工具就是供给、需求和均衡等概念。如果你理解了这些工具，哪怕你对其他的东西知道得很少，你也有资格说，你具有了经济学方面的素养。如果你不理解这些工具，其他的方面你就会理解得更少。"

4.1 消费决策与市场需求

4.1.1 买者问题及最优决策

"人的行为是有目的的"，经济学一般假设消费者（买者）的目的是效用最大化。

所谓效用（utility），是指买者从商品消费中所获得的满足感。趋利避害，人总是追求给他们带来快乐的东西，回避给他们带去痛苦的事物，所以，效用可以理解为买者从消费中得到的快乐、好处或福利。

就效用而言，经济学家假设消费有两个"特色"。

一是越多越"好"。"商品是好的"，因此，消费总是能够提升总效用，增加 1 单位商品消费所带来的额外效用——边际效用（marginal utility，MU）总是为正。

二是"好"在变小。想象一下你在收集明星签名球衣，如果你已经有了好几件，那么新增一件带给你的愉悦感将会变弱。也就是说，存在边际效用递减规律（law of diminishing marginal utility），即随着消费数量的增加，新增 1 单位商品消费所带来的边际效用是递减的。

买者的效用最大化问题，从逻辑上可以分解为两个小问题：

① 购买什么；

② 购买多少。

"购买什么"，就是问"权衡取舍"的对象有哪些，是什么。经济学家称之为消费集（consumption set，S_c），即买者能想到的所有可能的消费组合。世界上的商品千千万万，为了简化起见，经济学家一般会假设消费集 S_c 由两种商品组成，即 $S_c = \{x, y\}$ 或 $S_c = (x, y)$。其中，x 代表其中的一种商品（的数量）——这里我们假设其为体育商品（如网球、球衣、球袜、门票、运动鞋、健身课、羽毛球拍或功能饮料等），y 则代表另一种商品（的数量）——体育商品之外的所有其他商品（组合）。

"购买多少"，第 3 讲已提到过，阿西莫格鲁等认为，该问题包含 3 个基本要素：①你偏好什么；②商品的价格；③你有多少钱。

从字面来看，偏好即偏爱，指相比于某物更喜爱另一物。经济学中，偏好（preference）是指买者根据自身喜好对消费集的排序。

"偏好什么"，可以用无差异曲线来表示。所谓无差异曲线（indifference curve），是指能带来同等效用水平的所有商品组合点的连线。

如图 4-1 所示，对代表性买者 Arya 来说，两种商品组合 (x_1, y_1) 与 (x_2, y_2) 给她带来的效用是无差异的，皆为 U_0。把所有能带来效用 U_0 的商品组合都标记到直角坐标系上，就可以得到 Arya 的一条无差异曲线 U_0。U_0 右上方的点，如点 F，代表比 U_0 更高的效用水平 U_2。对 Arya 来说，她对点 F 商品组合的偏好要超过 (x_1, y_1) 或 (x_2, y_2)。U_0 左下方的点，如点 E，代表比 U_0 更低的效用水平 U_1。对 Arya 来说，她对 (x_1, y_1) 或 (x_2, y_2) 的偏好要超过点 E 的商品组合。

假设体育商品和其他商品的价格分别为 P_x、P_y，同时收入为 M 的 Arya 是一个价格接受者（price taker）——在市场价格下任何数量的商品都可以买到，但出价低于市场价格就会一无所获。这样，我们可以画出 Arya 的预算线（budget line），即在既定收入和商品价格条件下，一条表示买者全部收入所能购买到的两种商品的所有可能组合的线（图 4-2）。

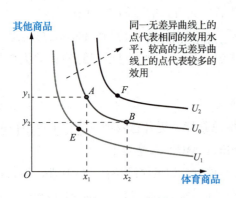

图 4-1 Arya 的一簇无差异曲线

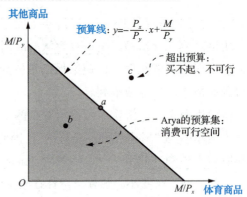

图 4-2 Arya 的预算线与可行集

在数学上，预算线可以表述为：

$$y = -\frac{P_x}{P_y} \cdot x + \frac{M}{P_y} \tag{4-1}$$

式（4-1）告诉我们，Arya 的预算线在 y 轴上的截距为 M/P_y，斜率为 $-P_x/P_y$。它表明 Arya 在体育商品上的花销 $P_x x$ 与在其他商品上的花销 $P_y y$ 加起来，正好等于她的预算或收入 M。

如图 4-2 所示，预算线上的任何一点（如点 a），代表全部收入刚好花完；预算线以外的任何一点（如点 c），都是当前收入无法实现的；预算线以内的任何一点（如点 b），表示在购买之后还有剩余。

也就是说，外部环境"商品的价格"与内部条件"你有多少钱"，一起决定了买者权衡取舍的可行集（feasible set）——符合所有约束的解的集合，即图 4-2 中的阴影区域。

把图 4-1 和图 4-2 结合起来，我们可以得到图 4-3。

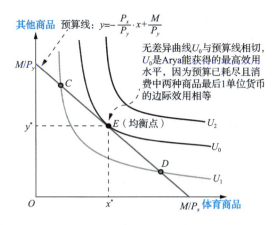

图 4-3　**Arya** 的最优决策与消费者均衡

如图 4-3 所示，Arya 选择的商品组合 (x, y) 所处的无差异曲线与其预算线之间存在以下 3 种可能情形：

① 无差异曲线与预算线无关；

② 无差异曲线与预算线相交；

③ 无差异曲线与预算线相切。

容易发现，情形③是最优的。

在情形③中，无差异曲线 U_0 与预算线相切于点 E。切点 E 被称为消费者均衡，代表 Arya 实现效用最大化的最优商品组合 (x^*, y^*)。

原因很简单：对 Arya 来说，无差异曲线 U_0 右上方所有的点或商品组合，都不在其预算集内，是"可望而不可即"的；无差异曲线 U_0 左下方所有的点或商品组合，虽然是"可望又可即"的，但所带来的效用都要低于 U_0。

 知识拓展 4-1

消费者最优决策的数学推导

在数学上，消费者决策的最优问题（约束条件为支出不超过收入）可以表述为：

$$\max_{x, y} \text{TU}(x, y)$$

$$\text{s.t.} P_x \cdot x + P_y \cdot y \leqslant M$$

针对这一问题，可构建拉格朗日函数 $\mathcal{L} = \text{TU}(x, y) - \lambda(P_x \cdot x + P_y \cdot y - M)$（$\lambda$ 即所谓的拉格朗日乘子）。根据拉格朗日定理，消费者最优消费组合 (x^*, y^*) 需满足的一阶条件为：

$$\frac{\partial \mathcal{L}}{\partial x} = \frac{\partial \text{TU}(x^*, y^*)}{\partial x} - \lambda P_x = 0 \tag{4-2}$$

$$\frac{\partial \mathcal{L}}{\partial y} = \frac{\partial \text{TU}(x^*, y^*)}{\partial y} - \lambda P_y = 0 \tag{4-3}$$

$$\frac{\partial \mathcal{L}}{\partial \lambda} = -P_x \cdot x^* - P_y \cdot y^* + M = 0 \tag{4-4}$$

其中，式（4-4）体现了消费者最优决策的特征之一：全部预算或收入都被耗尽。

由式（4-2）和式（4-3），可得：

$$\frac{\partial \mathrm{TU}(x^*, y^*)/\partial x}{P_x} = \frac{\partial \mathrm{TU}(x^*, y^*)/\partial y}{P_y} = \lambda \tag{4-5}$$

式（4-5）中，拉格朗日乘子 λ 代表的是货币的边际效用，即新增 1 单位货币支出所带来的新的效用增加量。由于

$$\frac{\partial \mathrm{TU}(x^*, y^*)}{\partial x} = \mathrm{MU}_x(x^*, y^*)$$

$$\frac{\partial \mathrm{TU}(x^*, y^*)}{\partial y} = \mathrm{MU}_y(x^*, y^*)$$

因此式（4-5）可以改写为：

$$\frac{\mathrm{MU}_x}{P_x} = \frac{\mathrm{MU}_y}{P_y} \tag{4-6}$$

式（4-6）体现了消费者最优决策的特征之二：消费支出的最后 1 单位货币无论购买何种商品都是无差异的。

式（4-6）也可改写为 $\mathrm{MU}_x/\mathrm{MU}_y = P_x/P_y$，此时，左侧的 $\mathrm{MU}_x/\mathrm{MU}_y$ 可以理解为消费者对商品 x（边际）价值的一种相对的主观评价。对于同样的商品 x 和 y，不同消费者的主观评价或"内部"评价不尽相同。右侧的 P_x/P_y，代表着商品 x 和 y 的市场交换率，可以理解为商品 x 和 y 在市场上的"外部"价值之比。因此，式（4-6）也意味着，市场中商品 x 和 y 的每一个消费者，都必须以相同的方式来评价边际消费。

4.1.2 从个人需求到市场需求

接下来，考虑一个小变动：

如果体育商品的价格 P_x 发生变动，Arya 该如何选择？

价格 P_x 发生变动，将导致预算线产生位移，从而改变 Arya 消费选择的可行集。Arya 需要在新的预算约束下（虽然收入 M 没有变动），找到自己消费的最优商品组合。

如图 4-4 所示，假设体育商品价格初始为 P_0，Arya 的预算线 BL_0 与无差异曲线 U_0 相切于点 E_0。此时，Arya 消费的最优商品组合为 (x_0, y_0)。如果体育商品价格由 P_0 上升至 P_1，Arya 的预算线 BL_0 将向左下方旋转至 BL_1（纵轴截距 M/P_y 不变）——她的可行集变小了。新的预算线 BL_1 与位置较低的无差异曲线 U_1 相切于点 E_1。根据边际优化原理，在新的价格 P_1 下，Arya 将选择消费 (x_1, y_1)。相反，如果价格由 P_0 下降至 P_2，Arya 的预算线 BL_0 将会向右上方旋转至 BL_2——她的可行集变大了。新的预算线 BL_2 与位置较高的无差异曲线 U_2 相切于点 E_2。根据边际优化原理，在新的价格 P_2 下，Arya 的最优消费为 (x_2, y_2)。

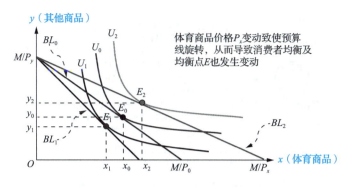

图 4-4　价格变动与 Arya 的最优商品组合变动

换句话说，如果商品价格发生变动，Arya 为了达到效用最大化，会调整自己的最优消费组合。如图 4-4 所示，在所有其他因素保持不变的条件下，体育商品价格 P_x 与 Arya 对该商品的需求量之间存在一一对应关系，如 P_0 对应 x_0、P_1 对应 x_1、P_2 对应 x_2 等。价格与 Arya 的需求量之间的这种一一对应关系，经济学家称之为个人需求（individual demand），即在一定时期内，在每一价格水平下，某消费者愿意而且能够购买的某一商品的数量。

展示需求的方式之一是需求表。

所谓需求表（demand schedule），是指表示商品需求量与价格之间关系的表格。

表 4-1 展现了一定时期（如一个月），在不同价格水平下，Arya 愿意而且能够购买的体育商品——网球（训练用球）的数量。

表 4-1　Arya 的网球需求表

网球的价格 P/（元/桶）	网球的需求量 Q_i^d/桶
0	7
10	6
20	5
30	4
40	3
50	2
60	1

表 4-1 中，根据价格（price，P）与需求量（demand quantity，Q^d）的习惯表述，我们把网球的价格 P_x 以及 Arya 个人的需求量 x，分别改写为 P 和 Q_i^d（i 表示消费者 i，本例中为 Arya）。

展示需求的方式之二是需求曲线。

所谓需求曲线（demand curve），是指表示商品需求量与价格之间关系的曲线。

把表 4-1 中的每个价格及其对应的需求量，绘制在"价格-需求量"坐标图上，便可以得到一系列（圆）点。价格 P 被绘制于纵轴上以突出显示，尽管它是自变量。如图 4-5 所示，用线段把这些圆点连接起来，得到一条阶梯状的曲线，这便是单个消费者——Arya 的网球需求曲线。

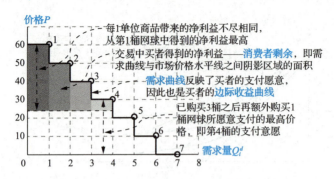

图 4-5　Arya 的网球需求曲线与消费者剩余

需求曲线告诉我们，买者的需求量如何随商品价格的变动而变动，其特征是：

① 需求曲线向右下方倾斜（反映需求定理）；

② 需求曲线是买者的边际收益曲线。

作为经济世界的重要规律之一，需求定理（law of demand）是指在所有其他因素保持不变的条件下，需求量会随着商品价格的上升而下降。

需求定理表明，随着消费数量的上升，买者的支付意愿是下降的。

所谓支付意愿（willingness to pay），是指买者为了获得额外 1 单位商品而愿意支付的最高价格。如表 4-1、图 4-5 所示，尽管可以任意购买，但为了得到第 1 桶网球，Arya 最多愿意支付 60 元；为了额外多消费 1 桶——第 2 桶网球，Arya 最多愿意支付 50 元……

当然，需求曲线也可以这样理解：对 Arya 来说，第 1 桶网球的边际收益为 60 元，所以价格一旦超过 60 元/桶，Arya 就会选择不购买；第 2 桶网球的边际收益为 50 元，所以价格一旦超过 50 元/桶，Arya 就会选择不购买第 2 桶网球……

因此，对买者来说，支付意愿实际上就是边际收益。

换句话说，需求曲线代表买者的支付意愿，同时也是买者的边际收益曲线。

我们记得，经济学原理之一是"贸易可以使每个人的状况都变得更好"。其中，买者得到的"好"，经济学家称之为消费者剩余（consumer surplus），即买者在每 1 单位商品上所获得的净利益的总和。消费者剩余由买者的支付意愿（边际收益）与市场价格（边际成本）的差额来度量。在图形上，消费者剩余为需求曲线与市场价格水平线之间阴影区域的面积。假设网球市场价格为 25 元/桶，容易计算，Arya 的消费者剩余为 80 元，即 $(60-25) \times 1 + (50-25) \times 1 + (40-25) \times 1 + (30-25) \times 1 = 80$ 元。

由个人需求，通过水平加总（horizontal summation）——先选定一个价格水平，再把该价格水平下的个人需求量加总起来，可以推导出市场需求（market demand），即市场上所有消费者对某一商品的需求总和。为简便起见，假设市场仅有 Arya 和 Jon 两名消费者，其中 Jon 的需求情况如表 4-2 第 3 列所示。

水平加总的结果，则如表 4-2 第 4 列以及图 4-6 所示。

表 4-2　个人需求与市场需求表

价格 P	Q^d_{Arya}	Q^d_{Jon}	市场需求量 Q^d
0	7	15	22
10	6	13	19
20	5	11	16

价格 P	Q^d_{Arya}	Q^d_{Jon}	市场需求量 Q^d
30	4	9	13
40	3	7	10
50	2	5	7
60	1	3	4

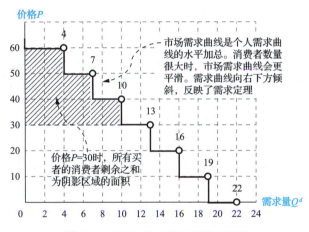

图 4-6　水平加总后的市场需求曲线

巾场需求曲线表示，当所有其他因素保持不变时，一种商品的总需求量是如何随该商品的价格变动而变动的。如同个人需求曲线，市场需求曲线也向右下方倾斜——反映需求定理。

4.1.3　市场需求的影响因素

前面为了简化分析，我们总是假设"所有其他因素保持不变"。

之所以反复提及"所有其他因素保持不变"，是因为担心该假设会被忽视，更是因为与价格因素一样，所有其他因素——非价格因素也是影响需求的重要变量。

一般情形下，影响市场需求的非价格因素主要有以下几个。

（1）偏好

偏好决定消费者的无差异曲线，是影响市场需求最重要的因素之一。

因为存在偏好，所以在超市里面对功能相仿、价格相差不大的饮料时，有人只选择购买百事可乐，有人只选择购买可口可乐。因为存在偏好，所以在足球场上我们会发现，个别收入不错的球友脚下穿的始终是不起眼的飞跃田径鞋。

（2）收入

收入通过影响预算线和叮行集来影响消费决策和市场需求。

因收入对需求的影响不同，我们可以将商品划分为两类：一类是正常品（normal goods），即在所有其他因素保持不变的条件下，收入上升将引起需求增加的物品，如潮牌运动鞋、落场版球衣等；另一类是低档品（inferior goods），即在所有其他因素保持不变的条件下，收入上升引起需求下降的物品，如盗版教材、大排档餐饮服务等。

（3）相关商品的价格

相关商品（related goods）主要有两种，即替代品和互补品。

所谓替代品（substitutes），是指功用相同或相近、可以满足消费者同一需要的两种商品，如红牛与乐虎的饮料、百岁山与农夫山泉的饮用水。如果两种商品是替代品，那么一种商品的价格下降会引起另一种商品的需求下降。

所谓互补品（complements），是指那些需要配套起来才能（更好）使用的商品，如羽毛球与羽毛球拍、运动鞋与球袜。如果两种商品是互补品，那么一种商品的价格下降会引起另一种商品的需求上升。

（4）预期

需求总是指向一定的时间——在一定时期内。自然地，未来的预期也会影响当前的需求。影响需求的预期主要涉及两个方面，即价格预期与收入预期。如果预期下个月的生活费或收入将大幅提升，对心仪已久的某品牌新款运动鞋，有人就会选择立马入手。如果预期在即将到来的"6·18"或"双十一"，该新款运动鞋会大幅降价，那么许多人会选择延迟消费。

（5）买者数量

除了影响消费者行为的上述因素，买者数量的多寡，也是影响市场需求的重要因素。市场上除了 Arya 和 Jon，如果还有新消费者进入，那么市场需求就会增加。相反，如果 Arya 或 Jon 退出市场，那么市场需求就会减少。

 知识拓展 4-2

市场需求的影响因素与市场需求变动

把市场需求的影响因素划分为两类的一个原因是，相关商品的价格以及消费者的偏好、收入、预期、数量等非价格因素无法在坐标轴上直接标出来。

为了避免混淆，经济学家把价格因素与非价格因素的影响区分为：

① 需求量的变动（change in quantity demanded），即在所有其他因素保持不变时，因商品自身价格变动而引起的需求数量的变化，如图 4-7（a）中的情形；

② 需求的变动（change in demand），即在商品自身价格不变时，由其他因素的变动而引起的需求数量的变化，如图 4-7（b）中的情形。

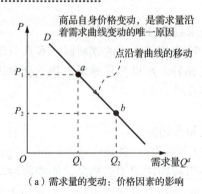

（a）需求量的变动：价格因素的影响

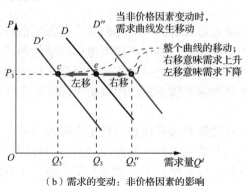

（b）需求的变动：非价格因素的影响

图 4-7　沿着需求曲线的移动与需求曲线的移动

　　为了方便和美观，在图 4-7 中，弯折的市场需求曲线（图 4-6）被画成一条直线。由于都反映或遵循需求定理，因此，图 4-7 与图 4-6 并无本质区别。当非价格因素变动时，需求的变动表现为整条需求曲线的移动。非价格因素发生变动而引起的需求曲线右移，我们称之为需求上升（而不是需求量增加）；相反，如果需求曲线左移，则称之为需求下降。

　　不同因素对市场需求的影响（在其他因素保持不变的条件下），不尽相同。

　　我们把它们简要地总结于表 4-3 中。

表 4-3　市场需求的影响因素

	影响因素	影响表现	作用
	价格（P）	点沿着需求曲线移动	反向：价格上升，需求下降
非价格因素	偏好	需求曲线移动	同向：偏好增强，需求上升
	收入	需求曲线移动	收入上升，正常品需求上升 收入上升，低档品需求下降
	相关商品的价格	需求曲线移动	替代品价格上升，需求上升 互补品价格上升，需求下降
	预期	需求曲线移动	同向：预期价格上升，需求上升
	买者数量	需求曲线移动	同向：买者数量增加，需求上升

4.2　生产决策与市场供给

4.2.1　短期的生产与成本

　　"人的行为是有目的的"，经济学一般假设企业（卖者）的目的是利润最大化。

逻辑上，企业利润最大化问题一般可以细分为 3 个小问题：

① 生产什么；

② 生产多少；

③ 怎样生产。

　　生产（production）是指将投入转化为产出的过程。其中的投入，统称为生产要素（factor of production），即生产中所使用的各种经济资源，一般包括劳动、资本、土地、企业家才能等。例如，一支棒球队，需要投球手、接球手和击球手，需要教练及运营团队，需要训练场和体育馆；一家体育直播平台，需要解说员，需要赛事版权，需要技术支持。

　　下面，我们以典型企业——Tyrion 为例，来回应前面的 3 个小问题。

　　为了简便起见，对于"生产什么"，我们假设 Tyrion 选择生产体育产品——网球（训练用球）；对于"生产多少"，我们暂时假设 Tyrion 选择产量为 Q。这样，"怎样生产"实际上等同于"该选择投入哪些以及多少生产要素以生产数量为 Q 的网球"。

　　进一步假设 Tyrion 投入的要素有两种：一是劳动或劳务（labor，L），即生产经营过程中人的体力和智力使用（可细分为体力劳动与脑力劳动）；二是物质资本或资本（capital，K），即机器、设备、工具、厂房、仓库等资本品或资产。

生产需要时间。在时间维度，生产涉及两种情形：一是短期（short run），即只有一些生产要素是可变的时期；二是长期（long run），即所有的生产要素都是可变的时期。短期或长期，并不指向具体的时间跨度，仅取决于所有生产要素是否都可以自由调整。

相应地，短期生产要素可以分为两类：一是固定生产要素（fixed factor of production）指短期不可变动的生产要素；二是可变生产要素（variable factor of production）指短期可以变动的生产要素。按照习惯做法，我们假设在 Tyrion 的短期生产中，资本 K 是固定要素（固定为 $\bar{K}$），劳动 L 是可变要素。

表 4-4 展示了短期情形下 Tyrion 每天的网球生产情况。

表 4-4　短期情形下 Tyrion 每天的网球生产情况

(1) 工人数 L（人）	0	1	2	3	4	5	6	7	8	9	10	11	12
(2) 总产量 Q（桶）	0	10	21	35	46	55	63	70	76	81	85	88	90
(3) 边际产出 MP_L=(2)的变动量/(1)的变动量（桶）		10	11	14	11	9	8	7	6	5	4	3	2

表 4-4 中，如果不雇用工人，Tyrion 每天网球的总产量为 0 桶；如果只雇用 1 个工人，总产量为 10 桶；如果雇用 2 个工人，总产量为 21 桶，如此等等。随着工人数量的增加，Tyrion 每天的总产量也是增加的。

"理性人考虑边际量"，表 4-4 的第 3 行计算了 Tyrion 的边际产出（marginal product，MP），即增加 1 单位某种要素投入所带来的额外产量，由于涉及的是劳动投入，因此记为 MP_L。可以发现：当雇用的工人超过 3 个时，Tyrion 的（劳动）边际产出逐渐递减——每个新增的工人对生产的贡献越来越小。

这反映了生产的一条基本规律——边际产出递减规律（law of diminishing marginal product），即在一定技术水平条件下，若其他投入不变，生产要素连续增加达到某一水平之后，它的边际产出会越来越小。由于资本固定，随着劳动的增多，厂房越来越拥挤，机器被过度使用，单位劳动所能发挥的作用越来越有限，劳动的边际产出会不断下降。

"万事都有机会成本"，生产亦如此。

参照要素的分类，Tyrion 短期生产的总成本（TC）可以分为两类：一是固定成本（fixed cost，FC），即与固定生产要素相联系，不随产量变动而变动的成本；二是可变成本（variable cost，VC），即与可变生产要素相联系，随产量变动而变动的成本。

由总成本和可变成本，可以得到另外两个重要的成本概念：平均总成本（average total cost，ATC），等于总成本除以总产量；平均变动成本（average variable cost，AVC），等于可变成本除以总产量。

ATC（或 AVC）仅仅告诉我们，平均来说每 1 单位产品所耗费的成本（或可变成本），为了追求最优，需要引入另一个重要的成本概念——边际成本（MC），即额外多生产 1 单位产品所引起的总成本的增加量。

假设资本耗费是 200 元/天，每个工人的工资是 100 元/天，表 4-4 就可以扩展为表 4-5。

表 4-5 短期情形下 Tyrion 的网球生产与成本

	0	1	2	3	4	5	6	7	8	9	10	11	12
(1) 工人数 L	0	1	2	3	4	5	6	7	8	9	10	11	12
(2) 总产量 Q	0	10	21	35	46	55	63	70	76	81	85	88	90
(3) 边际产出 MP_L=(2)的变动量/(1)的变动量		10	11	14	11	9	8	7	6	5	4	3	2
(4) 固定成本 FC	200	200	200	200	200	200	200	200	200	200	200	200	200
(5) 可变成本 VC	0	100	200	300	400	500	600	700	800	900	1000	1100	1200
(6) 总成本 TC=(4)+(5)	200	300	400	500	600	700	800	900	1000	1100	1200	1300	1400
(7) 平均总成本 ATC=(6)/(2)		30.0	19.0	14.3	13.0	12.7	12.7	12.9	13.2	13.6	14.1	14.8	15.6
(8) 平均可变成本 AVC=(5)/(2)		10	9.5	8.6	8.7	9.1	9.5	10	10.5	11.1	11.8	12.5	13.3
(9) 边际成本 MC=(6)的变动量/(2)的变动量		10	9.1	7.1	9.1	11.1	12.5	14.3	16.7	20.0	25.0	33.3	50.0

4.2.2　从个人供给到市场供给

在直角坐标系中，以产量为横轴，把表 4-5 第 7、8、9 行数据所形成的组合点分别连接起来，就可以得到 Tyrion 网球生产的短期平均总成本、短期平均可变成本与短期边际成本曲线，如图 4-8 所示。与 Arya 的弯折的需求曲线不同，为了"好看"，这里连接时用的是平滑的曲线。

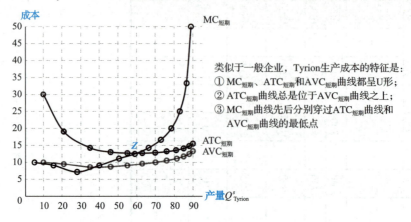

图 4-8　Tyrion 网球生产的短期边际成本、短期平均可变成本与短期平均总成本

典型企业 Tyrion 的这 3 条成本曲线，具有 3 个重要特征。

（1）MC短期、ATC短期和 AVC短期曲线都呈 U 形

由于边际产出递减规律，MC短期、ATC短期和 AVC短期曲线都呈 U 形。这一特征说明，在短期，随着产量的增加，边际成本、平均总成本和平均可变成本的变化特征都是先下降、后上升。

（2）ATC短期曲线总是位于 AVC短期曲线之上

由于固定成本不为零，因此 ATC短期曲线总是位于 AVC短期曲线之上。不过，随着产量的增加，二者的差距越来越小，AVC短期曲线最终将无限接近 ATC短期曲线。

（3）MC短期曲线先后穿过 AVC短期曲线和 ATC短期曲线的最低点

与前面两个特征一样，这个特征也可以在数学上得到严格证明。

为了简便起见，这里仅简单说明 MC 与 ATC 之间的联系。以一支篮球队为例，ATC 好比是球员的平均身高，MC 则好比是一名新加入球员的身高。显然，如果新球员的身高低于球队平均身高，即 MC<ATC，那么他的加入势必会使球队平均身高下降，即 ATC 下降；反之，则会使球队平均身高上升。由于存在固定成本，产量较低——在点 Z 的左侧时，有 MC<ATC，而且在产量达到点 Z 对应的产量之前，这个不等式一直成立，即在点 Z 的左侧，增加产量会使 ATC 下降。在点 Z，由于 MC=ATC，ATC 不再下降，达到了它的最小值。在点 Z 的右侧，有 MC>ATC，增加产量会使 ATC 上升。由此可以得证：MC短期曲线穿过 ATC短期曲线的最低点。

接下来，让我们回到企业生产的第二个问题：

生产多少？

"生产多少"，实际上问的是**个人供给**（individual supply），即在一定时期内，在每一价格水平下，某生产者愿意而且能够提供的某一商品的数量。

如同 Arya，假设 Tyrion 也是一个价格接受者——在市场价格下任何数量的商品都可以一售而空，但要价超过市场价格就会一无所获。这一假设意味着，市场价格 P 既是 Tyrion 的平均收益 AR，也是它的边际收益 MR。

对作为价格接受者的企业来说：边际收益=市场价格（MR=P）。

因此，对价格接受者——Tyrion 来说，边际优化原理所要求的边际收益=边际成本（MR=MC），等同于边际成本=市场价格（MC=P）。

也就是说，对于既定的市场价格，Tyrion 应该在 MC 曲线上"权衡取舍"。

参考图 4-8，把边际成本与市场价格结合起来，便有了更为常见且"好看"的图 4-9。

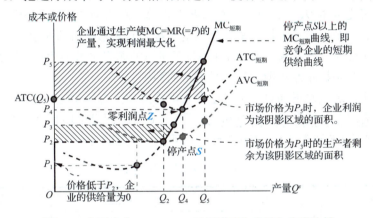

图 4-9　典型企业——Tyrion 的短期成本曲线与生产决策

实际上，图 4-9 与图 4-8 并无本质区别，主要的差别是在成本之外，图 4-9 的纵轴还代表市场价格。

当市场价格为 P_2 时，典型企业——Tyrion 的总收益 TR 恰好等于可变成本 VC。在该市场价格下，MC$_{短期}$ 曲线上与 P_2 对应的点，经济学家称之为停产点（shut-down point）。市场价格一旦高于 P_2，总收益 TR 足以弥补可变成本 VC（即有 P>AVC），理性的 Tyrion 就会选择 MC$_{短期}$ 曲线上与市场价格对应的数量进行生产。

因为，在短期，固定成本是一种沉没成本（sunk cost），即已发生但与当前决策无关的费用。无论生产与否、生产多少，Tyrion 每天都将耗费固定成本 200 元。只要 TR>VC（即 P>AVC），生产便可以弥补（部分）固定成本，就会优于不生产。

相应地，Tyrion 在 MC$_{短期}$ 曲线上的"权衡取舍"及其特征，可总结为以下两点。

① 供给曲线是生产者的边际成本曲线（停产点之上的部分）；
② 供给曲线向右上方倾斜（反映供给定理）。

所谓供给曲线（supply curve），是指表示商品供给量与价格之间关系的曲线。如图 4-9 所示，市场价格介于 P_2 与 P_4 之间时，Tyrion 有亏损，但可以弥补部分固定成本。当市场价格为 P_4 时，总收益恰好能弥补总成本，Tyrion 收支平衡，MC$_{短期}$ 曲线上与该市场价格对应的点，经济学家称之为零利润点（zero-profit point）。市场价格一旦超过 P_4，Tyrion 就会获得正利润。

特征①体现了"理性人考虑边际量"；特征②则指向著名的供给定理（law of supply），即当所有其他因素保持不变时，供给量会随商品价格的上升而上升。

反过来看，供给定理也意味着，随着供给数量的上升，买者的保留价格是上升的。

所谓保留价格（reservation price），是指对于既定产量，卖方所能接受的最低价格。如图 4-9 所示，为了让 Tyrion 生产 Q_4 桶网球，市场价格不得低于 $MC(Q_4)$，即 P_4；为了让 Tyrion 生产 Q_5 桶网球，市场价格不得低于 $MC(Q_5)$，即 P_5；等等。

由边际最优原理可知，保留价格实际上就是卖者的边际成本。

经济学原理之一是"贸易可以使每个人的状况都变得更好"。其中，卖者得到的"好"，经济学家称之为生产者剩余（producer surplus），即卖者在每 1 单位商品上所获得的净利益的总和。每 1 单位商品给卖者带来的净利益为市场价格（边际收益）与该单位商品的保留价格（边际成本）之差，因此，生产者剩余为总收益 TR 与总边际成本之差。在短期，总边际成本等于可变成本 VC，因此，生产者剩余也等于总收益 TR 与可变成本 VC 之差。在图形上，生产者剩余为市场价格水平线与供给曲线之间阴影区域的面积。比如当价格为 P_3 时，Tyrion 所获得的生产者剩余为图 4-9 中位于下方的阴影区域的面积（因为产量 Q_2 的可变成本为停产点与坐标轴原点所对应的长方形的面积）。

类似于需求，通过水平加总，可以由个人供给推导出市场供给（market supply），即市场上所有生产者对某一商品的供给总和。为了简便起见，假设市场有两个生产者——Tyrion 和 Jaime。根据表 4-5 和表 4-6，市场供给曲线可展示为图 4-10。

表 4-6 个人与市场供给表

价格 P	Q^s_{Tyrion}	Q^s_{Jaime}	市场供给量 Q^s
9.1	35	0	35
11.1	46	11	57
12.5	55	20	75
14.3	63	28	91
16.7	70	35	105
20.0	76	41	117
25.0	81	46	127
33.3	85	50	135
50.0	88	53	141

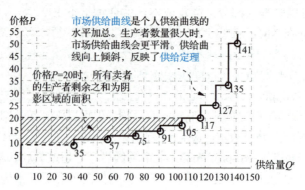

图 4-10 水平加总后的市场供给曲线

4.2.3　市场供给的影响因素

如同需求分析,本节我们也反复强调"所有其他因素保持不变"。

实际上,在价格之外,还有一些其他因素会影响供给。

一般情形下,影响供给的其他因素——非价格因素主要包括以下几个。

(1) 要素价格

工人的工资水平会直接影响(边际)成本,从而直接影响生产者的供给决策(例子里假设 Tyrion 的资本固定不变)。一般来说,一种或多种投入要素的价格下降,会拉低停产点,激励生产者提供更多的产品;反之,则相反。

(2) 生产技术

技术进步意味着既定要素能生产更多的产品,或既定产量需投入的要素更少。技术进步一般会通过降低平均总成本、边际成本等,增加产品的供给。

(3) 预期

与需求一样,供给也指向一定的时间——在一定时期内。如果预期未来产品价格会上升,生产者自然会囤积居奇、待价而沽——把产品以及相关的生产要素储存起来,尽量减少当前的供应;反之,则相反。

(4) 卖者数量

除了上述影响单个卖者行为的因素外,卖者数量的多寡,也是影响市场供给的重要因素。市场上除了 Tyrion 和 Jaime,如果还有新的厂商进入,那么市场供给就会增加。相反,如果 Tyrion 或 Jaime 退出市场,市场供给就会减少。

 知识拓展 4-3

市场供给的影响因素与市场供给变动

为了避免混淆,经济学家把价格因素与非价格因素对市场供给的影响区分为:

① 供给量的变动(change in quantity supplied),即在所有其他因素保持不变时,由商品自身价格变动所引起的供给数量的变动,如图 4-11(a)中的情形;

② 供给的变动(change in supply),即在商品自身价格不变时,由其他因素的变动而引起的供给数量的变化,如图 4-11(b)中的情形。

为了方便和美观,图 4-10 中的弯折的市场供给曲线被画成一条直线。由于都反映或遵循供给定理,因此图 4-11 与图 4-10 并无本质区别。当非价格因素变动时,供给的变动表现为整条供给曲线的移动。非价格因素发生变动而引起的供给曲线右移,我们称之为供给增加(而不是供给量增加);相反,如果供给曲线左移,则称之为供给减少。

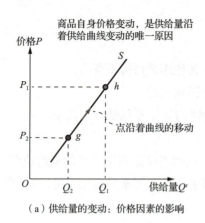
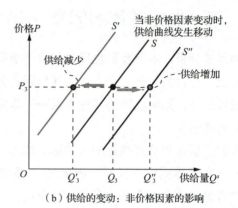

（a）供给量的变动：价格因素的影响　　（b）供给的变动：非价格因素的影响

图4-11　沿着供给曲线的移动与供给曲线的移动

不同因素对市场供给的影响（在其他因素保持不变的条件下），不尽相同。我们把它们简要地总结于表4-7中。

表4-7　市场供给的影响因素

影响因素		影响表现	作用方向
价格（P）		点沿着供给曲线移动	反向：价格上升，供给减少
非价格因素	要素价格	供给曲线移动	反向：要素价格上升，供给减少
	生产技术	供给曲线移动	同向：技术进步，供给增加
	预期	供给曲线移动	反向：预期价格上升，供给减少
	卖者数量	供给曲线移动	同向：卖者数量增加，供给增加

4.3　完全竞争与市场均衡

4.3.1　市场类型与完全竞争

当买者与卖者"走"到一起，便有了市场。

市场经常被理解为买卖双方交易的场所，如集市、超市、百货商店、购物中心等。随着信息技术的发展，电商平台等，如今也成为重要的交易"场所"。

经济学中，市场（market）是指由某种产品的买者与卖者组成的一个群体。不同于物理空间或虚拟空间，经济学家把目光瞄向了市场中有"谁"——他们会如何选择，他们彼此互动、相互作用的结果是什么。

现实中的市场有很多类型，有提供物品的，如提供球衣、哑铃、运动鞋；有提供服务的，如提供健身课、体育经纪服务、赛事转播；有提供资源的，如提供赛事版权、体育场馆。

为了简化分析，经济学家一般会根据竞争程度的不同将市场划分为4类，即完全竞争、垄断竞争、寡头垄断、完全垄断。在本讲，我们假设市场是完全竞争的。其他类型的市场，则留待后续章节讨论。

所谓完全竞争（perfect competition），是指一种竞争不受任何阻碍和干扰的市场结构。说市场是完全竞争的，实际上是假设市场具有以下 3 个基本特征：

① 卖者和买者众多；

② 产品完全相同；

③ 市场进入或退出完全自由。

这 3 个特征意味着，市场上的买者与卖者都是价格接受者——他们接受市场价格，不能通过议价寻求更好的价格。在完全竞争市场上，如同前面的 Arya 和 Jon 以及 Tyrion 和 Jaime，单个买者或卖者对市场价格的影响都微不足道。

如果球场外有几个商贩卖瓶装矿泉水，那么瓶装矿泉水的价格基本上是一样的：一方面，他们兜售的商品都是相同的；另一方面，单独"寻求更好的价格"——提高售价，会使消费者转向自己的竞争对手（如其他的商贩或附近的小卖铺），自己将一无所获。

与卖者一样，单个买者对价格的影响也微乎其微。由于买者人数众多，对整个市场来说，单个买者的需求几乎是沧海一粟，如果想通过讨价还价以购得价格更低的瓶装矿泉水，几乎是白费力气、自讨没趣。

4.3.2 由竞争走向均衡

均衡，是经济学家从物理学借用的一个概念。

在物理学里，均衡是指物体处于一种静止或匀速直线运动的稳定状态。当作用于其上的各种力量彼此平衡、合力为零时，物体便处于均衡状态。

在经济学中，均衡（equilibrium）是指市场价格达到使供给量与需求量相等的状态。也就是说，当市场供给量与需求量的差为零时，一个市场便处于均衡状态。

均衡既涉及需求，也涉及供给。延续前面的"故事"，考虑买者 Arya 和 Jon 与卖者 Tyrion 和 Jaime "走"到了一起。或者说，考虑图 4-7（a）与图 4-11（a）"重叠"在了一起。

这样，在图 4-12 中，均衡就可以直观地体现为需求曲线 D 与供给曲线 S 相交的点 E。

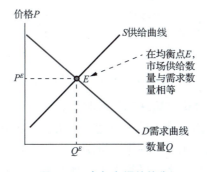

图 4-12 竞争市场的均衡

均衡点 E 对应的价格，被称作均衡价格（equilibrium price，P^E），即使供给与需求平衡的价格；该点对应的数量，被称作均衡数量（equilibrium quantity，Q^E），即均衡价格下的供给量和需求量。

在均衡价格 P^E 下，市场实现了平衡，厂商愿意提供的数量与消费者愿意购买的数量恰好实现了平衡，因此，均衡价格 P^E 也被称作市场出清价格（market clearing price）。

完全竞争市场上的买者与卖者都是价格接受者，那么：

价格从何而来？

对此的回答，需要借助均衡分析（equilibrium analysis），即在假定各经济变量及其关系已知的情形下，考察市场达到均衡状态的条件及状况的一种分析方法。

考察市场均衡，实际上就是考察市场会如何从非均衡走向均衡。

非均衡（disequilibrium），即价格未能使供给量与需求量相等，其情形无非有以下两种。

一是市场价格高于均衡价格。

如图 4-13（a）所示，当市场价格高于均衡价格时，就会出现超额供给（excess supply）或过剩（surplus），即供给量大于需求量的状态。过剩意味着，在价格 P_1 下，卖者想卖出 Q_3 却无法实现（仅能卖出 Q_1）。为了争夺客户，卖者的反应是降低价格以增加销售，买者自然乐意接受较低的价格。沿着需求曲线和供给曲线，价格下降引起需求量增加、供给量减少。只要存在剩余，这种竞争就会持续下去，直到价格下降到均衡价格。

二是市场价格低于均衡价格。

如图 4-13（b）所示，当市场价格低于均衡价格时，就会出现超额需求（excess demand）或短缺（shortage），即需求量大于供给量的状态。短缺意味着，在价格 P_2 下，买者想买 Q_4 却无法实现（仅能买到 Q_2）。为了争夺商品，买者的反应是提高自己的支付价格，卖者自然乐意接受更高的价格。沿着需求曲线和供给曲线，价格上升引起供给量增加、需求量减少。只要存在短缺，这种竞争就会持续下去，直到价格上升到均衡价格。

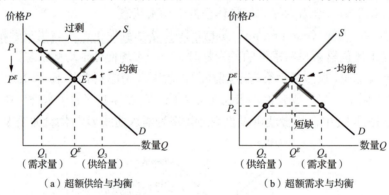

（a）超额供给与均衡　　　　　　　　（b）超额需求与均衡

图 4-13　市场均衡如何产生

因此，在正常情况下，过剩与短缺都是暂时的。

市场中经济主体实际或潜在的互动——尤其是买者与卖者的竞争、买者之间的竞争、卖者之间的竞争，无意识地形成了一种作用机制——市场机制（market mechanism），即在一个自由市场里，价格会不断变化，直到供求平衡、市场出清。

4.3.3 "完美"的竞争均衡

遵循经济学思维方式，对于买卖双方个人选择及互动所产生的均衡，我们需要问：

竞争均衡"好"吗？

"风物长宜放眼量"，我们需要看得更远一些，因为生产决策"长""短"有别。

在长期，所有要素都可以调整。作为价格接受者，企业需要在各要素之间"权衡取舍"，找到最优"资本-劳动"组合——使既定产量下平均总成本最小，以实现利润最大化。

仍然以典型企业 Tyrion 为例，说明如下。

假设 Tyrion 在长期可选择的资本投入水平有 3 种，即投建一家小型工厂、中型工厂或大型工厂。不同经营规模所对应的短期和长期平均总成本曲线如图 4-14 所示。

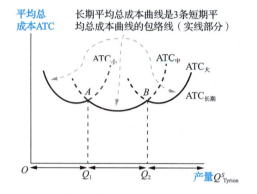

图 4-14　典型企业 **Tyrion** 的短期和长期平均总成本曲线

既定价格下，Tyrion 会通过资本投入调整，寻求在平均总成本最低处进行生产。如果产量 Q^s_{Tyrion} 小于或等于 Q_1，那么 Tyrion 会选择投资一家小型工厂；如果产量介于 Q_1 和 Q_2 之间，那么 Tyrion 会选择投资一家中型工厂；如果产量大于或等于 Q_2，那么 Tyrion 会选择投资一家大型工厂。

也就是说，Tyrion 的长期平均总成本曲线 $ATC_{长期}$，由各经营规模的短期平均总成本曲线的最低部分组成，即 $ATC_{小}$、$ATC_{中}$、$ATC_{大}$ 的一条包络线（图 4-14 中的实线部分）。

如果资本投入调整是自由的——并非仅有 3 种可能，那么企业的 $ATC_{长期}$ 曲线将更为平滑。

图 4-15 展示了一家典型企业的 $ATC_{长期}$ 曲线以及长期边际成本曲线 $MC_{长期}$。

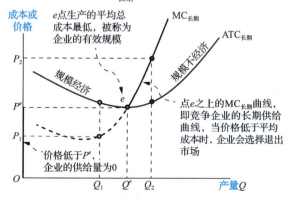

图 4-15　一家典型企业的长期成本曲线与生产决策

类似于图 4-9，一般企业的 $ATC_{长期}$ 呈 U 形。

ATC$_{长期}$的最低点 e 对应的是企业生产的<u>有效规模</u>（efficient scale），即<u>平均总成本最低的生产水平</u>。

点 e 的左侧，生产存在<u>规模经济</u>（economies of scale），即<u>平均总成本随产量增加而减少</u>；点 e 的右侧，生产存在<u>规模不经济</u>（diseconomies of scale），即<u>平均总成本随产量增加而增加</u>。

与 ATC$_{长期}$对应，MC$_{长期}$也呈 U 形，并穿过 ATC$_{长期}$的最低点 e。

ATC$_{长期}$呈现 U 形，是因为产量较低时，生产规模的扩大有利于专业化分工、提高生产效率。随着规模不断扩大，专业化分工的好处越来越有限，信息受阻、协调困难、管理无效等问题也将凸显，最终将导致生产效率不断下降。

根据长期成本曲线，可以看到生产决策"长""短"有别，主要表现为以下几点。

一是"是否生产"不同。在长期，如果从生产中得到的总收益低于总成本，竞争企业就会选择退出市场；如果总收益不低于总成本，竞争企业就会选择留在市场，生产产品。

二是"生产多少"不同。根据边际优化原理"边际成本=边际收益"，容易知道，**竞争企业的长期供给曲线是 MC 曲线位于 ATC 曲线之上的部分。**

市场上的企业可能是同质的，也可能是异质的——生产成本（曲线）不同。不过，无论是何种情形，由"市场进入或退出完全自由"，容易推知竞争均衡有两点"好"。

（1）（边际）企业在有效规模上生产

<u>自由地进入或退出</u>（free entry or free exit）意味着，现有企业有盈利会诱使新企业进入市场；有亏损则会迫使部分企业退出市场，完全竞争因此有了第一个"好"。

图 4-16（a）展示的是企业同质的情形，即其他企业与 Tyrion 完全一样。

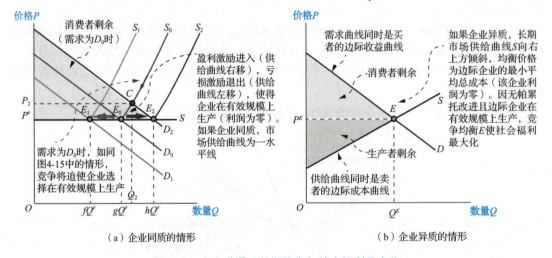

（a）企业同质的情形　　　　　　　　（b）企业异质的情形

图 4-16　自由进退、长期均衡与社会福利最大化

假设初始均衡为 E_0，此时市场共有 g 家企业，全部选择在有效规模上生产（对应的市场价格为 P^e），并获得零利润——所有的机会成本都被弥补，企业投资获得正常回报。

考虑需求由 D_0 上升到 D_2。如果企业数量不变，那么如图 4-16（a），新的需求 D_2 将与 g 家企业的"（短期）市场供给曲线" S_0 相交于点 C。点 C 对应的市场价格为 P_2，要高于企业的最低平均总成本（P^e），即企业获得正利润。由于可以自由地进入或退出，新企业会进入市场，导致"市场供给曲线"右移到 S_2。

相反，考虑需求由 D_0 下降到 D_1。假如此时"市场供给曲线"依然为 S_0，那么在价格 P^e 下，市场存在（$gQ^e - fQ^e$）的超级供给或过剩，企业将遭受亏损。由于可以自由地进入或退出，部分企业选择退出，导致"市场供给曲线"左移到 S_1。

在企业同质的情形下，自由地进入或退出将使企业自发调整（根据需求），迫使企业选择在有效规模上进行生产（图 4-15 中的点 e，所有企业获得零利润），（长期）市场供给曲线为一条水平线，即图 4-16（a）中的直线 S。

图 4-16（b）展示的是企业异质的情形，即其他企业与 Tyrion 并非一模一样。

在异质情形下，均衡的产生及变化与企业同质的情形并无本质不同，不过在自由地进入或退出方面稍有差异——成本低的企业会先进入，成本高的企业会先退出。因此，结果稍有区别：一是（长期）市场供给曲线向右上方倾斜，即图 4-16（b）中的直线 S；二是均衡价格 P^E 为边际企业（marginal firm）——如果价格有任何下降就退出市场的企业的最低平均总成本；三是边际企业利润为零，但成本更低的企业利润为正。

（2）竞争均衡带来社会最优

由买者与卖者的竞争、买者之间的竞争、卖者之间的竞争而产生的竞争均衡，淋漓尽致地展现了"贸易可以使每个人的状况都变得更好"。

其一，竞争市场把物品的供给"分配"给了边际收益最高的买者，让买者获得了最多的"好"。竞争市场中，需求曲线是买者的边际收益曲线，市场价格是买者的边际成本，均衡时二者相等，买者从交易中得到的"好"——消费者剩余实现了最大化。

其二，竞争市场把物品的需求"分配"给了边际成本最低的卖者，让卖者获得了最多的"好"。竞争市场中，供给曲线是卖者的边际成本曲线，市场价格是卖者的边际收益，均衡时二者相等，卖者从交易中得到的"好"——生产者剩余实现了最大化。

"你好""我好"，自然就有"大家好"。

交易中，社会得到的"好"，经济学家称之为社会总剩余（total surplus），即消费者剩余与生产者剩余之和。竞争均衡使社会总剩余达到了最大：一方面，竞争促使（边际）企业在有效规模上生产，从而使平均成本最低；另一方面，买者的边际收益可以看作社会的边际收益，卖者的边际成本可以看作社会的边际成本，均衡时社会有"边际收益=边际成本"，因此，"竞争均衡带来社会最优"。

 知识拓展 4-4

理解市场

人是"自利的"，资源是"稀缺的"，这不禁让人疑惑：

这个世界会好吗？

关于人类社会的良好生活，最重要的信息有两个：一是"人们需要什么"；二是"资源稀缺情况如何"。这些信息在私人的手中、在隐秘的角落，其特征是庞杂、分散且多边，任何个人或组织要完全掌握它们，"恐不是人间智慧或知识所能做到的"。

尽管如此，斯密却非常乐观，因为他看见了"看不见的手"——在所有人之前。

斯密的乐观，如今通过"供给-需求"模型和均衡分析，我们也能理解了。

尽管买者与卖者都追求自己的利益，不过在"看不见的手"——价格体系的引领之下，他们的个人选择以及彼此互动，在不知不觉中（他们对价格的影响微不足道，以至于自己都不会觉察）却让社会总剩余实现了最大化，让稀缺资源得到了有效配置。

之所以能举重若轻、带来最优，是因为"看不见的手"具有三大功能。

（1）传递信息

"物以稀为贵"，价格是需要与稀缺的显示器，它映射了人们对美好生活的真实需要，也隐含着关于供需影响因素的诸多信息。价格因稀缺而生，因稀缺而变。供给出现短缺，产品的价格就会上升；供给出现过剩，产品的价格就会下降。

在《个人主义与经济秩序》中，哈耶克写道，"如果我们想理解价格体系的真正作用，那么我们就必须把价格体系视作这样一种交流信息或沟通信息的机制……就价格体系而言，最具重要意义的一个事实便是它的运转所需依凭的知识很经济；这就是说，涉入这个体系之中的个人只需要知道很少的信息便能够采取正确的行动。一如我们所知，唯有那些最关键的信息才会以一种极为简洁的方式（亦即通过某种符号的方式）传递给他人，而且只传递给有关的人士"。

（2）提供激励

竞争市场上，价格既是买者的边际成本，也是卖者的边际收益。一方面，价格激励买者以最优的方式进行消费；另一方面，价格激励卖者以最有效的方式进行生产，激励他们为垄断而展开激烈竞争。

竞争的过程，是企业家建立垄断地位的一个过程。在利润的驱使下，企业通过创新，建立市场势力，获得垄断利润。不过，当它做到这一点的时候，也会激发其他企业"以彼之道还施彼身"。创新是一种"创造性破坏"，由此引发的"竞争→创新→垄断→竞争"动态循环，让市场保持活力，让经济不断发展。

（3）决定收入分配

市场经济，就是让竞争发挥主导作用。对社会来说，生产什么最合适，由谁生产最具效率，分配给谁最公平，都需要通过竞争来确定。竞争，需要分胜负，需要奖励胜者。奖励多少，在运气之外，则取决于所拥有的资源禀赋（如资本、劳动、土地、企业家才能等）及其经济活动的边际贡献——要素价格（如利率、工资、地租、利润等）。

类似体育领域的赢者通吃，市场的收入分配结果并不保证让人人满意。有人可能会想，把决定收入分配与传递信息、提供激励分割开来，仅保留价格的后两个功能，让人们的收入更加平等。不过，逻辑上很清楚，这三个功能是紧密关联、缺一不可的。价格对收入的影响一旦消失，其传递信息、提供激励的功能也将不复存在。

总的来看，"看不见的手"传递着供需两方的信息，激励着卖者与买者理性行事，并带来最富效率的经济结果，因此，经济学家指出"市场通常是组织经济活动的一种好方法"，党的二十大报告强调要"充分发挥市场在资源配置中的决定性作用"。

思考与讨论

1. 结合边际革命与边际效用递减规律, 说明为什么水对人类生存非常重要却价格便宜, 钻石对人类生存几乎无用却价格高昂?

2. 你打算去看足球赛和电影, 足球赛的门票是 60 元, 电影票是 40 元。假设你的娱乐预算是 720 元, 画出你的足球赛和电影消费的预算约束线; 假设足球赛的门票价格上涨到 80 元, 画出新的预算约束线; 假设足球赛和电影都是正常品, 足球赛的门票价格上涨会产生什么样的影响?

3. "因为 NBA 掘金的球迷增多了, 所以其球衣的需求量增加了", 这种说法正确吗?

4. 假设职业联盟中每支球队对普通广告都独立地拥有一条需求曲线 $Q_i=1000-5P$。如果职业联盟有 20 支球队, 那么作为一个联合体, 职业联盟的需求曲线是什么样的?

5. 1936—1960 年, 泰德·威廉姆斯在 MLB 的整个职业生涯的击球数为 7706 次, 安打数为 2654 次。其中 1960 年的击球数为 310 次, 安打数为 98 次。试计算威廉姆斯的 "终生击中率"、截至 1959 年的 "终生击中率" 以及 1960 年的击中率, 并说明它们是怎样表明 MC 与 AC 之间关系的。

6. 棉花价格上涨, 是否会对曼城的棉 T 恤市场产生影响?

7. 制造冰壶的花岗岩储量有限, 如果对冰壶的需求持续高涨, 你认为它的长期均衡价格会上升、下降, 还是不变?

8. 假设你是一名滑雪场经营者, 未来 5 年中有哪些供给和需求因素会影响你的经营?

9. 假设价格接受者对田纳西大学棒球比赛门票的市场需求是 $Q^d = 40000-1000P$, 供给是 $Q^s = 20000$, 那么该门票的均衡价格和均衡数量分别是多少? 球迷收入的提高将给门票的均衡价格和均衡数量带来什么样的影响?

10. 基于你与你的父母或祖父母在你这个年龄段的生活水平的比较, 对 "市场通常是组织经济活动的一种好方法", 你有怎样的认识和理解?

第5讲

体育世界的"人"与物

学习体育经济学、理解体育市场，需要认识体育世界的"人"与物。在本讲，通过消费和生产特征，我们可以认识体育产品的一般性和特殊性；通过企业演进历程，我们可以认识体育组织的 4 种主要类型；通过多维度分类，我们可以认识体育产业的整体概貌和基本结构。

教学目标

通过学习，认识体育产品以及它们的消费和生产特征；认识体育组织及其二级或三级子类；认识各体育产业以及它们的分类、层级和联系。

教学要求

章节安排	主要内容	知识要点
5.1 体育产品	体育产品的消费和生产特征	体育产品、观赏型体育服务、参与型体育服务、要素型体育服务
5.2 体育组织	体育组织及其类型	企业、体育企业、体育社团、体育机关、附属型体育组织
5.3 体育产业	体育产业的分类及其联系	产业、体育产业、体育产业的国民经济统计分类、体育产业的三部门分类模式

引言：是娱乐，更是生意

是娱乐，更是生意，美国的体育"人"比较"实诚"。

依托剧情安排，世界摔角娱乐的"比赛"闻名遐迩，但它是一家上市公司却是一个鲜为人知的"秘密"。"NBA 就是一门生意"，这不只是球员的偶尔抱怨，也是大部分球迷熟知的一个事实。40 岁"高龄"接受跨界挑战的梅威瑟，表白则尤为中肯，"如果看到机会，能在 36 分钟内赚得 3 亿~3.5 亿美元，我为什么不去比赛呢？"

体育世界里，"人"与物林林总总、形形色色。

初一看，犹如万花筒中的世界，闯入者难免会有"乱花渐欲迷人眼"的感觉。在本讲，我们追随 3 个关键词——产品、企业和产业的脚步，或许在体育世界或体育故事的大致轮廓里，我们能发现体育"人"与物的真实底色。

5.1 体育产品

5.1.1 体育产品及其分类

体育世界里的"物"，即体育经济学的研究客体——体育产品。

所谓体育产品（sports product），是指满足人们体育欲望和需要的任何生产物及其附属品。

围绕体育产品是什么，相关的讨论其实并不少，尤其是国内。遗憾的是，迄今为止学术界似乎并没有形成统一的认识。针对上面的定义，在认识体育产品以及理解其基本内涵时，我们首先想要说明或强调以下几点。

（1）可能由体育部门生产，也可能由非体育部门生产

定义侧重于客体，并没有提及"主体"——体育产品是"谁生产的"，这是因为在体育产业之外，体育产品也涉及为体育活动提供条件的其他相关产业。比如建筑企业生产的体育场馆，显然应该看作一种体育产品。不过，我们清楚建筑企业生产更多的是厂房、商业中心以及住宅等，因此很难将它看作体育企业，并把它归类为体育部门。

换句话说，满足人们体育欲望和需要的方式可以是直接的，也可以是间接的。体育产品既可以是直接消费的最终产品，也可以是其他企业的投入品，即一种中间产品。

（2）可能涉及市场交易，也可能通过其他方式供给

"可能涉及市场交易"，意思是通过市场交易，体育产品经常会转变为体育商品；"可能通过其他方式供给"，则是提醒人们"市场不是万能的"，体育产品的供给也涉及其他方式，如城市绿道、体育健身公园、社区文体广场以及学校体育教育等——它们可能属于公共物品或公共资源，都是体育发展不可或缺的，但一般又很难完全由市场供给。

（3）既涉及生产物，也包括非"本意"的附属品

与绝大部分国内教材不同，我们强调体育产品也包括（一些）体育组织（尤其是职业联盟及俱乐部）为满足人们体育欲望和需要进行生产时所产生或衍生的附属品。比如赛事为其他企业提供的广告或其他营销服务，以及体育产业的重要组成部分——体育博彩，它们的特征之一是，与人们的体育欲望和需要无关或关系不大。

之所以这样强调，是因为说体育企业生产的产品不是体育产品，既别扭又难以找到充足依据。更重要的是，对职业联盟及俱乐部来说，尽管并非出于"本意"——生产首先是为了满足人们的体育欲望和需要，但是"无心插柳柳成荫"，附属品是它们最重要的收入来源之一；对体育经济学来说，附属品是体育经济的重要组成部分，是理解体育市场的关键所在。

要想认识体育世界的"物"，除定义外，最好了解一下它的分类。

根据形态不同，体育产品一般被划分为两个大类：

① 有形体育产品；

② 无形体育产品。

其中，有形体育产品，是指以一定物理形态存在的各种体育产品。习惯上，有形体育产品经常被简称为体育产品。现实中，如前面提到的体育场馆，以及体育设备、运动器械、功能饮料、体育服装及运动鞋等，都是常见的有形体育产品。

无形体育产品，亦即体育服务（sports service），是指以劳务"活动"形态存在的各类体育产品。现实中，如竞赛表演、赛事转播、体育教育、健身指导等，都是常见的无形体育产品。

有形体育产品与体育服务主要有两点不同：一是有形体育产品一般可以储存，体育服务一般不易储存，需要即时消费或使用；二是在市场交易中，有形体育产品的所有权一般涉及转让，而体育服务的所有权经常是不能转让的。

相对于有形体育产品，经济学家更关注体育服务，或者说主要将体育产品定位在体育服务或劳务产品的层面上。为了突出体育市场的特殊性（如尼尔的"职业体育的特有经济学"），部分学者强调和坚持"非实物形态说"，即认为体育产品就是体育服务，而不考虑具有实物形态的有形体育产品。

因此，体育服务也经常被看作狭义的体育产品。

学习体育经济学，我们可能也应如此——主要关注体育服务。

根据内容的不同，体育服务可以进一步细分为以下 3 个子类：

① 观赏型体育服务；

② 参与型体育服务；

③ 要素型体育服务。

观赏型体育服务，主要是指竞技体育比赛表演服务，一般简称竞赛表演服务。它主要与人的文化娱乐需要相关，包括两种类型，即职业竞赛表演服务与非职业竞赛表演服务，如日本高中足球全国大赛就是非职业竞赛表演服务。而职业竞赛表演服务的具体内容可参见国家统计局《体育产业统计分类（2019）》对体育竞赛表演活动的说明。

参与型体育服务，是指人们为了满足健身、娱乐、学习技能等需要，亲身参与而产生的相关体育服务，常见的有体育健身休闲、体育培训以及体育博彩等。

要素型体育服务，是指体育企业向其他企业提供的、具有中间产品属性的相关体育服务，常见的有赛事版权、赛事集锦、赛事转播、体育中介、广告服务、产品代言、营销推广等。这里，我们可能会猜到，体育部门（尤其是职业联盟及俱乐部）供应要素型体育服务的能力，应该与它所拥有的无形资产以及消费者和粉丝规模等存在密切的联系。

由此，体育产品的分类可以简要地表述在表 5-1 中。

表 5-1　体育产品的分类

有形体育产品	无形体育产品（或体育服务）		
	观赏型体育服务	参与型体育服务	要素型体育服务
体育器材、体育设备、体育场馆、体育服饰、运动鞋、功能饮料	职业和非职业竞技体育相关的竞赛表演服务（现场/直播/录播）	体育教育培训、体育健身、体育休闲娱乐（如城市马拉松、室内体育运动、高尔夫等）	赛事版权、赛事集锦、广告服务、产品代言、营销推广等

5.1.2　体育产品的消费特征

要认识体育世界的"物"，当然要深入了解体育消费与生产。

因此，让我们从消费开始。

经济学中，消费（consumption）是指人们利用产品来满足其各种欲望或需要的一个过程。顾名思义，体育消费（sports consumption）是指人们用于体育活动及相关方面的消费。

体育消费的类型划分，一般涉及交易方式、消费主体和消费客体等多个维度。从经济学的角度看，根据消费主体的维度来划分体育消费类型，如把体育消费划分为个人体育消费和家庭体育消费等，实际上并无太多意义。

我们参考主流做法，根据体育产品的类型把体育消费划分为以下 3 类：

① 有形体育产品消费；

② 参与型体育服务消费；

③ 观赏型体育服务消费。

细心的你可能已经发现，这里我们没有提及表 5-1 所列示的要素型体育服务。

原因其实很简单：虽然体育产品与体育消费密切相关，但并不是所有的体育产品都是指向消费的。在表 5-1 中，赛事版权、赛事集锦、广告服务、产品代言、营销推广等要素型体育服务是一种中间产品。由于不是最终产品，因此这类体育产品并不指向大众的体育消费，而是指向企业或其他组织的生产运营。

另外，需要说明的是，从消费看，部分体育产品，尤其是有形体育产品，并无太多的特别之处。比如羽毛球、运动鞋和体育服饰与其他有形产品相比，其实并无本质区别。

因此，在讨论体育消费特征的时候，我们关注的主要是观赏型体育服务和参与型体育服务。

从观赏型体育服务来看，体育消费的突出特征如下。

（1）偏好"结果不确定"

与演唱会一样，竞赛表演是一种特别强调情感体验的社会活动。正如第 1 讲所提到的，对大部分消费者来说，竞赛表演最大的魅力在于竞赛结果是不确定的。唯有竞技双方本领不相上下、比拼异常激烈，比赛结果充满悬念甚至出乎意料，才有可能给观众带来兴奋、狂喜、悲伤、心痛等强烈的情感体验。

在现实中，我们可以观察到，相比于双方实力相差悬殊、结果毫无悬念的比赛，人们通常更偏好双方实力旗鼓相当、结果难以预知的比赛。也正是源于这一观察，罗滕伯格提出了著名的体育消费偏好假设——结果不确定假设。

把观赏型体育服务与参与型体育服务结合起来，体育消费的另一个突出特征就会显现。

（2）需要具有高层次性

消费源于需求，需求源于欲望和需要。

在马斯洛看来，人都潜藏着 5 种不同层次的需要，如图 5-1 所示。

① 生理的需要（physiological needs），是指维持生存、延续种族的需要。生理的需要是人类最基本、最起码的需要，主要涉及食物、水、衣服、睡眠、庇护所、性等需要。

② 安全的需要（safety needs），是指希求受到保护、免于遭受威胁，从而获得安全的需要。安全的需要位居第二层次，主要涉及人身安全、身体健康、财务安全、工作保障等。

③ 爱与归属的需要（love and belonging needs），是指被人接纳、爱护、关注、鼓励以及支持等的需要。人类需要爱和被他人爱，需要在社会群体中感受到一种归属感和接受感。这里的社会群体，既可能是一些大型社会团体，如宗教团体、学校、企业、俱乐部、运动队及社区等，也可能是一些社会关系，如家人、朋友、老师、同事等。

④ 自尊的需要（self- esteem needs），是指获取并维护个人自尊心的需要，包括外部尊重和内部尊重两方面的内容。其中，前者是指被别人尊重的需要，如地位、认可、名声、声望和关注等；后者是指一个人希望在各种不同情境中有实力、能胜任、充满信心、能独立自主，涉及的是力量、能力、自信、独立和自由等。

⑤ 自我实现的需要（self- actualization needs），是指充分开发和利用天赋能力、潜力，以实现个人理想和抱负的需要。更通俗地说，自我实现的需要就是最大程度地发挥个人能力，以成为更好的自己的需要。

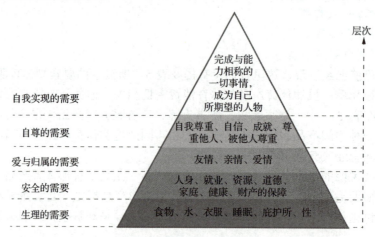

图 5-1　马斯洛的需要层次论

从内容看，体育消费与 5 种需要都存在一定的联系。

功能饮料作为一种典型的体育产品，除了水、碳水化合物（如葡萄糖、蔗糖、麦芽糊精等），一般还含有电解质、维生素、氨基酸等成分，在补充营养、消除疲劳、平衡新陈代谢等方面具有一定的功能。根据马斯洛的理论，我们可以认为，功能饮料消费是与人的生理需要密切相关的一种消费。

冬天，在城市的大街小巷，经常会看到有很多人穿着冲锋衣——一种常见的户外运动装备。这很可能与登山运动没有太多的关系，更多是因为冲锋衣是人们偏爱的一种御寒之物，因此这也是一种与生理需要密切相关的消费。

不过，总的来看，体育消费主要与人的高层次需要相联系。

人们参与太极拳、马拉松等运动的目的一般是为了锻炼身体，满足的是安全的需要。人们组建业余足球队、篮球队等，除了身体健康需要的考虑，或多或少也可以看作一种社交活动。人们观看体育比赛，多半不是源于生理的需要，而是和爱与归属的需要、自尊的需要等息息相关。至于登山探险、跑酷、冲浪、跳伞、攀岩、翼装飞行等极限运动，则毫无疑问是与人们自尊的需要、自我实现的需要密切相关。

"与人的高层次需要相联系"，这对当前的中国来说，意味着促进体育经济发展、推动体育事业进步，是追求高质量发展的应有之义，是人民健康幸福生活的重要组成部分，因此，党的二十大报告提出要促进群众体育和竞技体育全面发展。

5.1.3　体育产品的生产特征

羽毛球或运动鞋的生产，是否与众不同？

体育培训与中学生培优服务，是否差异显著？

答案是清楚的。

类似于 5.1.2 节中提到的，与其他产品相比，从生产来看，部分体育产品（包括参与型体育服务）实际上并无太多的特别之处。

不同的是观赏型体育服务（竞赛表演服务）。

根据第 1 讲所讨论的，我们围绕竞赛表演服务把体育生产的突出特征归纳为以下几点。

（1）竞赛表演服务是一种反向联合产品

在北美产业分类体系（NAICS）中，观赏型体育（编号 71121）是艺术、娱乐与休闲业（编号 71）下的一个子类。之所以如此划分，是因为体育赛事本质上与电影、音乐会或电视综艺节目一样，也是一种表演，是一场或一季"秀"。

不同的是，文艺表演"秀"的成分会更多一些。或者说，文艺表演立足于利益高度一致的某一生产团队，体现得更多的是一种合作关系。不说电影或音乐会，即使是一些带有竞争色彩的综艺节目，选手们看似为了冠军你追我赶、你争我夺，实际上却是相互搭台、相互帮衬。

与此相反，竞赛表演一般涉及两个或两个以上独立的生产团队，选手之间是竞争关系。正如 1.3.1 节所提到的，竞技赛事中的俱乐部、团队或选手联合生产的竞赛表演服务，是一种非常特殊的反向联合产品。虽然竞赛表演也是一种"秀"，但更多的是为了追求个人利益。无论是个体对抗类的拳击赛或网球赛，还是集体对抗类的篮球赛、橄榄球赛或足球赛，选手都会用尽全力，并且经常强调"宜将剩勇追穷寇"。

（2）竞赛表演服务生产追求结果不确定

"皇帝轮流做，明年到我家"，是所有职业联盟成功的一个共同特征。

当年，意大利甲级联赛之所以号称"小世界杯"，是因为马拉多纳、荷兰"三剑客"、德国"三驾马车"等球星各领风骚，是因为尤文图斯、AC 米兰、国际米兰等"七朵金花"的"争奇斗艳"。如今，英格兰超级联赛后来居上，成为世界第一足球联赛，这是因为曼联、利物浦、曼城、阿森纳、切尔西、托特纳姆热刺等球队实力强大、竞争激烈。

商业运营最成功的北美联盟，情形更是如此。2001—2020 年，在 NBA，先后有 11 支球队夺得过季后赛总冠军，获得总冠军次数超过 1 次的球队有 4 支，分别为洛杉矶湖人（5 次），圣安东尼奥马刺（4 次），以及迈阿密热火和金州勇士（均为 2 次）；在 NFL，情况也基本类似，先后有 12 支球队夺得过年度总决赛——超级碗冠军，获得超级碗冠军次数超过 1 次的球队有 4 支，分别为新英格兰爱国者（6 次），以及巴尔的摩乌鸦、匹兹堡钢人和纽约巨人（均为 2 次）。

由于消费者的特殊偏好——偏好结果不确定，对竞赛表演服务来说，比赛结果越不确定——比赛结果充满悬念甚至出乎意料，意味着服务质量越高。竞赛表演服务质量层面的这种特殊性，使得该类产品在生产和供给时，需要特别重视并确保结果具有较强的不确定性。对职业联盟来说，正如体育经济学的奠基人之一——罗滕伯格所强调的，为了生产出成功的产品（结果不确定），竞争对手间的实力差异不应"太大"。

（3）竞赛表演服务与要素型体育服务是一种特殊的联合产品

在经济学中，对于不同产品因原料上存在依赖关系而在同一家企业内联合起来进行生产的情形，经济学家称之为联合生产。相应地，这种同一个生产过程中产出的多种产品，即联合产品。比如在原油加工过程中，产品包括汽油、煤油、柴油、重质燃料油和沥青等；在屠宰场作业过程中，产品包括牛肉和牛皮等。

在体育世界里，可以把职业联盟看作一家企业，或者说是一种特殊的卡特尔。由于向消费者提供竞赛表演服务时，职业联盟的供给方式既可以是现场的，也可以是场外的（如电视直播或互联网直播），因此可以将其看作一种联合生产。

更为重要的是，在"本意"——满足人们的体育欲望和需要之外，职业联盟及俱乐部"顺带"生产的要素型体育服务，如赛事冠名、球衣赞助、场地广告、场馆冠名以及赛事集锦等，日渐成为现代体育经济的主角。由于要素型体育服务依附于竞赛表演服务，与其"母体"骨肉相连、互相影响，因此二者自然也可以看作一种特殊的联合产品。

5.2 体 育 组 织

5.2.1 从企业说起

说了"物"，我们再来看"人"。

在体育比赛中，运动员、教练、裁判等，当然是"故事"和表演不可或缺的主角，因而也是我们所熟悉的"人"。不过，对于学习体育经济学来说，我们更应该把视角转向他们背后的"人"——体育产品的生产者，如企业以及从事经营性体育活动的其他组织。

这里，先说企业。

所谓企业（enterprise），即厂商（firm），是指把投入转化为产出的生产经营性组织。企业是生产的主体，是产业的基本单位。作为一个从事生产经营活动的完整经济单位，企业既可以是一个个体生产者，也可以是一家规模巨大的公司。

与市场一样，企业也代表着一种资源配置方式。不同的是，市场配置资源是通过不同经济主体间的合同或契约来实现的，由价格机制从外部调节；企业则是把部分市场交易活动转变为经济主体的内部活动，由企业家运用威权来协调人们的行动，从而节省交易成本、降低市场风险。

根据法律组织形式的不同，企业一般可以分为以下 4 类。

（1）独资企业

独资企业（sole proprietorship），即业主制企业（ownership），是指由业主个人出资兴办、完全归业主个人所有和控制的企业。独资企业是一种自然人企业，是一种无限责任企业，业主对企业债务负有完全责任。独资企业的优点是自由度高。在这种组织形式下，赚的钱交了税后，一切听从业主的分配；赔的本、欠的债，全由业主的资产来抵偿。

（2）合伙企业

合伙企业（partnership enterprise），是指由两个或两个以上合伙人共同出资、共负盈亏和共担风险的企业。诞生于 16 世纪意大利的合伙企业，也是一种自然人企业、一种无限责任企业，即合伙人对整个合伙企业所欠的债务负有无限责任。合伙企业不如独资企业自由——决策通常由合伙人集体做出，所有权转让一般需要征得其他合伙人同意。不过由于合伙企业并非单独一人出资，因此更易形成规模优势。

随着发展，合伙企业的合伙人逐渐分化成两种，即投资合伙人与经营合伙人，后者有义务接受前者的监督。由此，企业第一次实现了所有权与经营权的分离。之后，受企业所有者委托的独立审计也随之兴起。

（3）公司

公司（company or corporation），是指由两个及两个以上出资者共同出资，并以股份形式构成的企业法人。诞生于 18 世纪英国的公司，其股东与职业经理人的身份更加明确，所有权与经营权的彼此独立也更加明显，是工业革命的重要推动力量。

相比于自然人企业，公司的特色更为突出：一是永续存在，公司的法人地位不受股东死亡或股份转让影响；二是有限责任，公司具有法人资格，是具有独立财产并能独立承担民事责任的组织机构，出资者仅需对公司债务承担有限责任；三是可转让性，一般来说，相比于独资企业和合伙企业，公司的股份转让更容易；四是方便筹资，由于永续存在以及举债和增股空间大，因此公司通常具有更强的筹资能力。

这些特色让公司成了当前企业最重要的一种组织形式。

类似于合伙企业，公司也在发展中逐步演化为两个子类：

① 有限责任公司；

② 股份有限公司。

其中，有限责任公司（limited liability company）简称有限公司，有时也称私人有限公司（private limited company），是指由两个及两个以上股东共同出资，每个股东以其认缴的出资额对企业债务承担有限责任的企业法人。有限责任公司的特点是：设立程序比较简单，一般由 2 人以上、50 人以下的股东共同出资设立；资本无须划分为等额股份；公司内部机构设置比较灵活。

股份有限公司（joint-stock company limited）简称股份公司，有时也称公共公司（public limited company）。股份有限公司本质上也是一种有限责任公司，或者说是一种特殊的有限责任公司。相比于（普通的）有限责任公司，股份有限公司的特殊之处在于：股东人数无最高数量限制；注册资本由若干等额股份构成，且有最低数额限制；必须设立董事会、监事会，定期召开股东大会。

在一定的条件下，经政府证券管理部门批准，股份有限公司可以选择成为一家上市公司（listed company），使公司股票可以在证券交易所上市、交易，以获取更强的筹资能力。当然，权利的背后也伴随着义务，上市公司也需要定期向公众披露公司的资产、交易、年报等相关信息。

（4）社会企业

社会企业（social enterprise），是指以社会目标为首要追求，所得利润主要再投入企业或社区的企业法人。换句话说，社会企业是指一种特殊的、为一般公共利益服务的生产经营性组织。20 世纪 80 年代，随着西方发达国家从事商业活动的非营利组织的迅速增加，社会企业逐渐兴起。1990 年以后，随着立法的不断完善以及相关专门机构的不断出现，社会企业日渐成为推动欧美国家经济社会发展的一股重要力量。

社会企业作为一种制度创新，其制度特征主要体现在 3 个方面：一是追求社会目标；二是利润分配受到限制；三是采用社会参与式治理模式。

2015 年，国务院办公厅印发的《中国足球改革发展总体方案》强调，俱乐部应当"积极承担社会责任，接受社会监督"。2019 年，国务院办公厅印发的《体育强国建设纲要》指出，要"完善职业体育俱乐部法人治理结构，加快俱乐部现代企业制度建设"。可以预期，在我国体育强国建设中，社会企业将会承担重要角色。

 知识拓展 5-1

社会企业的认定标准

在经历了近 40 年的发展后，对于社会企业的认定标准逐渐形成了统一共识。

在理论研究方面，欧洲社会企业研究网络（European Research Network on Social Enterprise，简称 EMES）提出的 9 条社会企业认定条件——经济维度的持续地生产并（或）销售产品和服务，高度自治，承担显著的经济风险，聘用最低数量的付薪员工；社会维度的具有明确的社区利益导向，公民集体自主创建，集体决策，（治理模式）具有参与性特征，有限的利润分配——已为学术界广泛引用。

在实践层面，在英国政府与社会企业联盟的支持下，英国社会企业标志公司（Social Enterprise Mark Co.，简称 SEMs）制定了社会企业认证标准，即：具有社会和环境目标；具有自己独立的章程和理事会，而不是政府、慈善组织或其他机构的一部分或个体经营者；至少有 50% 的收入来自市场销售；至少有 50% 的利润被应用于社会和环境目标；解散时的剩余资产应该被用于社会和环境目的，须在章程中体现"资产锁定"原则；能提供外部证据，表明机构正在实现社会和环境目标，努力扩大社会影响或减少环境危害。2010 年以后，SEMs 的认证业务在欧洲大陆逐步展开。2012 年，SEMs 的认证标准被欧盟正式接受和采用。

5.2.2　体育组织的类型

组织（organization）是指人们为实现某种特定目标而结合起来形成的群体。换而言之，组织是人们按照一定的目的、任务和形式编制起来的团体。作为社会的基本单元，组织的类型多种多样，如学校、医院、工厂、公司、俱乐部、政府等，都是常见的例子。

想认识和理解组织，需要抓住它的基本要素。

基于定义，容易发现，组织包含 3 个基本要素。其一，有成员。个人不是组织，组织必须有两个或两个以上的人。其二，有目标。组织成立的原因是人们拥有共同的目标。或者说，组织体现了成员共同的愿望和利益。其三，有制度。目标的实现，需要成员协调行动，需要进行权威分配和劳动分工。因此，组织需要有一定的规章制度（口头的或正式成文的）。这一方面可以使权力相对集中在领导或主管手中；另一方面可以控制组织成员活动，将他们导向组织目标。

相应地，可以认为，体育组织（sports organization）是人们为实现某种特定目标而结合起来形成的从事体育活动的群体或团体。

与其他组织一样，体育组织的形式也是五花八门的。

从追求目标及治理结构来看，体育组织大致可以分为以下 4 种。

（1）体育企业

根据企业的定义，可以认为，体育企业（sport enterprise）是指把投入转化为体育产出的生产经营性组织。

作为一种最常见的体育组织，体育企业数量庞大。根据企业的分类，体育企业一般也可以分为 4 个子类：一是业主制体育企业，如网球公开赛的职业选手及其团队；二是合伙制体育企业，如某些有小股东参股的 NBA 球队；三是公司制体育企业，如英超球队——无论是上市的还是未上市的，大部分与一般公司并无本质不同；四是社会企业型体育组织，如皇家马德里（简称皇马）、巴塞罗那、毕尔巴鄂竞技，以及拜仁慕尼黑等会员制足球俱乐部。

虽然类型不少，但体育企业的本质特征是一样的：一方面，体育企业都追求私人利益——当然，这里所说的"利益"，既可能指利润，也可能指效用；另一方面，体育企业都具有显著的企业或公司治理特征，如激励制度及监管机制等。

（2）体育社团

与经济组织或政府组织不一样，在不同国家，社会组织的称谓五花八门。在中国，它被称为民间组织或社会团体（简称社团）；在美国，它被称为非营利组织；在英国，它被称为公共慈善组织。此外，还有第三部门、非政府组织等称谓。

作为社会组织的一种，体育社团（sports mass organizations）是指追求公共利益目标的非营利性体育组织，有经常听说的，如国际奥林匹克委员会（简称国际奥委会或 IOC）、国际足球联合会（简称国际足联或 FIFA）、国际田径联合会（简称国际田联或 IAAF）、欧洲足球协会联盟等；也有不常听说的，如国际体育仲裁法庭、国际马球联合会、国际拔河联合会，以及拜仁慕尼黑足球俱乐部注册协会等。

此外，那些不具有正式结构的体育社团，如小学生足球队、村民健身中心、社区门球俱乐部、长跑兴趣小组等，也都是体育世界不可或缺的重要组成部分。

相比于体育企业，体育社团的典型特征有 3 个：一是独立性，即独立于国家和政府体系之外；二是非营利性，即不以营利为目的、不分红；三是非公司治理，即不像公司治理那样建立严格的责任机制，如利益竞争与管理监督等。

（3）体育机关

体育机关（sports administrative organ），即政府设立的体育事业管理部门。

比如我国的国家体育总局就是典型的体育机关。国家体育总局成立于 1998 年，其前身为 1952 年成立的中央人民政府体育运动委员会（简称中央体委）；1954 年，中央体委更名为中华人民共和国体育运动委员会（简称国家体委）。

如今，国家体育总局是国务院负责体育事业管理工作的直属机构。除各运动项目管理中心以及省区市局外，国家体育总局的直属单位还包括国家奥林匹克体育中心、训练局、北京体育大学、秦皇岛训练基地、体育基金管理中心以及体育彩票管理中心等。

名称在变换、机关在发展，不过，无论是早期的中央体委或国家体委，还是现在的国家体育总局，其核心目标始终是一致的，即发展体育运动，增强人民体质，在普及大众体育的同时，大力发展竞技体育，以推动我国体育事业蓬勃发展。

（4）附属型体育组织

有些体育组织，看似是一个独立主体，实际上却是其他组织或个人的一个附属部门或一种附属资产。这类体育组织，我们称之为附属型体育组织。比如 1929 年建队的法拉利车队就是法拉利汽车公司的一个赛事部门；处于职业化初期的某些中国足球俱乐部，因与大股东或母公司存在错综复杂的关系，也可以看作附属型体育组织。本质上，附属型体育组织不过是其他组织或个人追求利益（经济的或非经济的）的一种工具，因而自身往往没有独立目标。

5.3　体育产业

5.3.1　从产业看体育

什么是产业？

从历史来看，产业是社会分工的产物。

在远古时代，生产工具极其原始，人类只能共同劳动，狩猎和采集几乎是他们所有的生产活动。那时，几乎没有社会分工，不存在不同的生产部门，产业自然无从谈起。

到了石器时代，人类的生产工具有了提高。随着狩猎的野兽和采集的野果的数量的增多，人类开始驯化和饲养未吃完的野兽，开始种植未吃完的野果的种子。慢慢地，社会分工开始出现，农业从狩猎和采集活动中逐渐分离出来，产业也由此正式诞生。

社会分工的深化，促使新的产业不断涌现。

18 世纪 60 年代，英国爆发第一次产业革命，机器生产逐渐取代手工操作，新的组织形式——工厂渐渐四处开花，工业成了经济社会发展的新的主导力量。19 世纪中叶，第二次产业革命爆发，依托铁路、钢铁产业的快速发展，工业的主导地位得到了进一步的加强。19 世纪末，第三次产业革命掀起了新的浪潮，随后的变化几乎是天翻地覆的，新的产业部门如雨后春笋一般不断涌现。

随着产业的不断涌现，人们的认识也与时俱进。

"产业"一词，最早由重农学派提出。当时，手工业依附于农业，尚未形成独立的经济活动，产业因此主要指农业。第一次产业革命让工业成了新的龙头，由此，产业转而主要指向工业，如通常意义上使用的产业革命，亦即工业革命。等到第三次产业革命时，服务业逐渐崛起、后来居上，它自然与农业、工业一样，都在产业之列。

农业、工业及服务业有什么不同？

在回答该问题前，我们需要揭晓前一问题的答案。

所谓产业（industry），是指经济活动具有某种同类属性的企业的集合。从定义来看，产业主要侧重和强调市场的供给方——企业。需要注意的是，现实经济中存在多层次的产业，有的提供基础的原材料，有的提供终端的消费品，一个层次为另一个层次服务，一环接一环，构成了非常复杂的产业链，而无论产业链多么复杂，最终围绕的都是人类需求这个核心。

要认识产业，"集合"是关键词之一。

经济中，企业和家庭是最基本的也是最小的经济单位；整个国民经济则是最大的经济单位。产业介于两个"极值"之间，泛指国民经济的各行各业。从生产、流通到服务，大到部门、小到行业，都可以称之为产业。

相比于"集合"，另一个关键词——"属性"可能更为重要。

比如，常见的三次产业分类法，即把产业划分为农业、工业和服务业三大类，涉及的属性就有两个：一是发展次序，在经济发展过程中，它们出现的时间以及占据主导地位的顺序有先后之别，因而也被分别称作第一产业、第二产业和第三产业；二是与自然界的关系，三次产业与自然界的"亲疏"有别主要体现在，农业的属性是直接取自自然界，工业是加工取自自然的生产物，其余的经济活动则统归服务业。

属性一般是多维的，因此，产业的分类方法也是多种多样的。

比如生产要素分类法根据劳动、资本、知识等生产要素的比重或对各生产要素的依赖程度，将生产部门划分为 3 类，即劳动密集型产业、资本密集型产业与知识密集型产业。又比如发展阶段分类法根据产业发展所处的不同阶段，将生产部门划分为幼小产业、新兴产业、朝阳产业、衰退产业、夕阳产业、淘汰产业等。再比如产业地位分类法根据产业在国民经济中的地位和作用，将生产部门划分为基础产业、瓶颈产业、支柱产业、主导产业等。

倘若把属性指向产品，那么，我们可以看到产业的"化身"——行业。

所谓行业（industry or sector），是指提供同类产品的企业的集合。例如服装行业、餐饮行业、房地产业、汽车行业、娱乐行业等，都是我们耳熟能详甚至可以如数家珍的。

对一个国家来说，从产品维度划分产业是宏观管理以及科学制定产业政策的必然要求。为此，各国政府一般都会颁布自己的产业划分标准。比如，我国 2017 年 6 月发布的《国民经济行业分类（GB/T 4754—2017）》，将产业或行业划分为 20 个门类，97 个大类，473 个中类，1382 个小类。

通过第 1 讲，我们知道商业化是体育发展的基本态势之一。对于认识和理解体育世界，产业是一个非常好的视角或着眼点。比如在《国民经济行业分类（GB/T 4754—2017）》中查找"体育"，我们会发现，它出现的频数竟然高达 190 次。

"体育"出现的地方，多半事关体育产业。

根据产业的定义顺藤摸瓜，可以认为，体育产业（sports industry）是指从事体育经济活动的企业的集合。或者说，体育产业是指提供体育产品或体育相关产品的企业的集合。

进行研究和分析时，当然要将理论与实际相结合。正如下面我们将要看到的，现实中的体育产业统计口径，不仅涵盖市场上的企业，还包括其他组织及独立个体，如从事生产经营活动的体育社团、体育机关、附属型体育组织、"个体户"运动员等。

5.3.2 体育产业的类型

把体育产品与体育企业结合在一起，可能会使人们对体育产业有一个大致的认识。不过，简单的定义和举例说明，还不足以确保我们的认识是全面的、清晰的。

为此，我们需要了解（体育）产业的相关分类。

在实践或国民经济统计层面，我们将推荐国家统计局的分类方法；在学术研究层面，我们将介绍李明等在《体育经济学》中的分类方法。进一步地，我们将站在巨人的肩膀上，根据上述两种分类方法提出一个更为简洁的版本——体育产业的三部门分类模式。

也就是说，对于体育产业的类型，我们要介绍的分类模式主要有 3 种。

（1）体育产业的国民经济统计分类

在国民经济统计层面，北美产业分类体系（简称 NAICS）是国际上较为通用的一种分类方法。不过，或许 NAICS 认为体育并非一种重要的经济活动，因而没有把体育设立为一个独立产业，而是把它分散于制造业以及艺术、娱乐与休闲业等 8 个不同的产业之中。

与此不同的是，2008 年 6 月，为了贯彻落实国务院的工作要求、规范统计口径和范围，国家统计局和国家体育总局联合印发了《体育及相关产业分类（试行）》；2015 年 9 月，为了推动体育产业发展、建立体育产业统计调查制度，国家统计局正式发布《国家体育产业统计分类（2015）》；2019 年 3 月，根据《国民经济行业分类（GB/T 4754—2017）》，国家统计局又修订并发布了《体育产业统计分类（2019）》。

在 2019 年的新分类中，体育产业被划分为 3 个层级，即大类 11 个，中类 37 个，小类 71 个。

与 2015 年的分类相比，新分类在对部分内容进行调整的同时，还对多个中类和小类进行了拆分合并，并增加了 19 个小类（大类和中类数量不变）。

具体的则如表 5-2 所示。

表 5-2　中国体育产业的统计分类

大类及编号	中类及编号	大类及编号	中类及编号
01 体育管理活动	011 体育社会事务管理活动； 012 体育社会组织管理活动； 013 体育保障组织管理活动	07 体育传媒与信息服务	071 体育出版物出版服务； 072 体育影视及其他传媒服务； 073 互联网体育服务； 074 体育咨询； 075 体育博物馆服务； 076 其他体育信息服务
02 体育竞赛表演活动	021 职业体育竞赛表演活动； 022 非职业体育竞赛表演活动	08 其他体育服务	081 体育旅游服务； 082 体育健康与运动康复服务； 083 体育彩票服务； 084 体育金融与资产管理服务； 085 体育科技与知识产权服务； 086 其他未列明体育服务
03 体育健身休闲活动	031 运动休闲活动； 032 群众体育活动； 033 其他体育休闲活动		
04 体育场地和设施管理	041 体育场馆管理； 042 体育服务综合体管理； 043 体育公园及其他体育场地设施管理	09 体育用品及相关产品制造	091 体育用品及器材制造； 092 运动车船及航空运动器材制造； 093 体育用相关材料制造； 094 体育相关用品和设备制造

续表

大类及编号	中类及编号	大类及编号	中类及编号
05 体育经纪与代理、广告与会展、表演与设计服务	051 体育经纪与代理服务； 052 体育广告与会展服务； 053 体育表演与设计服务	**10** 体育用品及相关产品销售、出租与贸易代理	101 体育及相关产品销售； 102 体育用品设备出租； 103 体育用品及相关产品贸易代理
06 体育教育与培训	061 学校体育教育活动； 062 体育培训	**11** 体育场地设施建设	111 体育场馆建筑和装饰装修； 112 体育场地设施工程施工和安装

资料来源：国家统计局《体育产业统计分类（2019）》，为了简便起见，本表未录入 71 个小类。

（2）体育产业的两部门分类模式

类似于全景图片，国民经济统计分类的优点是内容翔实，不过难免有点平铺直叙。

与此不同，李明等认为，尽管体育产业里的企业和组织都是以体育为中心，都是体育相关产品和服务的生产单位，但是它们以及它们所组织的体育活动是有关联的。也就是说，国民经济统计分类的缺点之一是，没有明确表述体育产业内存在的各种相关联系。更重要的是，我们需要注意，生产单位之间的关联或关系是有密有疏、有近有远的，因此它们在体育产业中的地位也可能有显著差异。

为此，李明等提出了体育产业的两部门分类模式。

如图 5-2 所示，李明等将体育产业划分为两大部门。

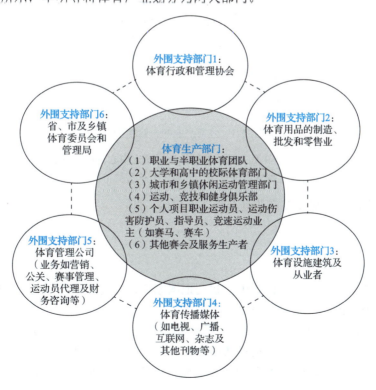

图 5-2　体育产业的两部门分类模式

一是体育生产部门。该部门是体育产业的核心部分，主要包括体育赛事组织及体育服务相关的企业和组织。

二是外围支持部门（体育支持部门）。该部门居于外围，主要是支持核心部门的生产活动，包括6个小部门。需要注意的是，这6个小部门与核心的体育生产部门又有所重叠。也就是说，这些小部门并非各自独立的，它们都与体育生产部门存在一定的关联。

（3）体育产业的三部门分类模式

李明等的两部门分类模式的优点是层次分明——突出了体育产业的层级性，各部门孰重孰轻一目了然；不足之处是美国特色过于突出。

取长补短、择善从之，我们借鉴上述两种基本分类模式，着眼于阐释体育产业的"一般结构"，提出了自己的"新"版本——体育产业的三部门分类模式，具体如图5-3所示。

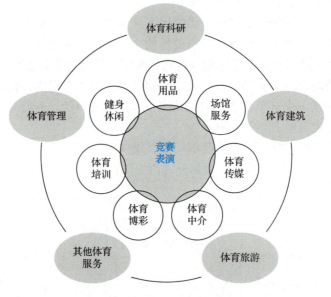

图 5-3　体育产业的一般结构

注：本图的制作参考了2014年9月2日广发证券发展研究中心分析师李音临和申烨的"体育产业系列深度报告之一（政策篇）：前瞻性探究中国球市，市场化改革蓄势待发"的图3"体育产业的一般结构"。

在图5-3中，我们把体育产业划分为3个层级，即：

① 核心部门；
② 重点部门；
③ 外围部门。

在体育产业的三部门分类模式中，我们把国家统计局的"平面"与李明等的"立体"结合在一起，因而优点可能更为突出。

一是内容全面。从图5-3可以看到，三部门分类模式中的13个子类体育产业，实际上涵盖了国民统计分类和两部门分类模式的大部分内容。考虑到体育旅游业发展迅速、重要性日益突出，我们把它从表5-2的"08其他体育服务"中分离出来，看作一个独立的体育产业。

二是核心突出。对体育来说，竞赛表演所扮演的角色是"特有"的：一方面，以职业联盟为代表的竞赛表演，是体育世界最重要的产品，是体育发展的第一动力和核心所在；另一方面，竞赛表演所具有的独特属性，是体育经济学得以诞生并不断发展的一个重要前提。正因如此，我们把竞赛表演看作体育产业的核心部门，并单列出来。

三是重点分明。2016 年 6 月，国家体育总局发布《体育产业发展 "十三五" 规划》，强调要大力支持和发展 8 个 "重点行业"。除竞赛表演之外，健身休闲、体育用品、场馆服务、体育传媒、体育中介、体育彩票、体育培训等都位列其中。相应地，我们把后 7 种 "行业" 视为体育产业的重点部门。这里，我们按照国际惯例把 "体育彩票" 改写为更为通用的 "体育博彩"。

思考与讨论

1. 你的体育消费涉及哪些体育产品或服务，它们分别具有什么样的特征？

2. 相比于其他产品，与竞赛表演服务相关的体育生产具有哪些突出特征？

3. 你喜欢的球队属于哪种类型的体育组织，它的竞争对手又是哪种类型的？

4. 你喜欢的球队提供哪些体育产品和服务，它的竞争对手呢？

5. 电子竞技产业充满机会和挑战，许多公司和机构在这个领域寻找商机。在这个产业中，你知道的经济主体有哪些，它们各自担当着什么样的（经济）角色？

6. 2020 年 12 月，中国足协要求职业俱乐部名称非企业化、中性化，否则新赛季将不予注册。对此你怎么看？

7. 在李明等编著的《体育经济学》中，他们介绍了米克及彼茨等的体育产业三部门分类模式，该模式有哪些特征？与本书的分类模式相比有哪些不同？

8. 竞赛表演在体育产业增加值中所占的比重并不高，但为什么它依然被诸多学者认为是体育产业的核心组成部分？

第6讲

信息不对称与体育生意

先有 20 世纪 60 年代电视机的流行，再有 21 世纪互联网的崛起，体育世界的变化是天翻地覆的。要理解这种变化，"信息"应该是最重要的线索之一：一方面，体育产品的信息化让体育市场得到了不断拓展；另一方面，体育市场的拓展又为信息不对称问题的应对提供了新的渠道。基于体育有形资产和无形资产、信息不对称与投机、市场自治和信号发送等主题，在本讲，我们特别强调，信息不对称是理解体育生意的关键。

教学目标

通过学习，认识媒体技术与体育发展的紧密联系；认识信息不对称的普遍性，以及可能由此引发的逆向选择与道德风险等问题；理解（职业）竞技体育市场的一般结构，以及它的双边特性。

教学要求

章节安排	主要内容	知识要点
6.1 传媒与体育资产	媒体发展与体育资产增值	权利型体育无形资产、知识型体育无形资产、人力资本、声誉、品牌
6.2 信息不对称与投机	信息不对称与投机问题	信息不对称、隐瞒特征、隐蔽行动、机会主义或投机、逆向选择、道德风险
6.3 信号发送与体育生意	观众为何会成为"商品"	信息甄别、机制设计、信号发送、外部性、双边网络效应、双边市场

1967 年，阿克洛夫完成论文"'柠檬'市场：质量的不确定性和市场机制"，但投稿屡遭婉拒。

31 年之后，对"柠檬"市场的研究却为阿克洛夫献上了诺贝尔经济学奖。

阿克洛夫探讨的信息不对称——一部分人比另一部分人拥有更多信息，事实上是人类社会一开始就存在的一种普遍境况，是人类一开始就要面临的一个基本约束。与"柠檬"市场一样，从在小店铺买东西到与人合伙开公司，从寻找人生伴侣到教育子女，从农村精准脱贫到西部地区对口援助……信息不对称无处不在。

信息不对称无处不在，不仅仅是经济理论，它还为体育发展创造了广阔空间。

在本讲，我们会发现，信息不对称是理解体育市场及产业的一个关键所在。正是在信息不对称无处不在的背景下，随着传媒技术进步，尤其是电视机、互联网的普及，体育生意与体育经济的发展才步入了快车道。

6.1　传媒与体育资产

6.1.1　与报刊携手前行

1896 年创刊的《每日邮报》、1900 年创刊的《每日快报》、1903 年创刊的《每日镜报》（合称"三每"），是继 1855 年创刊的《每日电讯报》之后英国第二代大众化报纸的典型代表。其中，《每日邮报》与《每日镜报》均由哈姆斯沃思创办。《每日邮报》把体育新闻当作重头戏，不仅开设体育新闻专栏，还别出心裁地开展体育赛事有奖竞猜活动，从而大获成功，发行量一度攀升至 100 万份。

英国大众化报纸迅速发展的背后，是对美国同行的煽情主义及版面设计的模仿与创新。

1833 年，戴创办《纽约太阳报》。《纽约太阳报》不仅内容有趣——大量刊登地方新闻、社会新闻及种种富有人情味的故事，而且价格低廉——每份售价 1 美分，是史上第一份成功的大众化报纸。

《纽约太阳报》的成功，吸引了许多效仿者，典型的如 1835 年创办的《纽约先驱报》、1841 年创办的《纽约论坛报》。新闻史上的这三大便士报，一起让美国大众化报刊走向了成熟。

1883 年，普利策买下纽约《世界报》，首次设立体育新闻部，并配备全职体育记者。1895 年，普利策的挑战者赫斯特买下纽约《晨报》，将其改名为《纽约日报》，并开设了第一个体育专版。

此后，体育报道便迎来了第一个黄金年代。

这一阶段的突出表现是有影响力的专业报刊不断涌现。

在 1886 年美国《体育新闻》创刊之后，涌现的代表性的体育报刊有 1896 年意大利发行的《米兰体育报》，1920 年德国发行的《踢球者》，1946 年法国发行的《法国足球》，1954 年美国发行的《体育画报》。

体育发展促进了报刊发行，反过来，报刊发行也推动了体育发展。

这方面的典型例子，应该首推《自行车与汽车报》。

1900 年，借由巴黎举办世博会和奥运会的东风，《自行车与汽车报》顺利创刊。

不幸的是，《自行车与汽车报》诞生不久，就被竞争对手、当时法国销量最好的体育报纸《自行车报》告上了法庭。1903 年，输掉报名侵权官司的《自行车与汽车报》被迫改名为《汽车报》，经营也因此陷入困境。

为了挽回颓势、走出困境，时任《汽车报》主编的德格朗日提出了一个大胆设想——举办一次大型自行车比赛。为了吸引公众关注和参与，德格朗日设计的赛程异常残酷：赛期 19 天、全长 2428 千米、赛段却只有 6 个——这意味着每个赛段的平均距离超过 400 千米，参赛选手需要夜以继日地骑行。

极限挑战一般会让人望而却步，不过，自行车是当时法国的第一运动，再加上宣传到位，《汽车报》出人意料地获得了成功——发行量翻倍，一举击败《自行车报》，成为法国新的体育媒体之王。环法自行车赛也因此正式诞生，并发展为一项可以媲美奥运会和世界杯的传奇赛事。

1946 年，《汽车报》更名为《队报》。

1954 年，在《队报》刊发的文章中，记者亚诺提议创立一项欧洲俱乐部比赛。1955 年，来自 15 家足球俱乐部的 20 名负责人接受《队报》邀请，齐聚巴黎大使酒店参加会议。会议之后，各俱乐部达成协议，欧洲冠军俱乐部杯由此正式诞生。

1956 年 6 月 13 日，在巴黎王子公园球场 3 万多名观众的欢呼声中，皇马以 4∶3 的比分击败兰斯，赢得了史上第一个欧洲冠军俱乐部杯的冠军。新赛事的举办，不仅让《队报》销量一路攀升，也让俱乐部赚得盆满钵满。

1992 年，欧洲冠军俱乐部杯被改制为欧洲冠军联赛（UEFA Champions League，简称欧冠）。与环法自行车赛一样，欧冠也是全球最具影响力的体育赛事之一。

6.1.2 电视"修改"了体育

1926 年，英国人贝尔德发明了世界上第一台电视机——机械扫描电视。

1927 年，美国人法恩斯沃思将单幅图像分解为 60 行，将其转换为电信号后再在屏幕上重组图像，从而发明了现代电视机的雏形——电子电视。

作为最伟大的发明之一，电视机为体育发展的起飞装上了翅膀。

1936 年，在柏林，电视技术首次"参加"奥运会，由此开创了电视转播比赛的先河。同年，在伦敦，英国广播公司 BBC 携带摄像机来到海布里球场，录制并转播了阿森纳与埃弗顿之间的足球比赛。1939 年，在纽约，美国全国广播公司 NBC 转播了哥伦比亚大学队与普林斯顿大学队之间的棒球比赛。

20 世纪 40 年代，电视机属于小众产品，普及性和影响力远不如广播。第二次世界大战结束之后，电视技术突飞猛进，电视机价格持续下跌，拥有电视机的家庭数量迅速增长。柯林斯的《体育简史》中的统计数据表明，1951 年，美国电视机的持有量突破 1000 万台；1953 年，持有量上升为 2000 万台；1963 年，持有量进一步上升到 5000 万台，覆盖了美国 90% 的人口。欧洲的情形也基本类似：1960 年，英国电视机的持有量达到 1000 万台，

1968 年，英国电视机的人口覆盖率飙升为 90%；1970 年，德国、法国以及意大利的电视机的人口覆盖率分别为 69%、59%、54%。

1962 年，美国航空航天局发射"电星 1 号"通信卫星，通过这颗卫星，美国观众第一次收看到了大西洋东岸播出的电视节目。1964 年，美国航空航天局发射"同步 3 号"通信卫星，通过这颗卫星，东京奥运会第一次实现了全球实况转播。

犹如太空中悬挂的一面"镜子"，通信卫星让电视机取代报刊和收音机成了最受欢迎的广播媒介。相比于报刊，电视机不但信息传播速度快、覆盖范围广，而且不要求受众受过教育、能识文断字。相比于广播，电视机把音响与画面结合在一起，使节目更富感染力、冲击力，从而让受众犹如身临其境。

就这样，18—19 世纪体育与平面媒体之间的共生故事，又一次在体育与电视机之间升级上演。

春风化雨，润物无声，故事里，电视机至少在两个方面"修改"了体育生产。

（1）"何时生产"

近些年，为了开拓亚洲市场，英超开始把一些强强对抗——如曼联与曼城、切尔西与阿森纳、托特纳姆热刺与利物浦之间的比赛，调整到北京时间 20:30 开始。时间调整后，中国球迷自然不用再去承受熬夜之苦。需要注意的是，这个时间对应的英格兰时间是 12:30，按照正常的作息习惯，它正好是人们吃午饭的时间。如果是夏天，这意味着，英超球队的百万富翁球员们可能需要在正午的烈日下汗流浃背、挥汗如雨。

为了让每场强强对抗赛都能吸引大量球迷观看，英超还特意把比赛放到两三天里进行。这样，从星期五到星期日，球迷至少可以观看 3 场高质量的比赛。当然，赛事安排从紧凑到宽松，也意味着英超球队的休整时间不再规整、不再规律。

"何时生产"，自然也涉及"何时停止生产"。足球比赛分上下两个半场，每个半场 45 分钟。NHL 冰球比赛分 3 局，每局 20 分钟。NBA 篮球比赛分 4 节，每节 12 分钟。NFL 橄榄球比赛也分 4 节，每节 15 分钟。考虑到中场休息、换人及暂停等，上述比赛的一个共同特征是——每场比赛耗时为 2 小时左右。这样的安排，当然不是巧合，看看两集插播了广告的电视剧的播出时长，我们不难想象，电视机在其中的重要影响。

（2）"怎样生产"

1969 年，温布尔登中央球场上冈萨雷斯与帕萨雷尔之间的较量，被许多球迷奉为经典。在这场史诗般的对决中，先是 26 岁的帕萨雷尔连胜 2 盘，之后 41 岁的冈萨雷斯却奇迹般地连扳 3 盘，决胜盘中，后者更是连续挽救了 7 个赛点，成功实现逆转。

不过，对电视转播来说，这简直就是一场噩梦。比赛前后进行了 2 天，两人苦战 112 局，5 盘比分分别是 22:24、1:6、16:14、6:3、11:9，总共耗时 5 小时 12 分钟。

次年，电视观众超过百万的美国网球公开赛（简称美网）率先做出了改变——引入"抢 7"，即对阵双方 6:6 打平后一局定胜负，在抢 7 局前 12 分内先达到 7 分的为胜。对于这样的"修改"，球员起初是抗拒的。但熬过了适应期后，"抢 7"受到了普遍欢迎：一方面，"抢 7"压缩了比赛时间，方便了电视转播；另一方面，"抢 7"是最后的生死一搏，它使比赛变得更加紧张刺激、惊心动魄，从而极大地提升了现场以及电视观众的观赛体验。

类似地，为了方便转播、取悦观众，电视机让球衣印上了号码，让橄榄球场画上了数码线，让网球场装上了"鹰眼"，让篮球赛增添了长暂停和"24 秒"，让足球场增加了视频助理裁判。

提早开球，"为了中国"

关注英超的话，容易发现，它的比赛时间安排得较为分散，从 20:00 到 1:00，都会安排比赛，比赛之间的间隔则一般为半小时。

贴心的安排，让英超受益匪浅。

2007 年，天盛（上海）数字电视发展有限公司购得英超 2007—2009 赛季中国内地全媒体转播权，费用是 3 年 5000 万美元。2012 年，新英体育与英超续约成功，得到 2013—2018 赛季中国内地及澳门地区独家转播权，费用是 6 年 1.56 亿美元。2016 年，PP 视频"一举夺魁"，拍下 2019—2021 赛季中国内地及澳门地区独家转播权，费用是 3 年 7.21 亿美元。

英超大快朵颐，让竞争对手西甲垂涎欲滴。

西甲的目标是成为世界第一足球联赛，但它多少有些先天不足：一方面，其商业化起步较晚；另一方面，其国内市场相对狭小。因此，西甲只能奋起直追，把部分赛事提早到西班牙时间的 13:00 或 16:15 开球。

这一调整，可谓用心良苦，将其换成北京时间，一般是 20:00 或 23:15——比英超的比赛大致早一刻钟或半小时。要知道，西班牙人的生活习惯是 14:00～15:00 吃午饭，13:00 或 16:15 开球对去现场观赛的球迷显然很不友好。更"要命"的是，由于地理位置比英国更靠南，西班牙夏季午后的气温甚至可以达到 40℃，并不适宜踢球。

其他联赛，当然也不会无动于衷。

比如法甲，为了与英超和西甲竞争，从 2020—2021 赛季起，便调整了星期日比赛的开球时间，以增加法甲在中国的观众人数。至于意甲，早在 2019 年尤文图斯的首席营收官里奇就呼吁，"我们必须在国内和国际球迷之间找到平衡，这不仅与电视转播时间有关，还涉及转播权以及转播方。"

（注：编写时参考了 2019 年 8 月 23 日《环球时报》特约记者青木和李佳寅的新闻报道"提早开球 五大联赛'为了中国'"）

6.1.3 无形胜有形

21 世纪，伴随着互联网的发展，新媒体开始异军突起。

新媒体与电视机一起，为体育带来了亿万场外观众，使体育资产得到了增值和开发。

所谓资产（assets），是指由企业拥有或控制的、能给企业带来经济利益的资源。

除货币资产（如现金、存款、应收账款和应收票据，以及准备持有至到期的债券投资等）之外，资产根据物理形态不同经常被划分为两类——有形资产和无形资产。其中，有形资产（tangible assets）是指那些具有实物形态的资产，如建筑、机器、设备以及存货等；无形资产（intangible assets）是指不具有实物形态的非货币性资产，如专利、商标、人力资本以及特许经营权等。

依此类推可知，体育资产（sports assets），是指存在于体育中的、由特定主体拥有或控制的、能持续为所有者带来经济利益的资源。根据物理形态不同，体育资产也可以被划分为两类——体育有形资产和体育无形资产。需要注意的是，体育无形资产如今已超越体育有形资产，成了体育组织最重要的收入来源。

从性质看，更为重要的是体育无形资产，它可以进一步划分为 4 个子类。

（1）权利型体育无形资产

权利型体育无形资产涉及的主要是体育组织所拥有的经营权利。该权利的获得，可能由政府部门特许，如体育彩票或体育博彩的专营权；可能由相关组织转让，如奥运会、亚运会、足球联赛、网球大师赛等的承办权或独家经营权；也可能是长期生产经营的结果，如国际足联拥有的国家队国际赛事的垄断经营权，中甲球队晋级成功后获得的中超资格等。

权利型体育无形资产的价值实现方式通常有两种：一是行为权利的直接转让，如国际足联赛事承办权的转让、运动场馆的转租等；二是行为权利的受限使用，如与赞助密切相关的比赛装备自由选择权的受限使用、体育组织的指定产品或专用产品等。

（2）知识型体育无形资产

知识产权既包括工业产权与版权或著作权（狭义的知识产权），也包括不为法律所保护的专有技术——秘密技术或技术诀窍，即非他人所普遍了解或容易获得的一切符合法律规定条件的秘密知识、经验和技能等。

相应地，知识型体育无形资产包括 3 个小类，即体育工业产权、体育版权与体育专有技术。其中，体育工业产权包括体育组织或赛事的标志和徽标、体育产品或服务的发明专利及外观设计（如华为手环的专利技术等）；体育版权包括体育赛事的电视版权、网络版权；体育专有技术包括体育训练规范及方法、体育技术资料及数据、体育营养配方、体育经营作业规范及技巧等。

（3）人力资本

人力资本（human capital），是指体现在劳动者身上的资本，如劳动者的知识、技能、经验以及体力（健康状况）等。相比于有形资产，人力资本"特色"鲜明：一是与人身自由联系在一起，不随产品或服务的出卖而转移；二是比其他资源具有更大的增值空间，即不会像有形资产那样在使用中不断地被消耗，相反可能通过"干中学"得到增强。

在职业体育中，与人力资本相关的合同性权利，是许多中小型俱乐部的一个重要收入来源。比如葡萄牙波尔图足球俱乐部因在球员转会市场获得的巨大成功，被球迷戏称为"欧洲第一黑店"。除此之外，通过一定的契约安排，运动员个人的行为权利（如肖像使用权），也经常会成为体育组织拥有的一种重要的无形资产。

（4）声誉与品牌

在产品市场上，声誉（reputation）是指消费者购买和使用商品后对该商品的良好评价。企业利用在产品市场上积累的声誉，结合名称以及相应的标志（如商标、外形设计等）后，就可以形成自己的品牌（brand）。

"金杯银杯不如老百姓的口碑"，经济学家强调，声誉是真正的资产，是企业最重要的一种无形资产。良好的声誉与品牌，有助于企业与消费者建立长期稳定的交易关系，获得更多的（未来）收益。正如表 6-1 所展示的，许多体育组织因此蕴含了巨大的经济价值。

表 6-1　2021 年全球最具价值体育团队 20 强

单位：亿美元

排序	职业俱乐部或球队	所属联盟	价值	排序	职业俱乐部或球队	所属联盟	价值
1	达拉斯牛仔	NFL	57.0	11	曼联	英超	42.0
2	纽约扬基	MLB	52.5	12	利物浦	英超	41.0
3	纽约尼克斯	NBA	50.0	13	洛杉矶公羊	NFL	40.0
4	巴塞罗那	西甲	47.6	14	曼城	英超	40.0
5	皇家马德里	西甲	47.5	15	旧金山 49 人	NFL	38.0
6	金州勇士	NBA	47.0	16	洛杉矶道奇	MLB	35.7
7	洛杉矶湖人	NBA	46.0	17	纽约喷气机	NFL	35.5
8	新英格兰爱国者	NFL	44.0	18	芝加哥熊	NFL	35.3
9	纽约巨人	NFL	43.0	19	华盛顿橄榄球	NFL	35.0
10	拜仁慕尼黑	德甲	42.1	20	波士顿红袜	MLB	34.7

数据来源：福布斯"2021 全球最具价值体育团队榜"。

6.2　信息不对称与投机

6.2.1　信息不对称无处不在

在日常生活中，对某人或某物，你比我了解多一些，或我比你了解多一些，非常普遍。

可能因为普遍，信息不对称看起来"微不足道"，以至于被人们长期漠视。尽管早在20 世纪 20～30 年代，米塞斯和哈耶克就强调，经济运行中的信息问题极其重要、不可小觑。不过，直到阿克洛夫抛出他的"柠檬"，信息不对称才开始被越来越多的经济学家所关注和重视，并逐渐成为现代经济学的重要组成部分。

在经济学中，信息不对称（information asymmetry）是指交易中卖者与买者所掌握的信息是不对等的，其中一方拥有不为另一方所知的信息。

通俗地讲，信息不对称就是"我知道一些你不知道的事"。

其中的"我"——信息优势方，既可能是卖者，也可能是买者，或两者兼而有之。

假如信息优势方是卖者，就像阿克洛夫所讨论的"柠檬"市场，在没有上场之前，买者永远都不会知道，新购的运动鞋是否会像厂家宣称的那样让自己健步如飞。对于想要引进的球员，职业俱乐部不知道他是否会隐瞒伤情，不知道他是否会在签订大合同之后出工不出力。

正如事物有两面性，卖者的信息烦恼也不少。比如贩卖球票的黄牛，很难猜准买者真正的支付意愿；在信贷发生前，如果贷款人不进行资信状况调查，借款人可能会隐瞒自己的违约前科。

信息不对称为何无处不在？

原因既有客观的，也有主观的。

客观上，交易总是涉及一定的时间跨度，即宣言与行动、承诺与兑现一般不是同时发生的。就像王婆"夸"瓜在前，顾客"吃"瓜在后，行动和兑现往往会滞后于宣言和承诺。经济增长、社会进步的过程，也是市场规模不断扩大、劳动分工不断深化的一个过程。随着交易广度、深度以及复杂性的不断增强，信息不对称不可避免地变得更加普遍和常见。

主观上，原因则主要来自两个方面。一是人的认知能力是有限的，即技术上不可行。现实中，人并非无所不知、无所不能。许多时候，即使是耗费了大量的时间和精力，人们也无法获取自己想要的全部信息。二是信息的搜集需要花费成本，即经济上不可行。某些时候，搜集到想要的全部信息确实是可能的。不过，如果搜集信息的成本太高，以至于超过由此产生的收益，人们通常也不会这样做。

信息不对称涉及的情形是广泛的、庞杂的。为此，经济学家一般会从时间、内容两个维度对信息不对称进行分类。

在时间维度，信息不对称可以划分为：

① 事前信息不对称；

② 事后信息不对称。

其中，事前信息不对称（ex-ante information asymmetry）是指在交易发生之前就已经存在的信息不对称。正如前面讲的新购的运动鞋，其质量是好还是坏，实际上在买者购买之前就已经是确定的。只不过是厂家对此（多半）了如指掌，而买者却知之甚少，甚至一无所知。

事后信息不对称（ex-post information asymmetry）是指在交易之后才发生的信息不对称。比如在签入了多名大牌球员之后，球队依然表现欠佳。这一结果的出现，是否源于这些大牌球员出工不出力？对此，球队经理往往难以确认，因为除球员的努力付出外，临场状态、队友配合、对手实力、赛程安排以及气候条件等诸多因素，对比赛的最终结果都有不可忽视的影响。而与球队经理不同，比赛中是否全力以赴、竭尽所能，球员本人却是心里有数的。

在内容维度，信息不对称可以划分为：

① 隐瞒特征；

② 隐蔽行动。

其中，隐瞒特征（hidden characteristics）是指交易一方拥有另一方不知道的一些与产品或服务特征相关的信息。例如，消费者不知道，将要购买的新款运动鞋所应用的高科技是否名副其实，但是厂家很清楚，所谓的高科技有时不过是一个华而不实的营销噱头而已；球队经理不知道，自己将要签约的球员是不是"玻璃人"，但是球员很清楚，自己的先天体质如何。类似这样的非对称信息，就是隐瞒特征。

隐蔽行动（hidden action）是指交易的一方能够采取一些不为另一方所观测到，却对另一方有影响的行为。与隐瞒特征不同，隐蔽行动涉及的是交易参与人的行动信息。前面讲到的签约的大牌球员可能出工不出力，就是隐蔽行动最典型的例子之一。

很多时候，经济学家会将交易对象之间的（潜在）契约关系称作"委托-代理"（principal-agent）关系。其中，信息优势方，即服务提供方或被依赖方，被称作代理人（agent）；信息劣势方，即服务需求方或依赖方，被称作委托人（principal）。受逐利本性的驱使，代理人可能会利用委托人的"无知"采取机会主义（opportunism）行为或投机行为，因而背离委托人的意图，侵害委托人的利益。

信息不对称无处不在，自然地，投机也是"一切皆有可能"。

为此，在《资本主义经济制度》中，威廉森做了详细描述——投机指的是损人利己，包括那种典型的损人利己，如撒谎、偷窃和欺骗，但往往还包括其他的形式。在多数情况下，投机都是一种机敏的欺骗，既包括主动去骗人，也包括不得已去骗人，还有事前及事后骗人……从更为一般的意义上说，投机是指不充分地披露或歪曲信息的利己行为，尤其是那些使信息被歪曲、颠倒或混淆等的蓄意行为。

信息不对称可能滋生的投机类型主要有两种：逆向选择与道德风险。

将信息不对称的两个维度的分类与投机的两个类型结合起来，信息不对称问题的基本分类可以简洁地展示于表 6-2 中。

表 6-2　信息不对称问题的基本分类

	隐瞒特征	隐蔽行动
事前信息不对称	逆向选择	—
事后信息不对称	隐瞒特征的道德风险	隐蔽行动的道德风险

6.2.2　投机问题之一：逆向选择

在经济学中，逆向选择（adverse selection）是指与委托人进行交易或签订契约时，代理人利用对方的不知情而获得好处的机会主义行为。正如定义与表 6-2 所显示的，逆向选择涉及的是事前信息不对称。或者，更准确地说，涉及的是事前的隐瞒特征。

要理解逆向选择，最好是先看看阿克洛夫的"柠檬"模型。

假设市场上二手车的类型有两种：有故障的二手车（"柠檬"）与性能良好的二手车（"樱桃"）。车主都想卖掉自己手中的二手车。其中，"柠檬"车主很乐意以 10000 元的价格脱手，而"樱桃"车主只有当价格不低于 50000 元时才会考虑售卖，即两类车主的保留价格分别为 10000 元和 50000 元。

如果你恰好想购买一辆二手车，对于有故障的二手车，你最高愿意支付 15000 元；对于性能良好的二手车，你最高愿意支付 60000 元。也就是说，对于这两种类型的二手车，你的支付意愿分别是 15000 元和 60000 元。

首先，考虑信息完备的情形，即你与车主一样完全清楚二手车的具体性能。

在这种情形下，对于有故障的二手车，车主的保留价格是 10000 元，你的支付意愿是 15000 元，以介于这两个数值之间的价格成交是双方都乐意的。对于性能良好的二手车，车主的保留价格是 50000 元，你的支付意愿是 60000 元，以介于 50000 和 60000 之间的价格成交，也是双方所乐见的。因此，在信息完备的情形下，"贸易可以使每个人的状况都变得更好"，你满意，车主也满意，市场运转良好。

其次，考虑更为现实的情形，即信息不对称的情形。

假设二手车看起来都一样，只有车主知道自己二手车的质量状况，你不清楚它们的具体性能，只知道市场上有故障与性能良好的二手车各占 50%。也就是说，对作为消费者的你来说，二手车的质量是一种不可观测的特征，即二手车的质量是不确定的或具有不确定性。

质量不确定意味着购买存在风险。假设你是风险中性的，会通过期望值来评价风险选择。比如，掷一枚硬币，正面赢得 10 元，反面损失 10 元，如果你是风险中性的，那么这个赌博对你来说价值为零——用数学算式写出来就是 $10 \times 50\% + (-10) \times 50\% = 0$。

在这种情形下，你购买二手车最多愿意支付多少？

你对高质量二手车的支付意愿是 60000 元，对低质量二手车的支付意愿是 15000 元，两种质量出现的概率都是 50%，作为风险中性的买者，你对购买一辆未知质量的二手车期望价值的评价为 $60000 \times 50\% + 15000 \times 50\% = 37500$ 元。这意味着，只有当车主要价低于 37500 元时，你才会选择购买。

接下来，我们考虑车主会如何"权衡取舍"。

如果碰巧遇到的是性能良好的二手车，车主会以 37500 元的价格把它卖给你吗？不会，因为"樱桃"车主的保留价格是 50000 元，与其忍痛割爱，还不如留下自用。相反，如果遇到的二手车是有故障的，在这个价格下，车主肯定非常愿意把车卖给你，毕竟他的保留价格只是 10000 元。

也就是说，如果你愿意支付 37500 元，那么你只会得到一辆有故障的二手车。

出现这个结果的内在的逻辑其实非常简单。

由于买者无法确知车子的好坏，因此精明的"柠檬"车主知道，其最好的策略是宣称自己的车是一辆"好车"。正如现实中所观察到的，尽管市场上二手车有好有坏，但如果你问车况，车主的答案却出奇一致——"我的车是好车"。俗话说"买的不如卖的精"，但消费者不是傻子，他也能预期到这一点，不会因轻信车主的夸夸其谈而支付过高的价格。在这种情形下，"樱桃"车主由于不能获得合意的价格，只能无奈地退出市场。进一步地，如果市场上二手车的质量呈阶梯形，即产品质量从高到低且有许多车主，那么，质量最高的二手车首先会被逐出市场。依此类推，直至市场上只剩下质量最差的二手车。

阿克洛夫的"柠檬"模型，生动地展示了信息不对称可能会带来的糟糕结果："柠檬"车主的逆向选择让坏车驱逐了好车——劣品"战胜"了良品，市场是低效率的。

遗憾的是，"柠檬"问题不仅仅为二手车市场所独有。

比如，阿克洛夫文章中另外列举的保险市场、劳务市场、信贷市场等。

又比如，在"棒球自由球员市场中的信息不对称"中，莱恩同样发现，1976 年保留条款被废除之后的棒球劳务市场也有不少"柠檬"问题（表 6-3）。

表 6-3 1980 年美国职业棒球大联盟球员（合同期限 3 年以上）的受伤情况

	样本量	平均年龄/岁	签约前每赛季受伤天数/天	签约后每赛季受伤天数/天	签约前后每赛季受伤天数百分比变化(%)
所有球员	155	30.82	4.73	12.55	165.40
续约球员	99	30.89	4.76	9.68	103.36
自由球员	56	30.68	4.67	17.23	268.95

6.2.3　投机问题之二：道德风险

2016 年 12 月，特维斯加盟上海绿地申花。

1984 年出生的特维斯，被誉为阿根廷历史上最出色的前锋之一。17 岁那年，特维斯在博卡青年开启了自己的职业生涯。2005 年，在连续 3 年蝉联南美足球先生称号之后，特维斯加盟巴西科林蒂安。2006 年，特维斯转战欧洲，先后效力于英超西汉姆联、曼联、曼城以及意甲尤文图斯等多家豪门俱乐部。2014 年，终止欧洲旅程的特维斯，返回自己心爱的母队博卡青年。

为了签下特维斯，上海绿地申花支付了高昂的薪酬。具体的数值，官方没有正式公布，但也公开承认，特维斯的薪酬水平位居世界前 5。

愿望总是无比美好。特维斯宣布加盟时，上海绿地申花表示，特维斯的加盟将极大增强上海绿地申花的攻击实力、丰富进攻手段，俱乐部期待着特维斯在新赛季帮助上海绿地申花在亚洲和国内赛场上为球队攻城拔寨。

结果却事与愿违。2017 赛季，特维斯一共为上海绿地申花出场 20 次，包括 16 次中超出场（14 次首发和 2 次替补）、3 次足协杯出场、1 次亚冠出场、总共攻入 4 球、助攻 5 次。在这些比赛中，上海绿地申花的战绩为 6 胜 5 平 9 负，胜率仅为 30%。而在特维斯缺席的 18 场比赛中，球队拿到了 9 场胜利，胜率高达 50%。

事与愿违，当然不是因为特维斯的能力。

此前的两年，特维斯为博卡青年出场 56 次，攻入 25 球、助攻 16 次。在与上海绿地申花中止"合作"后的 1 个月里，特维斯为博卡青年出场 5 次，共攻入 3 球、助攻 2 次。

上海绿地申花非常"不幸"，因为他们遭遇了道德风险。

在经济学中，道德风险（moral hazard）是指与委托人进行交易或签订契约后，代理人利用对方的不知情而获得好处的机会主义行为。对照定义以及表 6-2，可以看到，道德风险与逆向选择相比有两点不同：一是道德风险指向的是事后信息不对称；二是道德风险既可能涉及隐瞒特征，也可能涉及隐蔽行动。

其中，道德风险所涉及的隐瞒特征，就如同特维斯宣称自己身体有伤而拒绝参加球队训练和比赛，尽管在"养伤"期间，他带全家去上海迪士尼游玩的时候，看起来与正常人没有任何区别；道德风险所涉及的隐蔽行动，就如同特维斯伤愈复出登场比赛时，在原地看着队友疯狂逼抢，自己却在近半分钟之内仅挪动了几步——当然，赛场上的这种"散步"，也可以理解或解释为伺机而动、好钢用在刀刃上。

与逆向选择一样，道德风险也会导致市场低效率。

比如，保险市场。

保险市场上的一个显著特征是，保险公司与投保人之间存在严重的信息不对称。对于汽车司机的驾驶行为，保险公司一般是很难监测的，更别说全面的监测了。如果没有购买保险，司机一般会尽量避免违规驾驶、疲劳驾驶以及鲁莽驾驶，因为这些行为会增加事故发生的概率。相反，如果购买了保险，尤其是全额保险，司机可能会倾向于冒更多风险，因为他无须为自己的行为承担相应的责任和成本。

在这种情形下，保险公司可能会被迫提高保单价格。

问题是，当保险公司这样做的时候，面对过高的保单价格，优质客户——不因有保险而冒险驾驶的司机可能会选择退出市场。类似于逆向选择，由于道德风险的存在，优质客户会被劣质客户从市场中驱逐出来——劣质客户"战胜"了优质客户。

于是，保险公司可能会被迫再次提高保单价格。依此类推，循环往复。在极端情况下，保险公司可能干脆拒绝出售保险。

遗憾的是，不仅是体育市场和保险市场，其他市场也可能存在道德风险。

比如在信贷市场，贷款到手后的部分借款人，可能会找各种借口拒绝按时还贷，以至于成为令人深恶痛绝的"老赖"；在劳务市场，一些"精明"的员工汇报时会夸大工作难度、报喜不报忧，工作时在老板面前是一个样，在老板背后是另一个样。

6.3　信号发送与体育生意

6.3.1　市场有办法

前面的分析表明，信息不对称可能诱发投机，带来低效率。

注意，我们讲的是可能而非必然。

之所以这样提醒，是因为信息不对称经常被当作市场失灵的证据之一。甚至有学者声称，只要是存在市场失灵的地方，就需要政府干预，需要政府予以纠正。暂且不讨论政府干预是否必要，是否有效，我们先来看一看或思考：

市场真的失灵了吗？

答案显然是否定的。

在第 4 讲，我们知道，"看不见的手"的功能之一就是传递信息。

纵观整个世界，尽管信息不对称无处不在，但市场不仅没有消失，还在不断地扩张，由熟人之间的交易扩展为陌生人之间的交易，从区域市场演变为全球化的市场。看看身边，情形更是如此，二手车市场也好，体育市场也罢，无不处于蓬勃发展之中。

信息不对称并不必然导致市场失灵，原因在于：一方面，正如奥地利学派一贯强调的，市场的有效运行并不以对称信息为条件，相反是以信息不对称为前提的，无论是买者还是卖者，都掌握一定的私人信息；另一方面，信息不对称意味着可能会出现投机，潜在的交易机会因此难以实现，不过，正如经济学家时常提到的"贸易可以使每个人的状况都变得更好"，潜在的"好"会激励逐利的人们（尤其是企业家）想办法去解决这一问题，尽管可能需要为此支付额外的成本。

市场有办法，从主体维度来看，办法主要有以下 3 种。

① 信息优势方：信号发送；
② 信息劣势方：信息甄别；
③ 第三方：信息提供与监管。

其中，信号发送因与体育经济关系尤为密切，我们放在 6.3.2 节讨论。

这里，先介绍市场的后两种办法。

在经济学中，**信息甄别**或**信息筛选**（information screening）是指信息劣势方为披露信息优势方私人信息而采取的相关行动。

理解此定义之前，我们需要先思考信息劣势方的问题：

代理人或信息优势方可信吗？

信息劣势方破解这一问题，最直接的方式就是自己去收集信息，予以甄别。是骡子是马，拉出来遛遛，关于滥竽充数的疑问几乎瞬时可破。王婆卖的瓜甜不甜，尝一小块后，自然是清楚的。新结交的朋友可不可靠，多方打听、调查一番，应该会有大致的答案。

当然，信息收集有时可能是困难的。对于王婆的瓜是否农药超标这个问题，因技术和经济上的原因，买者一般难以甄别。特维斯的技术水平毋庸置疑，但其在上海绿地申花的职业态度是否与在博卡青年时完全一样，上海绿地申花在与其签约之前是难以验证的。

此时，为了规避信息优势方的投机行为，信息劣势方需要通过间接的方式来获取对方的私人信息。在经济学中，这类方法被称为**机制设计**（mechanism design），**即通过设计某种激励方案以诱使信息优势方选择对信息劣势方有利的方式行事。**

机制设计中，"选择对信息劣势方有利的方式行事"的情形有两种。

一是"讲"真话。

类似于"樱桃"与"柠檬"，有的司机习惯于谨慎驾驶，有的司机偏爱冒险。每个司机都知道自己的驾驶习惯，但爱冒险的司机一般不会承认这一点。为了避免"樱桃"被驱逐出市场，保险公司需要把两类司机区分开来，需要司机"讲"真话。

如何把"樱桃"从"柠檬"中筛选出来？

针对隐瞒特征，机制设计的基本思路是，通过提供多种选择方案——同一方案中不同类型交易对象的收益或成本是有差异的，让不同类型交易对象在自利的驱使下选择不同的方案。例如，设计含有免赔条款的低保险费保单，以吸引安全驾驶的司机；设计不含免赔条款的高保险费保单，以吸引爱冒险的司机。这样，两类司机就会因选择不同的保单而披露私人信息。

二是不偷懒。

"领导在与不在一个样"，是雇主所希望的。在一些情形下，通过加强监管，如在工作场所安装隐蔽的摄像头，雇主有可能得偿所愿。不过，在更多的情形下，简单粗暴的方式多半是不可取的，是不可行的。现在，赛场上的球员几乎是在显微镜下作业，其行动轨迹和画面无不记录在案。不过，我们知道，据此很难判断球员是否有偷懒和欺诈行为。尤其是考虑到在一系列不确定因素之外，球员的表现及球队的成绩，更多的是集体合作的结果。

"我怎样使某人为我做某事？"

要想"马儿跑得快"，就得让"马儿吃够草"。为此，必须找到一种机制，使雇员与雇主的利益更为紧密地联系在一起。针对隐蔽行动，机制设计需要秉承"收益共享、风险共担"的原则，让代理人知道"干多干少不一样""干好干坏不一样"。在体育领域，出场费、赢球奖、夺冠奖及下放二队的惩罚等，都是职业俱乐部激励下属球员的常见安排。

机会主义和投机出现的最根本原因在于，信息优势方与信息劣势方各自的私人利益并非完全一致。无论是"讲"真话还是不偷懒，机制设计需要让信息优势方的自利行为与信息劣势方的目标诉求保持一致。

规避机会主义和投机，交易第三方也是一支不可小觑的力量。

"自由交换是互利的"，在信息不对称普遍存在的约束之下，促成信息优势方与信息劣势方进行交易，自然也是一件有利可图的事情。市场上专门生产、加工、甄别信息的第三方组织，如市场调研组织、信用评级机构、会计师事务所、体育数据供应商及新闻媒体等，就是通过消减交易双方之间的信息鸿沟以获取收益。

除了信息的提供，第三方组织的监督和管理也是消减信息不对称的一种重要手段。

这类专业机构有很多，如加盟店总部、行业协会、消费者协会等。当然，最成功的，无疑是第三方电商平台。阿里巴巴财报显示，2019 财年阿里巴巴的中国零售平台年度活跃消费者数量高达 6.54 亿，商品交易总额达到 5.73 万亿元，相比 2018 财年，分别增长 18.45%、18.88%。

在阿里巴巴成功的背后，支付宝扮演着重要的角色：一方面，能够抑制卖家投机，因为只有在买家验货之后，卖家才能拿到钱；另一方面，可以规避买家赖账，因为钱已被支付宝暂扣，一旦验货通过，就会转到卖家账上。配上买家点评、卖家评级以及用户申诉等功能，支付宝作为一种第三方机制，较为成功地解决了买卖双方的信息不对称问题。

6.3.2　信号、诚信与声誉

面对困境，信息优势方当然不会坐以待毙，而是会去尝试解决自己的问题：

如何使自己与"柠檬"区分开来？

有时产品或服务质量的相关信息是易于传递和鉴别的，如计算机的中央处理器频率和硬盘大小、电视机的屏幕尺寸和分辨率、空调的功率和能耗等。在这种情形下，信息优势方只需直接做出说明和解释，问题应该就可以迎刃而解。

遗憾的是，在很多情形下，产品或服务质量的相关信息是不容易传递和鉴别的，如牛奶中添加的三聚氰胺是否超标，餐馆是否使用了地沟油，补水面膜的菌落总数是否超标等。此时，信息优势方只能寻找间接的方式来展现自己的质量或品质。

比如，在求职应聘时，人们往往会细心地收拾一番，让头发清爽利落、服装稳重大方、指甲修剪整齐、皮鞋整洁得体。"人靠衣装马靠鞍"，这样做多少会有一点效果。不过，"人不可貌相"，仅仅依据外貌与装扮，招聘方很难判断一个人的工作能力，尤其是当所有应聘者都这样做的时候。

在这一情形下，应如何向招聘方展现自己的聪明能干？

1973 年，在"劳务市场上的信号发送"中，信息经济学的先驱之一斯宾塞为人们提出了一种可行方式——信号发送（signaling），即信息优势方为获得信息劣势方信任而披露自己私人信息所采取的行动。

在哈佛大学攻读博士学位的时候，斯宾塞观察到，该校 MBA 学生毕业后获得的薪酬比教授高几倍甚至十几倍。为什么会出现这一现象呢？哈佛的教育真的这么厉害吗？带着这些疑问，斯宾塞开始了自己的探索。

在抽丝剥茧之后，斯宾塞得出的结论是：教育是一种有力的信号，足以传递能力信息。

对学习能力不同的人来说，获得学位（如取得某个 985 或 211 高校的学位）的"成本"可能天差地别。获取录取通知、通过课程考核、完成毕业答辩，对学习能力高的人来说，可能并不太难；对学习能力低的人来说，则可能难于上青天。

教育信号的高昂成本，使"柠檬"难以模仿"樱桃"，让以假乱真不再可行。

与教育类似，广告是另一种更为常见的信号。

体育赛事中，无论是场馆设施、运动装备，还是赛事暂停和转播间隙，都充斥着大量广告。如果仔细观察，容易发现，大部分广告其实并无实质内容——既不传递质量信息，也不涉及产品价格或售后服务。尽管内容千差万别，但是这些广告都有一个显著的特征——耗费巨大。

与教育不同，广告能使"樱桃"将自己从"柠檬"中区分出来，这是因为收益不同（而非二者的广告成本不同）。相比于"柠檬"，"樱桃"能从广告中得到更多的收益。因为，在品尝之后，"樱桃"的消费者更可能成为回头客。对于花大价钱做广告，虽然"柠檬"也可以模仿，但这样做一般会得不偿失，并不划算。

上面的例子告诉我们：某一行动能否成为传递信息的一个有力信号，并不在于它是否含有实际内容，而仅仅在于行动本身以及其高昂的价格。也就是说，信号必须是昂贵的，以至于"柠檬"无法模仿，或者无意伪装，从而让"樱桃"与之区分开来。

"市场有办法"，综合来看，信息优势方的信号发送与信息劣势方的信息甄别、第三方的信息提供与监管一起，共同建构了消除信息不对称、规避投机的市场自治机制，为交易带来了诚信与声誉。

诚信，字面意思是"诚实守信"，通俗地讲就是说话不骗人、做事靠得住。

声誉，字面意思是"声望名誉"，通俗地讲就是好名声或言出必行的名声。

二者既有区别，也有联系。

诚信是对某人为人处世特征的一种刻画，主要与"我"有关，可以看作"投机"或"机会主义"的反义词。而声誉是公众对某人为人处世历史表现及特征的一种主观认知和评价。换句话说，声誉不仅与"我"有关，还涉及"他人"。结合在一起，容易发现：没有诚信，"我"就不可能有声誉，即诚信是声誉得以形成、建立和维持的基本前提。

总的来看，如图 6-1 所示，市场的 3 种办法或自治机制各有特色，但本质特征是相同的，即提高合作的收益，增加违约的成本，或者兼而有之。自治机制促使和激励人们诚信行事、建立声誉，极大地降低了交易成本（相比于法律和政府），为人与人之间的合作搭建了信任的桥梁，从而使得市场得以有序运行。在图 6-1 中，由于诚信与声誉所涉及的主体一般为信息优势方，为此使用了 1 条实线、2 条虚线，以示区别。

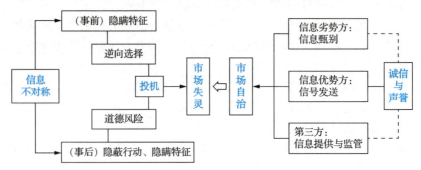

图 6-1　信息不对称与市场自治机制

在《共同利益经济学》中，梯若尔强调，政府和市场互相补充，而非排斥。市场需要监管，政府需要竞争和激励。需要注意的是，在社会诚信体系建立和完善的过程中，政府的角色也是举足轻重、不可或缺的，如我国的《中华人民共和国产品质量法》《中华人民共和国食品安全法》《中华人民共和国消费者权益保护法》《证券公司监督管理条例》《期货交易管理条例》等法律法规，无疑是我国市场有序运行的重要保障。

6.3.3　把观众变成"商品"

2000 年，弗洛伦蒂诺成功当选皇马主席。

弗洛伦蒂诺的胜利出人意料。

毕竟，选举期间的 1999—2000 赛季，桑斯领导皇马赢得了其 5 年任期内的第 2 座欧冠奖杯，其战绩斐然、声望正隆。结果，不为世人看好的弗洛伦蒂诺却以 55% 的得票率爆冷胜出。

弗洛伦蒂诺的"逆袭"，主要归功于他的秘密武器——"巨星政策"。

2000 年 7 月，皇马的死敌——巴萨的队长菲戈"弃暗投明"；2001 年 7 月，法国人齐达内披上了白色战袍；2002 年 8 月，"外星人"罗纳尔多转投皇马；2003 年 6 月，"万人迷"贝克汉姆加盟皇马；2004 年 8 月，"金童"欧文与皇马签订了一份为期 4 年的劳动合同。

连续 5 年的"一年一巨星"，再加上旗帜球员劳尔和卡洛斯，皇马可谓众星云集、星光璀璨。被球迷誉为"银河战舰"的皇马，先后被媒体评为"最受球迷支持的俱乐部""最富有的俱乐部""最成功的俱乐部"，并成为全球最响亮的体育品牌之一。

在 BBC 的一次采访中，弗洛伦蒂诺解释了自己的经营成功之道，即在这些巨星签约的背后存在着一个商业和竞技的方程式。

什么是"商业和竞技的方程式"？

简单来说，就是把自己的客户或用户——观众变成"商品"。

1997 年，在"注意力购买者"中，戈德哈伯提醒我们，"信息，尤其是网络中的信息，丰富且泛滥。我们淹没在信息之中，而且每天还有更多的信息接踵而至。因此，关键问题之一是：网络中是否还流动着稀缺且令人向往的其他东西？是的……它，就是注意力。本质上，网络经济是注意力经济，而非信息经济。"

21 世纪，是互联网的新时代，新经济开始大行其道。

一方面，信息不对称依旧无处不在，"樱桃"为了完成"惊险的跳跃"，始终需要发送信号，也需要人们能够接收到信号；另一方面，在"无网不联、无网不至"的新时代，"老革命遇到了新问题"，信息过载成了信号发送的又一巨大障碍。

在互联网的新时代，电视机曾经引发的体育"革命"得到了延续和深化。

（1）产品信息化

本质上，任何可数字化的事物都是信息。当足不出户就能观看到各种精彩赛事的时候，竞赛表演服务的信息化趋势已毋庸赘述。产品的信息化进一步强化了竞赛表演服务的生产特征，即生产的固定成本高，边际成本低。如同好莱坞的电影制作，皇马"生产"比赛的费用异常昂贵——需要为球员支付高昂的薪酬以及转会费。不过，在投入生产之后，为额外一个观众提供服务，新增的成本几乎可以忽略不计。这种成本结构意味着巨大的规模经济——生产得越多，生产的平均成本就越低。

（2）收入多元化

长期以来，现场观众是大部分体育项目的最大收入来源。不过，在电视机诞生、互联网崛起后，场外观众不仅数量众多，而且遍及五湖四海，体育产业因而不再局限于本地市场及现场观众。随着注意力成为一种重要的稀缺资源，体育赛事提供的不再仅仅是一种娱乐产品，它同时演变为其他企业信号发送的重要平台。体育组织与转播商、体育组织与其他企业之间的联系，也不可避免地变得越来越密切、越来越重要。相应地，在收入构成中，赛事转播和体育赞助的比重也开始不断攀升，并逐渐成为主导。

（3）市场双边化

如图 6-2 所示，从体育组织（如职业联盟和俱乐部）的角度来看，竞赛表演服务市场可以分为 3 个细分市场，即体育组织与（现场）观众、赛事转播商及赞助商（其他企业）之间的交易市场。

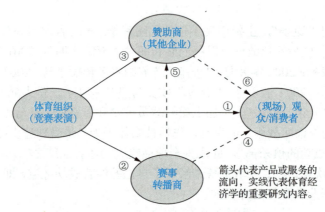

图 6-2　竞赛表演服务市场的一般结构

当然，正如曾经的皇马主席卡尔德隆比喻的"体育场就是大型电视机"，实际上，转播商可以"简单"地看成体育组织与观众之间的一个中介机构，即可以把赛事现场观赏与赛事转播"简单"地合二为一。倘若如此，图 6-2 中的 3 个细分市场就可以简化为 2 个，即赛事观赏（或竞赛表演服务）市场与体育赞助（或广告服务）市场。

需要注意的是，无论采用何种划分方式，竞赛表演服务市场都可以看作一种（准）双边市场（two-sided market），它们之间彼此联系、相互影响。

此外，在图 6-2 中，需要特别注意：在这些市场联系中，位居价值链顶端的观众和球迷是最具决定性的因素，是体育组织最重要的"资产"。在互联网的新时代，信息的过载、注意力的稀缺，放大和增强了观众消费的外部性或外部效应（externality），即观众的消费行为对局外人福利的无补偿的（正向）影响，使体育赛事对赛事转播商以及赞助商更具吸引力。

前面我们曾强调，信息不对称是理解体育生意的关键。

这里需要说明的是：与信息不对称一样，双边市场及其背后特殊的外部效应——双边网络效应，也是理解体育生意的关键。对此更进一步的介绍和讨论将在第 12 讲进行。

思考与讨论

1. 假设一家健身俱乐部对所有会员都收取同一固定费用，试分析其中的逆向选择问题和道德风险问题。

2. 为什么在大学里加入某些兴趣小组或联谊会时需要经过复杂烦琐的程序和仪式？

3. 本学期有两位教师在学校开设通识课，其中一位在学校已经任教多年，另一位是新教师，这学期的教学评估对哪位教师更重要？

4. 日本相扑有一个排名，排名前 66 的选手是相扑力士的"顶层集团"。排名并非一成不变，所有选手每两个月都要进行一次比赛，每次 15 场，胜少负多就会降级。假设最后一场比赛在选手甲（已经赢了 8 场比赛）和选手乙（已经赢了 7 场比赛）之间进行，你认为谁更有可能赢得这场比赛，为什么？

5. 你喜欢的球队有哪些资产，它们分别属于哪种类型？

6. 什么是信号发送？什么是信息甄别？试各举出 3 个例子。

7. 什么是双边市场，试举出 5 个例子。

8. 有学者认为，观众和球迷是职业俱乐部最重要的"资产"。对此你有什么样的认识和理解，为什么？

第7讲

体育垄断与价格歧视

在体育世界，垄断者的身影并不罕见。在本讲，我们讨论的问题主要有：①市场为什么有时会被某一企业或组织所独占？②相比于其他领域，体育世界的垄断有什么不同？③从产品价格来看，相比于完全竞争，（体育）垄断者的权衡取舍有什么特色或特征？

教学目标

通过学习，认识垄断的特征和成因，以及体育垄断的特殊性；认识在单一定价情形下，体育垄断者的最优权衡取舍；理解体育垄断者价格歧视的 3 个基本类型，以及其权衡取舍的内在机理。

教学要求

章节安排	主要内容	知识要点
7.1 垄断因何而生	垄断的特征与体育垄断的特色	（完全）垄断、价格制定者、市场势力、进入壁垒、规模经济、自然垄断、卡特尔
7.2 "一视同仁"的定价	单一定价的权衡取舍	总收益、平均收益、边际收益、数量效应、价格效应、无谓损失
7.3 价格歧视的把戏	价格歧视的权衡取舍	价格歧视、套利、一级价格歧视、二级价格歧视、三级价格歧视

引言："足球与政治无关"

"足球与政治无关"是 FIFA 始终坚持的理念之一。

当然，这也是球迷的诉求之一。足球是一种世界通用语言，是对强者的一种赞扬，是对弱者的一种鼓励，纯粹的足球应该超越民族、超越国家、超越意识形态。

不过，FIFA 的坚持，并非仅仅与此有关。

事实上，正是"足球与政治无关"让 FIFA 成了一名垄断者。

正如本讲将要介绍的，垄断企业的市场势力以及它们的权衡取舍与竞争企业相比有极大的不同。从实用的角度看，了解垄断企业与竞争企业的不同特征，分析垄断企业的权衡取舍，尤其是价格歧视，不仅有助于我们更好地看见"看不见的手"，还能让我们更好地认识现实中为数不少的那些体育垄断组织。

7.1　垄断因何而生

7.1.1　垄断与市场势力

"生意做独市，买卖抢先行"，做买卖要想赚钱，最好是能先行一步，做独门生意。

这里所说的独门生意，就是木讲要重点探讨的垄断。

经济学中，垄断（monopoly）是完全垄断（perfect monopoly）的简称，是指只有一个卖者提供没有近似替代品的产品或服务的一种市场结构。当然，垄断也包含另一种情形——买方垄断，即买者只有一个而卖者有很多个的市场类型，如在球员劳务市场上，北美四大职业体育联盟 NFL、MLB、NBA 与 NHL 都具有很强的垄断性。由于两种情形是对称的，就像硬币的正反面，因此这里我们仅介绍卖方垄断。

从定义来看，卖方垄断的假设或特征至少有两个：

① 市场上只有一家企业；

② 没有近似的替代品。

这里之所以强调"至少"，是因为垄断的定义有时容易让人产生误解　　让人误以为只要一个市场中仅有一家企业时就构成了垄断。

实际上，市场中只有一家企业，并不是判断这个市场为垄断的充分条件。

比如某个小山村只有一家小卖部，显然，我们不能武断地说这家小卖部是一个垄断者。类似地，某个县城只有一家游泳馆或健身俱乐部，某个城市只有一家高尔夫俱乐部，我们同样不能轻易地断定这些体育组织就是垄断者。

也就是说，市场中企业数量是否唯一，并不是判断垄断的绝对标准。

那么，应如何认识和理解垄断？

或许，应该从其与完全竞争的比较开始。

在第 4 讲，我们知道，完全竞争的基本特征主要有 3 个：一是市场上有许多买者和卖者；二是市场上的产品是同质的，或者说，企业提供的产品是大致相同的；三是企业可以自由地进入或退出市场。

经济学中，完全垄断与完全竞争，是市场结构划分中彼此对立的两种极端情形。

将完全垄断与完全竞争的前两个特征相比较：一个是只有一个卖者或买者，另一个是有许多卖者和买者；一个是没有近似的替代品，另一个是产品同质或大致相同，企业的产品很容易找到替代品。进一步结合完全竞争的另一个特征"市场进入或退出完全自由"，我们容易推断出垄断的第三个特征：

③ **市场进入非常困难（甚至是不可能的）。**

明确了 3 个基本特征之后，我们再来看看垄断企业"身份"上的特殊。

与其他企业一样，垄断企业的目标也是追求利润最大化。但由于垄断企业是市场中唯一的卖者，独占整个市场，因此它的"权衡取舍"有极大的不同。

在完全竞争市场上，卖者数量众多且可自由地进入或退出，单个卖者对市场价格的影响微不足道。正如第 4 讲的假设，竞争企业是价格接受者——在市场价格下，任何数量的产品都可以一售而空，但只要定价超过市场价格就会一无所获。这意味着竞争企业的需求曲线是一条水平线，如图 7-1（a）所示。

与此相反，垄断企业是市场中唯一的卖者。也就是说，垄断企业的需求曲线就是市场需求曲线。因此，如图 7-1（b）所示，垄断企业的需求曲线向右下方倾斜，即遵从需求定理，需求量会随着商品价格的上升而下降（反之亦然）。

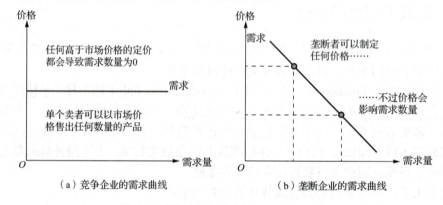

（a）竞争企业的需求曲线   （b）垄断企业的需求曲线

图 7-1   竞争企业与垄断企业的需求曲线

由于独占市场，因此垄断企业可以通过调整产品供给数量，改变市场价格，最大化自己的利益。用经济学的话来说，垄断企业是一个价格制定者（price maker），拥有一定的市场势力（market power），即具有影响其售卖产品的市场价格的能力。

根据上述比较，我们将完全竞争与完全垄断之间的主要差异表示在表 7-1 中。

表 7-1   完全竞争与完全垄断

	完全竞争	完全垄断
卖者数量	许多个	1 个
产品类型	相同的（同质）	没有近似的替代品
进入壁垒	无，可自由进入或退出	有且高
价格影响力	价格接受者	价格制定者
企业需求曲线	水平	向右下方倾斜

7.1.2 为什么会有垄断

少有企业不渴望垄断。

因为，垄断意味着市场势力，意味着超额利润。

不过，垄断并不容易。

如表 7-1 所示，在完全竞争市场上，企业可以自由进入或退出；与之相反，在垄断市场上，进入市场非常困难（甚至是不可能的）。用经济学的话来说，就是垄断市场存在进入壁垒（barrier to entry），即阻止（潜在）竞争对手进入市场的障碍。

事实上，对价格制定者——垄断企业来说，市场势力源于进入壁垒。或者说，垄断市场的最根本的特征实际上就是存在进入壁垒。进入壁垒的存在，使得其他企业虽然都想取而代之，但是却难以进入市场与之竞争，以至于只能望洋兴叹、徒唤奈何。

为什么存在进入壁垒？

一般来说，进入壁垒形成的原因或情形主要有 3 种。

（1）垄断资源

垄断资源，就是让其他企业"生产不了"。

俗话说"巧妇难为无米之炊"，构建进入壁垒、获取垄断地位的最简单粗暴的方式，应该是控制产品生产必不可少的某种关键资源，让其他企业"生产不了"。

针对这一情形，南非的钻石公司戴比尔斯是一个常被提及的经典案例。"钻石恒久远，一颗永留传"，正如其广告所展现的精明，戴比尔斯在 100 多年的发展历史中，通过并购、重组、垂直一体化等方式，一度控制了全球 80% 的钻石产量。虽然戴比尔斯的市场份额从未达到 100%，并不能算是一个完全的垄断者，但它对钻石市场价格的影响力无疑是巨大的。

垄断资源是垄断的成因之一，不过，垄断却很少由此而生。控制橙子，就可以垄断橙汁市场，控制面粉，就可以垄断面包市场，这样的想法看起来很美好，却如同海市蜃楼。毕竟，一个国家或地区的经济体量通常非常庞大，再加上国际贸易的存在，资源往往难以为某一个体所独占。1990 年以后，随着阿尔罗萨、卢卡拉、佩特拉等公司的崛起，戴比尔斯的市场份额开始不断下降，昔日荣光一去不返。

（2）政府许可

政府许可，就是其他企业"不被允许生产"。

许多情形下产生垄断是因为政府许可，即政府给予一个人或一家企业排他性地生产或提供某种物品或劳务的权利。由于"不被允许生产"，其他企业自然就无法进入市场、参与竞争。

有关政府许可的法律主要有两种。

一是专利法。在中国，专利包括 3 个子类，即发明专利、实用新型专利、外观设计专利。其中，发明专利的有效期为 20 年，后两种专利的有效期为 10 年。

二是著作权法。著作权涉及的主要是文学、艺术，以及自然科学、社会科学、工程技术等作品。这些作品如果为公民所有，那么其发表权的保护期为作者有生之年加死后 50 年；如果为法人或其他组织所有，那么其发表权的保护期则为 50 年。

政府制造垄断的目的一般有两个。

一是为创造性活动提供激励。创造性活动，如技术创新和文化创作等，是社会进步的源泉。无论是创新还是创作，都有两个不容忽视的特征：一方面，前期需要投入大量的资金，需要耗费大量的精力；另一方面，如果没有保护，则成果极易为他人所复制、抄袭或侵占。因此，鼓励创造性活动需要政府设置壁垒、提供保护，让创新者或创作人在某一个时段、某一个行业领域获得垄断地位，允许他收取较高价格并赚取较多利润，以此激励人们不断创新，推动社会进步。

二是为了增加财政收入。比如，对福利彩票、体育彩票等进行垄断经营的重要原因之一是出于财政收入方面的考虑。当然，更具代表性的例子，应该首推烟草。在中国，调查数据显示，90%的公众支持在医院、学校、工作场所等全面禁烟。不过，我们也应该看到，烟草是政府财政收入的重要来源，如 2022 年，中国烟草利税总额高达 1.44 万亿元，约为全国一般公共预算收入的 1/15。

（3）规模经济

规模经济，就是其他企业"生产划不来"。

在第 4 讲，我们知道，规模经济是指平均总成本随产量增加而不断下降的情形。城市里的天然气、电力、自来水等的供应，就是规模经济最常见的例子。这些产品的生产通常远离城市。为了把产品提供给消费者，供应商需要修建传输管道或线路，把产地与城市及各个社区连接起来。修建传输管道或线路一般需要庞大的资金投入，即使只是为单个用户提供服务，这些设施也是必不可少的。与此相关的资金投入，可以看作生产的固定成本。而相比于庞大的固定成本，设施连接到社区之后的入户费用——新增用户的边际成本，则可以说是微不足道的。

固定成本数额巨大且边际成本相对很小，使得天然气、电力、自来水等产品供给的平均总成本随用户数量以及产量的增加而不断下降，即存在规模经济。

如图 7-2 所示，这一特征展现于图形上，就是产品生产的平均总成本 ATC 曲线向右下方倾斜，它不同于一般情形，仅表现为第 4 讲图 4-15 中 ATC 曲线的左侧部分。

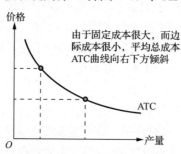

图 7-2　规模经济与平均总成本

规模经济使得平均总成本 ATC 曲线向右下方倾斜，这意味着，销售量大的公司具有成本优势。成本优势就是竞争优势，在一个具有规模经济特征的行业中，大公司能将小公司逐出市场，产生自然垄断，即单家企业相比于多家企业能够以更低的成本生产所有产品而形成的垄断。

前面提到"一般来说"，是因为从体育世界的特殊性看，除了上述 3 种成因，垄断还有 1 种成因。垄断的第 4 种成因，我们将在 7.1.3 节中专门介绍。

7.1.3　垄断的第 4 种成因

"足球与政治无关"是如何让 FIFA 成为一名垄断者的？

对此，FIFA 肯定会认为，这个问题是"有问题"的。

1904 年，FIFA 在巴黎成立，初创者为法国、比利时、荷兰、丹麦、西班牙、瑞典、瑞士 7 个国家。成立时，FIFA 规定：互相承认各自所代表的国家足球协会；禁止俱乐部和球员同时为不同的国家足球协会效力；比赛采用英格兰足球总会制订的规则。之后，又有多个国家相继加入。

1932 年，FIFA 总部移至瑞士苏黎世，并注册成为非营利性法人。

由此，FIFA 当然可以宣称，自己是一家自发的、非营利的国际体育组织。

不过，如果我们观察 FIFA 的拳头产品——世界杯，就容易发现，它没有近似的替代品，在市场上只此一家。同时，其他人或组织进入市场是非常困难的，甚至可以说是毫无可能的。我们再进一步看看 FIFA 的市场行为：在与潜在竞争对手——国际奥委会的博弈中，FIFA 迫使后者将奥运会足球运动员的年龄限制在 23 岁以下（每队允许有 3 名超龄球员）；进行商业开发时，FIFA 对赞助商实施分级管理，以追求自己的最大利益。

可以说，FIFA 是一个具有垄断性质的跨国利益共同体。

或者，更准确地说，FIFA 是一种特殊的卡特尔。

所谓卡特尔（cartel），是指生产类似产品的企业为了获取高额利润，在划分销售市场、规定产品产量、确定产品价格等方面达成协议而形成的一种垄断联合。比如 1960 年成立的石油输出国组织，1974 年成立的国际铝矾土联合会，都是典型的卡特尔。

一般来说，垄断会受到政府一定程度的管制，但 FIFA 是个例外。

与享有反垄断豁免权的 MLB 不同，FIFA 历经 100 多年的发展而近乎演化为一个"法外之徒"，靠的是自己"双拳齐出击、两手都很硬"。

一是对外强调独立，抵制干预。

在法律上，FIFA 是国际非营利组织，不隶属于任何一个国家或地区的主权机构。与许多国际组织一样，FIFA 当年选择在瑞士注册和办公，是因为瑞士的公共服务体系比较完备和高效，瑞士作为中立国不干涉国际组织的内部事务，而且会在税收和财政政策方面给予极大优惠。

在组织上，FIFA 规定会员协会的成员只能通过本协会内的选举或任命产生，协会必须在各自的章程中规定选举的程序以保证选举和任命的完全独立性，不允许政府干涉其内部事务，否则协会将遭受禁赛处罚，严重时甚至会被取消会员资格。

二是对内强调权威，杜绝分裂。

FIFA 规定，会员协会须始终遵守 FIFA 的章程、规程和决定；遵守比赛规则；承认 FIFA 章程指定的仲裁法庭；除非 FIFA 章程特别规定，任何事务不得求助于普通法庭；各洲际足联、会员协会和联赛应完全服从 FIFA 及其机构根据章程做出的不得上诉的最终决定。

与此同时，FIFA 特别注重树立和塑造会员协会的权威，强调任何国家只能有一个会员（不列颠及未独立地区除外），各级联赛或任何其他俱乐部组织必须经协会承认并隶属于协会，这些组织的章程和规程必须报经协会批准。

在管理上，利益均沾的收入分配体系、重大决议的会员均等表决权、纠纷处理的行业规定及治外法权条款，是 FIFA 治理体系的三大支柱，它们如同坚实无比的铁三角，强有力地支撑着 FIFA 稳定发展、不断壮大。

就这样，高举"足球与政治无关"的大旗，FIFA 从自发性的行业协会逐渐走向超国家、超政治的实体，最终发展为世界上最为富有、最具权势的国际体育组织之一。

与 FIFA 类似，其他一些国际体育组织，如国际奥委会、国际田联、欧足协等，在一定程度上，也都可以看作各自行业或领域里的垄断者。

7.2 "一视同仁"的定价

7.2.1 球场里的空座位

《2019 中超赛季观赛数据报告》显示，2019 赛季，中超联赛现场观众总数约为 560 万人，场均约为 2.34 万人。

其中，广州恒大淘宝场均 45795 人，位列第 1；北京中赫国安场均 41801 人，位列次席；大连一方场均 32853 人、重庆斯威场均 30901 人，分别位列第三和第四。

数据看起来非常漂亮，但换一个角度，我们的认识可能会更全面一些。

比如，看看主场上座率：2019 赛季，中超联赛主场上座率均值为 49.65%（加权均值为 48.00%）。16 支球队中，仅有广州恒大淘宝的上座率超过七成，达到 76.33%。上座率超过六成的球队有 4 支，分别是武汉卓尔、河南建业、北京中赫国安、上海绿地申花。上座率超过五成的球队也是 4 支，分别为河北华夏幸福、广州富力、大连一方、重庆斯威。

当然，这并不是中国特有的故事。

在美国，MLB 贵为四大职业体育联盟之一，近年来现场观众人数却屡创新低。根据 ESPN 的统计数据测算，2017—2019 年的 3 个赛季，MLB 常规赛观众人数场均分别为 3.00 万人、2.88 万人和 2.72 万人，场均上座率均低于 70%，与 NFL、NHL 及 NBA 等 95%左右的上座率相比，完全不可同日而语。

在欧洲，不同于火爆的英超和德甲，西甲、法甲、意甲的情况只能说是差强人意。欧足联财报显示，2017—2018 赛季，西甲、法甲、意甲的主场观众人数场均分别是 2.71 万人、2.25 万人、2.47 万人；同时，西班牙研究机构 Deportes & Finanzas 的统计数据表明，三者的场均上座率分别为 70.47%、70.44%和 62.30%。

球场里大量的空座位，有时甚至数以万计，难免会让人认为是一种浪费。试想，如果能把这些空座位卖出去，俱乐部总会获得一些额外的收入，从而增加总收益。不过，在评判之前，我们应该更谨慎一些，毕竟这里的例子并非偶然的个案。

球场里为什么会有许多空座位？

思考这个问题前首先需要注意以下两点。

第一，职业俱乐部不是竞争企业。在第 4 讲以及本讲 7.1 节，我们知道，竞争企业是价格接受者，可以在市场价格下卖出任何数量的产品；如果要价超过市场价格，它将会因竞争对手的低价干预而无法出售任何产品。

第二，职业俱乐部不一定是垄断者。无论是中国还是欧洲，同一座城市可能拥有两家或两家以上的职业俱乐部。根据垄断的定义，我们很难把它们称作体育垄断者。即使城市里仅有一家职业俱乐部，由于它生产的是"反向联合产品"，因此它与一般的垄断企业也有所不同。

或许，我们可以简单一点。类似某个城市唯一的一家高尔夫球场，或者是某个县城唯一的一家健身俱乐部、羽毛球馆或游泳馆，这里，我们暂且无视俱乐部的特殊性，仅把它看作一个体育垄断者。这样的简化处理肯定不严谨，但是将其作为一种参照物或参照系，可以为我们理解球场空座位现象提供一些有益的线索。

假设体育垄断者独立地生产某一体育产品。正如图 7-1（b）所展示的，由于独占整个市场——占有整个市场需求，体育垄断者"生产多少"的问题，实际上就等同于"选择什么价格"。

也就是说，与其他垄断企业一样，体育垄断者的问题可以表述为：

如何选择价格（和产量）？

为了简便起见，我们进一步假设，体育垄断者的目标与竞争企业一样，是追求利润最大化。由于利润等于总收益减去总成本，因此对体育垄断者的"权衡取舍"进行考察时，我们可以先看看它的收益情况。

7.2.2　价格与边际收益

让我们从一个虚拟的例子开始。

假设体育垄断者 Daenerys 独立地生产某一体育产品，其（市场）需求如表 7-2 所示。

表 7-2　**Daenerys 的（市场）需求表**

(1) 价格 P/(元/件)	200	180	160	140	120	100	80	60	40
(2) 需求量和产量 Q/件	0	1	2	3	4	5	6	7	8

表 7-2 描述了体育垄断者 Daenerys 所能得到的价格和产量的组合。

表 7-2 中的数据体现了需求定理，即在所有其他因素保持不变的条件下，需求量会随商品价格的上升而下降，价格为 120 元/件时，Daenerys 可以卖出的产品数量为 4 件；价格为 140 元/件时，Daenerys 可以卖出的产品数量为 3 件。

市场独占的优势以及需求定理的存在，意味着 Daenerys 有以下两方面特性。

一方面，Daenerys 是"自由"的。由于进入壁垒的存在，市场上不存在其他竞争对手，Daenerys 独自地占有整个市场。因此，不同于竞争企业——价格接受者，Daenerys 作为价格制定者，可以自由地选择产品价格，如表 7-2 中第 1 行所列示的价格（当然也包括表中未列示的价格）。

另一方面，Daenerys 的"自由"是相对的。对卖者来说，最好的事情莫过于产品不但卖得贵，而且卖得多。不过，这多半是不切实际的。如表 7-2 所示，Daenerys 为自己产品制定的价格越高，其售卖的产品数量就会越低——既定价格下，无法强迫消费者购买超过需求量的产品。

为了考察 Daenerys 的收益情况，可以把表 7-2 扩展为表 7-3。

表 7-3　市场需求与 Daenerys 的收益

(1) 价格(P)/(元/件)	200		180		160		140		120		100		80		60		40
(2) 需求量和产量(Q)/件	0		1		2		3		4		5		6		7		8
(3) 总收益(TR=P×Q)/元	0		180		320		420		480		500		480		420		320
(4) 平均收益(AR=TR/Q)/(元/件)	—		180		160		140		120		100		80		60		40
(5) 边际收益(MR=ΔTR/ΔQ)/(元/件)		180		140		100		60		20		-20		-60		-100	

表 7-3 展示了 Daenerys 的 3 种不同收益。

其中，总收益等于产品价格乘以销售量；平均收益等于总收益除以销售量（与竞争企业一样，Daenerys 的平均收益 AR 始终等于其产品价格 P）；边际收益等于总收益的边际变化除以销售量的边际变化。

比较表 7-3 第 1 行和第 5 行的数据，容易发现，在售出第 1 个单位产品之后，Daenerys 的边际收益总是小于价格。在经济学家看来，这正是完全垄断市场的重要特征之一：对于垄断企业，$P>MR$

在第 4 讲，我们假设生产者 Tyrion 是一个价格接受者，并且指出，这意味着市场价格既是他的平均收益，也是他的边际收益。也就是说，完全竞争市场的重要特征之一是：对于竞争企业，$P=MR$

二者之所以显著不同，是因为垄断者的边际变化或边际调整会产生两种独立效应：

① 数量效应；

② 价格效应。

我们知道，总收益等于产品价格乘以销售量（$TR = P \times Q$）。由于需求定理的存在，为了额外增加 1 单位的产品销售，Daenerys 必须降低产品价格。因此，垄断者行为的边际变化——额外多销售 1 单位产品，不仅会导致销售量 Q 发生变化，还会让产品价格 P 发生变化，即产生数量效应和价格效应，从而影响总收益及边际收益。

还是以前面的边际变化为例。当销售量由 3 件增加到 4 件，额外增加的 1 个单位——第 4 件产品的销售，将会为 Daenerys 带来的收益是 120 元（=120 元/件×1 件），这就是数量效应（quantity effect），即销售量 Q 增多将增加总收益。

同时，为了额外增加这 1 单位的销售，垄断者 Daenerys 需要把价格由 140 元/件调整为 120 元/件，这与边际调整仅产生数量效应的竞争企业不同。这样，以前以 140 元/件的价格购买的消费者，现在只需要支付 120 元/件。因此，这一调整将会给 Daenerys 造成的损失为-60 元（=120 元/件×3 件-140 元/件×3 件），这就是价格效应（price effect），即价格 P 下降将减少总收益。

由于价格效应为负，因此垄断者的边际收益小于价格。

在上面的例子中，数量效应与价格效应加总之后的总效应为 60 元/件，即 Daenerys 的边际收益等于 60 元/件，低于此情形下的产品价格 120 元/件。

为了对体育垄断者的边际收益特征有更感性的认识，我们把表 7-3 第 1、2、5 行的数据展示在图 7-3 中。

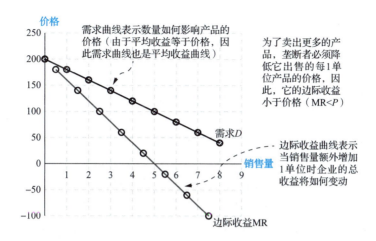

图 7-3　Daenerys 的需求曲线与边际收益曲线

数量效应与价格效应的共同作用使得体育垄断者的边际收益小于价格。

如图 7-3 所示，Daenerys 的边际收益曲线位于需求曲线之下。

在图 7-3 及表 7-3 中，我们还可以看到，边际收益甚至可能是负数。当价格效应大于数量效应时，就会出现这种情形——边际收益为负。此时，垄断者额外增加 1 单位产品的销售，并不会增加自己的总收益，反倒会减少自己的总收益。

因此，对垄断者来说，"卖得越多，未必越好"。

7.2.3　最优价格与无谓损失

收益固然重要，不过，利润才是企业真正关心的。

延续前面的假设，即体育垄断者以利润最大化为目标。

在此情形下，Daenerys 的"权衡取舍"可以表述为：

应该如何选择自己的产品价格和产量？

我们知道，利润等于总收益减去总成本。考察 Daenerys 会如何选择或应该如何选择，我们需要把利润的两个"面"——收益与成本结合起来分析。

图 7-4 展示了二者结合的情景。

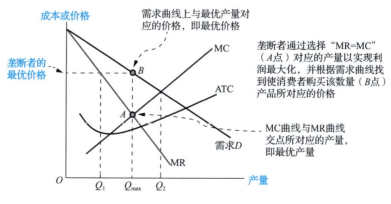

图 7-4　Daenerys 的最优产量和价格

其中，Daenerys 的需求曲线 D 和边际收益曲线 MR 源于图 7-3；平均总成本曲线 ATC 和边际成本曲线 MC，则与第 4 讲的成本曲线保持一致，即假设 Daenerys 的生产特征与典型企业是类似的。这样，我们就有了 Daenerys 做出最优决策所需要的所有信息。

"理性人考虑边际量"，边际优化原理告诉我们，利润最大化的必要条件之一是"边际收益=边际成本"。与竞争企业一样，Daenerys 需要遵守边际优化原理，根据图形上 MR 曲线与 MC 曲线的交点做出最优决策，以实现利润最大化。

图 7-4 中，MR 曲线与 MC 曲线相交于点 A，其对应的产量为 Q_{max}。当产量低于 Q_{max} 时，该产量所对应的边际收益要大于边际成本。此时，如果 Daenerys 增加 1 单位产品，增加的收益大于增加的成本，利润也会因此增加。当产量高于 Q_{max} 时，该产量所对应的边际成本要大于边际收益。此时，如果 Daenerys 减少 1 单位产量，节省的成本将大于损失的收益，利润也会因此增加。也就是说，当边际成本小于（或大于）边际收益时，垄断者就可以通过增加（或减少）产量来增加自己的利润。因此，我们的结论之一是：

① **MC 曲线与 MR 曲线交点所对应的产量 Q_{max}，即为垄断企业的最优产量。**

根据最优产量 Q_{max} 及（市场）需求曲线，Daenerys 容易找到自己的最优价格，即图 7-4 中需求曲线上点 B 所对应的"最优（垄断）价格"。因此，我们的结论之二是：

② **需求曲线上与最优产量对应的价格，即为垄断企业的最优价格。**

为了追求利润最大化，竞争企业和垄断企业都需要遵守边际优化原理。不过，正如前面 7.2.2 节所提到的，由于市场结构及特征不同，两类企业的边际收益及其价格之间的关系是不同的，即对竞争企业有 P=MR，对垄断企业有 P>MR。结合边际优化原理，这一差异可以进一步改写为：

对于竞争企业，P=MR=MC；

对于垄断企业，P>MR=MC。

这一差异需要特别注意，因为，它意味着以下两个重要的经济结果。

第一，垄断企业能够在长期赚得正利润。

在第 4 讲，我们知道，完全竞争市场具有商品相同或大体相同、企业自由进入或退出等特征。如果现有企业有盈利，会诱使新企业进入市场；如果现有企业有亏损，则会迫使部分企业退出市场。在长期，竞争企业会被迫地选择在有效规模上生产，即在长期平均总成本最低处进行生产，并获得零利润。

与此不同，由于进入壁垒的存在，垄断者无须担心其他企业会进入市场、参与竞争。因此，其高于平均总成本的产品定价能够在长期得以维持，从而获得正利润。

垄断者的利润到底是多少？

利润等于总收益减去总成本，即 $\pi = TR - TC$，也可以写作 $\pi = (TR/Q - TC/Q) \times Q$，即 $\pi = (P - ATC) \times Q$。有了这个方程式，垄断者的利润就可以用图形的方式直观地显现，如图 7-5 所示。

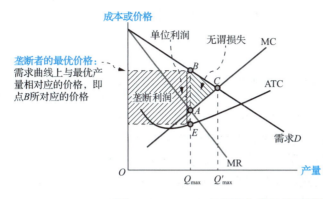

图 7-5　Daenerys 的利润与垄断的无谓损失

图 7-5 中，阴影方框的高（线段 BE）为价格减去平均总成本，即 $P-$ ATC，它代表每 1 单位产品为 Daenerys 所带来的利润。再看方框的上底或下底，其长度为 Q_{max}，正是 Daenerys 选择的最优产量。因此，这一方框的面积度量了 Daenerys 所获得的全部利润。

第二，垄断企业会让整个社会遭受无谓损失。

正如"一个人富不算富"，对整个社会来说，垄断者获得正利润是有代价的。

在第 4 讲，我们知道，买者的边际收益（即市场价格）可以看作社会的边际收益，卖者的边际成本可以看作社会的边际成本。图 7-5 中，需求曲线与边际成本曲线相交于点 C，即有"社会边际收益=社会边际成本"。根据边际优化原理，这意味着社会总剩余最大化，即点 C 所对应的产量 Q'_{max} 为社会最优产量。

在垄断市场上，为了使自己的利润最大化，垄断者选择 MR=MC 时的产量（点 A 所对应的产量 Q_{max}）。这一选择的直接结果是市场价格高于其边际成本（$P>$MC），即有"社会边际收益>社会边际成本"。此时，如果额外增加 1 单位产品的生产和销售，那么，额外增加的这 1 单位产品，将会为整个社会带来正收益。

只要产量低于 Q'_{max}，就有"社会边际收益>社会边际成本"，垄断者增加产品生产和销售，总是能够增加社会净收益或社会福利。因此，垄断者选择产量 Q_{max}，使自身利益得到了最大化，对整个社会来说，却意味着市场交易潜在的好处没有得到完全实现。或者说，这意味着，社会总剩余未能实现最大化、资源未能得到有效配置——市场被扭曲了。

从静态的角度看，相比于社会最优，垄断者生产得太少了（$Q_{max} < Q'_{max}$）。

垄断利润的获得，不仅会消减消费者剩余，还会造成无谓损失（deadweight loss），即市场扭曲所引起的社会总剩余减少。回忆第 4 讲中社会总剩余（以及消费者剩余和生产者剩余）的定义，容易发现，垄断造成的无谓损失，其大小为图 7-5 中阴影三角形的面积。

7.3　价格歧视的把戏

7.3.1　为了更多的利润

在 7.2 节，我们讨论了垄断企业"一视同仁"的定价。也就是说，迄今为止，我们不仅假设垄断企业仅生产一种产品，而且对所有买者都"一视同仁"，索取同样的价格。

垄断者有办法获得更多的利润吗？

答案是肯定的。

办法之一就是**价格歧视**（price discrimination），即<u>对同一产品索取不同价格的行为</u>。

现实中的价格歧视几乎随处可见。比如，奶茶店的饮料有小杯、中杯、大杯之分，有时还会"第二杯半价"；超市里同一产品的普通装与家庭装，均价一般会有所不同；用户通过与朋友、家人组团，便可以在电商平台上享受更低的折扣。

至于体育领域，正如后面将要提到的，类似的例子也不在少数。

经济学家一般把价格歧视分为 3 种类型，即一级价格歧视、二级价格歧视以及三级价格歧视。三种价格歧视既有区别，也有联系，它们的共同特征主要有以下几个。

（1）目的是追求利润最大化

选择以不同的价格售卖同样的产品，不是企业无知或对某些消费者有偏见，而是因为这样做可以增加它的利润。与经济学家不同，管理学家更喜欢把它称作差别定价。相对来说，后者的称谓不易引起误解，因而可能更准确一些。

（2）前提是拥有一定的市场势力

在竞争市场上，由于售卖的产品是同质或大致相同的，企业一旦尝试向消费者收取高价，那么消费者就会转向其他企业。而在其他类型的市场上（不仅仅是完全垄断市场），企业或多或少具有一定的市场势力，价格歧视是企业追求利润最大化的一种理性策略，因此它在现实中是一种常见现象。

（3）核心是让价格尽可能地接近支付意愿

买者的需求曲线不尽相同，买者的支付意愿也并非一成不变，因此，通过价格歧视，企业可以获得更多的利润。实践中，企业一般会根据区域、年龄、身份或收入等对消费者实施分类管理。当然，无论是何种类型的价格歧视，有一点是相同的——让产品价格尽可能接近买者的支付意愿，通过攫取尽可能多的消费者剩余以增加自己的利润。

（4）难点是消费者的识别与分割

同样的产品、不一样的价格，意味着可能会出现**套利**（arbitrage），<u>即通过低价买进、高价卖出而赚取差价的行为</u>。赛场外的黄牛坐地起价就是典型的例子。我们知道，买者的支付意愿是一种私人信息，因此，成功的价格歧视实践至少要确保做到两点：一是识别，即对消费者的支付意愿要有全面或比较全面的认识；二是分割，即能够把需求不同的消费者有效地分割开来，避免套利和"为他人作嫁衣裳"。

7.3.2　一级价格歧视

一级价格歧视，对企业来说，是最为理想的。

所谓一级价格歧视（first-degree price discrimination），<u>是指企业向每个消费者按其支付意愿索取最高价格的行为</u>。简单来说，一级价格歧视就是让消费者按他们的支付意愿付费。

对此，我们可以借助第 4 讲的例子来予以说明。

为了简便起见，假设市场上有两个消费者，即第 4 讲的 Arya 和 Jon，他们对体育商品——网球（训练用球）的需求情况见表 4-2。同时，进一步假设垄断者的边际成本固定不变，等于 15 元/桶，即垄断者的边际成本曲线为一条水平线。

有了这些假设，我们可以把垄断者面临的情形展示在图 7-6 中。

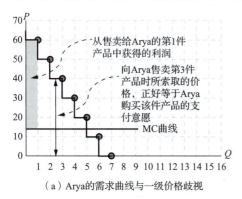 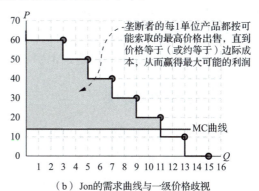

（a）Arya的需求曲线与一级价格歧视　　　（b）Jon的需求曲线与一级价格歧视

图 7-6　一级价格歧视

假如能够采用一级价格歧视，垄断者将会选择将每单位产品都按其可能索取的最高价格出售。也就是说，垄断者索取的价格等于消费者的支付意愿。比如根据 Arya 的支付意愿，垄断者将售卖给她的第 1 桶网球定价为 60 元/桶，第 2 桶网球定价为 50 元/桶，等等。类似地，根据 Jon 的支付意愿，垄断者将售卖给他的第 1 桶网球定价为 60 元/桶（第 2、3 桶网球也是如此），第 4 桶网球定价为 50 元/桶，等等。

因此，一级价格歧视的特点是价格"因人而异""因量而异"。

一级价格歧视，也称完全价格歧视（perfect price discrimination）。

正如"完全"所表明的，一级价格歧视是一个理想化的概念。

第一，对垄断者来说，它是理想的。

对每个消费者的每单位产品都索取可能的最高价格，当然是垄断者梦寐以求的。如图 7-6（a）所示，在一级价格歧视的情形下，垄断者的价格调整只会产生数量效应，而不会产生价格效应。也就是说，在这一情形下，垄断者的产品价格就是它的边际收益，即有 $P=MR$。遵循边际优化原理，垄断者根据消费者的支付意愿对产品逐一定价，直到价格等于或接近生产的边际成本，从而获取最大可能的利润。在图 7-6（b）中，阴影部分的面积，即为垄断者从 Jon 那里可获得的最大利润。

第二，对社会来说，它是有效率的。

如果可以采用一级价格歧视，那么对于垄断者销售给每个消费者的最后 1 单位产品，都有 $P=MR=MC$。其中，价格代表消费者的边际收益，可以看作社会的边际收益；卖者的边际成本可以看作社会的边际成本。这样，不同于单一价格下的垄断均衡会因 $P>MR=MC$ 而产生无谓损失，一级价格歧视下的均衡结果"让人意外"。由于不存在帕累托改进，对社会来说，一级价格歧视是有效率的——如果不考虑公平问题的话，它也是理想的。

第三，从条件看，它是理想化的。

理论上，一级价格歧视的假设意味着垄断者熟知每个消费者的支付意愿。不过，正如前面已提到的，买者的支付意愿是一种私人信息，完全掌握这些信息，尤其是当买者数量庞大时，无疑异常困难。实践中，为了规避套利和伪装等，垄断者需要把消费者有效地分割开来，要做到这一点——找到可行且有效的分割办法，可以说是困难重重。技术上，垄断者偶尔能够实现区分，如自来水公司、电力公司采取的"一户一表"，但完全规避套利却基本上没有可能，更别说还可能遭遇消费者的强烈抗议和抵制。

7.3.3　二级价格歧视

一级价格歧视条件苛刻，为了增加利润，企业需要寻找其他方法。

二级价格歧视就是替代方法之一。

所谓二级价格歧视（second-degree price discrimination），是指企业根据购买数量对同一产品索取不同价格的行为。由于支付的总价格与购买的总数量不成线性比例关系，因此二级价格歧视也称非线性定价（nonlinear pricing）。

产品价格取决于购买数量，因此，二级价格歧视的特点是价格"因量而异"。

"因量而异"的方式一般有两种。

一是分段定价，即为不同的购买数量区段设定不同的价格，如数量小于 Q_1 时单价为 P_1，数量介于 Q_1 和 Q_2 之间时单价为 P_2，等等。

二是提供不同的"价格-数量"组合，如(P_1,Q_1)、(P_2,Q_2)，即数量为 Q_1 或 Q_2 时，总价格分别为 P_1、P_2，等等。

以上两种方式下垄断者的"权衡取舍"似乎有显著差异。不过，由于追求的目标、适用情形以及约束条件等并无区别，因此二者是异曲同工、殊途同归的。

为了简便起见，这里我们只介绍第二种方式。

延续前面的部分假设，即假设市场上有 Arya 和 Jon 两个消费者，垄断者知晓他们的需求情况。不同的是，垄断者无法区分谁是 Arya，谁是 Jon。

在这种情形下，垄断者可选择的办法之一是，向市场提供两个不同的"价格-数量"组合：一个组合针对具有较高需求的人，另一个组合针对具有较低需求的人。通过精心设计，垄断者可以诱导消费者选择原本就是针对他们的"价格-数量"组合，间接地把他们分割开来，从而获得更多的利润。用经济学的话来说，就是设计合适的、不同的"价格-数量"组合，激励消费者进行自选择（self-selection）。

如何设计两个合适的"价格-数量"组合？

如图 7-7 所示，我们把 Arya 和 Jon 的需求曲线画成了更为常见的平滑曲线，并把它们放在了一起。为了简化分析，进一步假设垄断者的边际成本为零，如在一定范围之内（既定的球场容量），如果不考虑印刷及安保等费用，额外多售卖 1 张球票所产生的成本几乎为零；赛事转播时，无论是电视直播还是互联网直播，为额外 1 名消费者提供服务，增加的成本几乎可以忽略不计。

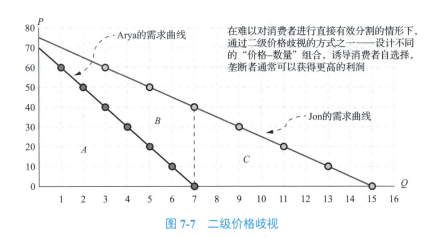

图 7-7 中，*A*、*B* 和 *C* 分别代表它们各自对应的三角形或四边形的面积。

如果能够采用一级价格歧视，在边际成本为零的假设下，垄断者所选择的结果实际上等同于分别向 Arya 和 Jon 提供"价格-数量"组合 $(A,7)$、$(A+B+C,15)$，即无论是 Arya 还是 Jon，他们的消费者剩余都完全被垄断者攫取。

不同的是，在消费者不能直接予以分割的情形下，容易发现：垄断者无法获得与一级价格歧视一样的结果。因为，Jon 会选择"伪装"成 Arya，即与 Arya 一样选择"价格-数量"组合 $(A,7)$。相比于选择"价格-数量"组合 $(A+B+C,15)$——不能获得任何消费者剩余，Jon 选择"价格-数量"组合 $(A,7)$，可以获得的消费者剩余 $B>0$。

用经济学的话来说，就是垄断者的最优决策，需要满足激励相容约束（incentive compatibility constraint），即垄断者所设计的"价格-数量"组合方案，能使消费者的个人逐利行为与自己的利润最大化目标相吻合。

为了满足激励相容约束，垄断者可以把上述两个"价格-数量"组合调整为 $(A,7)$、$(A+C,15)$。调整之后，Arya 会选择 $(A,7)$，Jon 会选择 $(A+C,15)$。这样，相比于仅提供一种"价格-数量"组合——如仅提供"价格-数量"$(A+B+C,15)$ 或 $(A,7)$，垄断者会获得更高的利润，即有 $2A+C>A+B+C$ 或 $2A+C>2A$。

当然，"价格-数量"组合 $(A,7)$、$(A+C,15)$，也不是垄断者的最优方案。例如尝试做进一步的边际调整，把提供给 Arya 的产品数量减少 1 单位，即由原来的 7 调整为 6。在图 7-7 中，该调整可表现为垂直虚线左移 1 单位（并适当延长使其依然连接横坐标与 Jon 的需求曲线）。这样，原有的"价格-数量"组合被调整为 $(A-5,6)$、$(A+C+37.5,15)$。容易发现，新的"价格-数量"组合与 Arya 和 Jon 的自选择是相容的，垄断者的利润将因此增加 32.5 元。

类似的边际调整可以持续下去，直至找到垄断者的最优方案。

在体育领域，通过不同的"价格-数量"组合实施二级价格歧视的例子有很多，如体育服装"2 件 9 折，3 件 8 折"的折扣销售，健身俱乐部的月卡、季卡和年卡，足球俱乐部的散票、套票或年卡，体育赛事转播商的月包、半年包、年包和赛季包等。

此外，还有一种形式也非常普遍。

理论上，"价格-数量"组合也可以看作"价格-质量"组合，即组合 (P_1,Q_1)、(P_2,Q_2) 中

的 Q_1 和 Q_2 既可以代表产品数量（quality），也可以代表产品质量（quantity）。也就是说，质量歧视可以看作二级价格歧视的一种变形。

实践中，垄断者就经常通过设计不同的"价格-质量"组合，对消费者实施二级价格歧视。在体育领域，如球赛门票、足球鞋（低端、中端、次顶级或顶级）、球衣（球迷版、球员版或落场版）、智能手环或手表、个人座位许可证、高尔夫俱乐部会员、体育视频网站优享会员或高级会员等，都是该方式在现实中的鲜活应用。

7.3.4　三级价格歧视

2019 赛季，山东鲁能泰山俱乐部主场的 228 号看台，为"橘红火焰球迷会"专属，赛季套票价格为 420 元；与之并行相邻的 229 号看台，为"北看台青年球迷会"专属，赛季套票价格为 380 元；这两个看台正后方的 429 号看台，专供"大学生球迷会"，赛季套票价格也是 380 元。

不用多说，我们就能明白，俱乐部的门票售卖涉及三级价格歧视。

所谓三级价格歧视（third-degree price discrimination），是指企业向不同消费者群体索取不同价格的行为。也就是说，三级价格歧视意味着，消费者群体不同，产品价格也不同。

产品价格取决于买者属性，因此，三级价格歧视的特点是价格"因人而异"。

价格"因人而异"的前提，是能把需求不同的消费者有效地分割开来。

相比于其他领域，体育组织似乎更容易做到这一点。

比如，河南建业的票务公告就特别提醒，观赛时未携带身份证禁止入场；山东鲁能泰山的票务公告明文规定，年票印有本人清晰免冠照片且仅限本人使用。又比如，在售卖体育赛事转播权时，版权所有者（如奥委会、FIFA、职业联盟或体育俱乐部等）会将全球市场分割成不同的区域，并索取不同的价格。

市场是可分割的，意味着，企业在某个市场上定价的高低不会对其他市场的销售产生影响。不过，我们需要注意，无论销往哪个市场，产品始终是由同一家企业——垄断者生产的，增加或减少某个市场的产品供给，企业生产的边际成本也会随之发生变化。也就是说，市场分割并不是绝对的，它的背后是生产一体、成本一体。

考虑最简单的情形：市场有两组消费者，他们有不同的需求曲线（以及边际收益曲线）；假设垄断者能区分这两组消费者，按不同的价格向他们出售某种体育产品，即两个市场的消费者都不能转手倒卖它的产品；为了简化分析，我们假设垄断者的边际成本为常数。

根据上面的 3 个假设，我们可以把垄断者所面临的情形表述于图 7-8 中。

无论是在市场 1 还是在市场 2，垄断者的最优决策都需要遵循边际优化原理。

在图 7-8 中，垄断者的边际成本曲线与市场 1 的边际收益曲线相交于点 A，即有 $MR_1 = MC$，因此，点 A 所对应的产量 Q_1^* 即为市场 1 的最优供给量。结合市场 1 的需求曲线，容易知道，市场 1 中垄断者的最优价格为最优供给量 Q_1^* 所对应的价格 P_1^*。

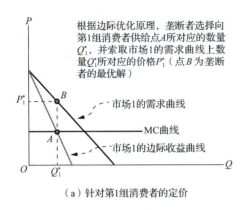
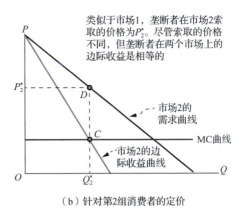

图 7-8　三级价格歧视

类似地，我们知道，垄断者在市场 2 中的最优供给量 Q_2^* 所对应的最优价格为 P_2^*。

可以证明，相比于"一视同仁"的定价，采用三级价格歧视——对市场 1 索取价格 P_1^*、对市场 2 索取价格 P_2^*（$P_2^* > P_1^*$），企业可以获得更多的利润。

尽管 $P_2^* > P_1^*$，但需要注意的是，两个市场上垄断者的边际收益是相等的，即有 $\mathrm{MR}_1 = \mathrm{MR}_2$。原因很简单，前面提到过，市场分割的背后是"生产一体、成本一体"，不管生产多少，总产量不过是在二组消费者之间进行分配而已。试想，如果有 $\mathrm{MR}_1 > \mathrm{MR}_2$，那么通过将产品从第二组消费者转移销售给第一组消费者，垄断者可以获得更多的利润。

当然，如果产品数量是固定的、有限的，由于 $P_2^* > P_1^*$，那么企业会选择优先提供产品给市场 2 或第二组消费者。比如提供给学生、老年人、儿童和伤残人士等的"公益"门票，不仅看台位置相对偏远，有时还会限定数量，原因就在这里。

思考与讨论

1. 在北美，为什么球队搬迁到另一城市需要得到联盟批准？

2. 特玛捷票务公司曾独家代理 NHL 30 支球队中的 27 支球队、NBA 30 支球队中的 28 支球队的门票销售，它是门票市场的垄断者吗？

3. 假设某市的连锁健身俱乐部都是甲公司开设的，而乙公司正考虑在该市开设一家健身俱乐部，试举例说明甲公司会采取哪些策略来维持它的垄断地位。

4. 假设处于垄断地位的一支球队的门票需求是 $Q=100-P$（对应的边际收益为 $\mathrm{MR}=100-2P$），边际成本是 0，那么门票的最优价格及销售量是多少？如果固定成本是 500 元，那么它的利润将是多少？

5. 假设作为卖方垄断的某支球队的门票需求是 $Q=40000-200P$（对应的边际收益为 $\mathrm{MR}=200-Q/100$），球场总座位数为 30000，边际成本是 0，那么在不考虑外部性的情形下，该球队的门票的均衡价格和均衡数量分别是多少？

6. 假设城市里只有 1 家高尔夫俱乐部与 1 家印度餐馆，它们谁更容易进行价格歧视？

7. 为什么中超俱乐部的纪念品商店不像它的门票一样实施价格歧视？

8. 你的家庭消费遭遇过哪些价格歧视，它们分别属于哪种类型，其共同特征是什么？

9. 假设某体育垄断企业在两个分隔的市场上销售产品，两个市场的需求分别是 $Q_1 = 12 - 0.1P_1$，$Q_2 = 20 - 0.4P_2$（对应的边际收益分别为 $MR_1 = 120 - 20Q_1$、$MR_2 = 50 - 5Q_2$），企业的成本函数为 $TC = 4Q + Q^2$（$Q = Q_1 + Q_2$，对应的边际成本为 $MC = 4 + 2Q$）。当该企业实行三级价格歧视时，它在这两个市场上的产品的价格、销售量和利润分别是多少？

第8讲

体育寡头与策略博弈

相比于垄断，寡头在体育世界更为常见。寡头意味着不是"一个人"，意味着彼此之间存在重要的相互作用，意味着我们需要学习和掌握一种重要的"新"的分析方法——博弈论以及策略思维。沿着这些"意味"，在本讲，我们讨论的问题主要有：①博弈论与之后崛起的信息经济学在一起，为何能彻底地改变传统经济学？②针对不同情形，体育寡头会做出怎样的"权衡取舍"？

教学目标

通过学习，认识寡头的基本特征与博弈的基本类型；认识体育寡头的价格竞争、数量竞争和空间竞争；认识体育寡头的协议合作、默契合作及其条件；理解博弈论与博弈思维。

教学要求

章节安排	主要内容	知识要点
8.1 寡头与策略思维	寡头特征与博弈论基础	寡头市场、博弈、参与人、策略、得益、信息、次序、博弈论
8.2 体育寡头的竞争	体育寡头竞争的基本模型	双寡头垄断、得益矩阵、最优反应、占优策略、纳什均衡、严格劣势策略
8.3 体育寡头的合作	体育寡头合作的博弈分析	囚徒困境、串谋、有限次重复博弈或无限次重复博弈、触发策略、贴现因子

引言："不是一个人"

2006 年 6 月 26 日，德国世界杯 1/8 决赛中有一场比赛是意大利队对阵澳大利亚队。

比赛的最后一分钟，意大利队左后卫格罗索连过两人，突入禁区后被对手放倒。柳暗花明、绝处逢生，以至于解说员忘情高呼，"点球！点球！点球！格罗索立功啦！……在这一刻，他不是一个人在战斗！他不是一个人！"

"不是一个人"，市场中的经济主体，又何尝不是如此。

在寡头垄断市场，由于"寡"——数量不是 1 个，也不是无限多，因此企业相互依赖、彼此互动。自然地，企业"权衡取舍"时，不仅要考虑自己有什么选择，还要考虑对手有什么选择或回应。这意味着，寡头厂商之间的竞争或合作，本质上就是博弈。

经济学家萨缪尔森曾提醒我们，"要想在现代社会做一个有文化的人，你必须对博弈论有一个大致的了解。"考察和学习（体育）寡头的"权衡取舍"，无疑是一个好的开始。

8.1 寡头与策略思维

8.1.1 寡头垄断更为常见

迄今为止，我们已经介绍了两种重要的市场结构。

一是完全竞争，即市场上有许多企业，它们生产着同质的产品。

二是完全垄断，即市场上只有 1 家大企业，它独占整个市场。

这两种市场结构，都属于极端情形。现实中，绝大多数情形是介于二者之间，即市场上存在一定数量的企业，但数量相对较少，以至于企业对市场价格的影响难以忽略不计。

这种更为常见的情形，经济学家将之称作寡头垄断市场，或简称为寡头市场（oligopoly），即只有几个卖者提供相同或有差异的产品或服务的一种市场结构。汽车、钢铁、石油、计算机、方便面、视频网站、音乐平台，以及体育领域的功能饮料、体育器械、足球联赛、拳击比赛、网球公开赛，都是寡头普遍存在的例子。

说市场是寡头垄断，实际上，是假设它具有以下 3 个基本特征。

（1）仅有几个卖者

英文"oligopoly"源于希腊语，由希腊单词"oligoi"和"polein"组合而成。其中，"oligoi"的意思是"几个"，"polein"的意思是"出售"，组合在一起，意思就是"几个卖者"。当然，定义中的"几个"，既可以是 2 个那么少，也可以是 10 个或 15 个那么多，对此的理解不能过于呆板。

相比于两种极端情形——完全垄断市场仅有 1 家企业及完全竞争市场企业数量趋近于无穷大，寡头垄断市场属于中间地带，更贴近我们所生活的现实世界。

（2）产品相同或有差异

在完全竞争市场上，企业生产的产品都是相同的或同质的。在完全垄断市场上，企业生产的产品是有差异的——没有近似的替代品。在寡头垄断市场上，两种情形兼而有之，即企业生产的可能是同质产品（如纯净水、U 盘、汽油等），也可能是差异化产品。

基于这一假设，寡头市场不像其他类型的市场，其理论模型并不唯一。缺乏一个标准的寡头垄断模型，当然不能说是缺陷，相反，它意味着有丰富的模型可供选择，有助于我们更好地认识现实世界。

（3）市场进入比较困难

在第 4 讲，我们知道，完全竞争的特征之一是"市场进入或退出完全自由"。在第 7 讲，我们清楚，完全垄断的特征之一是"市场进入非常困难"。寡头垄断无疑更接近后者。对新企业来说，进入寡头垄断市场通常是比较困难的。也就是说，寡头垄断市场存在一定的进入壁垒。

寡头垄断市场存在进入壁垒的原因与完全垄断相比，既有相似之处，又有不同之处。相似之处是，与规模经济相联系的成本优势、专利或特定的生产技术、耗费巨资建立的消费者认同和企业声誉等，都会让新企业进入市场非常困难；不同之处是，在位企业会策略性地阻扰新企业进入市场，如威胁竞争对手，如果它们进入市场就会引发倾销和价格战，而为了让威胁可信，在位企业可能会选择建立过剩的生产能力。

综合在一起，寡头垄断的上述假设或特征意味着：
① 每个寡头都可以影响市场价格；
② 寡头之间存在重要的相互作用。

由于数量少，因此寡头厂商的"权衡取舍"对市场价格的影响，不再是轻如鸿毛、可以忽略不计的。也就是说，寡头厂商都拥有一定的市场势力，都是价格制定者。

由于都能影响市场价格，一个自然的推论就是：除自我作用外，寡头厂商的个人决策还会对其他寡头厂商产生影响；反之亦然。

为了加深认识，我们延续表 7-1，把 4 种不同类型的市场结构的特征归纳在表 8-1 中。

表 8-1　不同类型的市场结构及其特征

	完全竞争	垄断竞争	寡头垄断	完全垄断
卖者数量	许多个	许多个	几个	1 个
产品类型	相同的（同质的）	稍有差异的	相同或有差异的	没有近似的替代品
进入壁垒	无，自由进入或退出	无，自由进入或退出	有	有且高
价格影响力	价格接受者	价格制定者	价格制定者	价格制定者
企业需求曲线	水平	向右下方倾斜	向右下方倾斜	向右下方倾斜

注：由于垄断竞争（monopolistic competition）可以看作寡头垄断的一种特殊情形，因此本书不做单独论述（尽管垄断竞争假设市场进入或退出完全自由）。

8.1.2　博弈触目可见

博弈触目可见。

生活中，与父母、伴侣、子女的"较量"，贯穿着我们的一生；学习时，与同学以及看不见的其他对手一较高下，从来就不是一个人的"战斗"；工作上，对领导言听计从、与同事齐心协力、与对手公平竞争、对客户诚心诚意，都是我们可以选择的博弈策略。

在个人层面之外，俱乐部与俱乐部之间，针对积分榜排名、球员转会、会员吸纳、收入分成等的较量年年上演、精彩纷呈。城市与城市之间，围绕招商引资、人才引进、财政补贴、政策扶持、高考招生等的竞争虽然看不见"硝烟"，但可能左右着我们的生活。国家与国家之间，在经济、政治、文化、军事、环境等领域的竞争、对抗、冲突或合作，从来就不曾停止过，只不过如今的策略可能更"文明"。

在中文里，"弈"在古代指围棋，博弈的字面意思就是"下围棋"。在英语里，博弈的英语单词为"game"，字面意思就是"游戏"。实际上，作为一种高级游戏，所有的体育运动都可以看作博弈。

在经济学中，博弈（game）是指在相互依赖的情形下，各参与人根据一定的规则以及所掌握的信息选择各自策略和行动并取得相应结果的过程。

要想认识博弈、学习博弈论，理解一系列关键词——参与人、规则、信息、策略（和行动）、结果（均衡）、得益，是至关重要的。其中，信息是第6讲的重要内容，结果（均衡）在第2讲之后便多有提及。至于规则，联想足球、篮球、排球等项目，就会有大致的了解。

根据博弈的标准式（normal-form）表述，下文仅介绍博弈的3个基本要素。

（1）参与人

参与人（player），也称博弈方、局中人或玩家，是指博弈中独立决策、独立承担博弈结果的个人或组织。博弈中的参与人可能只有2个：1994年，世界杯决赛的点球大战的参与人就有2个——意大利队与巴西队。当然，每个点球的比拼，都可以看作一个独立的博弈，此时参与人是主罚的球员与对方的门将，如当时最后一罚的巴乔与塔法雷尔。有时候，情形可能更复杂一些，参与人不止2个。例如，球场外，倒票的黄牛、无票的球迷，可能都不止1个；竞标时，英超赛事版权某一区域的买家很少会只有1个。

经济学家分析时一般会假设，参与人都是"理性人"或"经济人"，他们追求自身利益最大化，会根据自身的最佳利益去选择策略、采取行动。

（2）策略（和行动）

策略（strategies）是指参与人在所有可能情况下指导自己行动的一整套完备方案。简单来说，策略就是一个完备的行动计划，它告诉我们在每种可能的情况下该如何行动。相应地，行动（actions）是指参与人实施策略而采取的行为。

策略和行动，既有联系又有区别。

小时候，父母可能会教导我们"人不犯我，我不犯人；人若犯我，我必犯人"。在这个策略中，"犯"与"不犯"是两种不同的行动；策略则规定了什么时候选择"犯"，什么时候选择"不犯"。

个别情形下，策略与行动也可能是等同的。例如，在单次点球博弈中，罚球球员与守门员需要同时做出选择和行动。在1994年世界杯决赛的点球大战中，巴乔最终决定把球踢向球门的左上侧。这里，"把球踢向球门的左上侧"既可以看作巴乔的行动，也可以看作他的策略。

（3）得益

得益（payoffs），也称支付，是指博弈参与人在某个特定策略组合下得到的效用水平或净收益。我们知道，博弈刻画的是各参与人的相互依赖、彼此互动。博弈中每个参与人的得益是高还是低，不仅取决于自己——自己选取了何种策略，还依赖于其他参与人——对手（们）采用了何种策略。

因此，在数学上，参与人的得益是所有参与人策略组合的函数。

非合作博弈的标准式表达

非合作博弈的表达一般有两种方式，即扩展式（extensive-form）与标准式（normal-form）或策略式（strategic-form）。从理论上来讲，两种表达方式是等价的，任何一个博弈，都既可以用扩展式表示，也可以用标准式表示。相对来说，扩展式更适合于动态博弈，标准式更适合于静态博弈。

· 下面，我们将博弈的标准式表述简要介绍如下。

假设博弈有 n 个参与人；记参与人 i（$i \in \{1,2,\cdots,n\}$）可选择的策略空间（strategy space）或策略集合为 S_i；同时，记参与人 i 的某个特定的策略（strategy）为 s_i，即有 $s_i \in S_i$；对于所有参与人的某个策略组合 $(s_1,\cdots,s_n)$，记参与人 i 的得益为 $u_i(s_1,\cdots,s_n)$，即所有参与人策略组合的函数。

对于一个有 n 个人参与、策略空间分别为 $S_1,\cdots,S_n$、得益函数分别为 $u_1,\cdots,u_n$ 的博弈，其标准式的表述可以记为：

$$G = \{S_1,\cdots,S_n;u_1,\cdots,u_n\}$$

正如我们所看到的，标准式是基于博弈的 3 个基本要素——参与人、策略（和行动）以及得益来表述一个博弈的。

（注：资料来源于吉本斯的《博弈论基础》）

8.1.3 　博弈的基本类型

博弈触目可见，博弈的类型也是五花八门的。

相应地，要理解博弈、学习博弈论，了解博弈的相关分类是必须的。

一般来说，博弈可以分为两大类，即合作博弈（cooperative game）与非合作博弈（noncooperative game）。仅从字面看，这两个术语可能会让人产生误解，以为前者研究人怎样合作或必然产生合作结果，后者则相反。事实上，二者的区别主要取决于参与人之间是否存在有约束力的合作协议。如果有，就是合作博弈；如果没有，就是非合作博弈。换句话说，"合作"强调的是达成协议、共同行动，"非合作"强调的是独立决策、独立行动，二者并非好的行为或坏的行为。

所有的合作协议都会涉及两个内容——如何把"饼"做大，以及如何分配（做大了的）"饼"。其中的利益问题则也可以简单地分为两类：一是成本如何分摊；二是收益如何分割。无论是成本分摊还是收益分割，由于（假设）存在有约束力的合作协议，合作博弈的研究重点都是找到"合理"的合作博弈解。当然，分摊或分割"合理"与否，总是涉及一定的标准，如是否可行、是否有效率、是否公平。正如 2.3 节介绍的，公平观是多样的，因而合作博弈的解也可能有多个。

合作博弈可以进一步细分为两个子类：讨价还价博弈和联盟博弈。

仅有两人参与时，博弈参与人的选择只有合作和不合作，以及以这个方案合作还是以那个方案合作。此时，合作博弈就是一个纯粹的讨价还价博弈（bargaining game）。

参与人如果超过两个，情形就会变得更复杂——部分参与人为了追求自身利益最大化，可能会另立小山头、组建小集体。此时，可能发生的（部分参与人参与的）联盟问题也就取代讨价还价，成了博弈分析的核心。由于以一群参与人或参与人联盟为分析单位，着重阐述每个联盟的赢得，并不特别关心博弈的过程以及每个联盟如何赢得，因此多人合作博弈也被称作联盟博弈（coalition game）。

合作博弈的核心特征是参与人之间存在共同但又不完全一致的利益——"合"才能带来更大的"饼"，分"饼"时却又都想分得更多一些。每个参与人都有自己的个人私利、都有自己的"小九九"，不过，理性地看，"合"才会有更大的"饼"，集体利益是所有参与人需要优先考虑的因素，毕竟只有把"饼"做大，才有可能分得更多的"饼"。因此，合作博弈更强调集体理性，并据此探寻和求解"饼"的"合理"分配方案。

与合作博弈不同，非合作博弈强调个人理性。

非合作博弈的一般假设是：单个决策者或参与人并不关心共同利益（如果有的话），他们追求的是个人利益最大化，他们自主决策、单独行动，即参与人的行动都是个体的，不考虑与其他参与人一起采取联合行动。

非合作博弈的类型非常多——博弈定义中的关键词几乎都可以作为分类标准。

下面，我们仅考虑信息与（行动）次序两个维度。

信息（information）是指在博弈中每个参与人知道什么。

在博弈中，如果每个参与人都有关于所有其他参与人的特征类型、策略空间和得益函数的准确信息，那么我们称这类博弈为完全信息博弈（complete information game）。与此相反，在博弈中，如果至少有部分参与人并不完全了解其他参与人的特征类型、策略空间和得益函数，那么我们称这类博弈为不完全信息博弈（incomplete information game）。现实中不完全信息博弈相对来说更为常见。在市场中，企业一般了解自己的成本状况，但对竞争对手的成本状况则多半是知之不详。俱乐部在签约时，对球员的专业能力、身体状况、职业素养等，即使球探提供了翔实的调查报告，一般也很难做到完全知情。

次序（orders）是指博弈中各参与人选择和行动的先后顺序。

在博弈中，如果所有参与人都是同时行动且行动仅为一次，那么我们称这类博弈为静态博弈（static game）。如巴乔与塔法雷尔之间的点球对决，就是同时决策的静态博弈。需要注意的是，这里的"同时行动"，并不排除参与人轮流采取行动——只要后行动者对先行动者采取了什么行动并不知情即可。在博弈中，如果所有参与人不是同时行动，或者行动次数超过一次，那么我们称这类博弈为动态博弈（dynamic game）。

动态博弈中有两种经常会被提及的类型。

一是序贯博弈（sequential game），即参与人的策略和行动选择在时间上有先后之分的博弈，如下围棋、讨价还价就是典型的序贯博弈。

二是**重复博弈**（repeated game），即结构相同的、重复多次的博弈，如多轮次的"石头剪刀布"游戏就是典型的重复博弈。根据重复次数的不同，重复博弈还可以进一步细分为**有限次重复博弈**与**无限次重复博弈**。理论上，点球大战就是一种无限次重复博弈，因为事前没有人能预知它将在何时结束。

把信息与次序结合起来，我们就可以将博弈的基本类型展示为图 8-1。

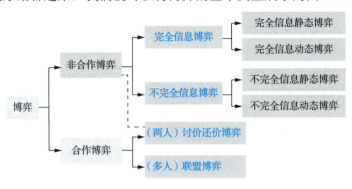

图 8-1　博弈的基本类型

8.1.4　博弈论与策略思维

在传统经济学中，现实经济被极大地简化为"理想"的完全竞争。由于经济主体数量众多，因此其"权衡取舍"不受他人决策与行动之影响。博弈论被引入经济学之后，经济学家的研究开始更加接近现实。经济主体之间的相互依赖、彼此互动，日渐受到重视和强调。与竞争一样，如何推进人与人之间的相互合作，以及合作实现背后的激励机制和社会制度的建立，开始成为经济学家新的关注重点。

毫不夸张地说，博弈论与之后崛起的信息经济学一起彻底地改变了传统经济学，成为现代微观经济学的基础，甚至在宏观经济学中都占据了相当大的分量。

其实，对于博弈论的巨大成功，我们不应该感到意外。一方面，现实中个体与个体之间的关系的核心特征是相互依赖，基本内容是彼此互动；另一方面，**博弈论**也称**对策论**，正好是研究决策主体在相互依赖的情形下如何决策的一种理论和方法。

当然，也可以感性一些，套用凯恩斯的话，博弈论不是教条，而是一种方法，一种智力工具，一种思维技巧。或者，像迪克西特和奈尔伯夫在《策略思维》的前言中所说的，博弈论是关于策略思维的科学。

什么是策略思维？

迪克西特和奈尔伯夫认为，策略思维是关于了解对手打算如何战胜你，然后战而胜之的艺术，策略思维也是发现合作途径的艺术，即使他人受利己心而不是仁慈心的驱动。这样的定义虽然非常贴切，但多少有点抽象，不易理解。

说到思维，我们可以回顾 3.1.2 节中的内容。容易发现，它与迪克西特和奈尔伯夫的策略思维实际上是一脉相承、高度一致的。不避老调重弹之嫌，我们把（与非合作博弈相关的）策略思维简要表述如下。

（1）规则是什么

"经济学的思维方式"的第一步，就是要搞清楚"故事"的背景。在策略思维和博弈分析之中，"故事"的背景经常被称为初始条件，包括博弈结构、策略空间、行动次序、得益特征、信息状况、理性假设等。当然，最重要的应该是博弈的规则。就像打四川麻将，就要知道四川麻将的规则；打广东麻将，就要了解广东麻将的打法。相反，如果在不了解规则的情形下贸然参与，失败几乎是必然的。

要想了解规则，我们可以先看看游戏——尤其是被称作高级游戏的体育。如可以或必须几个人玩，玩家可以做什么或不可以做什么，应该按怎样的次序"玩"，犯规将受到怎样的处罚，以及什么时候游戏结束等，都是与规则相关的重要内容。

更具体地，在《策略博弈》中，迪克西特、斯克丝和赖利明确地告诉我们，博弈规则一般包括：①参与人名单；②每个参与人的可行策略；③每个参与人在所有策略组合下的得益；④每个参与人都是理性的最大化利益追求者的假设。除此之外，在博弈分析中，经济学家通常还会假设，在某种程度上参与人对博弈规则具有共同认识。

（2）如何应对

博弈"故事"的特色之一是参与人往往不止一个，他们相互依赖、彼此互动。体现在收益上，就是参与人的得益不仅取决于自己的行动，也依赖于其他参与人的选择，即每个参与人的得益，都是所有参与人策略组合的函数。

与传统经济学稍有不同，博弈中参与人的"权衡取舍"或"如何应对"，就是"了解你、了解我"，就是了解对手的策略和选择，进而确定自己的最优策略。换句话说，无论博弈中的互动是同时发生还是相继发生的，参与人都需要学会"换位思考"，需要设想一下，若是自己处在其他人的位置，会做出什么样的选择，然后针对其他参与人的策略选择，思考和找到自己的最优策略或对策。这正是博弈论被称为对策论的原因所在。

（3）结果是什么

"如何选择"与"结果是什么"密不可分。

因为，如何选择或选择什么，取决于参与人预计自己的选择会带来什么结果。

为了追求个人利益的最大化，每个参与人都需要依据自己的最优策略行事。不仅如此，博弈中的参与人心里明白，其他参与人也会依照自己的最优策略行事；反过来，其他参与人也都清楚这一点。

如果所有参与人选择的都是自己的最优策略（在给定所有其他参与人策略的条件下），那么与身在博弈中的参与人一样，我们可以推断出"结果是什么"，即所有参与人最优策略组合的解。一般来说，由"结果"或"最优策略组合的解"，我们容易推断出参与人的具体选择将是什么。

（4）结果"好"吗

正如第3讲所强调的，"好"或"不好"总是涉及一定的准则或标准。

我们知道，经济学中判断"好"或"不好"的准则或标准一般有两个：一是效率；二是公平。一般来说，相比于合作博弈，非合作博弈更侧重或倾向于进行效率分析。如果分析显示均衡不"好"，如存在帕累托改进，自然地，我们就要问"为何如此"。相应地，如何优化机制和制度以改善结果，显然也是值得我们深入探究的。

8.2 体育寡头的竞争

8.2.1 寡头的价格竞争

寡头如何“权衡取舍”？

相比于完全竞争或完全垄断，寡头垄断市场上的企业决策更为复杂。

一方面，由于只有“几个”企业在竞争，因此，这些企业需要考虑自身行为对竞争对手的影响，以及竞争对手的可能反应。

另一方面，产品价格、产出数量、要素投入、广告投放、营销推广、空间选址、上市时机等，都可能是重要的决策变量。如果我们观察运动鞋厂的产出决策、球员招纳的薪资报价、球队主场的易址考量、职业联盟的赛程安排等，应该就能发现寡头垄断的这一特点。

对上述问题的认识，让我们从寡头之间的价格竞争开始说起。

1883 年，法国数学家伯特兰最早对寡头价格竞争进行了数理探讨。

模仿伯特兰德模型，我们考虑下面这种情形。

假设体育产品市场上只有两家企业——同一城市的两家职业俱乐部互相竞争，即市场是最简单的双寡头垄断。与 8.2.2 节将要讨论的古诺模型稍有不同，这里假设体育产品竞赛表演服务是差异化的。这里的“差异化”，是指两家俱乐部的竞赛表演服务具有很强的替代性，但又不是完全可替代的。当两家俱乐部的产品价格——球迷现场参与的门票价格不同时，价格较高的门票并不会完全卖不出去。

进一步假设，俱乐部 1 和俱乐部 2 对门票市场需求以及对手成本信息等都有充分了解。现在，需要它们同时且非合作地为各自的门票设定价格。如 8.1.2 节已提到的，这里的“同时”，是指定价的时候俱乐部并不知道其同城对手票价几何。

由此，我们知道两家俱乐部的票价设定及竞争是一个完全信息静态博弈。

为了简便起见，假设俱乐部 1 和俱乐部 2 都仅有两种备选策略，即为门票制订一个高价或为门票制订一个低价。因此，它们一共有 4 种不同的可能策略组合，即（高价，高价）、（高价，低价）、（低价，高价），以及（低价，低价）。

在分析中，经济学家一般会用得益矩阵（payoff matrix）来描述双人完全信息静态博弈。根据一般逻辑，借用一组虚拟的数据，我们将这个博弈的得益矩阵展示为图 8-2。

		俱乐部2	
		高价	低价
俱乐部1	高价	100，100	50，120
	低价	120，50	70，70

得益矩阵清晰地展现了博弈的3个基本要素：参与人、策略（和行动）、得益

图 8-2　寡头价格竞争博弈的得益矩阵

在得益矩阵中，博弈的 3 个基本要素——参与人、策略（和行动）与得益清晰可见。它的每一行，对应的是参与人之一——俱乐部 1 的一种策略；它的每一列，对应的是另一参与人——俱乐部 2 的一种策略；矩阵表格中的每组数据，表示的是对应策略组合下俱乐部 1 和俱乐部 2 各自的得益；每组中的第 1 个数据为俱乐部 1 的得益，第二个数据则是俱乐部 2 的得益。

明确了初始条件和博弈规则之后，我们可以思考策略思维的第二个问题：

如何应对？

"如何应对"，实际上等同于问"参与人的最优反应是什么"。

在博弈论中，最优反应（best response）是指在其他参与人策略给定的情形下，能给自己带来最大得益的策略。基于这一定义，我们先来看俱乐部 1 的最优反应。

如图 8-3 所示，假设俱乐部 2 的给定策略为"高价"。此时，如果俱乐部 1 选择"高价"，它的得益将是 100；如果俱乐部 1 选择"低价"，它的得益将是 120。120＞100，因此当俱乐部 2 选择"高价"时，俱乐部 1 的最优反应是"低价"。

再假设俱乐部 2 的给定策略为"低价"。此时，如果俱乐部 1 选择"高价"，它的得益将是 50；如果俱乐部 1 选择"低价"，它的得益将是 70 元。50＜70，因此当俱乐部 2 选择"低价"时，俱乐部 1 的最优反应是"低价"。

综合所有可能情形，容易发现：无论俱乐部 2 的策略是什么，俱乐部 1 的最优反应始终都是"低价"。对于俱乐部 1 "低价"这样的策略，经济学家称之为占优策略（dominant strategy），即不管其他参与人采用什么策略，始终能给自己带来最大得益的策略。

分析了俱乐部 1 的选择之后，再来看俱乐部 2 的最优反应。

在图 8-2 中，容易看到，俱乐部 2 与俱乐部 1 是对称的。所以，容易推知："低价"策略，也是俱乐部 2 的占优策略。

清楚了参与人各自的选择之后，我们来看看策略思维的第 3 个问题：

结果是什么？

在这个简单博弈里，参与人都有自己的占优策略，因此，都无须考虑对手是如何选择的，只需选择自己的占优策略——"低价"。相应地，我们容易知道：策略组合（低价，低价）为博弈的均衡结果，俱乐部 1 和俱乐部 2 的最终得益都是 70。

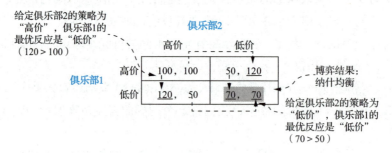

图 8-3　寡头最优反应与纳什均衡

在博弈论中，对于（低价，低价）这样的策略组合，经济学家称之为纳什均衡（Nash equilibrium），即这样一种状态——对于其他参与人的给定策略，每个参与人选择的策略都是最优的。或者说，纳什均衡是一个策略组合，在这个策略组合中每个参与人所选的策都是对其他参与人策略的最优反应。

对于纳什均衡，我们需要注意：一方面，它是参与人理性选择的结果，或者说，它是各参与人追求个人利益最大化而共同作用的一个结果；另一方面，与市场均衡一样，纳什均衡是一种稳定状态，只要博弈环境和规则不发生变化，参与人就不能通过单方面改变策略而获得更多。换句话说，在其他参与人策略给定的情形下，参与人自己选择的策略已是最优，因此不会有积极性去选择其他策略，即不会有人愿意偏离这一均衡。

知识拓展 8-2

纳什均衡的数学表达

基于博弈的标准式表述，可以将纳什均衡的数学定义表述如下。

在一个有 n 个人参与的博弈 $G = \{S_1, \cdots, S_n; u_1, \cdots, u_n\}$ 中，策略组合 $(s_1^*, \cdots, s_n^*)$ 被称为纳什均衡，如果对于每个参与人 i，其策略 s_i^* 是另外 $n-1$ 个参与人的策略 $(s_1^*, \cdots, s_{i-1}^*, s_{i+1}^*, \cdots, s_n^*)$ 的最优反应，即有：

$$u_i(s_1^*, \cdots, s_{i-1}^*, s_i^*, s_{i+1}^*, \cdots, s_n^*) \geqslant u_i(s_1^*, \cdots, s_{i-1}^*, s_i, s_{i+1}^*, \cdots, s_n^*)$$

其中，s_i（$s_i \in S_i$）代表参与人 i 的任何一个可选策略。

也就是说，s_i^* 是如下优化问题的解：

$$\max_{s_i \in S_i} u_i(s_1^*, \cdots, s_{i-1}^*, s_i, s_{i+1}^*, \cdots, s_n^*) \quad , \quad i \in \{1, 2, \cdots, n\}$$

（注：资料来源于吉本斯的《博弈论基础》）

8.2.2　寡头的产量竞争

在寡头垄断相关的数理研究方面，开创性的贡献来自法国数学家古诺。

古诺模型与后来的伯特兰德模型相比，既有相似之处，又有不同之处。

相似之处是，二者都假设市场为双寡头市场，即市场上只有两家企业；企业对市场需求以及对手的成本信息都有充分的了解，企业的特征类型、策略空间、得益函数都是已知的。

不同之处是，伯特兰德模型是一个价格竞争模型，而古诺模型是一个产量竞争模型，它假设产品是同质的——完全可替代的，要求企业同时且非合作地设定各自的产量。

由此，8.2.1 节俱乐部的竞争"故事"可以改编如下。

假设两家俱乐部的竞赛表演服务是同质的——我们忽略"没有一场比赛是相同的"。因此，竞赛表演服务的市场价格不仅取决于俱乐部 1 的"权衡取舍"，还有赖于俱乐部 2 的选择，即市场价格是俱乐部 1 与俱乐部 2 产量——"生产"及售卖的门票数量之和的函数。假设俱乐部 1 和俱乐部 2 售卖的门票数量分别为 q_1 和 q_2，两家俱乐部售卖的总门票数量 $Q = q_1 + q_2$，所以，市场价格可以写作 $P = P(q_1 + q_2)$，即市场价格 P 为产量 q_1、q_2 之和的函数。

相应地，俱乐部 1 的总收益可以写作 $\mathrm{TR}_1 = P(q_1 + q_2)q_1$。

正如等式所展示的，俱乐部 2 的门票数量 q_2 通过影响市场价格 P，间接地影响着俱乐部 1 的总收益 TR_1。自然地，容易推知，俱乐部 1 的边际收益 MR_1 也与俱乐部 2 的门票数量 q_2 密切相关，即俱乐部 1 的边际收益可以写作 $MR_1 = MR_1(q_1, q_2)$。

俱乐部 1 该如何应对（如果俱乐部 2 的门票数量给定为 q_2）？

当俱乐部 1 的门票数量为 q_1 时，其边际成本为 $MC_1(q_1)$。"理性人考虑边际量"，由边际优化原理，我们知道，俱乐部 1 的最优应对需要满足的必要条件是 $MR_1(q_1, q_2) = MC_1(q_1)$。根据这一必要条件，对于俱乐部 2 的任一既定门票数量 q_2，俱乐部 1 都可以找到某个最优的门票数量 q_1 与之对应。这种一一对应关系，可以记作：

$$q_1 = f_1(q_2) \tag{8-1}$$

函数 $f_1(q_2)$ 表明，（体育）寡头的最优产量 q_1 是其竞争对手所选产量 q_2 的函数。这个函数，经济学家称之为最优反应函数（best response function）。它告诉我们，对于俱乐部 2 的每一数量的门票选择，俱乐部 1 的最优选择是什么。

类似地，我们也可以推导出俱乐部 2 的最优反应函数：

$$q_2 = f_2(q_1) \tag{8-2}$$

对于俱乐部 1 的每一数量选择 q_1，$f_2(q_1)$ 给出俱乐部 2 相应或对应的最优选择。

由式（8-1），俱乐部 1 知道，自己需要根据俱乐部 2 的门票数量选择做出最优应对；由式（8-2），俱乐部 1 明白，俱乐部 2 的最优门票数量与自己的产量选择亦是息息相关的。

二者之间的这种相互依赖关系，俱乐部 2 当然也是了然于胸的。

结果是什么？

假设俱乐部 1 的最优门票数量是 q_1^*，俱乐部 2 的最优门票数量为 q_2^*，那么，对俱乐部 1 来说必须有 $q_1^* = f_1(q_2^*)$，对俱乐部 2 来说必须有 $q_2^* = f_2(q_1^*)$。此时有两个方程，两个待定最优门票数量，一般情形下，门票数量组合 (q_1^*, q_2^*) 是容易求解的——在门票数量组合 (q_1^*, q_2^*) 中，q_1^* 是俱乐部 1 对俱乐部 2 所选门票数量 q_2^* 的最优反应；反过来，q_2^* 是俱乐部 2 对俱乐部 1 所选门票数量 q_1^* 的最优反应。

根据纳什均衡的定义可知，门票数量组合 (q_1^*, q_2^*) 即古诺模型的均衡结果。

为了有更感性的认识，下面我们讨论一个简单的例子。

在门票市场上，假设服务同质的两家俱乐部"共享"一条线性市场需求曲线，即有：

$$P = 30 - Q = 30 - (q_1 + q_2)$$

为了简便起见，假设两家俱乐部产品生产的边际成本均为 0，即有：

$$MC_1 = MC_2 = 0$$

由市场需求曲线可以得出，俱乐部 1 的总收益 $TR_1 = 30q_1 - q_1^2 - q_2 \cdot q_1$。相应地，俱乐部 1 的边际收益 $MR_1 = 30 - 2q_1 - q_2$。俱乐部的边际成本假设为 0，即有 $MC_1 = 0$。遵循边际优化原理，即最优决策要求 $MR_1 = MC_1$，可以推断，俱乐部 1 的最优反应函数是：

$$q_1 = 15 - \frac{1}{2}q_2 \tag{8-3}$$

类似地，我们可以推导出俱乐部 2 的最优反应函数是：

$$q_2 = 15 - \frac{1}{2}q_1 \tag{8-4}$$

由式（8-3）和式（8-4）可知，古诺模型的均衡结果是 $q_1^* = q_2^* = 10$。

由此，我们可以进一步计算得出：市场均衡总产量为 $Q^* = q_1^* + q_2^* = 20$，市场均衡价格 $P^* = 30 - Q^* = 10$，每家俱乐部赚取的利润为 $\pi_1^* = \pi_2^* = 100$。

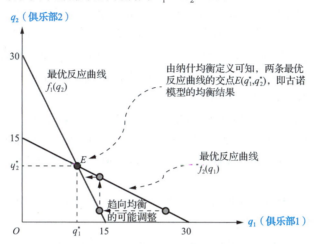

图 8-4　最优反应曲线与古诺模型的（纳什）均衡

8.2.3　寡头的空间竞争

北美联盟为何推行主场区域制（home territory）？

回答这一问题前，我们需要先了解寡头的空间竞争。

我们知道，做生意，首先需要选个好"码头"，或者说需要找个好位置。自然地，空间位置也如同价格和产量，是寡头竞争的重要内容。

1929 年，霍特林发表"竞争的稳定性"，将空间位置作为决策变量，首次探讨了寡头的定位问题。

霍特林的模型或"故事"，大致是这样的。冰激凌公司的销售员 1 和销售员 2，被安排到一个海滩从事零售工作。公司规定，冰激凌必须按照同一价格进行售卖，每卖出一杯冰激凌，销售员获得的报酬为 1。售卖需要配置大型冰柜和收款机等设备，为此，销售员必须在海滩上设定固定的售货摊。

如图 8-5 所示，海滩被分为 9 个同样大小的区域，销售员的售货摊可以设定于其中任意一个区域之上。每天每个区域都有 100 名顾客需要购买冰激凌，他们都会选择到最近的售货摊进行消费。比方说，如果销售员（参与人）1 选择区域 3，销售员（参与人）2 选择区域 6，那么区域 1 到 4 的所有顾客都会选择向销售员 1 购买冰激凌，区域 5 到 9 的所有顾客则会选择走向销售员 2 的售货摊。如果顾客到两个售货摊的距离恰好一样，那么他们各自将得到一半的顾客。

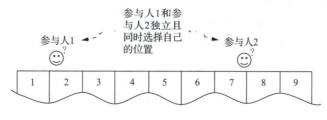

图 8-5　空间竞争与寡头定位博弈

现在，需要销售员 1 和销售员 2 独立且同时地做出决策：

售货摊应该设在哪里？

我们知道：博弈中的参与人有两个，即销售员 1 和销售员 2；他们的可选策略或策略空间是相同的或对称的，即有 $S_i = \{1, 2, \cdots, 9\}$（$i = 1, 2$）。类似于图 8-2，实际上，这个博弈也可以用清晰的得益矩阵来表述，它将涉及 81（$= 9 \times 9$）个不同的策略组合。

为了简便起见，这里仅说明一些得益情况。假设销售员 1 和销售员 2 所选策略分别为 s_1、s_2。如果销售员 1 和销售员 2 分别选择了区域 3 与区域 6（即 $s_1 = 3$，$s_2 = 6$），那么，前者的得益为 $u_1(s_1, s_2) = u_1(3, 6) = 4 \times 100 = 400$，后者的得益为 $u_2(s_1, s_2) = u_2(3, 6) = 5 \times 100 = 500$。类似地，如果销售员 1 和销售员 2 分别选择了区域 1 与区域 7——此时他们平分区域 4 的顾客，那么，二人的得益分别是 $u_1(1, 7) = 3.5 \times 100 = 350$ 和 $u_2(1, 7) = 5.5 \times 100 = 550$。

结果是什么？

求解这一简化版本的寡头空间竞争博弈，思路及方法有以下两个。

一是重复剔除严格劣势策略。

所谓严格劣势策略（strictly dominated strategy），是指无论其他参与人采用何种策略，得益总是比参与人自己的另一个策略要低的那个策略。在这个完全信息静态博弈中，销售员如果把售货摊设在海滩的两端，那就是一个糟糕的选择。对销售员 1 来说，无论销售员 2 采取什么策略，采用策略 $s_1 = 2$ 所获得的得益总是要高于策略 $s_1 = 1$，即策略 $s_1 = 1$ 是他的一个严格劣势策略。类似地，容易推知，策略 $s_1 = 9$ 也是他的一个严格劣势策略（与策略 $s_1 = 8$ 相比较可知）。当然，策略 $s_2 = 1$ 和 $s_2 = 9$，一样也是销售员 2 的严格劣势策略。

参与人在决策时显然无须考虑严格劣势策略——其他策略中至少有一个要比它更好，所以可以将它从策略空间中剔除，从而让博弈得到一定的简化。通过为两个参与人剔除策略 $s_i = 1$ 和 $s_i = 9$，我们可以将策略空间 $S_i = \{1, 2, \cdots, 9\}$ 缩减为 $\{2, 3, \cdots, 8\}$。

类似地，在新的策略空间中，容易推知，策略 $s_i = 2$ 和 $s_i = 8$ 是其中的严格劣势策略。这样，俱乐部可以进行第二轮剔除，即将策略 $s_i = 2$ 和 $s_i = 8$ 剔除在外，使参与人的策略空间进一步缩减为 $\{3, 4, \cdots, 7\}$。同样的分析，使我们可以在第三轮剔除策略 $s_i = 3$ 和 $s_i = 7$。分析继续，最后剩下的策略 $s_i = 5$ 自然就是销售员 1 和销售员 2 唯一的理性选择。

二是通过最优反应来求解。

根据最优反应的定义，我们知道：如果销售员 2 选择的区域为海滩左侧（即 $s_2 < 5$），那么销售员 1 的最优反应，就是选择销售员 2 右侧的相邻区域，即其最优反应函数为 $f_1(s_2) = s_2 + 1$；类似地，如果销售员 2 选择的区域为海滩右侧（即 $s_2 > 5$），那么 $f_1(s_2) = s_2 - 1$；如果销售员 2 选择的区域为海滩中点（$s_2 = 5$），那么 $f_1(s_2) = s_2$。

由于博弈是对称的，因此销售员 2 的最优反应函数也很容易推导。

根据纳什均衡的定义，把两个参与人的最优反应函数结合起来，容易知道，策略组合 $(s_1^*, s_2^*) = (5, 5)$ 是博弈唯一的纳什均衡解。此时，在对手策略给定的情形下，销售员 1 和销售员 2 选定的策略都是最优应对（因而是一种稳定状态），并各自获得得益 $u_1(5, 5) = u_2(5, 5) = 4.5 \times 100 = 450$。

可以看到，两种方法的结论是一致的：在非价格竞争情形下，各自独立决策的、理性的销售员 1 和销售员 2，都会选择把售货摊设置在海滩的中心位置。这一结果体现了寡头空间竞争的最小差异化原则。

尽管有点"奇怪"——同一公司的两个销售员选择在同一位置售卖同一产品，但在现实生活里，空间上定位趋同的现象并不少见，如可乐的口感几无区别、共享自行车扎堆于交通枢纽、候选人的政治立场异常接近、中超足球俱乐部集聚于一线城市等。

8.3　体育寡头的合作

8.3.1　走出囚徒困境

遵循经济学的思维方式或策略思维，容易发现，8.2 节的分析没有问：

结果"好"吗？

纳什均衡表明，针对其他参与人策略给定的情形，参与人选择的策略都是最优的。这里的"最优"，可能会引起误解——以为纳什均衡中参与人的得益将是最大的。

事实并非如此。

让我们再次回到 8.2.1 节，把图 8-2 或图 8-3 的得益矩阵重新展示为图 8-6。

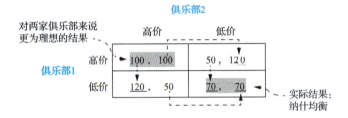

图 8-6　寡头价格竞争与囚徒困境

在图 8-6 中，我们标注了这一博弈的纳什均衡，即策略组合（低价，低价）。

显然，这一结果对俱乐部来说并不是"最优"的。

从个体来看，在 4 种不同的可能策略组合中，个体得益从高到低分别为 120、100、70 和 50。而均衡时，俱乐部 1 和俱乐部 2 的最终得益却都是 70，在所有可能的得益中处于中下水平。

从整体来看，两个参与人的得益之和有 3 种可能，从高到低分别为 200、170 和 140；均衡时，俱乐部 1 和俱乐部 2 的得益之和是 140，为所有可能之最低水平。

也就是说，相比于纳什均衡，这一博弈存在帕累托改进，存在更好的结果，如俱乐部 1 和俱乐部 2 都选择"高价"将使各自的得益由 70 提升为 100（二者的得益之和将由 140 上升为 200）。但遗憾的是，可能的帕累托改进以及更好的结果却是难以实现的。

对于这一现象，1950 年，美国数学家塔克给它取了一个"响亮"的名字——囚徒困境 （prisoner's dilemma），即合作对双方都有利但又难以实现的情形。

斯密告诉我们，分工带来效能，合作造就繁荣。

囚徒困境却提示我们，合作可能难以达成，即使合作对所有参与人都是有利的。

在合作有利的情形下，人们为何还会陷入囚徒困境？

原因之一，恰恰是参与人是理性的。

价格竞争博弈中，如果俱乐部 1 和俱乐部 2 选择合作——都选择"高价"，那么它们能获得更高的得益。遗憾的是，合作——选择"高价"，与参与人的个体理性是相悖的；不合作——选择"低价"，才是参与人的最优反应。试想，如果俱乐部 2 的选择是"高价"，俱乐部 1 选择"高价"和"低价"的得益分别是 100、120，显然，"低价"才是俱乐部 1 的理性选择。

囚徒困境既简洁又生动，它向我们展示了个体理性行为可能导致集体的非理性，或者说，个体理性与集体理性之间可能存在内在冲突。在价格竞争博弈中，尽管每个参与人都选择自己认为的最优行为，但是，由于这些行为都是非合作性质的，因此最终的结果不过是差强人意而已。

当然，我们也看到，现实中囚徒困境并不是一种常态，相反，合作更为常见。

如何走出囚徒困境？

一般来说，方法主要有两类。

（1）建立长期关系

8.2 节中的 3 种双寡头竞争，都属于完全信息静态博弈。通俗来说，都是一次性游戏，都可以看作"一锤子买卖"。此时，合作不如投机，因为一方面合作是低收益的，还容易遭受背叛；另一方面合作是高风险的，所以不合作成了参与人的最优反应。相反，如果互动是多次甚至是无限次进行的，即博弈是动态的，此时，不仅有更多的策略可供选择，而且合作的得益也是变化极大的。参与人如果选择合作，尽管当期得益较低（相比于对手选择合作、自己选择不合作），但可以获得更多的长期利益（选择不合作的情形则正好相反）。正如 8.3.2 节将要讨论的，在一定的条件下，通过建立长期关系，参与人可以促成彼此合作的实现。

（2）协商并签订协议

合作协议一般包括三方面的内容，即义务、权利以及违约责任。义务涉及的是如何把"饼"做大，即协议需要明确规定参与人应该干什么或者不能干什么。比如在价格竞争博弈中，双方为了实现合作，"可以"约定只能选择"高价"（或禁止选择"低价"）。权利涉及的主要是如何分割（做大了的）"饼"，即协议需要明确合作收益的相关分配方案。合作难以实现的根本原因在于人们可能会选择投机和背叛。为此，合作协议需要设立相应的惩罚条款，以约束和规避违约行为。

经济学中，寡头之间的"商量"被称为串谋或合谋（collusion），即寡头为提高利润而串通在一起密谋产品价格或产量等的行为。通过串谋来限制甚至消除竞争，寡头就可以在市场上攫取更多的利润。

根据上述两种方法，可以将合作划分为两种类型。

一是通过建立长期关系而达成的合作，我们可以称之为默契合谋（tacit collusion）或默契合作；二是通过协商并签订协议而达成的合作，我们可以称之为协议合作。

对于后一情形，相比于其他行业，竞赛表演服务的主力军——职业联盟，总是建立在一定的章程或规章之上，因而它是协议合作的典范。

8.3.2　重复博弈与默契合作

囚徒困境的结果让人沮丧。

不仅是图 8-6 中的价格竞争博弈，实际上，古诺模型亦是如此。

让我们回到 8.2.2 节。在那个简单的例子里，俱乐部 1 和俱乐部 2 的边际成本为 0，市场需求为 $P=30-Q$。现在，假设两家俱乐部选择"合作"，即它们联合起来像一个体育垄断者那样行动，并因贡献相同而平均分享最后的合作得益。

由于市场需求为 $P=30-Q$，可以计算出体育垄断者的总收益 $\mathrm{TR}=30Q-Q^2$。相应地，可以知道，体育垄断者的边际收益 $\mathrm{MR}=30-2Q$。由于两家俱乐部的边际成本为 0，因此联合而成的体育垄断者的边际成本 $\mathrm{MC}=0$。

根据边际优化原理容易得出：体育垄断者的最优产量——门票售卖的最优数量 $Q^{\mathrm{M}}=15$，市场均衡价格 $P^{\mathrm{M}}=30-Q^{\mathrm{M}}=15$，体育垄断者的利润 $\pi^{\mathrm{M}}=225$。这样，通过合作——各自选择生产及售卖的门票数量 $q_1^{\mathrm{M}}=q_2^{\mathrm{M}}=Q^{\mathrm{M}}/2=7.5$，俱乐部 1 和俱乐部 2 可以得到更高的利润 $\pi_1^{\mathrm{M}}=\pi_2^{\mathrm{M}}=\pi^{\mathrm{M}}/2=112.5$（各自为政、相互竞争时利润 $\pi_1^*=\pi_2^*=100$）。

上面的分析表明，通过减少产量、提升价格，寡头们确实有可能增加自己的利润。

遗憾的是，如果不能达成有约束力的协议，那么这有可能化作南柯一梦。

因为在单次博弈中，"合作"策略可能并非俱乐部 1 和俱乐部 2 的最优反应。试想，如果俱乐部 i 选择合作，即它选择售卖的门票数量为 $q_i=7.5$，那么，由式（8-3）和式（8-4），我们知道另一俱乐部 j 的最优反应是 $q_j=11.25$。也就是说，当一方选择合作时，另一方的最优反应却是不合作——选择售卖的门票数量为 11.25（而非合作的数量 7.5）。此时，选择合作的俱乐部 i 的利润是 $\pi_i\approx84.38$，而选择不合作的俱乐部 j 的利润是 $\pi_j\approx126.56$。

这种情形类似于图 8-6 中的情形，俱乐部 1 和俱乐部 2 所陷入的囚徒困境可简洁表述为图 8-7。

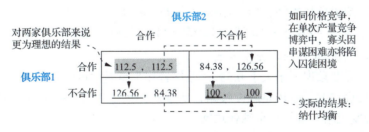

图 8-7　寡头产量竞争与囚徒困境

要走出囚徒困境、走向合作，重复博弈几乎是唯一的"出口"。

正如 8.1.3 节提到的，重复博弈（repeated game）是指结构相同的、重复多次的博弈。其中，每次博弈被称作阶段博弈（stage game）。比如某段时间，我们习惯在某个小店购买同样的早餐，同样的交易多次发生，就可以看作重复博弈。

根据重复次数的不同，重复博弈可以进一步细分为两个子类：一是有限次重复博弈（finitely repeated game），即博弈在某一特定时刻或次数后就结束，参与人不再进行同样的博弈；二是无限次重复博弈（infinitely repeated game），即同样的博弈会一直进行下去，没有结束的时刻，或者博弈可能在某一时刻结束，但参与人不知道它什么时候会结束。

重复博弈与单次博弈相比有着显著的不同。一方面，重复博弈中的参与人有了更多的可选策略。在图 8-2 所展示的单次价格竞争博弈中，参与人的可选策略只有"低价"和"高价"两个。如果这个博弈重复进行两次，那么每个参与人的可选策略将增加到 8 个（无视对手选择情形下的 4 个、观察对手第一阶段行动之后相机而动情形下的 4 个）。另一方面，在重复博弈中，通过对过去行动的历史观察，参与人可以获得更多的信息，可以根据对手之前的行动来调整自己的行动。

重复博弈为什么有助于合作的实现？

借助 6.3.2 节提到的声誉及声誉模型，我们再次回到 8.2.2 节那个简单的例子。

假设两家俱乐部的产量竞争博弈将重复进行无限次，作为俱乐部 j 的所有者，你知道对手的策略是触发策略（trigger strategy），即第一次博弈时选择合作，之后一旦发现对手不合作，便永远选择不合作的策略，你需要在合作和不合作之间做出抉择。

后背叛不如先背叛，而且背叛之后对手会永不合作，因此，你的选择只有两种。

一是永不合作。第一次博弈时，你知道对手是善意的，即对手选择售卖的门票数量是 $q_i = 7.5$。由于是永不合作，因此你选择的数量是 $q_j = 11.25$（单次博弈中对 $q_i = 7.5$ 的最优反应），并在当期获得最高得益 126.56。当然，你的这一选择，实际上也向对手发送了一个信号，即"合作非我所愿"。你明白，在接收到这个信号之后，对手之后的选择都将是 $q_i = 10$。自然地，之后你的最优反应，就是一直选择 $q_j = 10$，并在每一期获得得益 100。时间是有价值的，或者说"时间就是金钱"，假设你的贴现因子为 δ（$0 < \delta < 1$），如果下一期的得益为 x，那么该得益就等同于当期的得益 $\delta \cdot x$。相应地，你选择永不合作的总得益为

$$\pi_{不合作} = 126.56 + 100\delta + 100\delta^2 + 100\delta^3 + \cdots = 126.56 + 100\delta/(1-\delta)$$

二是始终合作。在这种情形下，对于第一回合对手的"投之以桃"——$q_i = 7.5$，你的选择是"报之以李"——$q_j = 7.5$，并在当期获得得益 112.5。你知道，对手在没有被辜负之后会再次选择 $q_i = 7.5$，合作的你自然也选择 $q_j = 7.5$，并第二次收获得益 112.5。如此循环往复至无限。如果选择始终合作，你获得的总得益为

$$\pi_{合作} = 112.5 + 112.5\delta + 112.5\delta^2 + 112.5\delta^3 + \cdots = 112.5/(1-\delta)$$

容易得知，当 $\delta > 0.53$ 时，$\pi_{合作} > \pi_{不合作}$。

也就是说，只要贴现因子大于 0.53，"始终合作"就是你的最优策略。

类似地，假设你的策略也是触发策略，对手对此也是知情的……可以证明，策略组合（触发策略，触发策略）就是一个纳什均衡。

在这个纳什均衡中，无论是你还是你的对手，选择的策略都是"始终合作"。

8.3.3　诚信与声誉要看条件

前面的分析表明，如果博弈是重复的，那么即使难以达成有约束力的协议，参与人之间也可能会形成默契、实现合作。比如备受部分年轻人追捧的限量款潮牌运动鞋的市场价格一直坚挺、居高不下，便是重复博弈力促体育寡头成功合作的最鲜活的例子。

看起来，重复博弈模型非常简单。不过，对人与人之间的合作及合作背后的诚信、声誉和信任来说，它所蕴含的经济社会含义却非同寻常、意义深远。

为此，经济学家总结了声誉得以建立和维持的几个基本条件。

（1）博弈必须是重复的

如果交易只进行一次，当事人就无须为投机行为承担一个未来成本。此时，放弃投机所带来的当期额外得益显然毫无必要，合作与声誉的建立因而也就无从谈起。在火车站、汽车站或旅游景点等场所，再次交易的可能性比较低，因此人们更容易上当受骗。当然，博弈必须是重复的，并不是说它的次数就必须是无限的。实际上，对贴现因子 $\delta > 0.53$ 的解释或理解之一便是，交易关系必须以足够高的概率持续下去。

（2）参与人足够重视未来

贴现因子表示的是人的时间偏好和对未来的态度。为此，经济学家也经常把它比作人的"耐心"。如果只贪图眼前利益而不看重长远利益，参与人的贴现因子 δ 就会比较小；反之，则相反。对贴现因子 $\delta > 0.53$ 的更常见的解释是，合作需要参与人重视未来。换句话说，一个人是不是合作，依赖于他的"耐心"：如果一个人信奉"风物长宜放眼量"，非常重视未来，他可能就更值得信任；如果一个人"今朝有酒今朝醉"，无比看重眼前，他可能就更需要小心提防。

（3）投机行为能被迅速发现

一般来说，信息观察越滞后（也可以理解为需要贴现的时间更长），声誉的建立就越困难。如果投机行为不为人知，参与人自然就不会有建立声誉的动力。在博弈，尤其是多人博弈中，建立声誉和实现合作要求投机行为的相关消息能够迅速、准确地传递给所有人。从传统走向现代，一个高效率的信息传递系统，如社会征信系统，无疑非常关键。至于体育领域，对俱乐部财务收支的内部审计及信息公开，则是所有职业联盟成功的基石之一。

（4）对投机行为必须施以惩罚

严厉的、持续的惩罚，是实现合作和建立声誉的重要保障。模型中的触发策略，并不是一种睚眦必报式的狭隘行径或模式。相反在很多时候，这是维持社会诚信的一个前提条件。正因如此，电商平台的商家花钱删"差评"与花钱买"好评"一样，都是需要重点监管、规避和打击的市场"腐败"行为。在体育领域，对服用禁药、默契假球等施以重罚，不仅是对违规人员的一种惩罚，还是对监管"短板"的一种平衡和弥补。

思考与讨论

1. 思考匹克运动鞋在什么情况下会面临许多竞争者，在什么情况下会没有竞争者？

2. 在进行赛程安排时，西甲为什么会关注其他联赛（尤其是英超）的相关安排？

3. 参加一场考试可以被认为是一次博弈，试描述这一博弈中的规则、策略和得益。

4. 一位中超俱乐部的主管抱怨说，他们在运营方面投入太多，但是如果停止投入又不值得。试利用博弈论模型分析其困境。

5. 某市两家健身俱乐部都想通过降价来增加销售量，如果都选择降价，它们的利润是否会得到改善？如果其中一家在广告中宣称自己的价格始终是市场最低的（之一），你觉得结果会是什么？

6. 1994 年 MLB 球员罢工，是因为他们不愿接受球队业主想要实行的工资帽。如果这些球队业主已经就薪资进行了串谋，为什么他们还认为需要工资帽？

7. 假设市场上有两家边际成本为 0 的公司生产和销售质量无差异的网球（训练用球），市场需求为 $P=10-Q$（Q 为公司 1 的销售量 q_1 与公司 2 的销售量 q_2 之和，即 $Q=q_1+q_2$）。如果两家公司仅进行一期价格竞争，那么这两家公司的销售量、定价及对应的利润分别是多少？如果两家公司仅进行一期产量竞争，情形又会是什么样？

第9讲

赛事转播与拍卖设计

体育世界的突出变化之一，就是体育赛事的转播收益借助拍卖日渐高企。沿着维克里及其追随者的足迹，在本讲，我们讨论的问题主要有：①通过拍卖去发现价格，拍卖适用的情形是什么样的？②在拍卖中，卖家和买家会遇到哪些问题，应该如何"权衡取舍"？③"好"的拍卖有什么样的特征或要求？

教学目标

通过学习，认识体育转播市场的演变过程以及拍卖的基本类型；理解 4 种基本拍卖方式下买家的最优竞价策略；理解拍卖设计的主要问题及基本准则。

教学要求

章节安排	主要内容	知识要点
9.1 赛事版权与拍卖类型	转播市场演进与拍卖及其类型	OTT、估价、英式拍卖、荷式拍卖、第一价格拍卖、第二价格拍卖、多物品拍卖
9.2 寻找最优竞价策略	拍卖类型与买家最优竞价策略	买家的问题、最优策略
9.3 拍卖设计与体育实践	规避策略行为与拍卖设计	收益等价定理、直言机制、同步多轮拍卖、公开或隐性合谋、进入阻扰和掠夺

20 世纪 90 年代，移动通信业蒸蒸日上。此时，美国政府面临一个棘手的问题，即如何把手中的无线电波频率配置好。问题之所以棘手，是因为一方面要做到物尽其用——把东西拍卖给最需要的人或最好的企业；另一方面要做到物有所值——把手中通信运营商必须得到的"频谱执照"卖个好价钱，实现收入最大化。麻烦的是，这些执照是新"玩意"，之前没有人卖过，也没有人知道它值多少钱。

为此，美国政府找来经济学家米尔格罗姆，请他帮忙组织设计拍卖程序。

通过"历史上最大的拍卖"，米尔格罗姆的成功广为流传。

与频谱一样，重大体育赛事的转播权也价值不菲。在米尔格罗姆等的一系列成功实践之后，拍卖在体育领域也是屡见不鲜。

9.1　赛事版权与拍卖类型

9.1.1　赛事：由电视走向互联网

创立娱乐与体育节目电视网（ESPN），是拉斯姆森的无奈之举。

1978 年，在被世界冰球协会的新英格兰捕鲸者解雇之后，拉斯姆森只能重操旧业、创立 ESPN，希望能从自己熟悉的体育赛事报道市场中分一杯羹。

当时，传统的三大电视网（美国全国广播公司 NBC、哥伦比亚广播公司 CBS、美国广播公司 ABC）几乎垄断了美国所有的体育内容。考虑到三大电视网的综合属性以及侧重核心赛事的特点，ESPN 决定以播放标准电视新闻和体育资讯为主，力求做到对非核心赛事的全面覆盖，从而不断扩大自己的影响力和口碑。

熬过初创时期的举步维艰，ESPN 迎来了转机。

1984 年，ABC 斥资 1.88 亿美元收购 ESPN。在 ABC 的支持下，ESPN 不仅节目制作和经营管理能力得到了极大的提升，更是在 1987 年首次签下了 NFL 的转播合同。橄榄球是美国人特别喜爱的一项体育运动，ESPN 由此吸引了数以万计的球迷的关注，几乎是一鸣惊人，成了 ABC 旗下的璀璨明珠。

1995 年，迪士尼斥资 190 亿美元收购 ABC 及 ESPN。有了新的支持，ESPN 开始走上了不断以高价购买各重大赛事转播权的"称霸"之路。2001 年，ESPN 与特纳电视网（TNT）合作，以 46 亿美元的天价获得 NBA 的电视转播权。ESPN 的成功，既终结了 NBC 对 NBA 赛事长达 12 个赛季的独家转播，也意味着从 2002 年开始 ESPN 成了首家同时拥有北美四大职业联盟赛事转播权的体育电视网。不仅如此，ESPN 还加快了自己的国际化步伐，高价买下了诸多欧洲顶级足球赛事在美洲和亚洲的转播权。

历经 30 年，ESPN 成了"体育报道的全球领导者"，其购买的部分重要赛事版权如表 9-1 所示。

表 9-1　ESPN 购买的部分重要赛事版权

赛事	年限/年	年均价/亿美元	总价/亿美元	到期时间/赛季	赛事	年限/年	年均价/亿美元	总价/亿美元	到期时间/赛季
NFL	12	27.00	324	2033	大西洋海岸联盟	20	2.4	48	2035—2036
NBA	9	14.00	126	2024—2025	太平洋十二校联盟	12	1.25	15	2023—2024
MLB	7	5.50	38.5	2028	大十二联盟	13	1.00	13	2024—2025
大学橄榄球季后赛	12	6.08	73	2025	大十联盟	6	1.90	11.4	2022—2023
东南联盟	20	3.00	60	2033—2034	美网公开赛	11	0.75	8.25	2025

可惜美中不足，21 世纪是互联网的时代。

2011 年，一帆风顺的 ESPN 遭遇了发展拐点。

这一年，ESPN 在美国国内的付费用户数量首次突破 1 亿大关。也就是说，当时有近 90%的美国家庭是 ESPN 的付费用户。到达顶峰之后，走下坡路似乎难以避免。2018 年，母公司迪士尼的年度财报数据显示，ESPN 付费用户数量为 8600 万。7 年的持续下跌让 ESPN 付费用户数量累计下跌近 25%。

ESPN 付费用户数量持续下滑的背后，是流媒体平台的强势介入。

2016 年，推特在耗资 1000 万美元之后，战胜亚马逊、雅虎等对手，获得了 NFL10 场周四夜赛的网络转播权，从而再次强化了自己与 NFL 自 2013 年以来的合作。

2017 年，为了获得 NFL 的这一授权，财大气粗的亚马逊直接把价格提高了 4 倍，从推特手中扳回一城。2018 年，为了战胜推特以及谷歌旗下的 YouTube，亚马逊再次把价格提高 30%，最终与 NFL 续签了价值 1.3 亿美元的 2 年网络转播权协议。

类似于亚马逊，脸书也出手不凡。2016 年，脸书上线赛事视频直播平台并开始不断拓展赛事转播业务。2017 年，脸书与美国职业足球大联盟（Major League Soccer，MLS）达成协议，获得了 MLS 在美国国内至少 22 场常规赛的英语流媒体独家直播权。2018 年，脸书再接再厉，与 MLB 达成协议，在美国范围内独家直播了 25 场 MLB 赛事。

ESPN 的起起落落，当然不是个案。

在中国，中央电视台（简称央视）也面临类似困境。

作为专业化最早、覆盖人群最广的体育频道拥有者，央视曾手握 NBA、意甲、德甲、西甲、欧冠等多个头部赛事的转播权。除赛事直播之外，央视体育频道的体育集锦节目，如星期一 19：30 的"天下足球"、星期五 18：35 的"篮球公园"等，在高峰时段拥有的收视观众都是数以千万计的。

但近些年，央视体育频道的处境却日渐尴尬。2015 年 1 月，腾讯体育斥资 5 亿美元，购得 NBA2015—2020 赛季中国内地的网络独家直播权。2015 年 8 月，PP 视频耗资 2.5 亿欧元，获得 2015—2020 赛季西甲联赛中国内地的独家全媒体版权。2016 年 11 月，PP 视频再次斥资 7.21 亿美元，拍下英超 2019—2022 赛季中国内地及澳门地区独家全媒体版权。面对流媒体平台对赛事版权的"野蛮"追逐，央视体育频道的主导地位日渐下降，往日辉煌一去难返。

来势汹汹的流媒体平台，为赛事转播带来了新的变革。

流媒体平台的转播方式被戏称为"过顶传球"（over the top），即绕过传统的有线电视或卫星电视传输系统，通过互联网为用户提供电视及视频业务。也正因如此，流媒体平台有时也被称作互联网电视，或直接被简称为 OTT TV 或 OTT。

OTT 的优点之一是"视频无处不在"。OTT 出现之后，只要是在互联网覆盖的地方，用户就可以随时随地地观看自己喜爱的体育节目。

OTT 的优点之二是转播服务内容更为丰富。比如腾讯体育不仅同时提供多个场次的比赛直播，还结合新闻报道、赛事分析、比赛集锦，融文字、音频、画面于一体，为用户提供更全面的转播服务。再加上双向传输模式下视频弹幕、网络评论、论坛交流等新的沟通渠道，流媒体平台极大地提升了用户参与度，使用户体验更惬意、更极致。

随着赛事转播不断走向互联网，体育产业在电视之外拥有了更细化、更丰富的赛事版权，收入也因此水涨船高（电视机构的转播成本自然也大幅攀升）。如图 9-1 所示，2016—2025 赛季，ESPN 对 NBA 赛事转播的年均版权费用高达 14 亿美元，相比于之前两个周期（2002—2008 赛季和 2008—2016 赛季）分别增加 2.5 倍和 0.5 倍。

图 9-1　ESPN 转播 2002—2025 赛季 NBA 赛事的版权成本（亿美元）

9.1.2　拍卖：古老又新颖的买卖

1961 年，维克里发表"反投机、拍卖与竞争性密封投标"一文。

之后，伴随着理论研究的不断深入，相关领域的拍卖实践频频告捷。

1994 年，在米尔格罗姆主导设计的拍卖程序的支持下，美国联邦通信委员会 FCC 的第一次频谱拍卖会在华盛顿举行。这场历时 5 天、共 47 轮的拍卖是如此的成功，以至于被《纽约时报》盛赞为"历史上最大的拍卖"。受此影响，欧洲各国以及澳大利亚和日本等，也进行了一系列成功的频谱拍卖，获得的收益经常以百亿美元计。

2002 年，谷歌邀请范里安出任首席经济学家。范里安的工作，简单地说，就是把谷歌的广告卖个好价钱。尽管当时还是一个不到 200 人的初创公司，但谷歌无疑做了一个极为明智的选择。范里安设计的广告竞拍机制，让谷歌赚得盆满钵满，并在此之后长年稳居美国广告市场的头把交椅。

体育领域的拍卖当然也概莫能外。

1984 年的美国洛杉矶奥运会是体育经济蓬勃发展的标志性事件之一。

在此之前，1972 年德国的慕尼黑、1976 年加拿大的蒙特利尔以及 1980 年苏联的莫斯科，都因为举办奥运会而遭受了上亿美元的亏损。在没有任何政府资助的情况下，传奇人物尤伯罗斯开创性地引入了商业化运营，让洛杉矶奥运会在财政上获得了史无前例的成功——盈余高达 2.25 亿美元，并从此成为人见人爱的"摇钱树"。

尤伯罗斯的创举之一就是向各个国家和地区公开拍卖奥运会的电视转播权。在美国国内，奥运会电视转播权的出售引发了 NBC、CBS 及 ABC 等的激烈竞争。经过六轮竞价，ABC 最终以 2.25 亿美元的出价胜出（并同意提供 7500 万美元的技术设备）。除此之外，尤伯罗斯还成功地拍卖了欧洲和澳大利亚等地区的电视转播权。最终，奥运会电视转播权拍卖的总进账为 2.87 亿美元，是此前电视转播权收入最高纪录的 3 倍有余。

尤伯罗斯开辟的成功道路，自然不乏追随者。

娱乐产业，始终是"内容为王"。相比于电影和电视剧，世界上传统的顶级体育赛事，其历史动辄上百年，不仅内容精彩、拥趸众多，而且生产规范、货源稳定，未来也势必会一季又一季地持续上演。自然地，拍卖逐渐成为赛事主办方售卖版权的重要选择之一。

在经济学中，拍卖或竞买（auction）是指由两个及两个以上买家竞价，最终由出价最高的买家获得某一物品的市场过程。

从性质看，拍卖的核心特征主要有以下两个。

（1）拍卖是一种寻价机制

产品或服务有明确的标价是我们身边的常见现象。比如在外面吃饭，餐厅老板不会通过拍卖来决定菜品的价格；到超市购物，人们也不会在收银台通过拍卖来竞购生活用品。

卖家选择拍卖的原因是物品没有明确的价格。出现这一情形，可能是因为物品具有一定的独特性，如一件球星签名的球衣，职业联赛的媒体版权或地下储量未知的石油；也可能是因为市场行情千变万化、阴晴不定，如美国政府定期发行的短期国库券和中期或长期国债，或荷兰花市品种繁多、难以保鲜的郁金香。

当物品没有明确价格的时候，卖家可以选择拍卖，通过设定一定的规则，在一定时间内让买家"聚"在一起直接或间接地报告各自愿意承担的价格，从而找到和确定物品最终的成交价格。

（2）拍卖是一种博弈

卖家选择拍卖，也可以说是因为卖家不知道买家的估价。估价（estimated value），即买家的支付意愿，是指买家为了得到拍卖标的物而愿意支付的最高价格。一般情形下，买家的估价或支付意愿是一种私人信息，卖家很难明确获知。试想，如果卖家能够完全掌握买家的估价或支付意愿，那么卖家就没有必要选择拍卖，他可以直接拜访估价最高的买家，通过一对一的讨价还价达成交易。

与一般的垄断厂商不同，在产品数量给定的情形下，卖家需要通过一定的方式把支付意愿最高或排序靠前的买家找出来。为此，卖家通过自己制订规则、注册拍卖平台或委托拍卖公司，利用买家与买家之间的竞争——竞价来实现自己的最大利益。

竞价中的买家与买家相互依赖、彼此互动——对手出价越低对自己越有利；反之，则相反。也就是说，他们之间的竞价是一种典型的博弈。相应地，为了追求自己的最大利益，在既定的拍卖规则下，买家在"权衡取舍"（出价多少或是否接受卖家报价）的同时，无疑还需要考虑竞价对手的反应和选择。

9.1.3　拍卖的基本类型

典型的拍卖场景，可能是下面这样的。

拍卖师的手挥舞着，台下不时有买家举牌表示自己愿意出多少钱，拍卖师会喊出这些买家的出价。随着出价更高的买家一次又一次举牌，价格越拍越高，直到拍卖师喊出"某某价第一次，某某价第二次，某某价最后一次，成交"，然后小锤子发出"砰"的一声，出价最高的买家拍下了物品。

这种不断提升价格的拍卖方式，就是我们熟悉的英式拍卖（English auction），即在卖家宣布一个保留价格之后，买家开始公开出价、自由竞争，每个出价必须高于上一个出价，当没有买家愿意再继续出价时，出价最高的买家以其出价赢得拍品。

与英式拍卖类似的是荷式拍卖（Dutch auction）。荷式拍卖起源于荷兰人对鲜花的拍卖，卖家首先宣布一个极高的报价（在该报价水平下一般无人购买），然后逐渐降低价格，直到有买家宣布接受卖家的报价，并以该报价购得拍品。

之所以说荷式拍卖与英式拍卖类似，是因为它们都属于公开拍卖（open auction），英式拍卖又称公开增价拍卖（open ascending auction），荷式拍卖又称公开减价拍卖（open descending auction）。它们的共同特征是，卖方的报价或买方的出价是一种公开信息，所有参与竞争的买家都可以观察到。

与公开拍卖对应的是密封拍卖（sealed auction）。

密封拍卖时，买家的出价是"密封"的、不公开的，每个买家只知道自己的出价。也就是说，买家不知道参与竞价的其他买家有哪些，他们的出价是多少，即各买家需要在不知道其他买家出价的情形下提交自己的出价。

与公开拍卖一样，密封拍卖的方式也有两种。

一是第一价格拍卖（first-price sealed auction）。在第一价格拍卖中，各买家同时私下提交出价，出价最高的人将赢得物品，并向拍卖人支付他的出价。顾名思义，之所以说"第一价格"，是因为最终的价格为赢家的出价，即成交价格等于最高出价。

二是第二价格拍卖（second-price sealed auction）。在第二价格拍卖中，每个买家也是在看不到彼此出价的情形下独立出价的，出价最高的人赢得拍卖标的物。与第一价格拍卖不同的是，第二价格拍卖中赢家最终支付的价格，并不是他自己的出价，而是第二高的出价或"第二价格"。

1797年，德国著名诗人、作家歌德就利用这种方式，拍卖了他的一份手稿。19世纪的下半叶，第二价格拍卖是邮票市场的一种重要交易方式。不过，第二价格拍卖真正声名鹊起和流行起来主要有赖于维克里的突出贡献。为了向他表示敬意，很多时候，人们也将第二价格拍卖称作维克里拍卖（Vickrey auction）。

互联网兴起之后，拍卖几乎"适用于所有场合"，不仅拍卖的物品种类丰富，而且拍卖的方式也日渐增多。不过，需要注意的是，无论什么形式的拍卖，都不过是上述 4 种基本拍卖方式的变形或组合罢了。

除了方式或规则，拍卖也可以基于物品价值或买家估价分为以下 3 种类型。

一是私人价值拍卖（private-value auction）。"情人眼里出西施"，物品价值几何，有的时候完全是私人性质的，买家对物品的估价仅取决于自己的偏好，与他人的偏好无关。比如你对一件球星签名球衣的估价与你的邻居认为它值多少钱没有关系。

二是共同价值拍卖（common-value auction）。有的物品，对所有买家来说价值都是相同的，不因个人意志或因素而转移。也就是说，拍卖物品的事后价值是相同和固定的，尽管事前没有人知道它价值几何。每个买家都有自己的估价，这个估价也只有他自己知道。比如一份近海石油合约，无论由哪家石油公司拍得，石油的数量都是一样的。

三是关联价值拍卖（affiliated-value auction）。物品具有独立的私人价值或客观的共同价值的情形都属于极端情形。现实中，一件物品的价值通常既包含私人成分的元素，也包含共同成分的元素。很多时候，买家的估价不仅取决于自身的偏好或所掌握的信息，也有赖于某些共同的不确定因素。经由这个共同因素的作用，所有的私人估价都可能相互影响、产生关联。比如一份赛事转播权合约，虽然对买家来说市场是相同的，但由于各自技术等不同，它对买家的价值往往是不同的。又比如一幅画，它的估价不仅取决于你自己到底有多喜欢它，一定程度上也取决于其他买家对这幅画有多喜欢。

此外，基于物品数量的多寡，拍卖还可以分为单物品拍卖（unit auction）和多物品拍卖（multi-unit auction），如图 9-2 所示。在许多拍卖实践中，卖家要拍卖多种物品。这些物品既可能完全相同，也可能不完全相同，但彼此之间有一定的联系（如存在互补或替代关系）。根据方式和规则的不同，多物品拍卖还可以进一步细分为同步拍卖（simultaneous auction）与序贯拍卖（sequential auction）。

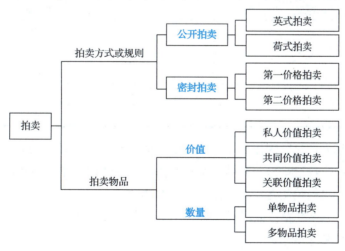

图 9-2　拍卖的主要类型

9.2 寻找最优竞价策略

9.2.1 买家的问题

考虑这样一种情形，有 5 家转播商参与某一体育赛事转播权拍卖。

为了简便起见，假设卖家（赛事举办方）的保留价格为 25。同时假设买家（转播商）是理性的，即追求的是个人利益最大化。根据前面的介绍，拍卖中买家的个人利益或博弈的得益可以表述为：

$$得益=估价-成交价格 \tag{9-1}$$

基于式（9-1），买家（转播商）的利益最大化问题，可以细分为以下两个小问题。

（1）估价多少

明确"估价多少"是参与拍卖的首要任务。如果我们不知道物品价值几何就去参与拍卖，那么我们的行为无疑是盲目的、非理性的。为了简化分析，我们根据维克里的基准模型，进一步假设拍卖物品具有独立的私人价值，买家对物品的估价属于私人信息，并且只依赖于自己的偏好，与其他买家无关。也就是说，仅凭所掌握的私人信息，买家就可以对拍卖物品进行精确的估价，即使知道了所有其他买家的估价信息，也不会改变自己的估价。

我们将 5 家转播商各自的估价展示于表 9-2 中。

表 9-2 转播商对赛事转播权的估价（1）

转播商	估价
甲	250
乙	200
丙	150
丁	100
戊	50

估价是一种私人信息。因而对甲来说，他的估价或支付意愿为 250，其他的 4 家转播商对此是不知情的；反过来看，其他 4 家转播商的估价如何，甲也不知道。

换句话说，这里的拍卖是一个不完全信息博弈。

这样说的理由非常简单：既然式（9-1）右侧的估价是一种私人信息，式（9-1）左侧的得益自然也是一种私人信息。

（2）出价多少

关于拍卖买家的"权衡取舍"——"出价多少"，有两点需要注意。

一是出价并不一定是成交价格。比如第二价格拍卖，赢家最终所支付的价格并不是他自己的出价，而是第二高的出价。也就是说，"出价多少"（或接受卖家报价与否）与式（9-1）右侧的"成交价格"，并不完全是一回事。

二是"出价多少"决定是否能赢得拍卖。无论拍卖类型及规则如何，有一点是清楚的，即只有出价最高的买家才可以战胜对手、赢得拍卖。尽管"出价多少"与成交价格并不完全是一回事，但是我们要知道它与买家的利益最大化问题密不可分。毕竟，买家个人利益最大化的实现，是以赢得拍卖为前提的，取决于买家"出价多少"。

在第 8 讲我们指出，博弈中参与人的"权衡取舍"或"如何应对"，需要"了解你、了解我"。在 9.1.2 节我们也提到，竞价中买家与买家相互依赖、彼此互动——对手出价越低，对自己越有利；反之，则相反。

为了战胜对手、赢得拍卖，我们在行动时需要了解和预期对手"出价多少"或最终会"出价多少"，从而确定自己的最优策略。

9.2.2　跟着自己的估价走

应该出价多少？

首先，我们来看看英式拍卖。

与荷式拍卖不同，英式拍卖中买家的报价是依次递增的。

如果你是转播商甲，此时你该如何出价？

答案非常明显：只要当前出价没有超过 250，对你来说（再次）出价总比个出价要好。

理由也非常简单：只要出价不高于 250，你在这个拍卖博弈中的得益就是非负的，所以，相比于不出价将获得的零得益，"出价"至少不劣于"不出价"。

换句话说，在英式拍卖中，你有一个占优策略：一直出价，直至出价等于你的估价。

解决了"如何选择"问题，接下来就是经济学的思维方式或策略思维的问题之三：

拍卖的最终结果会是什么样？

显然，在拍卖刚开始时，即使是支付意愿或估价最小的戊，也会选择出价。不过，只要出价超过 50，戊就不会继续出价，而是会理性地选择退出竞争。类似地，出价一旦超过 100 和 150，丁和丙也会依次退出拍卖。当出价到达 200 时，乙也会退出竞争，虽然在此之前他可能会多次出价与你竞争。

也就是说，在英式拍卖中，卖家的赛事转播权将以 200 的价格售出。

在这个博弈中，作为最后的出价人，你将获得的得益为 $250 - 200 = 50$

其次，我们来看第二价格拍卖。

作为密封拍卖方式之一，第二价格拍卖最大的特色是支付规则比较特别，即赢家最后支付的价格并不是他自己的出价，而是所有出价中第二高的那个出价——其他买家的最高出价。

该规则下的拍卖博弈，我们可以用图 9-3 来表示。

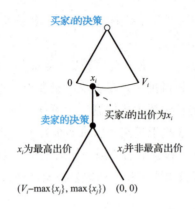

买家i的决策

相比于第一价格拍卖，第二价格拍卖的不同之处在于：如果买家i的出价x_i为最高出价，那么他将赢得拍卖，不过，他支付的并不是自己的最后出价，而是所有出价中第二高的那个出价——其他买家的最高出价，即竞拍成功的得益为$V_i - \max\{x_j\}$（V代表买家的估价，$j \neq i$），相反，则得益为0

卖家的决策

买家i的出价为x_i

x_i为最高出价 x_i并非最高出价

$(V_i - \max\{x_j\}, \max\{x_j\})$ $(0, 0)$

图9-3　第二价格拍卖（博弈）

我们注意到，在第二价格拍卖的特殊支付规则下，出价只会影响你是否赢得拍卖，而不会影响你赢得拍卖时的实际支付。毕竟，在正常情形下，其他买家如何出价、出价多少，不是你所能控制的。

倘若如此，则在第二价格拍卖中，买家的目标就只有一个：竭尽所能地赢得拍卖。

这是否意味着出价越高越好？

直觉上，答案似乎是肯定的。

因为更高的出价意味着更有可能赢得拍卖。

不过，理性决策不仅依赖于直觉，更需要仔细思量。

假设作为转播商甲的你的出价是300，即在你的估价上再加50。显然，只要其他转播商的出价低于300，你就会赢得拍卖。进一步假设其他转播商中乙的出价最高，比如是200（乙的估价或支付意愿）。显然，在这一情形下出价300是合意的，你将获得50（正的）的得益。不过，需要注意的是，如果你的出价为250，结果其实也一样。

重新假设乙的出价，比如他的出价是275。此时，如果你的出价是250，你不会赢得拍卖。而如果你的出价还是300，那么最终赢得拍卖的依然是你。由于第二价格拍卖的赢家最后需要支付次高出价（275），因此尽管你赢得了拍卖，但你的得益却是-25。对你来说，这个结果是得不偿失、有害无利的。

简单来说，结论就是：如果其他买家的出价低于你的估价，你出价250或出价高于250是无差异的；相反，如果其他买家的出价高于你的估价，你出价高于250，尽管这能增加赢得拍卖的概率，但会给你带来负的得益。因此，出价超过估价不是你的最优策略。

类似地，容易推导出，出价低于估价（低于250）也不是你的最优策略。

因此，在第二价格拍卖中，你的最优策略是"跟着自己的估价走"，即出价等于自己的估价。

实际上，与你一样，"出价等于估价"也是其他买家的最优策略。

如果所有买家都遵从最优策略，容易发现，你将赢得此次拍卖，并收获得益50。

根据第8讲的知识，我们知道，这个结果是一个纳什均衡。

9.2.3　假设已经赢得拍卖

然后，我们来看第一价格拍卖。

第一价格拍卖的规则非常简单，各买家同时私下提交出价，出价最高的人将赢得物品，并向拍卖人支付他的出价。正如第 8 讲介绍静态博弈时所提到的，这里的"同时"是指出价时买家并不知道其他买家的出价是多少。

如果你是甲，你该如何出价？

对此的回应，可以分两步走。

第一步，考虑你的最高出价是多少。

在《妙趣横生博弈论》中，迪克西特和奈尔伯大建议，在假设你已经赢得拍卖的情况下出价。这样建议的道理非常简单：对买家来说，无论出价多少，结果只有两种可能，一是自己的出价是最高的，从而赢得拍卖；二是自己的出价并非最高，从而与赛事转播权失之交臂。在后一种情形中至少有一个买家出价比你高，因而"假设已经赢得拍卖"是错误的。不过，这一错误无关紧要，由于不会赢得拍卖，因此你并不会失去什么（尽管也不会得到什么）。

第二步，考虑你的最优出价是什么。

类似于图 9-3，我们可以把第一价格拍卖简要表述为图 9-4。

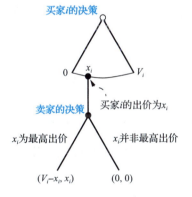

博弈由各买家决策开始：以个人期望得益最大化为目标的买家i，其出价为介于0与V_i（估价）之间的任何数额（图中用一条光滑曲线表示）；在接到各买家的出价之后，卖家决定是否接受他们的出价。如果买家i的出价x_i为最高出价，那么他将赢得拍卖，并获得得益V_i-x_i；相反，则得益为0

图 9-4　第一价格拍卖（博弈）

我们知道，作为转播商甲，你的出价应该为0～250，即有 $x_甲 \leqslant V_甲 = 250$（因为第一价格拍卖的成交价格为赢家的出价）。同时，我们明白，出价越高，获得拍卖物品的可能性越大；出价越低，竞拍成功后的净收益或得益越高。

为了简便起见，假设你是风险中性的，并且你估计其他买家的出价在区间[0，250]上是等可能的。根据这些假设，容易证明，你的最优策略——能够让你的期望得益实现最优的策略，非常简单，即出价 $\dfrac{n-1}{n}V_甲$（其中 n 表示拍卖中买家的数量）。

表 9-2 告诉我们，一共有 5 个买家参与拍卖。根据这一简单策略，容易计算出你的最优出价为 $\dfrac{5-1}{5} \times 250 = 200$。

如果其他买家与你一样也选择同样的策略（出价为 $x_j = \dfrac{n-1}{n}V_j$），那么在出价 200 之后，你将赢得这次拍卖，并最终收获得益 50（类似于前面的第二价格拍卖，可以证明，这个结果也是一个纳什均衡）。

最后，我们来看荷式拍卖。

前面已经介绍过，荷式拍卖的规则是：卖家首先宣布一个极高的价格，然后逐渐降低价格，直至有买家宣布接受卖家的报价，并以该报价购得拍品。

在这一规则下，什么样的选择才是最好的？

在荷式拍卖中，显然，只要卖家的价格高于 250——高于你的估价，你就不应该出价或应价。因为在这种情形下应价，你的得益将为负。

现在，假设卖家的价格正好下降到 250。此时，你的选择无非有以下两种。

一是选择应价，立马接受卖家 250 的报价。

二是选择等待，争取以低于 250 的价格赢得拍卖。

前一种选择的结果是确定的——你将毫无悬念地赢得拍卖，但收获的得益为 0。后一种选择，如果赢得拍卖你将获得正的得益，但结果是不确定的，你需要承担一定的风险——在卖家进行下一轮报价时，对手可能比你先应价，你将因竞价失败而一无所获。正如你能预料到的，竞争对手越多，你因选择等待而可能一无所获的风险也越高。

我们可以看到，在荷式拍卖中，对于卖家的某一当前报价，你面临的"权衡取舍"与第一价格拍卖中的情景是类似的：要么选择应价，并获得一个确定的得益；要么选择等待，争取以一定的概率赢得更高的得益。

容易证明，在同样的假设下，你在荷式拍卖中的最优策略实际上与第一价格拍卖是一样的。也就是说，你的最优出价为 $x_甲^* = \dfrac{n-1}{n}V_甲$，即 $\dfrac{5-1}{5} \times 250 = 200$。

实际上，其他买家与你一样，出价 $x_j^* = \dfrac{n-1}{n}V_j$ 也是他们的最优策略。

如果所有买家都遵从最优策略，那么你将赢得此次拍卖，并收获得益 50。

9.3 拍卖设计与体育实践

9.3.1 哪种拍卖更好

拍卖方式是多种多样的，自然地，我们需要问：

哪种拍卖更好？

"好"或者"不好"，既要看评价标准是什么，也要看"问"的主体是谁。

对社会来说，"哪种拍卖更好"等同于"哪种拍卖能让资源得到有效配置"。

本质上，拍卖是一种僧多粥少的买卖。在这种情形下，关心社会福利的经济学家需要考虑将稀缺的资源"分配"给谁最合适。也就是说，"哪种拍卖更好"所涉及的正是社会权衡取舍的 4 个基本问题之一"为谁生产"。

现实中，正如表 9-2 所展示的，人们对物品的喜好和评价往往不尽相同。从效率的角度来看，只要物品为支付意愿最高的买家所赢得，社会福利最大化的目标就能实现（当然前提是成交价格高过保留价格）。换句话说，从社会的角度来看，能够让估价最高的买家成为赢家的拍卖，就是"好"的拍卖。

对卖家来说，"哪种拍卖更好"等同于"哪种拍卖能让（期望）收益实现最大化"。

与社会最优类似，私人卖家也需要在潜在买家中挑选一个或多个赢家。不过，社会如同一个大家庭，只要估价最高的买家成为最终赢家，它就实现了最优，无须考虑成交价格是高还是低。就像一家人打麻将，反正肥水未流外人田，个人赢多或赢少都没有关系。不同的是，由于事关个人得益，私人卖家不仅关心赢家是谁，还关心成交价格是多少，因为他总是希望最终的成交价格越高越好。

为了简便起见，这里我们仅考虑私人卖家的问题，即更直白地问：

4 种基本拍卖方式中，哪个能让卖家获得更多收益？

为了有一个直观印象，在回答这个问题之前，我们先回到 9.2 节所提到的例子，并把相关结果汇总于表 9-3 中。

表 9-3　拍卖的基本类型及其结果

参与人	英式拍卖	荷式拍卖	第一价格拍卖	第二价格拍卖
买家	支付意愿最高的买家赢得拍卖（转播商甲以价格 200 获胜）	支付意愿最高的买家赢得拍卖（转播商甲以价格 200 获胜）	支付意愿最高的买家赢得拍卖（转播商甲以价格 200 获胜）	支付意愿最高的买家赢得拍卖（转播商甲以价格 200 获胜）
卖家	卖家得益为 200	卖家得益为 200	卖家得益为 200	卖家得益为 200

从表 9-3 可以看到，在 9.2 节的例子中，尽管拍卖方式不同，但拍卖的结果却是相同的。

当然，我们知道 9.2 节的例子是为了方便理解而人为设计的。在某些情形下，这四种拍卖的结果还是有些差异的。比如我们将表 9-2 中乙的估价变更为 210，那么在荷式拍卖中，甲还是会赢得拍卖并支付 200，尽管此时乙的策略是出价 $210 \times 4/5 = 168$。不过，在英式拍卖中，乙会一直参与竞价直到价格达到 210，此时，甲还是会赢得拍卖，但需要支付的价格却要更高一些——支付的是 210，而不是 200。

也就是说，我们讲 4 种拍卖的结果相同，只是大体或期望意义上的。

结果大体相同，体现的正是 1961 年维克里提出的著名的收益等价定理（revenue equivalence theorem）：

在一定的假设条件下，4 种基本拍卖方式会给卖者带来相同的期望收益。

除收益等价定理外，维克里的博弈分析还为我们提供了另外两个重要结论。

（1）荷式拍卖与第一价格拍卖是等价的

在这两种拍卖中，买家的出价策略是一样的，即在荷式拍卖中，买家应该一直等待，直到价格正好下降到他在第一价格拍卖中所出的价格。

（2）英式拍卖与第二价格拍卖都是帕累托最优的

在英式拍卖中，买家的占优策略是一直出价直到价格达到其支付意愿。在第二价格拍卖中，买家的占优策略是以自己的支付意愿提交出价。如果所有的买家都遵循他们的占优策略，那么支付意愿最高的买家将赢得拍卖。这种结果意味着社会福利的最大化，即在这两种拍卖方式下，资源最终配置给了对该物品评价最高的买家。

除上述一般性结论外，还需要特别强调的是：

所有的拍卖实际上都是对应着某一赢家挑选规则。

我们知道，市场交易的特征事实之一是买卖双方之间存在信息不对称。买家的支付意愿或估价是多少，只有他们自己清楚，难为外人（卖家及其他买家）所知。由于产品或服务具有一定的特殊性，把它售卖给某个人或某些人更划算，因此卖家需要把估价最高或愿意支付更高价格的买家挑选出来，而拍卖正是这样一种工具。

在《价格的发现》中，米尔格罗姆强调，理想的赢家挑选规则应该是参与拍卖的买家不采取策略，直接按自己对拍卖对象的估价诚实投标。米尔格罗姆将具备这一特性的拍卖方式称为"反策略的"，将遵循这一赢家挑选规则的拍卖机制称为"直言机制"

从这个角度来看，相比于其他 3 种基本拍卖方式，第二价格拍卖（或维克里拍卖）无疑是独特的——各买家的最优策略是"讲真话"。因此，米尔格罗姆提醒我们，维克里拍卖是一种"直言机制"，这是指它要求投标者报告其所知的信息，即报告他们的"类别"。维克里拍卖的惊人之处在于，对每个竞价者来说，无论其他竞价者的出价是什么，诚实地报告自己的实际估价永远是最优的。

9.3.2 从单物品到多物品

相比于单物品拍卖，多物品拍卖更为复杂。

多物品拍卖中，物品既可能完全相同或几乎完全相同——物品是同质的，也可能存在一定差异——物品是异质的。如果是后者，物品可能是互替的，可能是互补的，也可能兼而有之。互替或互补关系的存在，尤其是后者，使得多物品拍卖更为复杂。

谈及多物品拍卖，1994 年 FCC 举行的频谱拍卖是绕不开的一个经典话题。FCC 的首次频谱拍卖便出人意料地一炮而红、大获成功，其中，米尔格罗姆及其领导的专家小组应该是最重要的幕后英雄。他们设计的同步多轮拍卖（simultaneous multiple-round auction，SMRA）被认为是经济学理论与实践成功结合的典范。

日常生活中，我们使用手机、电视机或互联网，都要有无线电波传输信号。每种无线电波的频率都是不相同的，为了避免无线电波互相干扰，需要将频率依据频带和地区进行划分。没有土地就不能建造大楼，运营商也必须得到频谱执照，才能提供通信服务。

为了使资源配置富有效率，FCC 的 SMRA 规则大致是下面这样的。

在每轮拍卖中，买家对自己想要购买的一个或多个频谱分别出价。出价是秘密进行的，每轮出价结束后，只公布每个频谱的最高出价，并由此确定下轮拍卖中每个频谱的最低出价（如在上一轮最高出价的基础上再加上事先确定的某一增幅）。

下一轮拍卖开始后，各买家可以提高出价，也可以保持原价不动。如果有新的更高的出价出现，那么拍卖将再次进入新的一轮。相反，如果所有的频谱都没有新的出价，那么拍卖就到此结束，各频谱为价高者所得，他们按其最终出价进行支付。

借鉴迪克西特和奈尔伯夫在《妙趣横生博弈论》中的例子的简化版本，我们假设有赛事版权 A 包和 B 包进行同步拍卖，并且规定买家的出价必须为整数。对两个转播包皆有兴趣的买家有两个，即转播商甲和乙。为了准备这次拍卖，甲和乙都做了充分的市场调研。因此，他们不仅知道自己的估价，还了解对手的估价。

他们各自对 A 包和 B 包的估价如表 9-4 所示。

表 9-4　转播商对赛事转播权的估价（2）

转播商	对 A 包的估价	对 B 包的估价
甲	10	9
乙	9	8

表 9-4 中的信息为买家完全掌握，当然是一个极端的假设。不过，这既可以看作简化分析的需要，也可以认为是甲和乙耗资巨大的市场调研工作确实发挥了作用。

在了解了拍卖背景以及 SMRA 规则之后，相应的问题是：

假如你是甲，你该如何"权衡取舍"——出价？

像第二价格拍卖一样，你可以选择诚实出价，即在 A 包上出价 10，在 B 包上出价 9。如果这样，两个转播包一定都会被你赢得。不过，类似于出价 100 元赢得一张 100 元的钞票，这个结果对你来说并无意义。

也许，你选择在 A 包上出价 9，在 B 包上出价 8。如果这样，两个转播包一样也都会被你赢得。更为可喜的是，相比于"说真话"，你将获得正的得益 2。

问题在于，你能否做得更好？

比如，第一轮你选择出价 5 和 5。由于是秘密出价，你不知道乙的选择——乙出价 0 和 1。之后，你"惊奇"地发现，自己是两个转播包的最高出价者。拍卖随后进入第二轮，由于提高自己的出价没有意义，你选择不出价，并且希望拍卖就此结束。

显然，这是一厢情愿的。站在对手的立场上看，乙就此退出拍卖肯定是非理性的。毕竟，相比于空手而归，只要现有价格不超过自己的估价，继续出价总要好过不出价。因此，乙的选择之一是，将对 B 包的出价提高到 6（对 A 包依然不出价）。

我们清楚，只要有人出价，拍卖就将延续到下一轮。第三轮，由于 B 包现有出价依然低于你的估价，你的选择之一是，将对 B 包的出价提高到 7。

如果乙与你一样也是两个都要，那么依照博弈的这一发展方向，最后我们将会看到，你将在 A 包上以 9 或 10 的价格、在 B 包上以 8 或 9 的价格，赢得这两个转播包的赛事版权。相比于第一轮直接出价 9 和 8，当前的这个结果，并没有让你的状况得到改善。

既然没有改善，那么让我们"悔一步棋"，重新回到第三轮。当乙在 B 包上出价 6 之后，实际上，你还有其他选择——什么都不做，通过不出价让拍卖就此结束。如果这样，你将以价格 5 赢得 A 包。尽管仅赢得一个转播包，不过正如式（9-1）所显示的，此时你获取的得益为 5。相比于你出价 9 和 8 时预期得到的得益 2，这个结果是一个很大的改善。

有了这些练习，让我们完全推倒重来——不仅仅是"悔一步棋"。

聪明的你一定知道，尽管你可以把两个转播包都赢下来，但这样做的机会成本非常高。由于拍卖只会在无人出价时才会结束，如果想让乙一个转播包也得不到，你就必须做好总出价最终将上升至 17 的准备。与其这样，不如"让出"一个转播包给乙，从而使自己以一个较低的价格获得另一转播包。

比如第一轮，你选择出价 1 和 0，这一出价与乙第一轮选择的出价 0 和 1 是对称的。和你一样，理性的乙知道自己的估价都比你的要低，不可能在拍卖中把两个转播包都赢下来。同时，乙非常清楚，通过新的出价，他可以阻挠你同时赢得两个转播包（用较低的价格）。为了迫使你"让出"一个转播包，乙明白，自己的行动不应咄咄逼人，因此选择出价 0 和 1——一个友善的信号，希望"与人方便，与己方便"。

第一轮你选择出价 1 和 0，乙选择出价 0 和 1。如果这样，该轮拍卖结束后，等到卖家公布 A 包和 B 包各自的最高出价时，你和乙都会感叹"果然不出寡人所料"。在这个默契之下，接下来你和乙都会选择不再出价，拍卖也由此结束。最终，你获得得益 9，乙获得得益 7。

故事的结局——A 包和 B 包最终的出价为 1 和 1，显然会让卖家大失所望，因为卖家最终得益为 2。现实中，SMRA 失败的例子也不在少数。以 2000 年欧洲 3G 执照大拍卖为例，同样的拍卖方案，英国的拍卖收入高达 385 亿欧元（约合 650 欧元/人），荷兰政府却仅得 27 亿欧元（约合 170 欧元/人），人均收入更高的瑞士结果最糟糕——仅为 0.8 亿欧元（约合 20 欧元/人）。

由上述例子可知，多物品拍卖及其机制设计更为复杂。

相应地，更深入地思考和学习，无疑也是有趣的、有益的。

9.3.3　英超转播的拍卖实践

1992 年英超成立，是英格兰足球改革的重要标志之一。《英超联赛创立协议》规定，英超在财政上与英足总彻底剥离，具有独立进行商务开发、赞助谈判的权利。其中，赛事转播权作为一项重要的权益，不再隶属于英足总，而是由英超自由支配。

"让市场发挥主导作用"使得英超迅速崛起。

如表 9-5 所示，节节攀升、数额惊人的赛事转播费就是最好的证明。

表 9-5　1992—2022 赛季英超在英国国内的转播费

赛季	年限/年	中标转播商	年均场次/次	费用总额/英镑	场均费用/英镑
1992—1997	5	BSkyB	60	1.91 亿	64 万
1997—2001	4	BSkyB	60	6.70 亿	279 万
2001—2004	3	BSkyB	110	12.00 亿	364 万
2004—2007	3	BSkyB	138	10.24 亿	247 万
2007—2010	3	BSkyB & Setanta	138	17.06 亿	412 万
2010—2013	3	BSkyB & ESPN	138	17.73 亿	428 万
2013—2016	3	BSkyB & BT	154	30.18 亿	653 万
2016—2019	3	BSkyB & BT	168	51.36 亿	1100 万
2019—2022	3	BSkyB, BT & Amazon	200	45.54 亿	843 万

表 9-5 非常直观地向我们展示了高昂的英超赛事转播费。同时，它还清楚地告诉我们，在各转播周期中，英超的赛事直播"售卖多少"以及"售卖给谁"了。

英超赛事转播权是如何售卖的？

答案正如你已猜测到的——通过拍卖。

1992 年，BSkyB 以 1.91 亿英镑的高价拍下英超 5 年的英国国内转播权。进入 21 世纪之后，英超赛事转播费更是不断攀升，开始以十亿英镑计。

在表 9-5 的背后，关于英超拍卖的背景、细节以及变化，有两点需要我们特别注意。

（1）"生产多少"不等于转播"售卖多少"

英超一共有 20 支球队，每个赛季"生产"的比赛总计有 380 场。尽管转播场次不断增加，每个赛季从最初的 60 场增加到 200 场，但与英超的生产数量相比还是有明显的差距。产生这种差距的主要原因在于，现场观赛与直播观赛之间存在着一定的替代关系。因此，对于门票与转播这两种重要的收入来源，英超以及各球队需要做出合理的"权衡取舍"。

（2）"售卖给谁"受到一定限制

2001 年 6 月，欧盟委员会针对英超赛事转播的独家拍卖展开反垄断调查。一年之后，欧盟委员会发布异议声明，要求英超必须在符合欧盟反垄断法的前提下售卖赛事转播权。2003 年 12 月，英超向欧盟委员会做出承诺，其 2007 年之后的赛事转播权将以公平、透明的方式拍卖。

因此，在表 9-5 中我们可以看到，2007 年之后英超赛事不再由 BSkyB 独家转播。

这一变化意味着英超赛事拍卖从单物品走向了多物品。

与其他拍卖类似，英超在拍卖时必须提防和规避的买家策略行为主要有以下两类。

（1）公开或隐性合谋

拍卖中的合谋就是指买家一起"合作"压价。为了避免相互抬价，买家可能会选择向对手发送信号，如在出价中插入不太有意义的数字，以达成互不提价的默契协议。在升价拍卖和频繁重复的拍卖中，合谋问题可能尤为严重。对于前者，多轮出价为买家提供了惩罚对手的机制，从而促进合谋；对于后者，买家之间的频繁互动，不仅使他们相互传递信号的机会、惩罚违约对手的策略大幅增多，还让他们有更多的机会学习如何合作。

（2）进入阻扰和掠夺

拍卖与其他交易一样，如果买家太少，卖家很可能会无利可图。正如表 9-3 所展示的，拍卖理论的一个推测是，估价最高的买家总是会获胜。这样一来，那些估价较低的买家因预期到获胜无望而不愿意积极参与拍卖，尤其是当参与需要支付成本的时候。强势的买家也明白这一点，因而他们可能会通过公开的、可信的承诺或威胁，如宣称"出价肯定会超过任何对手""任何从我们手中夺走拍卖物品的对手将永远都赚不到钱"等，全力阻击竞争对手参与拍卖，从而损害卖家的利益。

为此，英超在拍卖时采取了一系列措施。

2007 年之后，英超一般会根据比赛开赛时间将转播权分成"均衡"的 6~7 个转播包。同时，根据欧盟委员会的要求，英超明确规定同一转播商最终购买的赛事份额不得超过75%。对于转播商的资质要求，英超公开声明自己的态度是"技术中立"，以此鼓励互联网巨头——尤其是流媒体平台积极参与竞争。

为了卖个好价，英超转播权拍卖没有轮次限制。在第一轮密封拍卖之后，如果转播商的出价相近，那么拍卖将自动进入第二轮。每轮拍卖中，英超仅公布中标的转播包及转播商，但是不会透露其他转播包的出价情况，也不会透露有哪几个转播商在参与竞标。

借助拍卖，英超成了全球收入排名第二的职业联盟，尽管它也曾遭遇过"滑铁卢"。

对于类似英超曾遭遇的滑铁卢，柯伦柏在《拍卖：理论与实践》中曾反复告诫我们，拍卖设计并非"千篇一律"，不存在跨越具体问题背景和特定市场细节的灵丹妙药。"千里之堤，溃于蚁穴"，除全面了解具体环境和市场细节之外，成功的拍卖设计者还必须充分考虑可能出现的各种问题。

思考与讨论

1. 为什么人们经常会选择以拍卖的方式进行交易，拍卖是如何有助于价格发现的？

2. 公开拍卖与密封拍卖的区别是什么？

3. 从规则看，4种基本拍卖的适用情形是否存在显著差异？

4. 你想要出售一件明星球员的签名球衣，可以选择现场出售也可以选择在网上拍卖。你觉得哪种方法可以产生一个较高的收益或生产者剩余，为什么？

5. 假设在某个拍卖中只有两个投标人，他们对拍卖物品的评价分别是 8 元和 10 元，竞价增量是 1 元。那么，在利润最大化的英式拍卖中，该物品的保留价格应该是多少？

6. 假设抛硬币游戏的规则是正面朝上你赢得 45 元，反面朝上你输掉 55 元。如果你同意参与这一游戏，是否意味着你是风险中性的？

7. 假设你要向三位（热情的）学生拍卖两本《体育经济学十五讲》，为了使出价最高的两位学生最终得到这两本书，你该如何使用第一价格拍卖？

8. 中超赛事转播权的售卖方式及情况是什么样的，是否与英超拍卖实践存在显著差异？

9. 在进行拍卖设计时，需要注意的策略行为主要有哪些？

第 10 讲

体育赞助与讨价还价

与转播收益一样，体育赞助也是体育赛事的重要收益来源。在本讲，围绕赞助是"讨"来的，我们讨论的问题主要有：①体育赞助的本质特征是什么？②作为重要的交易方式之一，讨价还价的核心内容和基本要素有哪些？③对于赞助费用日渐高企这一现状，讨价还价的博弈分析有哪些启示？

教学目标

通过学习，认识体育赞助的历史沿革和经济含义；认识讨价还价的核心内容和基本要素；理解讨价还价的博弈分析方法以及体育赞助的影响因素。

教学要求

章节安排	主要内容	知识要点
10.1 体育赞助不是慈善	体育赞助的演变及本质	体育赞助、交易、信号发送、体育无形资产
10.2 讨价还价的基本要素	讨价还价的内容和要素	双边谈判、不同意点、可行分配（集）、谈判成本、时间成本、贴现因子
10.3 讨价还价的博弈分析	体育赞助的讨价还价和利益分配	最后通牒博弈、逆向归纳法、议价能力、合作总收益、外部机会

讨价还价是市场交易中最常见的方式之一。

体育世界和体育经济当然也概莫能外。除体育赞助之外，实际上，如门票售卖时黄牛与球迷之间的交易，（双边垄断情形下）劳务市场上资方与工会之间的谈判，职业联盟中各球队之间利益分割或收益分享的商讨等，都可以看作讨价还价的典型案例。

经济学中，讨价还价有什么特色？现实中，体育赞助为何经常数额惊人？

如同其他讲，本讲并不试图提供明确的答案，而是希望可以为你的思考提供一些有益的线索。因此，对于不同意点、谈判集、谈判程序、时间成本、议价能力等不常见的经济学术语，以及基础模型中不太复杂的代数推导，请务必多些耐心。要知道，它们就像化学反应中的催化剂，能帮助我们更清晰地认识体育赞助，更深刻地理解讨价还价。

10.1 体育赞助不是慈善

10.1.1 体育赞助的历史掠影

体育赞助的历史源远流长。

早在古希腊、古罗马时期，就有富人赞助体育的事例记载。

现代体育的赞助故事则首先发生在美国。1852 年，新英格兰铁路运输公司成为第一个吃螃蟹的人，它向哈佛大学和耶鲁大学划船队提供免费车票，并获得了巨大的成功。

之后，零星的体育赞助时有发生。

在赛事方面，1896 年，美国柯达公司在雅典奥运会上用少量的赞助费，换取了在奥运会成绩册上发布广告的权益，成为历史上首批赞助奥运会的企业之一；1928 年，美国可口可乐公司成为阿姆斯特丹奥运会合作伙伴，并一直与奥运会合作至今。

在运动员方面，1923 年，威尔逊体育用品公司与高尔夫球手萨拉曾签署了一份终身代言协议；1936 年，阿迪达斯为参加柏林奥运会的著名运动员欧文斯提供了免费跑鞋。

20 世纪 60 年代，大规模的体育赞助开始涌现。

1965 年，壳牌、埃索、BP 三家跨国石油公司为一次 1.5 公升级汽车大赛提供了 1000 万联邦德国马克的赞助，开创了企业大规模赞助体育赛事的先河。

1968 年，英国帝国烟草公司因政府禁止烟草电视广告而开始赞助一级方程式赛车（F1）摩纳哥大奖赛。在随后的 30 多年里，F1 与烟草企业这对"焦油+汽油"组合常常同时出现，以至于有人把 F1 赛车戏称为"移动的烟盒"。

1972 年，美国维益食品公司以 150 万美元的代价，购买了橄榄球队布法罗比尔主场 25 年的球场冠名权，开启了球场冠名的新篇章。

体育赞助的根本性变革，则主要源于奥运会传奇人物尤伯罗斯的开创性贡献。

作为 1984 年洛杉矶奥运会组委会主席，尤伯罗斯面临着巨大的经济难题。

在洛杉矶获得举办权之后，美国政府明确表示，绝不会拿纳税人的钱玩这种"烧钱"游戏。雪上加霜的是，洛杉矶 83% 的市民也投票反对地方政府为奥运会提供任何经济支持。

办奥运会，得自己想办法。在没有政府经济支持的背景下，曾是全美第二大旅游公司老板的体育发烧友尤伯罗斯临危受命，导演了一场"商业革命"。

尤伯罗斯的方法，说起来也简单，就是"开源节流"：在节流方面，缩小投资规模、降低运营成本是两个主要的发力点；在开源方面，除拍卖电视转播权之外，尤伯罗斯最成功的就是对体育赞助进行了"改制"。

1984 年之前，为奥运会提供赞助的一般是主办国本土公司，因而赞助商的特征是数量繁多、形式分散。观察到这样做效果不理想后，尤伯罗斯决定改变奥运会"小而散"的赞助商格局。他的办法就是 4 个字——"一增一减"：减，就是每个行业只允许一家企业赞助，即赋予赞助商排他性特权；增，就是提高赞助的要价或"讨价"，将赞助的底价设定为 400 万美元。尤伯罗斯的"一增一减"虽然大大提高了奥运会的赞助门槛，但是有利于企业树立"行业唯一"甚至是"行业第一"的成功形象，因而让各大公司展开了激烈竞争。

通过引入市场竞争机制，尤伯罗斯开创了奥运会商业运营的新模式，一举改变了奥运会"赔本赚吆喝"的历史。最终，洛杉矶奥运会获得了 32 家公司共 3.85 亿美元赞助，远远高于 1980 年莫斯科奥运会 900 万美元的水平，即使后者的赞助商数量高达 381 家。

1985 年，国际奥委会基于尤伯罗斯开创的新模式，推出了全球合作伙伴计划（也称 TOP 计划）。经过不断地发展和完善，如今，奥运会已形成一套包括国际奥委会全球合作伙伴、奥运会组委会赞助商和国家奥委会赞助商 3 个层级的、完整的赞助体系（见表 10-1）。

表 10-1　奥运的赞助商体系

层级	赞助商总数	使用范围	分类	权益内容
国际奥委会全球合作伙伴	8～12	全球	奥运会全球赞助商 国际奥运会赞助商 夏季奥运会赞助商 冬季奥运会赞助商 国家奥运会赞助商 奥林匹克代表团赞助商	行业排他权 奥林匹克标志产品的专营权 广告优先权 奥林匹克公园 赛场产品专卖 展销、促销权等
奥运会组委会赞助商	25	主办国	奥运会合作伙伴 奥运会赞助商 奥运会供应商	行业排他权 广告优先购买权 赞助火炬接力等活动的优先选择权
国家奥委会赞助商	—	奥林匹克委员会成员国	合作伙伴 高级赞助商 赞助商 供应商和徽征特许企业	标志 冠名授权

10.1.2　不断增长的体育赞助

为什么直到 20 世纪 60 年代，大规模的体育赞助才开始不断出现？

这主要与传播媒体的发展（阶段）有关。

在第 6 讲，我们知道，20 世纪 40～50 年代，电视机是小众产品，普遍性及影响力远不如广播。之后电视技术突飞猛进，电视机价格不断下跌，拥有电视机的家庭也迅速增加。到了 20 世纪 70 年代，在欧美发达国家，超过 50%的家庭拥有自己的电视机。

在第 9 讲，我们清楚，21 世纪之后，互联网开始迅速崛起，新媒体，尤其是流媒体，集合了新闻报道、赛事分析和比赛集锦，融文字、音频、画面于一体，为用户带来了更全面、更极致的赛事转播服务。

从黑白到彩色，从全高清到 4K 超高清，从笨重的计算机显示屏到轻薄的平板，从电缆传送到光纤传送，从坐在客厅沙发上欣赏到随处可通过移动设备观战，体育赛事转播技术日新月异。在电视机与互联网的轮番助力之下，体育产业的商业化和全球化几乎不可阻挡，体育赞助自然也水涨船高、蒸蒸日上。

2008 年，北京奥运会上全球合作伙伴层级的最低赞助费为 6000 万美元。2012 年，伦敦奥运会这一标准上升为 8000 万美元。2016 年，奥组委的官方文件并未公开里约奥运会的具体赞助情况，但 11 家全球合作伙伴的赞助费估计达到 10.5 亿美元。2021 年，因新型冠状病毒感染疫情而推迟召开的东京奥运会的全球合作伙伴的数量上升为 14 家，每家支付的赞助费也水涨船高，都以亿美元计。

在欧洲，得益于数量庞大且不断增长的电视和互联网观众，号称"世界第一足球联赛"的英超，同时也是体育赞助获利最多的职业联赛之一。2015—2016 赛季，仅球衣胸前广告赞助一项，20 家英超俱乐部就获得 2.23 亿英镑。2019—2020 赛季，20 家英超俱乐部该项赞助收入上升为 3.50 亿英镑。

在北美，四大职业联盟的体育赞助收入同样惊人。2018 年，作为世界上最值钱的联赛，NFL 的体育赞助收入为 13.90 亿美元。紧随其后的是 NBA，2017—2018 赛季其赞助收入为 11.20 亿美元。位列第三、四的 MLB 和 NHL，2018 年的赞助收入分别为 9.38 和 5.60 亿美元。

在四大职业联盟的引领下，北美地区体育赞助的增速也不容小觑。如图 10-1 所示，2018 年，北美地区的体育赞助市场规模为 171.7 亿美元，2009—2018 年年均增长率为 4.54%。体育赞助支出情况也基本类似。2018 年，北美地区的体育赞助支出为 170.5 亿美元，2009—2018 年年均增长率为 4.70%。

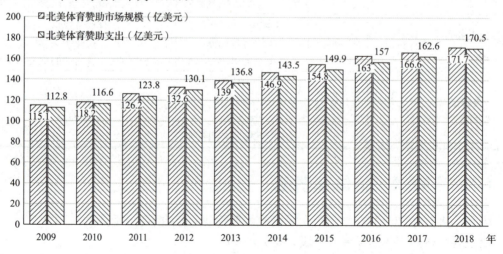

图 10-1　2009—2018 年北美地区体育赞助基本情况

数据来源：美国创新汇智管理咨询公司（Innovation Excellence Growth，IEG）。

10.1.3　体育赞助的性质

从字面来看，赞助的意思是支持并协助。

狭义上，赞助是个人或社会组织以捐赠的方式，向某一社会事业或社会活动提供资金、物品、劳务或技术支持的一种公共关系专题活动。随着市场经济的发展，赞助已经成为一种常用的商业手段，如电影电视作品的赞助、大型体育赛事的赞助等，都不再是单纯的公益捐赠。

需要承认，在相当长的一段时间里，体育赞助主要是有钱人的一种"善举"。不过，从发展态势以及供需双方的诉求来看，它的经济属性或特征愈加凸显。

（1）体育赞助是一种交易

2019 年，利物浦被赞助商美国新百伦公司（以下简称新百伦）告上了法庭。

状告自己赞助的俱乐部，这样的事例并不多见。更"奇葩"的是打官司的理由——新百伦想继续"赞助"，利物浦却断然拒绝。

新百伦对利物浦的赞助，始于 2015—2016 赛季。当时，双方签署了一份期限为 5 年的球衣赞助协议，每年赞助费用为 4500 万英镑。合同赋予新百伦匹配竞争对手任何报价的权利，但利物浦希望能在合同到期时结束与新百伦持续多年的合作关系。

新百伦与利物浦之间奇特的"爱"，生动地展现出体育赞助是一种交易。

或者，更准确地说，体育赞助（sport sponsorship）是指企业为了实现自己目标而向体育组织或活动提供支持的一种交易行为。

当然，不能否认在某些情形下，体育赞助商的目标中可能包含了提高社会效益的因子。不过，从其根本目的看，企业之所以向体育组织或活动提供资金、物品、劳务、技术等支持，主要是为了宣传企业及其产品、扩大营销渠道，进而提高市场占有率和销售收入。

（2）体育赞助是一种信号发送

2013 年，奥地利红牛推出了一则 5 分多钟的广告短片《极限多米诺》。

在短片中，配合设计极为精妙的机关，高空跳伞、街攀、滑板、极限摩托、越野车以及单板滑雪等项目的 11 名顶尖运动员通力合作，共同完成了一项"艰巨"的挑战。

这一连串的"极限"挑战，究竟是为了什么？

是的，你没有猜错，这项投入了 100 位专业建筑技师、25 吨装置材料的"极限"挑战，不过是为了开启一罐冰冻的红牛饮料。

类似的案例，经济学家也描述过。

在经典论文"产品质量的价格和广告信号"中，米尔格罗姆和罗伯茨描写了 1983 年健怡可乐的广告——巨大的音乐厅中坐满了人，长长的歌舞队跳着踢腿舞，还有无数吸引摄影机镜头的名流（他们的出场费显然很贵），最后却仅有一条简单的信息说，这样的聚会是因为健怡可乐。

对此，米尔格罗姆和罗伯茨感慨，除了传递产品的存在，这些广告毫无其他讯息。

实际上，体育赞助如同广告，也是企业一种"奢华"的"烧钱"行为。

不过，这种看似无意义的"奢华"行为，显然是赞助商有意为之的。

自 1985 年奥运会实施 TOP 计划开始，可口可乐就一直是这一计划的核心成员。目前，红牛除拥有 4 支足球队、2 支 F1 车队和 1 支冰球队之外，还与 100 多个项目中的 600 多名体育明星签有赞助合约。

"行动比语言更响亮"，赞助商清楚，仅仅声称自己的产品是优质产品往往不会有什么说服力。正如第 6 讲所论述的，体育赞助传递的信号是"我们在此花费了巨资"，通过这种昂贵的"信号"，赞助商可以在消费者心目中塑造和强化一种"一流企业、一流产品"的自愿或非自愿认知，从而成功地将自己的产品与其他企业的产品区分开来。

（3）体育赞助是体育无形资产变现的一种重要方式

只要是交易，就必定要有交换标的物。

一般来说，体育赞助涉及的标的物主要有以下 5 种。

一是冠名权，即以赞助商提供的名称命名被赞助对象；二是名称使用权，即赞助商可以使用被赞助方许可的某些名称及其相关权利；三是广告权，即赞助商可以行使与其赞助金额相当的、被赞助方许诺的做各种形式广告的权利；四是公关活动权，即赞助商可以利用赛场开展公关活动的权力；五是会徽、吉祥物、形象的使用权，即赞助商可以将会徽、吉祥物或者运动员的个人形象等印刷在其产品或包装上。

我们从中不难发现，体育无形资产是体育赞助的主要标的物或来源。

在实践中，有时体育赞助是与某一类无形资产相联系的，如冠名权及名称使用权等。当然，更多的时候，体育赞助是与多个或多种无形资产相联系的。换句话来说，体育赞助所涉及的标的物，往往是与多种体育无形资产相关的某种权利组合。

10.2　讨价还价的基本要素

10.2.1　赞助交易与讨价还价

10.1 节讲到体育赞助是一种交易。

这种交易通常是以何种方式实现的？

答案应该不难猜到——从当前情形看，主要是通过讨价还价。

原因主要在于以下 3 个方面。

（1）标的物相对稀缺

在 10.1 节，我们知道，体育赞助的标的物主要有 5 个小类，即冠名权、名称使用权、广告权、公关活动权以及会徽、吉祥物、形象的使用权等。类别看起来不少，但仔细观察就容易发现，能派上用场的（获得高额赞助费的）标的物的数量实际上比较有限。

就体育赛事而言，无论是其名称使用权还是冠名权，无论是会徽还是吉祥物，都具有唯一性，因而能够利用的资源在数量上都比较有限。

对职业俱乐部来说，能派上用场的标的物更是有限，一般来说，主要与两样东西有关：一是球衣；二是场馆。比如英超俱乐部，从收入占比看，其获得的体育赞助主要与球衣有关，具体来说是与球衣装备、胸前广告以及衣袖广告 3 个赞助有关。

（2）标的物异质性强

体育赞助标的物具有很强的异质性，这点可以用一组统计数据来说明。

球衣胸前广告的位置大同小异，但从图 10-2 可以看到，2019—2020 赛季英超各俱乐部与此相关的赞助收入却大相径庭，可谓是"几家欢喜几家愁"。

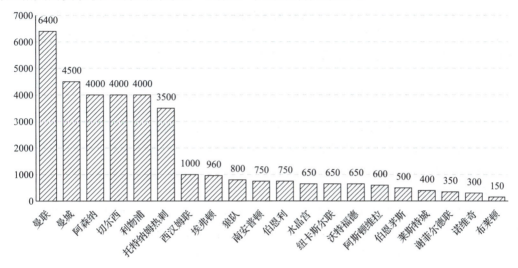

图 10-2　2019—2020 赛季英超俱乐部球衣胸前广告赞助情况（万英镑）

数据来源：美国创新汇智管理咨询公司（Innovation Excellence Growth，IEG）。

图 10-2 中，位居榜首的是曼联。尽管战绩差强人意，但财大气粗的美国通用汽车公司却仍然与其续签了赞助合同，曼联每年也因此获利 6400 万英镑。

紧随其后的是曼联的同城死敌曼城——获得的该项赞助为每年 4500 万英镑。阿森纳、切尔西和利物浦则并列第三，球衣胸前广告的赞助费用都是 4000 万英镑。

榜单的尾端，莱斯特城、谢菲尔德联以及诺维奇分别以 400 万英镑、350 万英镑、300 万英镑的数据位列倒数第四、第三、第二。排名最后的布莱顿获得的该项赞助仅为 150 万英镑。

榜单的结果，似乎有点令人意外。

2015—2016 赛季，莱斯特城夺冠初始赔率高达 5000∶1，却上演了逆袭奇迹，最终勇夺英超桂冠。反观曼联，多次无缘欧冠赛场，最近一次荣获英超桂冠更是要追溯到 2012—2013 赛季。不过，曼联所获得的球衣胸前广告赞助却是莱斯特城的 16 倍。

榜单之所以令人"意外"，赞助标的物具有很强的异质性是不可忽视的原因之一。

（3）合意的"潜在"买家比较少

这里说的潜在买家数量"有限"，实际上主要包含以下两种情形。

一种是真的非常有限。一些小型赛事，如 2018 年中国境内举办马拉松及相关运动赛事（参赛规模 800 人以上路跑赛事、300 人以上越野赛事）共计 1581 场，虽然也会有冠名赞助商、官方合作伙伴、官方赞助商、官方供应商等，但与大型赛事相比是不可同日而语的。至于小型体育场馆、健身俱乐部等的冠名权、广告牌位之类的体育无形资产，则一般不会获得商家太多的青睐。

另一种是"合意的"非常有限。经济学告诉我们，"多，未必好"——寡头垄断厂商在竞争时获得的利润不如他们在串谋时获得的利润。与此类似，在体育领域，赞助商数量也不是越多越好。正因如此，尤伯罗斯主张把 1984 年洛杉矶奥运会的赞助商数量限制在 30 家，并且规定每个行业只能有 1 家赞助商。

这 3 个特征事实综合在一起，意味着很多时候体育赞助市场实际上是一个"薄的市场"（thin market），很少有现成的价格可以让人们照方抓药，很少有现成的成交价格（或者说只有一些参考价格），导致讨价还价成为体育赞助的主要实现方式。

10.2.2　讨价还价处处可见

谈判或讨价还价（bargaining），是社会生活的一项重要内容。

在人类社会的演进过程中，有两个永恒的话题：

一是如何把"饼"做大？

二是如何分配（做大了的）"饼"？

把"饼"做大，需要分工、需要协作；分配做大了的"饼"，需要讨论、需要协商。都有"分"或都要"分"，因此，二者都会涉及讨价还价，也都会有讨价还价。

于是，讨价还价几乎处处可见。

在政治领域，除权力分割和义务归属之外，中央与地方还需要就财政收入分配达成一致。在日常生活中，对于谁做饭、谁洗碗、谁打扫卫生、谁给孩子辅导功课等问题，夫妻之间免不了经常讨价还价（日子过不下去了，则需要考虑子女抚养、财产分割等问题）。在体育经济领域，在职业联盟收益分享、球员转会和劳动合同等方面的协商，以及本讲讨论的体育赞助中，更是经常会看到讨价还价的身影。

显然，各领域的讨价还价各有特色、不尽相同。不过，正如 1982 年鲁宾斯坦在"讨价还价模型的精炼均衡"中的偏好假设所展现的，讨价还价的普遍特征有以下两个。

（1）"饼"我所欲也

"饼"我所欲也，有以下两层含义。

第一，讨价还价要有一个"饼"。

所有的讨价还价，都是基于这样一个事实而发生的——参与人达成协议所得到的总收益，必定要大于各自独立行事所得到的收益之和。如果"合"的收益小于"分"的收益，那么参与人就不会有与对手合作的动力。相反，只有当事人之间存在互利共赢的可能，体育赞助及其相关的讨价还价才有存在的可能。换句话说，所有的讨价还价都意味着当事人之间存在共同利益——有一个"饼"，原则上合作总是好过独立行事。

第二，讨价还价的核心是如何分"饼"。

由于"合"的总收益大于"分"的收益之和，因此相比于讨价还价失败后的各奔西东，达成某种协议实际上是各当事人的共同愿望。当然，"'饼'我所欲也"实际上是说"'饼'，人人所欲也"。对于同一个"饼"，一个人分得多了，另一个人自然就会分得少。因此，对于如何分"饼"，当事人之间不可避免地会存在利益冲突。

当事人之间共同但又不完全一致的利益，意味着与利益分割相关的讨价还价问题，实际上就是一个非零和博弈：一方面，人是自利的，不同的当事人自然偏好不同的分配方案；

另一方面，讨价还价的目的是找到一个分"饼"的"合理"方案，正是这个"合理"的分配方案保证了彼此之间有利益冲突的当事人愿意携起手来，实现潜在的合作价值。

（2）时间就是金钱

"时间就是金钱"，涉及的情形主要有以下两个。

一个是客观的，"饼"并不是一成不变的。

就像阳光下的冰激凌，很多时候，即使不考虑谈判成本，讨价还价的标的物的价值也会随时间流逝而流失。球场外，贩卖球票的黄牛知道，虽然球票是明码标价的，但其价值却因时而异。即使是同一张球票，黄牛的要价在比赛开始之前和开始之后可能会截然不同。赛场上，职业俱乐部的比赛装备可以是"干干净净"的，也可以印上一些广告，譬如赞助商的标识。如果在赛季之初没有获得合适的赞助，那么俱乐部业主或会员就会很清楚，随着时间的流逝，装备"干干净净"的位置的潜在价值也在不断消失。

另一个是主观的，明天的"饼"不等于今天的"饼"。

大家都知道，今天的 1 元钱与一年后同一天的 1 元钱是不一样的。如果较早得到 1 元钱，我们就可以用它来投资，并在此后的时间里赚取利息或红利。比如银行的年利率是 5%，那么今天得到的 1 元钱就等于明年此时的 1.05 元。

类似地，明天的一块"饼"，也不等于今天的一块"饼"。

对此，有人可能会有不同意见，认为同一个"饼"今天吃与明天吃没有什么不同，即认为它们所带来的好处或效用是一样的。不过，可以想象这样的场景：一个想要玩具的小孩，当听到父母说"明天再买"的时候，立马就号啕大哭。显然，我们需要承认，延迟消费是一件让人痛苦的事情，现在或当期消费的好处或效用要比以后或下一期消费高——尽管有时二者的差异可能比较小。

10.2.3　讨价还价的四要素

"'饼'我所欲也"与"时间就是金钱"，让我们清楚了讨价还价的本质特征。

不过，要想有更深刻的理解，则需要进一步了解讨价还价的基本要素。

如"谁在讨价还价""标的物是什么"等，都是需要先搞清楚的问题。为了简便起见，我们把讨价还价限定为双边谈判（bilateral negotiations）——即单个卖者与单个买者就买卖价格所进行的磋商。除此之外，我们还设定，双边谈判中的卖者为体育组织（记为 i），买者为赞助商（记为 j），标的物则为体育资产使用权。

在简单设定之后，讨价还价的基本要素就可表述如下。

（1）不同意点

不同意点描述的是讨价还价的外部环境。

对于体育组织的某一资产，如球衣胸前广告位置，除现有的正在讨价还价的对手外，体育组织当然也可以选择把它售卖给其他企业。与此类似，赞助商当然也可以寻找这一体育组织之外的其他组织合作，让自己拟投入的资源获得其他收益。如果选择不合作、各自独立行事时，体育组织 i 与赞助商 j 的最大可能得益分别为 v_i、v_j，那么在直角坐标系中，不同意点（disagreement point）可以记为 $D(v_i, v_j)$。在经济学中，不同意点 $D(v_i, v_j)$ 有时也被称作意见不一致的得益配置。

在讨价还价中，不同意点具有重要的经济含义。

第一，不同意点代表参与人的最低要价。

不同意点 $D(v_i, v_j)$，刻画了参与人初始的禀赋状况，刻画了讨价还价的"初始位置"。显然，要想吸引体育组织 i（或赞助商 j）参与谈判，那么体育组织 i（或赞助商 j）从中能获得的收益必定不低于 v_i（或 v_j）。也就是说，v_i、v_j 分别代表体育组织 i 与赞助商 j 各自的最低要价或"底线"。v_i（或 v_j）的值越高，意味着体育组织 i（或赞助商 j）拥有的外部机会越好，握有的谈判筹码越多，即使它退出谈判，也可以获得较高的外部收益。

第二，不同意点代表合作的机会成本。

我们知道，"万事皆有机会成本"——人只要有行动，就有成本。讨价还价中，如果体育组织 i 与赞助商 j 能相互妥协、选择合作，那么这就意味着他们都放弃了外部的其他机会。也就是说，在讨价还价中要分到"饼"，需要承担机会成本（opportunity cost）——为了得到某种东西所必须放弃的最大价值，或者说是在资源配置面临多方案择一决策时舍弃的可从其他选项中所能获得的最大价值。

（2）谈判集

谈判集说明的是讨价还价的"饼"有多大。

讨价还价的目的，简单来说，就是希望能达成一个"饼"的分割协议或分配方案。记"饼"的分配方案（distribution scheme）为 $S_d = (V_i, V_j)$。其中，V_i、V_j 分别代表体育组织和赞助商所分得的收益。那么，容易知道，分配方案 S_d 可行的前提条件有两个。

第一，根据不同意点 $D(v_i, v_j)$ 所描述的"初始位置"或"底线"，我们知道，$V_i \geqslant v_i$ 且 $V_j \geqslant v_j$，是分配方案 S_d 可行的前提。

第二，记博弈参与人携手合作的最大可分配收益，即谈判成功之后赞助商所能创造的最高收益为 V，那么 $V_i + V_j \leqslant V$ 就是分配方案 S_d 需要满足的另一个约束条件。

满足这两个条件的分配方案，经济学家称之为可行分配。

数学上，可行分配可以用可行分配集或谈判集（bargaining set）——集合 $S_b = \{(V_i, V_j) \mid V_i \geqslant v_i, V_j \geqslant v_j, V_i + V_j \leqslant V\}$ 来表示。

如图 10-3 所示，谈判集 S_b 描述了参与人"在哪里选"，并规定了他们选择的可行范围。

更重要的是，谈判集 S_b 还隐含地表示了"饼"有多大。"饼"的价值为 $V - v_i - v_j$，是参与人合作的总剩余。其中，V 是参与人达成协议所能得到的总收益，即"合"的收益，$v_i + v_j$ 则是参与人各自独立行事所得到的收益之和，即"分"的收益或"合"的机会成本。

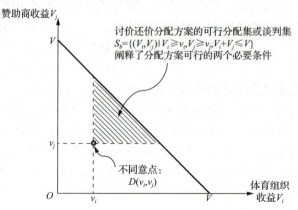

图 10-3　讨价还价的不同意点与谈判集

（3）谈判程序

谈判程序规定的是讨价还价的相关进程。

比如球场外经常会看到这样的场景：黄牛见人就问，"要票不？"好奇的球迷回应，"什么样的票，多少钱？"黄牛一脸殷勤，"都是最好的 A 区座位，150 元一张。"球迷却犹豫不决，"老板，票是不错，但也太贵了。"看到球迷犹豫，老板于是放低了声音，"要不，你说个价"……

类似的场景在日常生活中并不少见。在这些场景中，可以清晰地看到谈判程序，即讨价还价中参与人的行动次序。更通俗地说，谈判程序是指"谁先行动，谁后行动"及"由谁出价，由谁还价"。

现实中，谈判程序通常是由习俗、制度、技术等外在因素决定的。正如后面将要论述的，谈判程序经常会影响讨价还价的结果，甚至在某些情形中它的影响是决定性的。

（4）时间成本

时间成本涉及的是协议延迟达成所需承担的代价。

"时间就是金钱"，如果合作协议未能达成、谈判需要持续下去，那么随着时间的流逝，参与人势必受到损失。也就是说，除机会成本之外，讨价还价可能还需要承担另外一种成本——时间成本。前面提到，"时间就是金钱"有主观、客观之分。相应地，这也意味着，讨价还价的时间成本可能是主观的，也可能是客观的，或者是兼而有之。在主观方面，时间成本的高或低，主要在于人们如何看待未来、如何看待风险，或者说主要与人们的时间偏好有关。

正如第 8 讲所提到的，经济学中人的未来态度和时间偏好一般用贴现因子表示。所谓**贴现因子**，是指将未来得益折算成现值的比率。记贴现因子为 δ（$0<\delta<1$），如果下一期的得益为 x，那么该得益就等同于当期的得益 δx。

为了理解的方便，很多时候，贴现因子 δ 也被经济学家表述为人的"耐心"。

如果更为看重未来，则意味着参与人更富有"耐心"，其贴现因子 δ 也会更大一些；反之，则相反。

10.3　讨价还价的博弈分析

10.3.1　从最后通牒开始

讨价还价的结果会如何？

经济学对此的讨论一般会涉及两种不同的研究思路。

一种是将讨价还价视为合作博弈。合作博弈关注的是交易（讨价还价）应该如何成交，即假设谈判参与人共同行动，或委托给中立的第三方（如无偏的仲裁者），以探寻一个"好"的分"饼"方案。比如纳什基于集体理性以及一系列社会福利公理，提出了纳什合作解。

另一种是将讨价还价视为非合作博弈。非合作博弈关注的是交易（讨价还价）是如何成交的，即假设谈判参与人是独立行动的，分析他们如何选择自己的策略，以及最后将实现何种均衡。比如鲁宾斯坦通过构建轮流出价模型，深入分析了讨价还价的均衡结果及基本特征。

为了简便起见，下面的分析将沿袭后一种思路。

让我们首先从最后通牒博弈开始。

所谓最后通牒博弈（ultimatum game），是指这样一种博弈，即针对待分配的 1 单位货币，一个参与人（提议者）向另一个参与人（响应者）提出一个分配方案，如果响应者同意这一方案，则按照该方案进行分配；如果不同意，则两个人什么都得不到。

根据定义，容易看到，最后通牒博弈实际上是一个极简版本的讨价还价。

一方面，要分的"饼"非常明确，为 1 单位货币。当然，放在本讲的故事中，我们可以将体育组织 i 与赞助商 j 合作的净收益 $V - v_i - v_j$ 看作 1 单位货币，或者说可以标准化为 1 单位货币。

另一方面，谈判程序是清楚的——讨价还价仅为一个回合、两个阶段。现实中这种情形其实很常见。比如走进超市，看到想要购买的商品的标价——超市老板的"讨价"，我们的选择无非是两种，要么接受、要么不购买。再比如，由于时间紧迫（如开赛前的最后一周），城市马拉松主办方与赞助商之间的讨价还价只有一次谈判机会。

记首先行动的参与人 1 提出的分配方案为 $S_d = (x, 1-x)$，即自己分得的份额为 x、参与人 2 分得的份额为 $1-x$，这样，最后通牒博弈的扩展式可以描述为图 10-4。

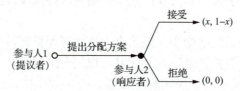

图 10-4　最后通牒博弈的扩展式

如图 10-4 所示，在博弈的第一个阶段，参与人 1 的分配方案 $(x, 1-x)$ 可以看作一种"开价"或"讨价"。在博弈的第二个阶段，游戏的另一主角——参与人 2 的选择则非常简单，要么接受、要么拒绝，而不是在拒绝后提出一个新的分配方案进行"还价"。

这一博弈的（均衡）结果会如何？

先看参与人 2 的选择。从图 10-4 可以看到，选择"拒绝"时，参与人 2 的得益为 0。容易知道，如果参与人 2 是理性的，那么他的最优策略应该是：当 $(1-x) > 0$ 时，接受提议；否则，拒绝提议。

再看参与人 1 的选择。参与人 1 的选择要稍微复杂一些，需要借用逆向归纳法（backward induction）来分析。

用迪克西特和奈尔伯夫的话来说，逆向归纳法就是"向前展望，向后推理"：在做出决策前先"向前展望"——看看对于你的（某种）决策或行动，对手将会做出何种反应；再"向后推理"——根据对手的最优反应，确定你的最优策略或行动。

在图 10-4 中，站在参与人 1 的位置，即博弈的倒数第二个阶段（这里恰好是博弈的第一个阶段），我们"向前展望"——知道在博弈的最后一个阶段（即博弈的第二个阶段），只要参与人 1 的（给对方的）出价 $(1-x) > 0$，"接受"是理性的参与人 2 的最优反应；之后，我们再"向后推理"，由于参与人 2 会接受任何数值为正的出价，因此参与人 1 的最优出价是一个尽可能低的数额，如 1 分钱。

也就是说，最后通牒博弈的均衡结果是：参与人 1 给出一个尽可能低的出价，参与人 2 选择接受这个出价，即参与人 1 将获得"饼"的绝大部分份额。

在 10.2.3 节，我们提到，在某些情形中谈判程序的影响是决定性的。

这里，我们看到，最后通牒博弈反映的恰好就是这样一种特殊情形。

10.3.2　三回合的讨价还价

最后通牒博弈表明，谈判程序非常重要。

但其中却没有看到讨价还价的另一基本要素——时间成本的任何踪迹。

下面我们借助经典的分蛋糕游戏，对最后通牒博弈进行一定的拓展。

假设桌子上有一份冰激凌蛋糕，参与人 1 和参与人 2 在商讨如何分配它。由于天气炎热，每经历一个回合的讨价还价，蛋糕都将融化 1/3。也就是说，谈判最多能持续 3 个回合或 3 期。

具体的谈判程序是这样的：第 1 期，先由参与人 1 提出一个分配方案，参与人 2 若是选择接受，游戏便结束；相反，则游戏进入第 2 期。如果游戏进入第 2 期，则由参与人 2 对剩下的 2/3 个蛋糕提出一个分配方案；参与人 1 可以选择"接受"，也可以选择"拒绝"。如果参与人 1 接受参与人 2 的方案，游戏便终止；相反，游戏进入第 3 期。第 3 期，再次由参与人 1 提出分配方案；不过，此时无论参与人 2 如何选择，游戏都将终止，因为在此之后，剩下的 1/3 个蛋糕将全部融化。

为了直观起见，我们把这个博弈过程描述在图 10-5 中。

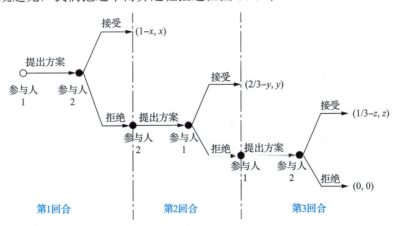

注：x、y、z 为参与人 2 的份额（得益）。

图 10-5　三回合分蛋糕博弈的扩展式

图 10-5 中的序贯博弈是有限期界的，因此，也可以用逆向归纳法来分析其均衡结果。

在这个分蛋糕博弈的最后 1 期，参与人 1 第二次提出一个分配方案，由参与人 2 在"接受"或"拒绝"间做出选择。站在参与人 1 的位置——博弈树倒数第二个阶段，容易发现，该游戏的最后 1 期博弈，实际上与最后通牒博弈非常类似，即参与人 1 将获得（剩余）分配资源的绝大部分份额——接近 1/3 个蛋糕，参与人 2 的份额 z 则接近于 0。

正如你所料想到的，在博弈的第二回合（如果有的话），参与人 2 知道自己的方案一旦被参与人 1 拒绝，最终自己的得益将趋近于 0，而对方的得益将接近于 1/3 个蛋糕。因此，对于自己提出方案时还剩下的 2/3 个蛋糕，选择平均分配是自己最优的决策。也就是说，在博弈的第 2 期，参与人 2 的最优决策给自己和对手带来的得益都将是 1/3 个蛋糕。

再退一步，我们"回到"博弈的第 1 期。根据"向前展望，向后推理"，参与人 1 清楚，此时只要自己分配给参与人 2 的蛋糕不少于 1/3（或者说分配给自己的蛋糕不超过 2/3），对方就会接受自己的方案。相反，方案则会被参与人 2 拒绝，而自己在此后最多将获得 1/3 个蛋糕。

与参与人 1 和参与人 2 一样，我们清楚，博弈的均衡结果是：参与人 1 提出的分配方案是（2/3，1/3），参与人 2 则选择"接受"。在这个分蛋糕博弈中，我们发现参与人 1 的得益是参与人 2 的两倍。

不同于最后通牒博弈，这里的均衡结果告诉我们：与谈判程序一样，时间成本也会对讨价还价结果产生影响。

10.3.3　无限期的讨价还价

分蛋糕游戏让我们对讨价还价及其影响因素的认识更进了一步。

不过，作为一个简化版本，分蛋糕游戏的不足也是显而易见的：一是假设讨价还价的回合仅为 3 期（虽然较最后通牒博弈已有明显改进）；二是假设讨价还价的时间成本具有客观属性，即参与人的时间成本是完全相同的。

一般性或标准化的版本，则源于 1982 年鲁宾斯坦的杰出工作。

一方面，鲁宾斯坦假设谈判程序是无限期界的。鲁宾斯坦提出了一个谈判程序的标准化版本——轮流出价模型，即参与人 1 和参与人 2 轮流出价，直到协议达成。比如第 1 期，由参与人 1 先出价，对此"讨价"参与人 2 可以接受，也可以拒绝。如果参与人 2 选择接受，则博弈结束；如果参与人 2 选择拒绝，则谈判进入第 2 期。第 2 期，则轮到参与人 2 出价（偶数期参与人 2 为提议者），对此"还价"参与人 1 可以选择接受，也可以选择拒绝。如果参与人 1 选择接受，则谈判结束；如果参与人 1 选择拒绝，则谈判进入第 3 轮……依此类推，直到一个参与人的出价为另一个参与人所接受。

另一方面，鲁宾斯坦假设待分配的利益——被标准化的那块"蛋糕"或"饼"本身的货币价值不会随时间流逝而减少。相反，"时间就是金钱"——讨价还价的时间成本主要表现为参与人对未来的态度或时间偏好，即参与人认为现在比未来更重要，偏好较早一点达成协议。当然，参与人 1 和参与人 2 的时间偏好可能并不相同，即两人的贴现因子可能是不同的，因而分别记为 δ_1、δ_2（$0<\delta_1<1$，$0<\delta_2<1$）。

在新的假设之下，讨价还价的结果会如何？

由于博弈是无限期界的——无法确知博弈的最后一个阶段在哪里，因此，对于博弈的均衡结果，我们不能用逆向归纳法来推导。不过，依然有一个简便的方法，可以让我们对均衡结果有一个直观的认识。因为，对参与人来说，其最优应对或最优策略仅涉及两方面的内容：一是如何报价；二是如何应价——如何回应对手的报价。

先看参与人 1 如何报价。

假设对参与人 1 来说，其最优策略是，轮到自己报价时总是提出自己的份额为 x（留给对手的份额为 $1-x$）。类似地，对于参与人 2 来说，他的最优策略是，轮到自己报价时总是主张自己的份额为 y（留给对手的份额为 $1-y$）。

对参与人 1 来说，自己的报价（留给对手的份额 $1-x$）要想为对手所接受，那么，这一报价对参与人 2 来说，至少要与下一期他为自己所主张的份额 y 是等价的，否则参与人 2 可以在当期选择拒绝，并在下一期主张得到份额 y。我们知道，对参与人 2 来说，下一期的 y 与当期的 $\delta_2 y$ 是等价的。因此，参与人 1 的最优报价意味着：

$$1-x=\delta_2 y \tag{10-1}$$

再看参与人 1 如何应价。

当参与人 2 率先出价时，他为自己主张的份额为 y，对参与人 1 的报价为 $1-y$。对参与人 1 来说，选择接受的前提条件是，当期自己收到的报价 $1-y$ 与下一期自己主张的份额 x 至少一样好，否则选择拒绝会更合意一些。同样地，我们知道，对参与人 1 来说，下一期的 x 与当期的 $\delta_1 x$ 是等价的。因此，参与人 1 的最优应价意味着：

$$1-y=\delta_1 x \tag{10-2}$$

基于式（10-1）和式（10-2），可以得到一对"对称"的解，即：

$$x=\frac{1-\delta_2}{1-\delta_1\delta_2} \tag{10-3}$$

$$y=\frac{1-\delta_1}{1-\delta_1\delta_2} \tag{10-4}$$

式（10-3）和式（10-4）告诉我们，参与人 i（$i=1$ 或 2，且 $i\neq j$）的最优策略是：自己报价时，总是提出自己的份额为 $\dfrac{1-\delta_j}{1-\delta_i\delta_j}$，提供给另一个参与人 j 的份额为 $1-\dfrac{1-\delta_j}{1-\delta_i\delta_j}=\dfrac{\delta_j(1-\delta_i)}{1-\delta_i\delta_j}$；对手报价时，分配给自己的份额如果大于或等于 $\dfrac{\delta_i(1-\delta_j)}{1-\delta_i\delta_j}$ 则选择接受，小于该份额则选择拒绝。

参与人各自的最优策略，共同决定了博弈的精炼均衡。

根据参与人 i 的最优策略以及前面参与人 1 是先行者的假设，可以得到以下 3 个结论。

（1）协议即时达成

"时间就是金钱"，在完全信息的假设下，鲁宾斯坦的轮流出价模型预示着，"无限期界"的讨价还价会在一个回合之后就迅速结束。第 1 期，根据自己的最优策略，参与人 1 提出报价或分配方案 $\left(\dfrac{1-\delta_2}{1-\delta_1\delta_2},\dfrac{\delta_2(1-\delta_1)}{1-\delta_1\delta_2}\right)$。看到这一报价，同样遵从自己最优策略的参与人 2 选择接受这一方案，虽然无限次的出价和还价是可行或可选的。

（2）先发占有优势

位置互换，如果参与人 2 是先行者，那么他将提议的分配方案为 $\left(\dfrac{1-\delta_1}{1-\delta_1\delta_2},\dfrac{\delta_1(1-\delta_2)}{1-\delta_1\delta_2}\right)$。

与前面的情形相似，根据自己的最优策略，参与人 1 会选择接受。对参与人 2 来说，参与人 1 先行动时自己分配到的 $\dfrac{\delta_2(1-\delta_1)}{1-\delta_1\delta_2}$ 要小于自己先行动时会获得的 $\dfrac{1-\delta_1}{1-\delta_1\delta_2}$ （因为 $0<\delta_2<1$）。类似地，这一结论对参与人 1 也一样成立：参与人 1 自己先行动时会获得 $\dfrac{1-\delta_2}{1-\delta_1\delta_2}$，对手先行动时则分配到 $\dfrac{\delta_1(1-\delta_2)}{1-\delta_1\delta_2}$，前者大于后者（因为 $0<\delta_1<1$）。

（3）"耐心"自有回报

"耐心"自有回报的意思是说，相对更有"耐心"的参与人将会获得更多份额。

作为参照，先看参与人"耐心"相同的情形，即有 $\delta_1=\delta_2=\delta$。依然假设参与人 1 先行动，则可知参与人 1 与参与人 2 的得益之比为 $\dfrac{1-\delta_2}{1-\delta_1\delta_2}:\dfrac{\delta_2(1-\delta_1)}{1-\delta_1\delta_2}=1:\delta$，因为先行者拥有先发优势且 $0<\delta<1$。当 δ 接近 1 时，二者的得益大致相当。

相反，如果 $\delta_1\neq\delta_2$，则参与人 1 与参与人 2 的得益之比变为 $[(1-\delta_2)]:[\delta_2(1-\delta_1)]$，即讨价还价中参与人获得的"饼"的份额取决于彼此的相对"耐心"，取决于他们相对的时间成本。举例来说，假设两人都比较有"耐心"，贴现因子都接近于 1，如 $\delta_1=0.96$、$\delta_2=0.98$，容易计算得到 $\dfrac{1-\delta_2}{1-\delta_1\delta_2}=0.338$、$\dfrac{\delta_2(1-\delta_1)}{1-\delta_1\delta_2}=0.662$，相对更有"耐心"的参与人 2 获得的"饼"接近 2/3，差不多是参与人 1 所得份额的两倍，虽然后者拥有先发优势。

10.3.4　体育赞助的利益分配

式（10-3）和式（10-4）可能会让人产生误会——以为讨价还价结果的影响因素仅有谈判程序和不对等的时间成本。

事实并非如此。

回到图 10-2，曼联的球衣胸前广告赞助至少是传统 big6 之外其他 14 支球队的 6 倍以上——与莱斯特城的差距更是高达 16 倍之多。对于体育世界的这一常见现象，仅用谈判程序以及不对等的时间成本肯定是难以完全解释的。

实际上，式（10-3）和式（10-4）显示的，是参与人得到的"饼"的份额或比重。

至于"饼"的大小，除与谈判程序、时间成本相关外，还与讨价还价的另外两个基本要素——不同意点与谈判集息息相关。

谈判集告诉我们的是"饼"有多大，"饼"的价值为 $V-v_i-v_j$，实际上就是参与人合作的净收益或总剩余。

假设体育组织 i 是先行者，由鲁宾斯坦的分析容易知道，它从讨价还价博弈中获得的净收益或得益为收益 V_i 减去机会成本 v_i，即：

$$V_i-v_i=\frac{1-\delta_j}{1-\delta_i\delta_j}(V-v_i-v_j) \tag{10-5}$$

作为讨价还价博弈的先行者，体育组织 i 在博弈中获得的收益为：

$$V_i=v_i+\frac{1-\delta_j}{1-\delta_i\delta_j}(V-v_i-v_j) \tag{10-6}$$

基于式（10-6），对于体育赞助相关的利益分配问题，我们可以得出一个重要结论：参与人的议价能力是决定讨价还价结果最关键的因素。

所谓议价能力（bargaining power），是指在与他人的谈判中，一方所拥有的相对力量。

正如前面的模型以及例子所显示的，博弈规则（主要涉及谈判程序）与谈判未能达成协议所带来的成本，正是参与人议价能力最为关键的决定因素。在博弈规则给定的情形下，如果未能达成协议给某一方带来的成本更小，那么此方就拥有更强的议价能力。比如尤伯罗斯与柯达公司代表的谈判破裂，原因之一可能在于后者高估了前者未能达成协议的成本，或者说高估了自己的议价能力。相反，由于可口可乐公司知道尤伯罗斯还要赶回去与百事可乐的代表谈判，清楚自己的议价能力非常有限，因此在谈判中选择妥协，同意让对方拿走更大份额的"饼"。

式（10-6）能让我们更好地理解参与人的议价能力，尤其是谈判未能达成协议所带来的成本；能让我们更清楚地知道，体育赞助的利益分配除博弈规则之外，主要受以下因素影响。

（1）合作总收益

合作总收益 V 决定着体育组织赞助收益的上限。相比于英超的其他球队，曼联之所以能够得到巨额的赞助收益，根本原因在于其体育资产蕴含更高的（潜在）市场价值。虽然位置都是一样的，都是球衣胸前规定的位置，但在球队运营、（历史）成绩以及球迷规模、赛事转播场数、媒体报道频次、大众关注程度等众多因素的作用之下，"类似的"体育赞助标的物所代表的权益往往不尽相同，有时甚至有天壤之别。

（2）时间成本或"耐心"

相对的时间成本或"耐心"与谈判程序一起，共同决定了参与人分到的"饼"的份额，因而也影响着讨价还价的具体收益。正如式（10-3）和式（10-4）以及式（10-6）所显示的，相比于赞助商 j 的贴现因子 δ_j，体育组织 i 的贴现因子 δ_i 的值越大，其分得的"饼"就会越多、收益也会越高。

当然，需要注意的是，"耐心"本质上取决于参与人的心理和经济承受能力。俗话说，"家中有粮，心里不慌"，对一家实力雄厚的俱乐部来说，某个赞助协议的小幅延迟可能根本就不是问题。而对一家财务吃紧的俱乐部来说，赞助协议延迟的代价，就像压倒骆驼的最后一根稻草，异常沉重。

（3）外部机会

式（10-6）显示，体育组织 i 的外部机会越好，即 v_i 的值越大，其获得的赞助收益将会越高。在合作数年之后，利物浦选择与新百伦分道扬镳，不是因为以前的合作有什么嫌隙，而是因为赞助出现了新问题——利物浦有了更好的外部机会。这一外部机会带来的潜在收益甚至超过了继续合作所能产生的总收益，分道扬镳自然也就无法避免。

外部机会的影响是举足轻重的，因此，在《妙趣横生博弈论》中，迪克西特和奈尔伯夫特别提醒我们，一旦一名策略谈判者发现，外部机会越好，他能从讨价还价中得到的份额也越大，他就会寻找策略做法以改善他的外部机会。甚至当他做出一个承诺或威胁导致双方的外部机会同时受到损害时，他还是可以从讨价还价中得到更好的结果——前提是相比之下其对手的外部机会受到更严重的损害。

相应地，正如北美四大职业联盟不时上演的罢工或停摆所展示的，参与人的最低要价或"底线"——v_i 和 v_j 经常是一种（可变的）私人信息，因而进一步学习和思考相关的"策略做法"无疑是有趣且有益的。

思考与讨论

1. 假设 NHL 的守门员们决定脱离美国国家冰球联盟球员协会 NHLPA 并建立自己的工会，职业联盟及球队业主会欢迎这一变化还是会试图与之斗争，为什么？

2. 假设来自其他国家的球员数量急剧增加，那么这会对 MLBPA 在劳资集体协议谈判中的议价能力产生什么影响？

3. 假设球员只为两件事讨价还价，即工资和退休福利。用无差异曲线说明，球员的偏好越多样，球员就越难达成一致。

4. 假设球员工会采取一种既争取工资又争取退休福利的谈判策略，那么这将对它的议价能力产生怎样的影响？

5. 如果对工资达成一致意见后，职业联盟的市场需求下降了，那么这对职业联盟及球队业主将产生什么样的影响？对于这一变化，你有什么应对建议？

6. 如果在 10.3.2 节三回合的讨价还价中，参与人 2 在第一回合不知为何拒绝了参与人 1 提出的分配方案，那么你预期在讨价还价的第二回合会发生什么？

7. 如果 10.3.2 节的讨价还价是四回合的，即每经历一个回合的讨价还价，蛋糕都将融化 1/4，那么这一博弈的扩展式及结果会是什么样的，与三回合的讨价还价相比有什么不同？

第 11 讲

职业联盟与制度安排

"制度很关键"，职业联盟的成功或失败、崛起或衰落都可以为此提供丰富的证据。在本讲，我们讨论的问题主要有：①作为常见的两种联盟类型，北美联盟与欧洲联盟有哪些不同？②联系反垄断（有限）豁免，职业联盟有哪些基本职责？③针对竞争平衡，职业联盟有什么样的制度安排？

教学目标

通过学习，了解职业联盟的发展沿革与基本类型；认识职业联盟的 3 层经济含义和 3 项基本职责；理解竞争平衡的主要制度安排及常见的测度方法。

教学要求

章节安排	主要内容	知识要点
11.1 职业联盟不一样	职业联盟的发展沿革与基本类型	职业联盟、封闭型职业联盟、开放型职业联盟
11.2 职业联盟的表与里	职业联盟的经济含义和基本职责	联合生产体、自治组织、特殊的卡特尔、反垄断（有限）豁免
11.3 竞争平衡与制度安排	竞争平衡的制度安排及测度方法	逆序选秀、工资帽、奢侈税、收益分享、竞争平衡的静态测度和动态测度

引言："制度很关键"

制度很关键，帕拉西奥-胡尔塔的《梅西会射向哪一边》的点球案例是最好的论证之一。

类似于点球程序要求机会均等，在 NFL 的罗泽尔看来，职业联盟运营的最好情形就是在任何一个星期天，任何一支球队都有可能赢得比赛。

此言非虚，我们知道，竞赛表演服务是"特殊"的：一方面消费者偏好结果不确定，另一方面生产就是对抗和竞争。由于市场会奖励成功者，惩罚失败者，因此职业联盟生来就是一个矛盾体，需要内部或外部干预，才能实现一定的竞争平衡。

如何保证竞争平衡？

围绕这一问题，本讲针对北美联盟和欧洲联盟两个典型样本，简要回顾了它们的发展沿革，介绍了职业联盟的基本职责和制度安排，以及竞争平衡的相关测度方法。当然，本讲的讨论是开放式的，如制度安排中的结果正义或程序正义及竞争平衡的最优权衡取舍等问题，无疑值得我们进一步思考、探索。

11.1　职业联盟不一样

11.1.1　从业余走向职业

18 世纪，以蒸汽机为标志的工业革命开始引领人类走向现代文明。

工业革命开创了机器代替手工的新时代，越来越多的人从无休无止的劳动中解放了出来，现代体育也因此获得了萌芽和成长的肥沃土壤。

工业革命发生之时，马匹，尤其是纯种马，依旧是身份和地位的象征。1750 年，在英格兰东部的纽马克特，一些贵族捐资成立了赛马俱乐部，史上第一家（业余）体育俱乐部也因此诞生。当时，赛马俱乐部主要是上流社会进行业余消遣和举办社交沙龙之地。不过，这些俱乐部精心组织的赛马比赛在平民间也广受欢迎。

与赛马一样，板球也被誉为贵族运动，亨利八世曾称板球为"国王的运动"。1750 年，在英格兰东南部的汉普郡成立了史上第一支板球俱乐部——翰伯顿板球俱乐部。1787 年，该俱乐部迁到伦敦的罗德板球场，更名为玛丽勒本板球俱乐部。1814 年，罗德板球场迁至伦敦西北部的圣约翰伍德，并发展为今天世界板球运动的中心。

英国的板球发展，也间接地推动了现代足球的崛起。

1857 年，为了让板球运动员在寒冷的冬季保持体能，克雷齐克和普雷斯特在温室大棚里创建了史上第一家足球俱乐部——谢菲尔德足球俱乐部，并制定了与剑桥规则齐名的谢菲尔德规则。1862 年，谢菲尔德市拥有的足球俱乐部多达 15 家。

1863 年，伦敦地区的 11 家俱乐部代表齐聚弗里梅森酒店，正式组建英格兰足球总会，并编制和出版了第一套足球通用规则，从而宣告了现代足球的诞生。

越过英吉利海峡，英伦三岛的"春风"一路吹向欧洲大陆。

比如登山运动。1857 年，伦敦的 11 名绅士组建了阿尔卑斯俱乐部。由于是史上第一家登山俱乐部，该俱乐部的名字甚至没有加上国家或地域的前缀。1862 年，牧师塞恩追随英国人的脚步，在因斯布鲁克创立了奥地利阿尔卑斯俱乐部。1863 年，地质学家西姆勒在奥尔滕创立了瑞士阿尔卑斯俱乐部。之后，法国、意大利、西班牙、德国等地也相继成立了登山俱乐部。

与欧洲大陆一样，北美体育的英伦痕迹也非常明显。

得益于英式板球的启发，美国人发明了自己的国球——棒球。

棒球的诞生充满了传奇和传闻。其中广为人知的是，1839 年毕业于西点军校的达伯德修订了原有的游戏规则，将这项运动正式定名为 "baseball"。

与达伯德一样，书商兼义务消防员卡特赖特也功不可没。

1845 年，卡特赖特创立了美国第一家棒球俱乐部——纽约尼克巴克俱乐部。不仅如此，卡特赖特还撰写和出版了史上第一套完整的棒球规则——尼克巴克规则，为现代棒球发展奠定了坚实的基础，因而被美国人誉为 "棒球之父"。

1857 年，为了争夺和掌控主导权，纽约地区包括尼克巴克在内的 16 家棒球俱乐部聚在一起，组建了第一个业余体育联盟——美国国家棒球运动员协会（National Association of Base Ball Players，NABBP）。NABBP 的发展异常迅速。1865 年，NABBP 有近 100 家俱乐部注册。1867 年，俱乐部成员超过 400 家，分布地域也从美国的东北部一直延伸至中西部。随着俱乐部数量的增加，各俱乐部之间的竞争日趋激烈，对优秀运动员的追逐不断升级，暗地里为球员支付薪酬的行为也开始蔓延。

相比于英国人的保守，美国人对体育商业化的态度无疑更为热切。

1858 年，美国举办了第一场全明星棒球赛，交战双方分别为纽约与布鲁克林两座城市的联队（当时布鲁克林尚未正式划入纽约）。观众如果想要观看采取三场两胜制的这一系列比赛，就需要为此支付每场 50 美分的门票费用。

1869 年，前尼克巴克俱乐部的球员莱特辗转来到了俄亥俄州，并组建了体育史上第一家职业俱乐部——辛辛那提红袜。当时，球队支付给球员的平均年薪为 930 美元，是普通工人年收入的 5 倍有余。高投入让辛辛那提红袜的竞赛成绩无比辉煌——1869 年整个赛季的成绩为 57 胜 0 负，因而被誉为棒球史上最传奇的球队之一。

榜样的力量是无穷的，之后一部分球队开始效仿辛辛那提红袜，走向职业化。由于一部分是业余球队，一部分是职业球队，因此 NABBP 的内部结构悄悄地发生了改变。随着内部平衡不断受到冲击，NABBP 旗下部分俱乐部及球员的不满情绪也愈演愈烈。

1871 年 3 月 14 日，来自芝加哥、克利夫兰及波士顿等地的俱乐部球员代表齐聚一堂，讨论改组 NABBP。代表们的做法简单直接，他们在 NABBP 的名字中添加了一个词——职业。

就这样，体育史上第一个职业联盟——美国国家职业棒球运动员协会（National Association of Professional Base Ball Players，NAPBBP）诞生了。

11.1.2　北美、欧洲两个样

2019 年，NBA 布鲁克林篮网老板普罗霍洛夫宣布，将球队 51%的股权以及主场巴克莱中心的所有权，出售给阿里巴巴联合创始人蔡崇信。加上此前购得的股份，蔡崇信成了第一个在 NBA 独立拥有球队的华人。

作为一名加拿大籍华人，蔡崇信成功收购布鲁克林篮网，让他的名字像姚明效力过的休斯顿火箭的前老板亚历山大，王治郅效力过的达拉斯小牛（现中文名为达拉斯独行侠）的老板库班，以及洛杉矶湖人背后的巴斯家族一样，被中国数以亿计的篮球迷所熟知。

蔡崇信应该感到骄傲，因为，成为北美四大职业联盟球队的主人殊为不易。

大西洋的东侧，却是另外一番景象。

在西班牙，万达集团曾拿下马德里竞技 20%的股份，星辉互动娱乐握有西班牙人。在意大利，中欧体育投资公司收购过 AC 米兰，苏宁集团收购了国际米兰。在法国，中国商人曾以个人名义成为尼斯最大的单一股东，IDG 资本溢价购有里昂控股母公司——奥林匹克里昂集团 20%的股份。在英国，华人文化与中信资本联手收购曼城母公司——城市足球集团 13%的股份，复星集团斥资 4500 万英镑收购狼队 100%的股份，等等。

资本的故事，诉说着"北美、欧洲两个样"。

在体育经济学中，职业联盟被划分为：

① 封闭型职业联盟；

② 开放型职业联盟。

在北美，我们知道，所谓的四大职业联盟——NFL、MLB、NBA 及 NHL，都是封闭型职业联盟。其他如澳大利亚橄榄球联盟、墨西哥棒球联盟、日本职业棒球联盟等，也都属于这一类型。

以北美为代表的封闭型职业联盟（closed league），既然有"封闭"之名，进入联盟自然是困难重重。以北美四大职业联盟为例，想要获得其特许经营权，不仅需要获得多数在位球队业主或老板的投票同意，还经常需要缴纳高额的准入费。比如全球最成功的职业联盟 NFL（2019 赛季该联盟的总收入为 152.6 亿美元），想要成为 NFL 的球队老板，除了需要拥有巨额资产（尤其是流动资产），还要能够被现有的球队老板们所接受——新成员加入NFL 需要至少得到联盟 32 支球队中的四分之三的业主（老板）同意。

纵观全球，与北美四大职业联盟并驾齐驱的，可能只有欧洲五大足球联赛，尽管欧洲篮球联赛、西班牙职业篮球甲级联赛、英格兰橄榄球超级联赛及法国 Top14 橄榄球联赛等的影响也不可小觑。

以欧洲为代表的开放型职业联盟（open league），虽然有着"开放"的名头，但是它们筑起的进入壁垒也不低。假如你想拥有一支英超球队，方法无非两个：一是直接购买（通过一定的资质审查）；二是购买一支英冠球队，并让它获得升级。显然，无论哪个方法都不容易，即使你拥有足够的财力。

"封闭"与"开放"之间的差异当然不仅是字面上的。实际上，无论是成员俱乐部的"个人"目标，还是联盟的运营方式（既涉及产品市场，也指向劳务市场），二者之间都存在显著差异。这里想要强调的是，区分和识别这些差异，能帮助我们更好地理解职业联盟。

为此，我们将二者的不同简要地展示于表 11-1 中。

表 11-1　职业联盟的基本类型及差异

组织与市场		封闭型职业联盟	开放型职业联盟
组织构架	联盟组织	非科层制（不从属本国专项体育协会）	科层制（一定程度从属本国专项体育协会）
	联盟稳定性	较强（联盟可能分裂、重组或合并）	强（所有联盟隶属同一固定等级结构）
	联盟间竞争	弱（产品具有异质性）	较强（产品具有一定的同质性）
	俱乐部进入	壁垒森严（无升降级制）	等级森严（有升降级制）
	俱乐部竞争	弱（有主场区域制）	较强（无主场区域制）
	俱乐部目标	利润最大化	胜率最大化（或效用最大化）
产品市场	赛事转播	整体售卖	整体售卖
	特许商品	集体销售	独立销售
	收益分享	有门票收入分享制，有奖金池分享制	无门票收入分享制，有奖金池分享制(少量)
要素市场	劳务市场	球员流动性低（现金交易受限），球员薪资集体谈判（与工会）	球员流动性高（现金交易不受限），球员薪资个体谈判
	资本市场	禁止俱乐部上市	俱乐部上市不受限
典型代表		北美四大职业联盟	欧洲五大足球联赛

当然，职业联盟在不断成长，不同类型职业联盟之间的差异也会发生变化。比如在私有制的浪潮之下，对于开放型职业联盟胜率最大化或效用最大化的假设，学术界有不同声音，有些学者认为英超和意甲等职业联盟与北美的职业联盟并无本质区别，它们的目标都是追求利润最大化。

11.2　职业联盟的表与里

11.2.1　职业联盟是什么

了解职业联盟的发展历程及类型之后，我们再来看体育经济学的重要问题之一：
职业联盟是什么？

正如第 5 讲图 5-3 所展示的，以职业联盟和俱乐部为代表的竞赛表演服务产业，是体育产业健康发展的龙头，是体育经济持续增长的引擎。由于职业联盟承担的角色不可替代，因此学术界对于职业联盟是什么的讨论几乎不曾停止过。

在"职业体育联盟的经济学分析"中，郑芳把学术界的观点大致归纳为以下 3 种。

其一，有的学者认为，职业体育最基本的生产单位是职业联盟，而不是职业俱乐部，所以主张把职业联盟看作单一实体。

其二，有的学者认为，现实中的职业俱乐部一般都具有很强的独立性，简单地把它们看作职业联盟下属的分支机构有些名不副实，因而主张把职业联盟看作合资企业。

其三，越来越多的学者认为，无论是单一实体还是合资企业，认识都主要停留在法律层面，因而更应该从经济层面的本质特征去把握和刻画职业联盟，即主张把职业联盟看作卡特尔。

3 种观点各有侧重。与其争论孰长孰短、孰优孰劣，不如兼容并包，把主流观点与现实观察结合起来，我们倾向于推荐：

职业体育联盟或**职业联盟**（professional sports league），是指由多个职业俱乐部联合组建，通过一系列制度安排以促进各俱乐部竞争平衡，从而实现整体利益最大化的一种经济组织。

之所以在诸多讨论之后郑重推荐这一定义，是因为这一定义所包含的以下 3 层含义能帮助我们更深刻地认识和理解职业联盟。

（1）职业联盟是一个联合生产体

"一个巴掌拍不响"，常识告诉我们，如果仅有一支球队，竞赛表演服务显然无法完成。也就是说，要想在市场上向球迷提供竞赛表演服务，就需要有两支或两支以上的球队进行联合生产。

不仅如此，为了吸引更多的球迷，竞赛表演服务最好是由彼此独立的球队联合提供。与电视真人秀不同，假球、默契球总是为球迷所厌恶和唾弃，竞赛表演的本质要求是"真"，或者说是一场"真"的真人秀。如果是"你死我活"式的，典型的如重量级职业拳击赛，那就再好不过了。本质要求是"真"，因而各俱乐部自然是彼此独立的好，即一般要求职业联盟的基本单位——职业俱乐部皆为独立实体。

（2）职业联盟是一个自治组织

俱乐部的生存，有赖于赛事常态化、运营正规化。相比于其他产品，尽管生产方式较为特殊，但竞赛表演服务涉及的生产问题与其他产品基本类似，即除为谁生产与谁做决策外，主要涉及生产什么，生产多少，怎样生产，以及何时生产。不同的是，由于是独立实体之间的（反向）联合生产，各俱乐部之间要想达成共识，相对来说更复杂一些，需要成立专门机构来组织生产运营、协调成员行动。

为了追求整体利益最大化，职业联盟本质上要求"我的地盘我做主"，或者说，"我们的地盘我们做主"。对于外界（尤其是国内的专项体育协会）的干预或监管，职业联盟通常是拒绝的。在北美，专项体育协会一般都比较弱势，甚至要看职业联盟的脸色行事；在欧洲，专项体育协会的权利也极为有限，很少能或很少会直接干预职业联盟的日常运营。

（3）职业联盟是特殊的卡特尔

早在 1956 年，罗滕伯格就明确地指出，棒球联盟是一个串谋联合体。1969 年，在"北美职业冰球联盟经济学"中，琼斯的实证结论更是一针见血，即俱乐部结合在一起，组成联盟，根本就不是因为"爱"——"爱"体育或"爱"球迷，相反，它们纯粹是为了追求利润最大化。在此之后，随着北美体育实践及学术研究的深入，"职业联盟是卡特尔"也逐渐成了学术界的一种主流观点。

这里，我们更愿意说，职业联盟是一种特殊的卡特尔。

这样强调的理由主要有两个。

一是正如前面表 11-1 所显示的，俱乐部的目标可能是利润最大化，也可能是胜率或效用最大化；二是正如后面 11.2.3 节将要讨论的，在一定程度上，各俱乐部之间的"串谋"为各国法律所许可或默认。

11.2.2　职业联盟的基本职责

清楚了职业联盟是什么，我们需要思考和回答：

职业联盟如何实现整体利益最大化？

正如第 8 讲提到的，所有的合作及合作协议一般会涉及两个问题：一是如何把"饼"做大，二是如何分割（做大了的）"饼"。围绕这两个关系密切的问题，或者，更准确地说，围绕联合生产、产品售卖、收益分享，以及为自己营造良好的营商环境，各俱乐部需要达成共识。

既要达成共识，还要分得更多的"饼"，可以想象，这不会是一件轻松容易的事。类似于合作博弈所考虑的情形，职业联盟定义中的"整体利益"对俱乐部来说，是共同但又不完全一致的利益。为此，即使职业联盟组建好了，依然需要考虑成员俱乐部可能会出尔反尔、撕毁协议，可能会再次讨价还价，甚至可能会脱离联盟、另立山头。

在经济学家看来，企业就是一种制度安排，即基于一系列契约把员工与其他生产要素组织在一起，通过分工合作、生产产品以创造价值、获取收益的一种制度安排。与此类似，职业联盟也可以看作一种制度安排，即使它追求的不是利润最大化——目标有可能是胜率或效用最大化。

职业联盟的制度安排主要涉及两个方面，即组织结构和运营管理。

比如 1992 年创立的英超，其组织结构就极具代表性。

其一，该联盟是一个独立法人，由缩编后的 20 家成员俱乐部全资均等拥有。

其二，股东大会为该联盟最高权力机关，不仅在赛季中会定期召开，而且赛季后还会举行年度大会，每家成员俱乐部可派两名代表出席大会（但只有一名代表拥有投票权），所有重大决议，如规则变更、重大商业合同签署等，都需要得到至少 2/3 的投票支持，即 14 家及 14 家以上成员俱乐部的同意。

其三，董事会由股东大会选举产生，包括一名董事会主席、一名首席执行官，以及数名董事（包括非执行董事）。董事会依托英超联赛规则——联盟与会员俱乐部及会员俱乐部之间的合作协议，组建和领导相应的机构或部门负责联盟的组织管理和日常运营。

容易发现，英超在组织结构上与一般的股份公司并无本质不同。

接下来，让我们看看运营管理。

围绕"整体利益最大化"，北美联盟与欧洲联盟在运营管理方面的制度安排或基本职责，几乎如出一辙。

如图 11-1 所示，职业联盟的运营管理主要涉及以下 3 个方面：

① 组织生产运营；
② 确保竞争平衡；
③ 维护联盟垄断。

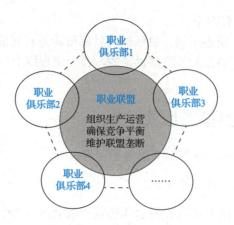

图 11-1　职业联盟的运营管理

这里，我们主要关注第一个方面。

联盟的生产运营涉及的主要是产品的生产和售卖。

其中，对于产品生产——生产什么，生产多少，怎样生产，以及何时生产，通过查看各职业联盟的章程和（比赛）规则，以及每个赛季的赛程安排和转播计划，我们就会有一个大致的了解。需要注意的是，相比于一般企业，职业联盟的联合生产更强调"竞争"，相关的制度安排——无论是北美的季后赛还是欧洲的升降级制，都在试图激励赛场上的"厮杀"。

相比于生产，产品售卖的制度安排则更强调"合作"。产品售卖，包括竞赛表演服务以及相关衍生产品（场内广告、球衣赞助、球场冠名等）的售卖，既涉及如何把"饼"做大，也涉及如何分割（做大了的）"饼"。事关得失、利害攸关，因此，各职业联盟的章程和规则一般都会对此做出明文规定。比如 NBA 的赛事版权销售，就规定跨国和全国性转播的营销权利由联盟掌管，地区性转播的营销权利则为球队独有。又比如欧洲五大足球联赛的球衣赞助，职业联盟仅对其广告位置及大小做出一定的规定，具体的商业开发则由球队自主承担。

11.2.3　反垄断与（有限）豁免

串谋产生垄断，垄断意味着无谓损失，因而一般为各国法律所严令禁止。

但在许多国家职业联盟却是少有的例外。

职业联盟例外的原因较为复杂，而且各国、各地区也不尽相同。在欧洲，主要是因为足球与政治无关；在北美，则直接源于反垄断法的豁免或有限豁免。

豁免的故事，要从美国职业棒球说起。

史上第一个职业联盟 NAPBBP，在成立之后的第五年，由于腐败横行，联盟内实力最强的 6 支球队宣布退出，而分崩离析。

1876 年，退出 NAPBBP 的 6 支强队与联盟外的 2 支球队一起，组建了新的联盟——国家联盟（National League，NL）。经过十余年的努力，NL 不仅站稳了跟脚，还逐渐拥有了一定的市场势力——1894 年，它成功地将球员的最高年薪限定为 2400 美元。不幸的是，对于将 NL 改组为均等权利的托拉斯，各成员球队意见相左、难以调和。

1901 年，脱离 NL 的三支球队与西部联盟一起，组建了一个强劲的新联盟——美国联盟（American League，AL）。初生牛犊不怕虎，"后浪" AL 来势汹汹，其观众总人数不久便超越了 NL，还不断以高薪吸引 NL 球星跳槽。

"两虎相争"不如"以和为贵"，1902 年，这两个联盟召开辛辛那提会议。和平谈判之后，美国职业棒球大联盟（MLB）正式诞生。

对于 MLB 的成立，NL 和 AL 自然是欢呼雀跃的，但它们现实或潜在的竞争对手却如坐针毡。

1915 年，竞争对手之一——联邦联盟将 MLB 告上了法院。为了胜诉，联邦联盟将起诉书递交给了伊利诺伊北区联邦地区法院的法官——兰迪斯。做这样的选择是因为兰迪斯素以反垄断而著称。遗憾的是，联邦联盟的"算计"忽略了一件事——兰迪斯是一名狂热的棒球迷。法庭上，兰迪斯不仅警告原告律师对棒球运动的攻击就是对国家机关的攻击，还在听取庭辩之后长达一年的时间里拒绝作出判决。

一年的时间，MLB 当然不会浪费。它们的方法可以说是既简单又粗暴：通过与联邦联盟多个球队的业主签订并购协议，MLB 将竞争对手拆得七零八落，原告也因此"死亡"了。

但是 MLB 也埋下了隐患。MLB 曾向联邦联盟的巴尔的摩水龟表达了并购意向。不过，由于最终报价相对偏低——仅为 7.5 万美元，因而被水龟断然拒绝。反过来，MLB 也拒绝了水龟以大联盟俱乐部的身份加入 NL 或 AL 的申请。

感到羞辱的水龟，一举将 MLB 告上了法院。

与联邦联盟一样，水龟对抗 MLB 的武器也是《谢尔曼反托拉斯法》（以下简称谢尔曼法）。由美国国会于 1890 年颁布的谢尔曼法，是人类历史上的第一部反垄断法，总共包括 8 条条款。其中，最重要的有 2 条：第一条规定，任何契约、托拉斯形式或其他形式的联合、共谋，用来限制各州之间或与外国的贸易或商业，均为非法；第二条规定，任何人垄断、企图垄断或与他人联合或共谋垄断各州之间或与外国的贸易或商业，均为严重犯罪。

原告被告针锋相对、势同水火，几个回合之后，官司打到了最高法院，因此，便有了体育史上最著名的诉讼案件之一——巴尔的摩诉 NL 案。

结局显然无须猜测——最高法院一致裁定，联邦反垄断法不适用于棒球。

理由则让人大跌眼镜。在最终的结案陈词中，法官给出的解释是：其一，棒球比赛是一场公开展览演出，并非商业活动，尽管它对外售卖门票、对内支付球员薪酬；其二，棒球比赛是纯粹的州内事务，一场比赛仅在一地进行——在此地开始，亦在此地结束，尽管参赛球队来自不同的城市或不同的州。

"反垄断，棒球是例外"，MLB 长期享受着联邦反垄断法的绝对豁免。

没有时间限制，没有政府监督，无论是产品市场的价格歧视，还是劳务市场的自由限制，追求利润最大化的 MLB 及其业主们，几乎可以随心所欲、为所欲为。

豁免带来的丰厚"红利"让其他联盟垂涎欲滴。尽管棒球豁免的理由非常牵强，甚至难以自圆其说，但遗憾的是，在后来的诉讼中，有意或无意的，这种豁免并没有进一步扩展到其他体育项目。不过，其他职业联盟，如 NFL、NBA、NHL 等，事实上也沾了光，因为在很长一段时间里，限制运动员自由的各种制度都难以撼动。

1961 年，NFL 前总裁罗泽尔通过组织具有强大政治背景的游说团，成功说服美国国会通过了体育广播法。体育广播法规定，任何有组织的体育联合会（包括橄榄球、篮球和冰球等职业联盟）签订的赛事转播协议、合并协议等，都不适用联邦反垄断法。

就这样，其他职业联盟也名正言顺地获得了一定的有限豁免。

11.3 竞争平衡与制度安排

11.3.1 俱乐部竞争需要平衡

1869 年成立的辛辛那提红袜，第一个赛季风光无限，但在第二个赛季结束后便因亏损严重而宣布解散。历史最悠久的职业联盟 NL，经过 20 多年的努力，球队数量才较为稳定。20 世纪 90 年代，正是由于足球俱乐部普遍入不敷出、运营困难，欧洲大陆才掀起了公司化改制风潮，火爆的英超也因此得以诞生。

职业联盟或俱乐部各有各的不幸，但有一点是相同的——联盟的竞争平衡出了问题。

在学术界，几乎所有的体育经济学家都会强调，对职业联盟及其治理来说，竞争平衡异常关键、至关重要。

竞争平衡为什么重要？

简单来说，是因为竞赛表演服务"与众不同"。

我们一直强调，竞赛表演服务是特殊的，即竞赛表演服务具有双重特殊性——在供给上，它由多个俱乐部反向联合生产；在需求上，它的众多的消费者偏好结果不确定。二者结合在一起，注定职业联盟生来就是一个矛盾体，天生就带有不稳定的基因。

正如第 1 讲所指出的，竞争平衡与以下两个因素密不可分。

一是结果不确定；

二是反向联合生产。

不同于一般产品，竞赛表演服务的生产"车间"是赛场。赛场如战场、比赛即竞争，本质上，竞赛表演服务的生产过程就是一个相互竞争的过程。也就是说，在联盟的联合生产中，俱乐部与俱乐部之间首先是一种竞争关系——互相对抗、相互竞争，以决出谁胜谁负。

赛场上，很多时候，即使是获得了亚军，也很少会看到球员们振臂高呼、欣喜若狂。因为对球员来说，在诸多失败者之中，亚军不过是"最大的失败者"而已。

赛场外，经济学的金科玉律之一是，市场奖励成功者，惩罚失败者。

场内场外合在一起，"自由"比赛的最后结果将会是：获胜，必定名利双收；失利，多半竹篮打水一场空。如果没有一定的制度安排，极有可能会出现一种极端情形——赢家通吃。

退一步讲，即使不考虑极端情形，相比于输家，得到奖励的赢家一般更有能力增强自己的竞争实力。此时，职业联盟"先天"的不稳定基因就会彰显它的破坏力。在之后的比赛中，面对曾经的手下败将们，它自然也就更有可能再次获得胜利。

在竞赛表演服务的另一端——需求侧，是众多的体育消费者偏好结果不确定。

除了铁杆球迷，大部分球迷心目中的高品质竞赛表演服务，应该是"棋逢对手、将遇良才"式的激烈竞争。对职业联盟来说，比赛竞争越激烈，比赛结果越难预料，就越能吸引观众，赛事也就越具价值。相反，如果比赛竞争一边倒，比赛结果昭然若揭，甚至出现一家独大式的持续垄断，观众及媒体就会感到索然无趣，赛事价值也将大打折扣。

由此，可以总结一下：一方面，消费者偏好结果不确定，为了整体利益最大化，职业联盟需要确保俱乐部实力（大致）旗鼓相当；另一方面，联合生产本身就是一个竞争过程——比赛即竞争，而俱乐部只在乎自己的利益，在市场奖励成功者，惩罚失败者的作用下，马太效应——强者愈强、弱者愈弱，几乎不可避免。

因此，职业联盟生来就是一个矛盾体——竞争将导致俱乐部实力失衡，消费者却偏好势均力敌的竞争。如果听从"命运"的安排，任由不稳定的基因"自由"发展，可以预期，"自我毁灭"不过是时间早晚而已。

所以，我们说，俱乐部竞争需要平衡。

11.3.2　竞争平衡的制度安排

1938 年 6 月，在洋基体育场 7 万多名现场观众的注视之下，路易斯与施梅林携手为全世界奉献了拳坛最负盛名的一场比赛。在战胜了曾战胜自己的强大的施梅林之后，路易斯擦亮了自己"褐色轰炸机"的招牌，并连续 140 个月——11 年零 8 个月独自"霸占"世界冠军头衔，从而成为有史以来最伟大的重量级拳击手之一。

路易斯为拳迷带来了快乐，也为体育经济学家带来了灵感。

1964 年 2 月，在经典论文"职业体育的特有经济学"中，尼尔就以路易斯和施梅林之间的对决——他所谓的"路易斯-施梅林悖论"为例，开始了自己的探讨。

在尼尔看来，他们完美地演绎了职业体育的"特有"经济学：一般的企业总是寻求垄断，它们希望最大程度地减少竞争并获得最大利润，但这种情况对重量级拳击手来说却是一场灾难。伟大的胜利需要伟大的对手，路易斯需要施梅林，正如乔丹需要"坏小子军团"，布雷迪需要曼宁，梅西需要 C 罗。正是因为棋逢对手，正是因为结果不确定，比赛才有了悬念，充满了乐趣。

追随尼尔的视线，我们可以看到，所有成功的职业联盟都具有一个共同的特征，"场上是对手，场外是朋友"——球队之间的竞争仅限于竞技场，以及一定范围内对天才球员的争夺；竞技场外，球队的业主们相互视对方为同事，是唇亡齿寒的战友。

需要承认，每个人都有自己的利益。为了解决与生俱来的"矛盾"——场上激烈竞争、场外协同合作，为了避免和限制过度竞争，为了利润或胜率最大化，职业联盟及其球队业主遵循尼尔的建议，精心地设计了一系列规章制度，通过修正自由博弈的策略空间与得益矩阵，确保俱乐部之间的竞争平衡。

环境在变化，联盟在成长，制度也在不断革新。

典型的制度安排，则主要有以下 3 个。

(1) 逆序选秀

2002 年 6 月，姚明成为 NBA 史上第一位外籍"状元"。职业体育中的"选秀"，因而被越来越多的中国球迷了解。选秀只是一个简称，它的全称为逆序选秀（reverse-order draft），即季终排名靠后的球队可以优先挑选新秀球员的一种制度安排。

作为封闭型职业联盟维护竞争平衡的一种特殊制度安排，选秀一般涉及两方面的内容：一是"谁参选"；二是"怎样选"。"谁参选"，或者说"谁有资格申请参选"，相对来说较为简单。职业联盟的目的是择天下英才而用之，因而设定的条件较为宽松。而对于后者——"怎样选"，或者说"球队的选秀顺位如何排定"，起初的规则非常简单，就是以前一年的战绩的倒序作为选秀顺位，战绩最差的球队可以获得状元签。

北美联盟是封闭的，没有升降级制度，因此，需要有相关规定来保持整个体系的"生态平衡"。不过，简单地"扶弱"也有问题，其最大的问题就是球队"摆烂"——向底线赛跑，而不是知耻后勇、努力争胜。为了获得更好的顺位，在赛季过半的时候，就有很多球队开始"摆烂"。对此，北美四大职业联盟进行了一定的修正——引入乐透抽签，即类似于刮彩票，使得排名靠后的球队的"优先"不再是必然，而是赋予其相对较高的概率获得更好的顺位，从而在一定程度上弱化选秀的"养懒汉"效应。

(2) 工资帽和奢侈税

1976 年，在经过一系列斗争之后，非新秀合同的保留条款终于被彻底废除。随着劳务市场自由度的提高，一方面球员的工资水涨船高；另一方面小市场球队的预算因收入相对较低日趋紧张。为此，1984 年，NBA 率先引入了工资帽。

所谓工资帽（salary cap），是指职业联盟为成员俱乐部统一设定的一个工资总额上限。作为一项限制条款，工资帽的内容一般会涉及以下 3 个方面。一是"帽子装什么"，球队可以通过多种方式来安排球员薪资，如基本工资、签字费等，因此，需要明确球员哪个时候，以及哪些部分的收入应该计入特定赛季的工资帽。二是"帽子有多大"，即球队工资总额的上限是多少，如 NBA 的工资帽为联盟下一赛季队均预期篮球相关收入的 44.74%减去预计的球员福利。三是"帽子小了怎么办"，即工资帽是硬的还是软的。

基于"帽子小了怎么办"这一问题，可以将工资帽划分为两类。一类是最简单的形式——硬工资帽。比如在 NFL 和 NHL，工资帽是一条不可逾越的红线，球队工资总额无论如何都不能超过工资帽。另一类是具有一定弹性的软工资帽。比如在 NBA，一旦超过工资帽，球队就不能签约自由球员，除非有各种特例，如伯德特例、中产特例、伤病特例及双年特例等；一旦超过奢侈税线（图 11-2），即队均预期篮球相关收入的 53.51%（如 2022—2023 赛季 NBA 奢侈税的起征点为 1.50 亿美元），球队不仅将受到更多的限制，还必须缴纳罚款——累进的奢侈税。

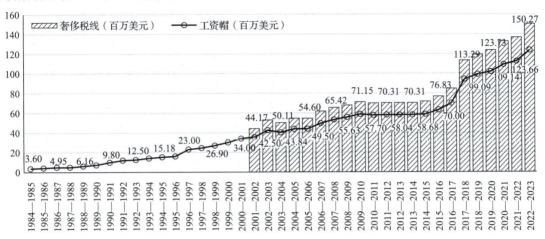

图 11-2　1984—2023 赛季 NBA 工资帽与奢侈税线

数据来源：美国体育网站 RealGM（其中，奢侈税起征时间为 2001—2002 赛季，2001—2002 赛季和 2004—2005 赛季奢侈税的缺失数据根据劳资集体协议及工资帽计算而得）。

（3）收益分享

逆序选秀也好，工资帽和奢侈税也罢，都直接指向体育劳务市场，前者规定"谁优先"（购买新秀劳务），后者规定"买多少"——限定购买支出和购买数量（质量维度的），它们都可以看作竞争平衡的一种直接制度安排。

与它们不同的是，收益分享指向产品市场，可以看作竞争平衡的一种间接制度安排。

竞赛表演服务需要（反向）联合生产。既然产品一起生产、服务一起提供，自然就需要利益均沾、好处一起分。因此，收益分享（revenue sharing）是联合生产的背面，指向职业联盟最核心的问题之一——第 10 讲提到的"如何分配（做大了的）'饼'"。收益分享一般会涉及两方面的内容：一是"分什么"，即"分享的收益有哪些"；二是"怎么分"，即"公共收益的分配方案是什么"。

这两方面的相关规定，有时是约定俗成的，但更多是讨价还价、协商一致的结果。

正如前面表 11-1 所展示的，收益分享也是"北美、欧洲两个样"。收益分享的第一要务是公私分明，即对于联合生产所带来的相关收益，需要规定哪些收益是球队私有的，哪些收益是职业联盟公有的。在北美，除了联盟售卖所得的转播收益、商业收益，球队的比赛日收入也经常在分享之列。比如 NFL 比赛日门票收入（不包括豪华包厢收入）的 40%，为联盟各球队公有。相比于北美联盟的吃大锅饭、平均分配，欧洲五大足球联赛或多或少具有一定的多劳多得、按"胜"分配的特色。比如表 11-2 所展示的 2019—2020 赛季英超收益分享明细，大致可以反映出这一特色。

表 11-2　2019—2020 赛季英超收益分享明细

单位：百万英镑

季终排名	俱乐部	国内转播收益			海外转播分红	商业收益分红	合计	季终排名	俱乐部	国内转播收益			海外转播分红	商业收益分红	合计
		平均分红	排名分红	场次分红						平均分红	排名分红	场次分红			
1	利物浦	31.8	35.5	31.0	71.3	5.0	174.6	11	南安普敦	31.8	17.8	11.3	57.2	5.0	123.1
2	曼城	31.8	33.8	27.9	69.9	5.0	168.4	12	埃弗顿	31.8	16.0	12.3	55.8	5.0	120.9
3	曼联	31.8	32.0	28.9	68.5	5.0	166.2	13	纽卡斯尔联	31.8	14.2	20.6	54.4	5.0	126
4	切尔西	31.8	30.2	26.8	67.1	5.0	160.9	14	水晶宫	31.8	12.4	13.4	53.0	5.0	115.6
5	莱切斯特城	31.8	28.4	16.5	65.7	5.0	147.4	15	布莱顿	31.8	10.7	14.4	51.6	5.0	113.5
6	托特纳姆热刺	31.8	26.6	27.9	64.3	5.0	155.6	16	西汉姆联	31.8	8.9	17.5	50.2	5.0	113.4
7	狼队	31.8	24.9	14.4	62.9	5.0	139.0	17	阿斯顿维拉	31.8	7.1	13.4	48.8	5.0	106.1
8	阿森纳	31.8	23.1	26.8	61.5	5.0	148.2	18	伯恩茅斯	31.8	5.3	11.3	47.4	5.0	100.8
9	谢菲尔德联	31.8	21.3	19.6	60.1	5.0	137.8	19	沃特福德	31.8	3.6	11.3	46.0	5.0	97.7
10	伯恩利	31.8	19.5	12.3	58.7	5.0	127.3	20	诺维奇	31.8	1.8	11.3	44.6	5.0	94.5

数据来源：德国数据统计机构 Statista。

赛场内外 11-1

欧足联财政公平法案

21 世纪初，因经济环境欠佳，许多欧洲足球俱乐部处于亏损状态。

2010 年，欧足联颁布财政公平法案（Financial Fair Play，FFP），旨在规范俱乐部财政行为，以实现盈亏平衡、健康发展。

FFP 规定所有欧足联赛事参赛球队必须提供当年及之前两年的财政报表，并由欧足联进行审核，以此获取欧足联赛事参赛资格。违反财政公平法案或审核未通过的俱乐部，将会遭受相应的处罚，如警告、罚款及减少赛事报名人数等，严重者将被取消参赛资格。

当然，最重要的是规定了累计亏损的上限：从 2012—2013 赛季开始后的两个赛季，任何一家参加冠军联赛或欧联杯的俱乐部，都必须保证俱乐部累计亏损不得超过 4500 万欧元。从 2015—2016 赛季开始，亏损的上限被进一步降至 3000 万欧元。

亏损与否，由相关收入与相关支出计算可知。其中，前者包括转播收入、赞助费用、球员转会收入和财务收益等；后者包括销售成本、工资支出、转会中产生的相关费用及其他财务支出等（不包括球队基础设施的新建及维护费用、青训梯队和女队投资、球迷及社区发展费用、税费等）。

因此，FFP 本质上可看作工资帽的一种变形——俱乐部亏损不得超过某一数额。

11.3.3　竞争平衡如何测度

在设计或优化竞争平衡的制度之前，需要先搞清楚一个问题：

如何测度竞争平衡？

竞争平衡的测度方法有很多种。我们在学习过程中需要特别注意以下几点。

第一，了解方法源流。测度竞争平衡所涉及的经济学知识主要有两个方面：一方面是与产业竞争或市场结构有关的方法，如标准差、市场集中度指数、行业集中度指数等；另一方面是与收入分配有关的方法，如基尼系数、泰尔指数等。

第二，清楚测度视角。测度竞争平衡时，视角可能是全域的，也可能是局部的。顾名思义，前者意味着测度时会涉及所有球队；后者可以理解为抓重点（尽管也会用到总体信息和数据），如五强俱乐部集中度关注强队的表现，而惊喜指数重视弱队的状况。

第三，清楚测度时间。从时间维度看，竞争平衡的测度大致可以分为两种：一是静态测度，针对的是单场比赛结果不确定或单赛季结果不确定，即所谓的短期竞争平衡，主要涉及"竞争平衡状况怎样"；二是动态测度，考察的是跨赛季或多赛季结果不确定，即所谓的长期竞争平衡，主要涉及"竞争平衡变化如何"。

与测度方法类似，竞争平衡的测度涉及的指标亦是多样，常见的如获胜概率、获胜百分比、联赛积分、得分数、进球数、冠军数等。这里，我们不对获胜概率和获胜百分比做严格区分，而将二者都简称为胜率（记作 w），并以此为例来介绍竞争平衡的测度。

假设某联盟有 n 支球队，球队 i $(i-1,2,\cdots,n)$ 的胜率为 w_i（记球队 i 的胜场数和参赛场次分别为 g_i、G_i，则其胜率的计算式为 $w_i = g_i/G_i$），那么该联盟的胜率的**实际标准差**（actual standard deviation，ASD_w）就是：

$$\mathrm{ASD}_w = \sqrt{\frac{\sum_{i=1}^{n}(w_i - \overline{w})^2}{n}} \tag{11-1}$$

式（11-1）中，$\overline{w} = (w_1 + w_2 + \cdots + w_n)/n = \frac{1}{n}\sum_{i=1}^{n} w_i$，为各球队胜率 w_i 的均值。胜率 w_i 既可能比 $\overline{w}$ 大，也可能比 $\overline{w}$ 小，为了避免正负相抵，我们用二者差值的平方项来表示胜率 w_i 与均值 $\overline{w}$ 的偏离程度。

我们知道，标准差越小，组内各数据与其均值的偏离程度就越小。换句话说，胜率的实际标准差 ASD_w 越小，各球队的胜率 w_i 与其均值 $\overline{w}$ 的偏离程度就越小，即各球队的胜率比较接近，联盟的竞争平衡程度比较高。

假设联盟采用的是平衡赛程，如英超的双循环赛制——每支球队分别以主队、客队身份和其他球队交锋两次，那么单赛季里每支球队的（主客场）比赛场次都是相等的，即球队 i 的比赛场次为 $G_i = G = 2(n-1)$。由于比赛是捉对厮杀，因此联盟的总比赛场次为 $nG/2 = n(n-1)$。进一步假设赛制为非负即胜的，或者平局各算 0.5 个胜场，那么容易知道，整个联盟或各球队的胜率均值 $\overline{w} = 0.5$。

相应地，式（11-1）可以改写为：

$$\mathrm{ASD}_w = \sqrt{\frac{\sum_{i=1}^{n}(w_i - 0.5)^2}{n}} \tag{11-2}$$

根据式（11-1）或式（11-2），我们知道，ASD_w 总是大于或等于 0 的，它越靠近 0，意味着联盟中球队的竞争越接近完全平衡。

不过需要注意的是，式（11-1）和式（11-2）都"藏"着一个缺陷，即胜率的实际标准差 ASD_w 与联盟的球队数量 n 及球队比赛场次 G 呈反向变动。换句话说，由于球队数量或赛制不同，胜率的实际标准差 ASD_w 并不适合用来比较不同联盟之间的竞争平衡差异。

对此，体育经济学家提出了两种改善方法。

一是胜率的相对标准差（relative standard deviation，RSD_w）。

胜率的相对标准差 RSD_w 又称诺尔-斯库利比率（Noll-Scully ratio）。在理想状态下，每场比赛都势均力敌、旗鼓相当，即球队 i 每个单场获胜的概率为 0.5。与前面一样，还是假设各球队单赛季的比赛场次为 G（即有 $G_i = G$），那么数学上，在这个 G 重伯努利试验中，与胜场数 g_i 一样，球队 i 的胜率 $w_i = g_i / G$ 也服从二项分布，其标准差为 $0.5/\sqrt{G}$。对于理想状态——完全竞争平衡状态下的这一标准差，体育经济学家称之为理想标准差（idealized standard deviation，ISD），即有：

$$\mathrm{ISD} = 0.5/\sqrt{G} \tag{11-3}$$

以理想状态的 ISD 为基准，可以计算胜率的相对标准差 RSD_w：

$$\mathrm{RSD}_w = \frac{\mathrm{ASD}_w}{\mathrm{ISD}} \tag{11-4}$$

理想标准差 ISD 的引入，使得胜率的相对标准差 RSD_w 消除了球队数量及比赛场次的相关影响，可以用来比较不同联盟之间的竞争平衡差异。相应地，RSD_w 的数值含义也较为清楚——RSD_w 越靠近 1，联盟的竞争平衡越接近理想状态；反之，则越远离理想状态。

二是胜率的归一化标准差（normalized standard deviation，NSD_w）。

胜率的相对标准差 RSD_w 有个缺点，它要求联盟的赛程是平衡的，即所有球队（主客场）比赛数量都相同。有些联盟，如北美拥有 31 支球队的 NHL，就无法满足这一条件。为此，体育经济学家建议，以竞争平衡的极端情形为基准对胜率的实际标准差 ASD_w 进行修正。

在极端情形下，联盟球队的实力分明：榜首球队一败难求，次席球队对榜首之外的球队都是大获全胜……榜尾球队是一胜难求。此时，可以得到联盟胜率的实际标准差的上限（$\mathrm{ASD}_w^{\mathrm{up}}$）：

$$\mathrm{ASD}_w^{\mathrm{up}} = \sqrt{\frac{(n+1)}{12(n-1)}} \tag{11-5}$$

相应地，以极端情形的 $\mathrm{ASD}_w^{\mathrm{up}}$ 为基准，可以得到胜率的归一化标准差 NSD_w：

$$\mathrm{NSD}_w = \frac{\mathrm{ASD}_w}{\mathrm{ASD}_w^{\mathrm{up}}} \tag{11-6}$$

由于不小于 0 的实际标准差永远不会超过它的上限，因此，不同于 ASD_w 和 RSD_w，归一化标准差 NSD_w 的取值范围更为明确，即 $\mathrm{NSD}_w \in [0,1]$。相应地，NSD_w 的数值含义非常清楚——NSD_w 越接近 1，联盟的竞争平衡越逼近极端情形；反之，则越远离极端情形。

最后，需要注意的是，同属静态测度方法的 ASD_w、RSD_w 及 NSD_w 有一个共同的特征或缺点——脸盲：在式（11-1）或式（11-2），以及式（11-4）和式（11-6）中，球队都是匿名的，它们无法捕捉和反映不同赛季积分榜上各球队相对位置的变化。

 **知识拓展 11-1**

竞争平衡的动态测度

一般来说，对长期或动态竞争平衡的测度，更宜采用竞争平衡率（competitive balance ratio，CBR）或马尔可夫转移概率（Markov transition probabilities）。

为了简便起见，这里仅对 CBR 予以简要介绍。

在"体育联盟竞争平衡的替代方法"中，汉弗莱斯认为，一个联盟跨赛季胜率的差异和变化，可以分解为两部分，即球队的胜率变化与联盟内的胜率差异。其中，前者捕捉的是特定球队的跨赛季的胜率变化，后者捕捉的是联盟在特定时点——特定赛季各球队之间的胜率差异。将二者相比，即可测度该联盟的动态竞争平衡。

我们先来看看球队的胜率变化。

记球队 i 第 t 个赛季的胜率为 $w_{i,t}$，在 T 个赛季里，它的胜率变化（程度）可表述为：

$$\text{ASD}_{T,i} = \sqrt{\frac{\sum_{t=1}^{T}(w_{i,t} - \overline{w}')^2}{T}} \qquad (11\text{-}7)$$

式（11-7）中，$\overline{w}'$ 为球队 i 各赛季胜率的算术平均，即 $\overline{w}' = \sum_{t=1}^{T}\frac{w_{i,t}}{T}$。容易发现，$\text{ASD}_{T,i}$ 为球队 i 的 T 个赛季的胜率标准差，$\text{ASD}_{T,i}$ 的值越高，球队 i 在 T 个赛季中的胜率变化越剧烈。

基于各球队的胜率变化，在 T 个赛季里，球队层面的胜率变化可以表述为：

$$\overline{\text{ASD}}_T = \sum_{i=1}^{n}\frac{\text{ASD}_{T,i}}{n} \qquad (11\text{-}8)$$

与 $\text{ASD}_{T,i}$ 类似，作为对各球队（T 个赛季）胜率变化的一般度量，$\overline{\text{ASD}}_T$ 是联盟竞争平衡测度的一个正向指标。一支球队的胜率越高，那么它的联赛积分就越多，赛季排名就越高。因此，$\overline{\text{ASD}}_T$ 的值越大，各球队在 T 个赛季中的胜率变化越剧烈，意味着这期间它们在积分榜上的排名起起落落、变化不定，联盟的竞争平衡程度因而也更高。

我们再来看看联盟内的胜率差异。

借用式（11-2），第 t 个赛季联盟内各球队之间的胜率差异可表述为：

$$\text{ASD}_{n,t} = \sqrt{\frac{\sum_{i=1}^{n}(w_{i,t} - 0.5)^2}{n}} \qquad (11\text{-}9)$$

容易发现，$\text{ASD}_{n,t}$ 实际上就是特定赛季——第 t 个赛季胜率的实际标准差。

基于式（11-9），在 T 个赛季里，联盟内各球队的胜率差异的平均水平或一般水平是：

$$\overline{\text{ASD}}_n = \sum_{t=1}^{T}\frac{\text{ASD}_{n,t}}{T} \qquad (11\text{-}10)$$

参考对静态测度的讨论，我们知道，T 个赛季里联盟内各球队的胜率差异的均值 $\overline{\text{ASD}}_n$，是联盟竞争平衡测度的一个反向指标，即 $\overline{\text{ASD}}_n$ 的值越大，意味着联盟的竞争平衡程度越低。

$\overline{\mathrm{ASD}_T}$ 与 $\overline{\mathrm{ASD}_n}$ 两个指标一正一反，因此，汉弗莱斯把他的 CBR 定义为：

$$\mathrm{CBR} = \frac{\overline{\mathrm{ASD}_T}}{\overline{\mathrm{ASD}_n}} \tag{11-11}$$

通过引入和考察具体球队（各赛季之间）的胜率变化（它捕捉和反映了不同赛季积分榜上各球队相对位置的变化），竞争平衡率 CBR 克服了传统方法的"脸盲"缺陷，它不仅适用于竞争平衡的动态测度，还适用于不同联盟之间的比较分析，即使它们的球队数量不同，比赛场次相异。

思考与讨论

1. 为什么一支球队可能并不想强于竞争对手太多？

2. 为什么职业联盟有时会向球队保证在现有球队周围一定区域内不会再有新球队出现？

3. 为什么职业联盟一般不允许其下属球队与联盟之外的球队比赛？

4. 为什么对职业联盟及其治理来说，"竞争平衡异常关键、至关重要"？

5. 职业联盟维护竞争平衡的典型制度安排有哪些，它们之间有什么区别和联系？

6. 有学者认为，如果职业俱乐部追求利润最大化，那么工资帽反而不是最重要的考虑因素。对此你怎么看？

7. 有学者认为，收益分享就像吃大锅饭，优秀的竞争者的积极性会因此受到打击。对此你怎么看？

8. 收集最近一个赛季的比赛数据，试比较分析欧洲五大足球联赛与中超联赛的竞争平衡差异。

第 12 讲

职业俱乐部与双边市场

"球迷是球队的根基"，职业俱乐部的成功或失败、崛起或衰落，都可以由此找到线索、找到根源。围绕这一"铁律"，在本讲，我们讨论的问题主要有：①既然"北美、欧洲两个样"，那么它们的职业俱乐部或球队有什么不同？②从需求侧看，影响球迷（现场）参与的因素有哪些？③针对"双边"特性，职业俱乐部在门票市场应该如何权衡取舍？

教学目标

通过学习，认识职业俱乐部的演进历程、组织特征及追求目标；了解职业俱乐部的收益来源与球迷（现场）参与的影响因素；理解竞赛表演服务 3 个细分市场的内在联系及职业俱乐部的门票定价决策。

教学要求

章节安排	主要内容	知识要点
12.1 俱乐部的"职业"	俱乐部的组织特征和追求目标	私人所有制、公共所有制、利润最大化、胜率最大化
12.2 俱乐部的收益来源	竞赛表演的市场特征与收益构成	市场特征、现场参与、比赛日收益、转播收益、商业收益
12.3 俱乐部的门票价格	门票市场上俱乐部的权衡取舍	门票市场、转播市场、赞助市场、网络效应、双边网络效应

几乎所有队友，都遭受过乔丹的斥责。当然，所有队友——包括那些被乔丹嘲讽得抬不起头的队友，都承认乔丹是全队训练最刻苦的。严于律己，同时也"严以待友"，因为乔丹的字典里永远不能容纳两个字——失败。

"一切为了胜利"，很多时候职业俱乐部的生产与经营亦是如此。

在本讲，我们将看到，俱乐部与职业联盟一样，也是多种多样的。从文化底蕴、历史沿革及产权结构看，它们是千姿百态的。20 世纪 60 年代电视机的流行，21 世纪互联网的崛起，让职业俱乐部的双边市场特色更加鲜明，其总收益及构成也发生了极大的变化。如今，当球员们渲染"一切为了胜利"，职业俱乐部不厌其烦地强调"球迷是球队的根基"的时候，我们应该明白，万变不离其宗——人的行为是有目的的；我们应该看到，在它们各自利益的背后，都清楚地刻着一行字——胜利就是一切。

12.1 俱乐部的"职业"

12.1.1 永不谢幕的体育"秀"

职业体育就是娱乐，就是"秀"。

为此，我们来看看超级碗。

超级碗是 NFL 季后赛的最后一战，是一年一度的美国橄榄球联合会冠军与美国国家橄榄球冠军的终极决斗。之所以说超级碗是一场超级"秀"有以下几个原因。

一是锦标争夺紧张刺激。橄榄球魅力十足，它集力量、速度、技巧、勇气、战术、决断于一身，既是身体的对抗，也是智慧的较量。比赛中，四分卫的传球线路妙到颠毫，让人血脉偾张；跑卫、外接手与线卫、角卫等的争抢碰撞如狼似虎，让人热血沸腾；教练组的战术安排常有奇思妙想，让人拍案称奇。形势瞬息万变，超级碗是顶级高手之间的决斗，更兼一局定胜负，其精彩绝伦的程度甚至让其他联盟在其比赛期间纷纷退避三舍。

二是中场表演精彩绝伦。1993 年，迈克尔·杰克逊结缘超级碗中场秀。风头正劲的流行音乐之王登场就不同凡响：从天而降，瞬间引爆全场，观众的欢呼声简直要把整个球场掀翻。此后，超级碗的舞台几乎是演艺界的"风向标"，顶级艺术家对其趋之若鹜，但只有最当红的明星才有资格"免费"登场。

三是商业广告创意无限。超级碗的 30 秒广告位的售价一般都是以百万美元计的，在 2015 年之后更是从来没有低过 500 万美元。重金之下，"勇气"十足的广告商自然是挖空心思、倾尽全力。除在现场播放外，创意无限的广告作品还会被单独录制，吸引网友和广告人在网上反复观看。

正如图 12-1 所展示的，超级碗诞生至今——50 多年，其在美国的电视观众数总体上呈上升趋势，历年平均收视率更是高达 43.4%。

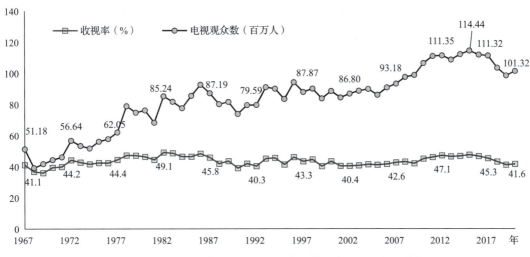

图 12-1　1967—2020 赛季 NFL 超级碗的美国电视观众数和收视率

数据来源：尼尔森公司。

聚焦"娱乐"，实际上能让我们更好地认识职业俱乐部。

从原始运动到俱乐部及职业联盟，我们知道，这是一个漫长的旅程。

回顾这一漫长的旅程，抛开那些细枝末节，容易发现，"娱乐"始终贯穿其中——它要么是核心诉求，要么是关键要素，并且它的作用愈发重要。

俱乐部的发展历程，可以根据"娱乐"程度划分为以下 3 个阶段。

（1）自娱自乐

初始的俱乐部，其实就是自"娱"自"乐"。比如一些球迷在共同爱好的驱使之下组建了自己的球队，以便在闲暇之余与其他球队来一场舒展身心的较量。为了凑齐一套相对固定的阵容，"各人自扫门前雪"肯定不可取，"团结一切可以团结的力量"才是基本原则。为了能够上场"比赛"，他们无比清楚，工作必须尽职尽责，要努力践行"有条件要上，没有条件创造条件也要上"。

（2）娱人娱己

有比赛就有胜负，有胜负就有竞争。在俱乐部成立的初始阶段，这种竞争主要是个人层面的。随着其他因素的介入，不可避免地，竞争不断升级。它可能是企业之间的，可能是城市之间的，甚至可能是民族之间的。

竞争加剧，投入自然就会不断加码，以至于需要借力于外部资源。"天下没有免费的午餐"，考虑到俱乐部的技能和专业，可以发现，只有通过竞赛表演去"娱人"这条路可行。在不知不觉中，俱乐部"业余"的外衣开始脱落，体育组织的经济色彩日渐浓烈，个体或小范围的自娱自乐也逐渐成了一种大众"娱乐"。

（3）娱人利己

20 世纪 60 年代电视机的流行，21 世纪互联网的崛起，就像滋养中华文明的黄河和长江，让现代体育逐渐突破时空约束，与更广范围的新玩家热烈相拥，在相得益彰中不知不觉地实现了新的升级。

与体育爱好者不同，新玩家的参与，与其说是为了"娱己"，不如说是为了"利己"。

每逢春节，一些足球俱乐部的当家球星便对中国球迷千里送祝福，演唱中文歌曲，甚至穿上印有中文姓名的球衣踏上球场"表演"。此时，清醒的中国球迷应该知道，"22 个雇工踢一个皮球"式的体育赛事，已经演变为周期性的、全球化的、"纯粹"的大众娱乐——一种娱人利己的"秀"。

12.1.2 俱乐部"谁主沉浮"

在北美，俱乐部为私人所有是一种普遍现象。

比如有"美国之队"美誉的 NFL 达拉斯牛仔，其老板是前橄榄球运动员琼斯；logo 随处可见的 MLB 纽约洋基，是斯坦布伦纳 1973 年从 CBS 电视台手中购得的；赢得过 24 次斯坦利杯的 NHL 蒙特利尔加拿大人，老板是曾成功入主英超利物浦的美国人吉列特；至于被阿森纳球迷讥讽为"吸血鬼"的克伦克，不仅手握 2022 年超级碗新科冠军洛杉矶公羊，同时还掌控 NBA 丹佛掘金、NHL 科罗拉多雪崩及 MLS 科罗拉多急流。

有时候，为了强化老板的控制，北美联盟甚至会直接干预其成员俱乐部的股权架构。比如进入限制最为严厉的 NFL，无论其成员俱乐部以何种组织形式存在，NFL 都要求其私人大股东（或普通合伙人）必须持有 30% 以上的股权，并且该大股东（或普通合伙人）的投票权必须超过 50%。

正如表 12-1 所展示的，北美职业联盟的一个基本特征就是所有权安排较为特殊，即公司制不占多数，合伙制才是主流，俱乐部（球队）往往为某一私人大股东或业主所掌控。

表 12-1　北美四大职业联盟的所有权结构（2018 年）

职业联盟	公司制	合伙制	球队总数	大股东掌控球队数
NFL	1	31	32	31
MLB	14	16	30	28
NBA	10	20	30	30
NHL	6	25	31	30

数据来源：https://www.mdpi.com/2227-7072/6/3/71。

相比于北美，欧洲的情形稍显复杂，或者说更为多样。

在欧洲，有的足球俱乐部是上市公司，如英超在纽约上市的曼联，意甲在米兰上市的拉齐奥、罗马和尤文图斯，德甲在法兰克福上市的多特蒙德，以及法甲在巴黎上市的里昂等。

有的是非上市公司。比如在英超，既有阿森纳、埃弗顿等由多个大股东各持一定比例股份而共享所有权的俱乐部，也有切尔西、曼城等由一个老板（个人、基金会或公司）持有超过 90% 的股份而掌握绝对控制权的俱乐部。

有的采取的是会员制，重大事项须由注册会员投票决定。比如在西甲，皇马、巴萨及毕尔巴鄂竞技等俱乐部，由于特殊的历史原因保留了传统的会员制所有权形态，尽管 1990 年 10 月西班牙政府颁布的体育法规定，所有的会员制职业俱乐部都必须改组成体育股份公司。

由于俱乐部类型多样，因此需要进行适当的简化和归类。

在《2018 财年俱乐部许可基准分析报告》中，欧足联将欧洲顶级联赛足球俱乐部的所有权形态划分为两类：

一是私人所有制，即所有权可以追溯到私人的；

二是公共所有制，即球迷协会或其他公共机构等法人为最终控制方。

不过，无论是私人所有还是公共所有，欧洲的足球运营总是伴随着一定的监管。

比如德国著名的"50+1"原则。为了提升德国足球及其职业联盟的竞争力，1998 年，德国足协开始在德甲和德乙推行股份制改革，将职业球队从传统的会员制俱乐部中剥离出来，成立单独的股份公司。为了使融资更灵活，德国足协并没有对俱乐部股权转让的比例做出限制。不过，为了维护广大球迷的利益，德国足协制定了特别的"50+1"原则，规定母俱乐部在新成立的股份公司（球队）中必须掌握至少 50% 的表决权。"50+1"原则的存在，让俱乐部对球队运营拥有超过半数的表决权，尽管它在球队中的股权占比可能低于 50%。

又比如法国职业联盟财务委员会（DNCG）。为了评估各俱乐部是否存在财务问题及风险，DNCG 要求各俱乐部的年度盈亏和资产负债表必须完全透明。一旦发现俱乐部的财务有问题，DNCG 就会对俱乐部施加处罚，如罚款、限制或禁止球队招募新球员等。如果财务问题在既定时间内未得到解决，DNCG 还会对俱乐部实施进一步的制裁，如禁止参加法国杯赛、联赛扣分、降级，甚至除名。

考虑到历史、文化因素的影响，尤其是球迷的力量，我们需要认识到"欧洲是特殊的"——在俱乐部运营中，资本并不能随心所欲。

12.1.3 利润或胜率最大化

"人的行为是有目的的"，遵从经济学的这一观点，冷静的我们可能要问：

俱乐部追求的目标是什么？

提出这一问题，与其说是在设问，不如说是为了回顾及加强印象。

因为在第 2 讲和第 11 讲，我们知道职业俱乐部追求的目标主要有两类：

① 利润最大化；

② 胜率最大化（或效用最大化）。

之所以旧事重提，一是想提醒"利润和胜率有差异"，二是要强调"北美、欧洲两个样"。

两个目标——利润最大化与胜率最大化并不完全一致，理由其实很简单：一方面，提高胜率需要加大投入，即投入越多、胜率越高；另一方面，投入越多、成本越高，加大投入越可能削减球队利润。

这里，我们想要再次强调"北美、欧洲两个样"。

在北美，美国和加拿大的俱乐部就像初入社会的"青春少年"，无所畏惧。现代体育不过是一种舶来品，在实用主义的大旗之下，组建职业俱乐部也好，结成职业联盟也罢，几乎一开始就是纯粹的市场现象。

当然，我们不能否认，NFL 有公众共同拥有的球队——绿湾包装工，NBA 有宣称为胜利不惜一切的投资人——库班，MLB 有信奉"呼吸第一、胜利第二"的私人老板——斯坦布伦纳。

不过，这样的例子凤毛麟角。相反，北美联盟的逐利欲望和企图非常坦荡，甚至是"赤裸裸"的。作为经典的成功案例，"职业篮球是一桩生意"的发展理念，不仅让 NBA 前总裁斯特恩与兰迪斯、罗泽尔一起被誉为三大传奇"掌门人"，同时也让 NBA 走向世界，成为全球最成功的职业联盟之一。

又比如 NFL，尽管它声称联盟不为营利而组织，也不为营利而运作，却有一条鲜为人知的规定——不以营利为目的的公司、协会、合伙企业或其他实体，以及任何慈善组织或实体，均无权获得联盟的成员资格。

因此，体育经济学家一般假设，利润最大化是北美联盟及俱乐部的普遍追求。

在欧洲，情形则大为不同。

起源于欧洲的现代体育，它发端于上流社会，兴盛于基层民间。

在初始阶段，俱乐部一般都具有强烈的社团属性，因而不能看作一个经济组织，而更应该看作一种社会文化现象。在竞争日趋激烈的背景下，俱乐部演进过程中求生存、要发展的内在需要日渐炽烈，因而资本的大举介入也成必然。日积月累，进入 21 世纪之后，欧洲俱乐部终于掀起了私有化浪潮。《2018 财年俱乐部许可基准分析报告》显示，2019—2020 赛季，欧足联有 28 个成员国，其顶级联赛中的俱乐部至少有一半为私有组织或个人拥有（其中有 8 个成员国所有的俱乐部都是私有的）。

私有化浪潮似乎势不可挡，但欧洲的历史和文化力量显然不容小觑。球迷与俱乐部老板或股东之间的长期博弈和角力，再加上或许迟到但绝不缺席的外部干预，使得资本在欧洲足坛难以像在北美那样"肆无忌惮""为所欲为"。所以，相比于北美，欧洲俱乐部更像是一个"成年人"，不仅要为了自己努力，还需要权衡多方面的利益，即共同或公共的利益更重要一些。

因此，体育经济学家一般假设，胜率最大化是欧洲联盟及俱乐部的普遍追求。

 知识拓展 12-1

利润最大化与胜率最大化的数学表述

如果俱乐部 i 的目标是利润最大化，那么它的最优化问题一般可表述为：

$$\max_{H_i,K_i} \pi_i = \mathrm{TR}_i(w_i) - \mathrm{TC}_i(H_i,K_i) \tag{12-1}$$

式中，π_i 代表俱乐部 i 的利润，为总收益 TR_i 与总成本 TC_i 之差。与一般企业一样，总成本 TC_i 为俱乐部 i 的（物质）资本投入 K_i 及劳务或人力资本投入 H_i 的函数。为了简化分析，类似于企业决策的短期分析，资本投入 K_i 经常被设定为固定不变。与一般企业不同，俱乐部 i 的总收益 TR 通常被假设为由比赛时自己的相对表现——胜率 w_i 唯一决定，且一般被表述为胜率 w_i 的线性或二次函数，尽管竞赛表演服务质量除了涉及胜率，还涉及其他因素，如比赛时双方的绝对实力及表现。至于俱乐部总收益 TR 为何被表述为胜率的函数，这个问题我们留给后面的知识拓展 12-4 去解答。

俱乐部 i 的胜率 w_i，不仅取决于自己的劳务投入 H_i，还与对手俱乐部 j 的劳务投入 H_j 密切相关。如果不考虑天气、场地、临场发挥等随机因素，也不考虑平局（或假设平局时二者胜率相等），那么俱乐部胜率就可以表述为 $w_i = H_i / (H_i + H_j)$。

相反，如果俱乐部 i 的目标是胜率或效用最大化，那么它的最优化问题一般可表述为：

$$\max_{H_i, K_i} U_i(w_i)$$
$$\text{s.t. } TR_i(w_i) - TC_i(H_i, K_i) \geqslant 0 \tag{12-2}$$

式中，约束条件 $TR_i(w_i) - TC_i(H_i, K_i) \geqslant 0$ 意即支出不超过收入（初始预算为 0）。

最后，如果俱乐部具有双重目标——除竞技成功外，也期望经济成功，那么变通的方式之一是，将胜率或效用最大化问题——式（12-2）中的效用函数，改写为包含其利润的函数，如 $U_i(w_i) = \pi_i(H_i, K_i, H_j) + \gamma_i \cdot w_i(H_i, H_j)$（$\gamma_i$ 代表胜率的偏好程度或权重）。或者将式（12-2）中的约束条件修正为 $TR_i(w_i) - TC_i(H_i, K_i) \geqslant \pi^0$（常数 $\pi^0 > 0$）。

12.2　俱乐部的收益来源

12.2.1　竞赛表演的市场特征

我们在第 1 讲就强调，竞赛表演服务市场是特殊的。

为了分析俱乐部的产品市场决策，这里，我们不避老调重弹之嫌，结合观众参与——球迷在现场或场外观赏比赛，再来看看竞赛表演服务市场的特殊。

竞赛表演服务市场的特殊主要涉及以下 3 个方面。

（1）从结构看，市场具有很强的垄断性

市场具有很强的垄断性，一方面是源于"没有一场比赛是相同的"；另一方面是因为竞赛表演服务市场总是存在一定的进入壁垒。

进入壁垒产生垄断，北美和欧洲的职业联盟都是鲜活的例子。对比来看，在中国，中超联赛、中甲联赛及中乙联赛等，类似于开放型的欧洲五大足球联赛；中国男子篮球职业联赛（CBA）、中国排球超级联赛等，类似于封闭型的北美四大职业联盟。这些"职业"联赛，无论是开放型的还是封闭型的，对于成员俱乐部的进入或退出，它们都有明确的规定和要求。

进入壁垒的存在，使得职业俱乐部在市场上，尤其是在特定的区域市场上，鲜有直接竞争对手。用经济学的话来说，就是不同于竞争市场上的企业——价格接受者，职业俱乐部往往具有一定的市场势力，可以看作价格制定者（在一定程度上）。

（2）从需求看，球迷的偏好是特殊的

讲球迷的观赛和消费偏好时，首先想到的应该是体育经济学的核心术语——结果不确定或结果不确定假说。我们知道，在多数情形下，消费者是风险厌恶的，一般会尽量规避"不确定"。竞赛表演服务市场的特殊之处在于，相比于实力悬殊、高下立判的比赛，消费者往往偏好结果不确定——竞争激烈、充满悬念的比赛。

观众有场内与场外之分，球迷一般也会涉及不同类型，即主队球迷、客队球迷及中立球迷，他们的偏好各不相同。比如对于主队球迷，除结果不确定外，我们还需要注意他们的另外两种偏好。一是偏好主队获胜，即更愿意观看主队获胜可能性较高的比赛，尤其是主队的"铁粉"，他们偏好主队获胜可能远远超过偏好结果不确定，因而与中立球迷有极大的不同。二是损失厌恶，即相比于同等数量的收益，损失（主队输掉比赛）更加令人难以接受。在行为经济学家看来，同等数量的收益与损失不是正负相抵的，相比于赢得 100 元时的"愉快"，一个人输掉 100 元时的"痛苦"往往更为强烈。

（3）从供给看，产品的数量是既定的

一定时期内，竞赛表演服务的供给数量一般是既定的。

理论上，供给数量的多或寡，主要涉及两个因素，即比赛场次与场馆总座位数。考虑到主场变更较为少见、场馆总座位数变动殊为不易，这里我们只看比赛场次或数量。

在北美，正常情形下，NFL 每支球队的常规赛数量是 17 场；NBA 与 NHL 一样，每支球队的常规赛数量都是 82 场；MLB 的比赛数量最多，每支球队的常规赛数量高达 162 场，每年 4~9 月几乎每天都有比赛。

在欧洲，英超、西甲、意甲和法甲的球队数都是 20 支，在双循环赛制的安排之下，每支球队每个赛季的比赛数量都是 38 场。由于球队数少 2 支，德甲每支球队每个赛季的比赛数量是 34 场。除联赛及可能的欧足联赛事外，英超球队还须参加足总杯、联赛杯及社区盾杯，因此比赛数量一般会比其他联赛的球队多一些。

在中国，中超各球队每个赛季的比赛数量也是既定的——主场和客场各有 15 场。当然，与其他职业联盟一样，采用淘汰赛制或小组循环赛和淘汰赛相结合的一些锦标赛，如足协杯、亚冠联赛等，尽管总的比赛场次是事前既定的，但各球队的比赛数量却因战绩差异而不尽相同。

既然供给数量一般是既定的，那么让我们先把视线瞄向需求侧。

12.2.2　什么影响了现场参与

2020 年，受新型冠状病毒感染疫情影响，绝大部分体育赛事只能空场进行。

没有波澜壮阔的人浪，没有球迷的呐喊，昔日热气腾腾的球场看台变得冷冷清清。

体育经济中，观众参与，尤其是球迷现场参与，一般被认为是不可或缺的。若是问职业联盟或其他赛事组织者，得到的答案应该也是大致如此。如同许多体育经济学家所关心的，这里，我们也需要考虑一个重要问题：

什么影响了球迷现场参与？

如果你恰好是一位球迷，那么你当然可以根据自己的感受和体验来回答这个问题。

不过，兼听则明，我们也可以回到第 4 讲。在那里，我们知道，经济学将市场需求的

影响因素分为两类——价格因素与非价格因素。其中，非价格因素主要包括相关商品的价格，以及消费者的偏好、收入、预期、数量等。

从球场到经济学，我们可以看到：一边是竞赛表演服务市场的特殊性，一边是市场需求影响因素的一般规律。把二者结合起来，再参考国内外相关研究文献，我们倾向把球迷现场参与的影响因素分为以下 3 个小类：

① 偏好及预期因素；

② 经济社会因素；

③ 赛事可及性因素。

在 3 类因素中，提及最多的是经济社会因素，它既包括价格因素——门票价格，也包括部分非价格因素，如相关商品的价格、消费者的收入、消费者的数量等。其中，需要稍加说明的因素有两个：一是门票价格，二是相关商品的价格。现实中，门票价格既与座位及销售数量有关，又涉及价格歧视，因而是多种多样的。相关商品的价格主要是指替代品的价格，我们既要考虑不同类型的门票之间存在的替代关系，也要考虑是否存在其他直接或间接的替代品，如比赛是否有电视或互联网直播，以及在同一时期同城俱乐部是否有相关赛事。

赛事可及性因素主要与隐性的机会成本有关。这种隐性的机会成本，既涉及地理因素——比赛场馆在何处、交通是否便利；也涉及时间因素——比赛安排在工作日还是周末或节假日，是下午还是晚上；还涉及气候状况——是夏季还是冬季，是酷热难耐还是秋高气爽。不同情形下，球迷现场参与的机会成本可能大相径庭。因而对赛事组织者来说，这些因素自然不能视而不见。

最需要说明的，是第一类因素。我们把需求函数中的消费者偏好与消费者预期放在一起，称为偏好及预期因素，这样做的理由有两个：其一，它们都指向球迷的主观心理；其二，它们都事关产品质量。与一般情形一样，在所有其他因素保持不变的条件下，球迷总是偏好那些质量更高的竞赛表演服务。

谈到竞赛表演服务质量，有两点需要说明。

一是竞赛表演服务是一种经验品，"没有一场比赛是相同的"，球迷只有在观赏之后才能知道它的具体质量如何。因此，与　般情形（消费者预期主要涉及的是价格预期与收入预期）不同，与球迷现场参与相关的预期主要指向产品质量。

二是竞赛表演服务质量是多维的，具有很强的主观性。在体育经济学中，结果不确定或结果不确定假说，实际上也可以理解为球迷，尤其是中立球迷，对结果不确定的竞赛表演服务的评价会更高一些，即认为该类产品的质量更高一些。当然，正如 12.2.1 节所提到的，球迷具有很强的异质性。现场观众的主体——主队球迷，一般更偏好主队获胜概率较高的比赛，相反，如果预期主队输球的可能性比较高，那么因为损失厌恶，他们可能会选择不观看比赛。除此之外，我们还需要注意，有些球迷"追星"胜过"看球"，因此也被戏称为不是球迷的"球迷"，他们更偏好有冠军球队或明星球员参与的那些比赛。

在第 1 讲，我们知道，上座人数是门票价格、收入水平等变量的函数。这里，我们可以把门票价格、收入等影响球迷现场参与的因素归纳于表 12-2 中。

表 12-2　球迷现场参与的影响因素

偏好及预期因素	经济社会因素	赛事可及性因素
结果不确定	门票价格	
主队获胜	媒体直播	球场区位
损失厌恶	同城竞争	比赛时间
冠军效应	居民收入	比赛天气
明星效应	市场规模	

 知识拓展 12-2

球迷参与的微观基础

除现场参与外，球迷，尤其是主场城市外的球迷，还可以通过电视或互联网直播来欣赏比赛。这一情形，我们称之为球迷场外参与。

学习体育经济学，我们关心的是：

对于是否参与，球迷该如何权衡取舍？

就像看电影或听演唱会，我们知道，球迷观赏比赛得到的好处——效用取决于赛事（或竞赛表演服务）质量。对于某场既定比赛，假设其质量指数为 s。不考虑参与的其他成本，如果比赛门票或直播观赏的价格为 P（或免费直播时的机会成本为 P），那么球迷的效用函数可表述为：

$$U = \begin{cases} \theta s - P & \text{（选择观赏质量指数为}s\text{、价格为}P\text{的比赛）} \\ 0 & \text{（选择不观赏比赛）} \end{cases} \quad (12\text{-}3)$$

式（12-3）中，效用 U 代表球迷观赏比赛所得到的好处——消费者剩余，其特征表现为赛事质量和价格是可分离的；θ 代表球迷对赛事质量的偏好程度；θs 显示的是球迷的支付意愿——球迷愿意为观赏比赛支付的最高价格。式（12-3）意味着，对于任意给定价格，所有球迷都喜欢高质量的比赛，但具有更高偏好程度 θ 的球迷，更愿意为获得更高的质量而花钱。

在《产业组织理论》中，梯若尔指出，$U = \theta s - P$ 也可以改写为 $U = s - P/\theta$，从而为我们提供了另一个有趣的解释，即将 θ 视为收入和质量之间的边际替代率的倒数，而不是偏好程度。

现实中，球迷对赛事质量的偏好程度 θ 往往不相同。通过选取合适的统计口径，可以把 θ 的最大值标准化为 1，并假设 θ 在区间 [0,1] 上均匀分布。由式（12-3）可知，只有偏好程度 $\theta > P/s$ 的球迷，才会选择购买门票和观赏比赛。

假设购买球队门票的球迷或转播市场的球迷数量为 m，那么偏好程度 $\theta > P/s$ 的球迷数量为 $m(1-P/s)$。因此，该赛事门票或转播市场的需求函数可表述为：

$$D(P) = m(1 - P/s) \quad (12\text{-}4)$$

由式（12-4）可以看到，赛事价格对观赛需求的影响是负向的（$\partial D/\partial P < 0$）；赛事质量的影响正好相反，即赛事质量越高，球迷的观赏需求就越旺盛（$\partial D/\partial s > 0$）；球迷数量或市场规模的影响，亦是如此（$\partial D / \partial m > 0$）。球队为何在大城市选址？在这里，我们找到了部分原因。

通过上述分析，我们看到，门票市场也好，转播市场也罢，球迷决策的微观机理及需求函数的数学推导实际上并无本质区别。"情人眼里出西施"，我们也知道，对质量的判断往往具有一定的主观性，考虑到球迷偏好可能存在显著差异，因此即使是市场上的同一场比赛，它的"质量"对不同球迷来说可能也并不相同。

 **知识拓展 12-3**

球迷偏好与赛事质量

赛事质量是球迷参与的重要影响因素之一，因而我们有必要了解：

赛事质量是什么？

质量，一般指产品满足明确或隐含需要的能力的特性总和。具体到体育赛事，如两支球队之间的较量，其质量主要取决于两支球队的实力及临场发挥等。记赛事质量指数为 s，球队（主队）i 投入的劳务或人力资本为 H_i，球队（客队）j 投入的劳务或人力资本为 H_j。不考虑天气、场地、临场发挥、看台位次等因素，在体育经济学中，赛事质量经常被表述为：

$$s = H_i^\alpha H_j^\beta \tag{12-5}$$

式中，$\alpha, \beta \in (0,1)$。为了简化分析，可以把各球队人力资本之和 H 标准化为 1，即有 $H = H_i + H_j = 1$。此时，球队 i 的胜率 $w_i = H_i / (H_i + H_j)$ 可以简化为 $w_i = H_i$；对球队 j，有 $w_j = H_j$，且 $w_j = 1 - w_i$。相应地，式（12-5）可以改写为：

$$s = w_i^\alpha w_j^\beta \tag{12-6}$$

式（12-5）和式（12-6）的优点是非常贴近赛事质量的本来含义，因此，一些学者将它们称为赛事质量的一般表述。

在研究中，考虑到运算简便及球迷偏好差异等问题，赛事质量经常被表述为：

$$s = \mu w_i + (1 - \mu) w_i w_j \tag{12-7}$$

有时，式（12-7）也会被表述为 $s = H^\sigma [\mu w_i + (1 - \mu) w_i w_j]$。

其中，$\mu \in [0,1]$，它是衡量球迷偏好"主队获胜"或"结果不确定"的指标。当 $\mu = 1$ 时，意味着球迷完全偏好"主队获胜"——球迷是主队的铁粉；当 $\mu = 0$ 时，意味着球迷完全偏好"结果不确定"——球迷是中立的。

当然，如果把市场上的球迷简单地分为两类，即中立球迷和主队铁粉（或主队球迷），那么 μ 也可以看作或解释为主队铁粉在全体球迷中的占比。

由式（12-7）及 $w_j = 1 - w_i$，可知 $\partial s / \partial w_i = 1 - 2(1 - \mu) w_i$。如果 $w_i < 1/[2(1 - \mu)]$，则有 $\partial s / \partial w_i > 0$，即只要 $w_i < 1/[2(1 - \mu)]$，赛事质量 s 就会随着主队胜率 w_i 的上升而上升。当 $\mu > 1/2$ 时，有 $1/[2(1 - \mu)] > 1$，因此，对于 $w_i \in [0,1]$，都有 $\partial s / \partial w_i > 0$，即赛事质量 s 总是随着主队胜率 w_i 的上升而上升。

12.2.3　门票收入并非全部

相比于球员"不喜欢在没有球迷的球场比赛"，俱乐部可能更"不喜欢在没有球迷的球场比赛"。

主场比赛时没有球迷现场参与，对俱乐部来说就是损失——损失了门票、餐饮及其他接待服务等方面的收益。传统上，这种直接从球迷身上获得的收益是俱乐部最重要的收益来源之一，被体育经济学家统称为比赛日收益（match day revenue，R_M）。

赛事欣赏，显然不仅仅局限于球场。电视机带来的"革命"，让球迷足不出户就可以欣赏到体育比赛。互联网掀起的"浪潮"，更是让球迷可以随时随地、随心所欲地观看到几乎所有的体育比赛。作为间接消费者，场外参与的球迷给俱乐部带来了更丰厚的转播收益（broadcast revenue，R_B）。尤其是欧洲的足球联赛，其转播收益不仅涉及各国国内的联赛和杯赛，同时还可能涉及洲内以及洲际赛事的转播分成和奖金等。

除竞赛表演服务生产外，俱乐部或多或少还拥有一定的有形资产和无形资产。它们有的如泉眼，有的似瀑布，也会源源不断地为俱乐部带来收益"流水"。这些"流水"，被体育经济学家统称为商业收益（commercial revenue，R_C）。比如欧洲足球俱乐部20强之一的托特纳姆热刺，就是商业收益开发的高手。除球衣赞助、场馆冠名、产品销售、球场旅游等常规操作外，它还承办NFL商业比赛，邀请亚马逊拍摄纪录片，甚至在白鹿巷球场专门种了两块草皮并对外售卖。

因此，俱乐部的总收益一般被划分为：

① 比赛日收益；

② 转播收益；

③ 商业收益。

除此之外，对一些俱乐部来说，球员转会收益也是一个重要的收入来源。由于被记入营业外收入，而且不具有普遍性，因此在研究中这一收益经常被忽略。

清楚了来源，接下来我们看看俱乐部的收益构成及其变化。

收益来源大同小异，收益构成及其变化却可能各有特色，甚至是差异显著。

比如，在2020年德勤足球财富榜中，可以发现，欧洲足球俱乐部20强的总收益、收益构成及其变化具有以下3个特征事实。

（1）转播收益和商业收益的占比居高不下

电视机"革命"之前，比赛日收益是俱乐部最重要的收益来源（有时甚至是唯一来源）。那时无论是北美还是欧洲，商业赞助都不过是一种偶然现象，转播收益更是压根就不存在，球队只有通过吸引尽可能多的球迷进入球场，才能维持自身的基本运营。

斗转星移，到了今天，世界各地球迷的场外参与，不仅为俱乐部带来巨额的转播收益，与此密切相关的赞助收益同样也是数量惊人。如图12-2所示，2013—2014赛季，欧洲足球俱乐部20强的转播收益和商业收益分别为24.12亿欧元、25.39亿欧元，但是它们的比赛日收益却仅为12.09亿欧元。不仅如此，2013—2019赛季，比赛日收益的年均增长率为4%，而转播收益和商业收益的年均增长率则分别为8%和11%。体现在构成上，就是转播收益和商业收益的占比居高不下——2018—2019赛季二者都维持在40%左右。

图 12-2　2013—2018 赛季欧洲足球俱乐部 20 强的收益（亿欧元）

（2）各俱乐部的总收益及收益构成差异明显

与社会中的家庭一样，欧洲足球俱乐部之间的贫富差距也是非常惊人的。如图 12-3 所示，2018—2019 赛季，巴塞罗那的总收益高达 8.41 亿欧元，皇家马德里和曼联的总收益分别为 7.58 亿欧元、7.12 亿欧元，随后的拜仁慕尼黑和巴黎圣日耳曼的总收益也都超过了 6 亿欧元。而罗马、里昂、西汉姆联、埃弗顿及那不勒斯 5 家俱乐部，虽然同样位列欧洲足球俱乐部 20 强，但是它们的总收益都不足 2.5 亿欧元。20 强尚且如此，其他俱乐部与这些顶级俱乐部之间的差距，应该不难想象。

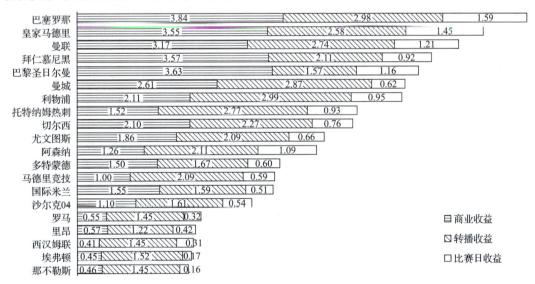

图 12-3　2018—2019 赛季欧洲足球俱乐部 20 强的分项收益（亿欧元）

与此同时，各俱乐部的收益构成也有极大不同。在欧洲俱乐部 20 强中，前 5 家俱乐部的收益主要来自商业赞助，商业收益在总收益中的占比分别为 45.65%、46.83%、44.52%、54.09% 和 57.08%；后 5 家俱乐部的收益则主要来自媒体转播，转播收益在总收益中的占比分别为 62.50%、55.20%、66.82%、71.03% 和 72.14%。由于这 20 家俱乐部都是欧足联赛事的常客，因此，榜单中排名靠前和靠后的俱乐部之间的总收益差异，主要在于它们的商业创收能力不可同日而语。

（3）部分俱乐部的比赛日收益数额巨大

从绝对数值看，俱乐部的比赛日收益依然不可小觑。如图 12-3 所示，2018—2019 赛季，欧洲足球俱乐部 20 强的比赛日收益都是以千万欧元计的。其中，有 5 家俱乐部（巴塞罗那、皇家马德里、曼联、巴黎圣日尔曼及阿森纳）的比赛日收益更是突破了 1 亿欧元大关。

从相对数值看，比赛日收益显然已不再是绝对主角（实际上图 12-2 也展示了这一点）。2018—2019 赛季，欧洲足球俱乐部 20 强中比赛日收益占比小于 20%的俱乐部一共有 19 家，其中有 2 家俱乐部（埃弗顿和那不勒斯）的比赛日收益占比都不到 10%。

12.3 俱乐部的门票价格

12.3.1 俱乐部的“不变”模样

世事变迁，但俱乐部生产的本质几乎不曾改变。

我们可以看到，如今，球员的技能水平“更快、更高、更强”，教练指导更加细致全面，比赛场馆更加宏伟壮观，竞赛规则更加完善，联盟管理更加规范，赛事安排更加贴近需求，转播技术更加精湛。

不过，我们也应该看到，赛场上供给的核心产品依旧是竞赛表演服务，俱乐部投入的关键要素依旧是运动员和教练的劳务及比赛和训练场馆等资本物品，“合作”的对手依旧是那些老“冤家”。

结合市场需求，以及第 5、6 讲的分析，可以将俱乐部的“模样”描述如图 12-4。

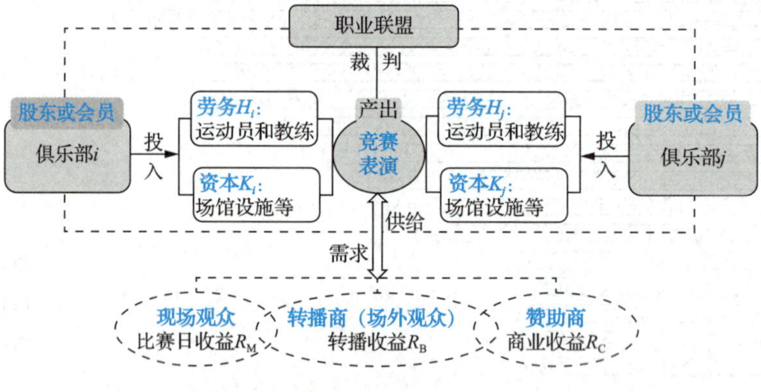

图 12-4 俱乐部的投入、产出与需求

先看图 12-4 的上半部分，需要注意的有 3 点：其一，俱乐部 i 是职业联盟的成员之一，它的“合作”对手——俱乐部 j 往往不止一家；其二，由于所有权结构不同（股东或会员“所有”），因此俱乐部的追求目标也不同，它可能是利润最大化，也可能是胜率或效用最大化；其三，根据经济学的一般处理模式，俱乐部i 生产的投入要素被简单地分为两类，即劳务 H_i 和资本 K_i。

再看图 12-4 的下半部分，卖方——职业联盟及俱乐部主要涉及以下 3 个细分市场：

① 门票市场；
② 转播市场；
③ 赞助市场。

对职业联盟及俱乐部来说，在门票市场，交易的对象是现场观众——以所在城市的主场球迷为主，交易的客体是观赏型体育服务——竞赛表演服务，获得的是比赛日收益 R_M；在转播市场，交易的对象是转播商，如电视台、流媒体或网络视频平台等，涉及的产品是以赛事版权为主的要素型体育服务，获得的是转播收益 R_B；在赞助市场，讨价还价的对象是赞助商，提供的产品是以广告服务、产品代言、营销推广等为主的要素型体育服务，获得的是商业收益 R_C。

12.3.2 观众 "资产" 与双边市场

人们经常强调，"球迷是球队的根基"。

这里我们想再次强调 "观众是俱乐部最重要的 '资产'"。

还是以 2018—2019 赛季欧洲足球俱乐部 20 强为例。

图 12-5 清晰地显示出，场均现场观众数（场均现场观赛人数）、（推特、Instagram、YouTube 等流媒体平台上的）总粉丝数与俱乐部总收益之间存在显著的正相关关系——观众和粉丝越多，俱乐部总收益就越高。

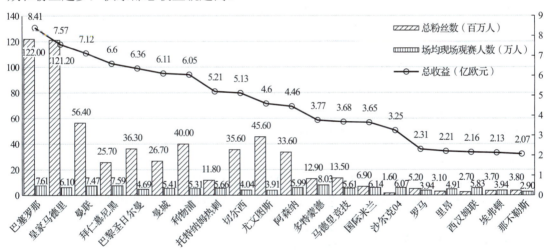

图 12-5 2018—2019 赛季欧洲足球俱乐部 20 强：场均现场观赛人数、总粉丝数与总收益

除了表明 "观众是俱乐部最重要的 '资产'"，图 12-5 显示的这种正相关关系还展现出俱乐部生产经营具有很强的双边市场特性。

在第 6 讲，我们知道，双边市场涉及的是彼此联系、相互影响的两个市场。不仅是门票市场与赞助市场，实际上，转播市场与赞助市场、门票市场与转播市场，都可以看作（准）双边市场。

现实中，双边市场几乎随处可见、触手可及，并不是什么罕见的现象。传统的产业——如媒体、中介业及支付卡系统等，新兴的市场——搜索引擎、门户网站及 B2B 或 B2C 电商平台等，都是常见的、典型的双边市场。

判别双边市场，最重要的是看是否存在双边网络效应。

比如一家零售商店，它要向上游批发商购买商品，然后销售给消费者，如果仅看字面意思，那么它显然可以看作是双边的。不过，经济学家在讨论双边市场时，一般会特别强调两个市场的消费者之间存在直接的影响，即强调双边市场最重要的特征是双边网络效应。

在理解双边网络效应前，我们最好先认识网络效应。

网络效应是网络外部效应（network externality）的简称，是指这样一种现象，即一个人得自某商品的效用（或收益）依赖于该商品市场其他消费者的数量。它是外部性或外部效应的一种特殊形式，比如传统的传真机市场，越多的办公室配置传真机，人们购买传真机所得到的便利就会越多。又比如腾讯社交聊天软件，使用的人越多，人们使用它所获得的好处就会越多。

双边网络效应又称交叉网络效应（two-sided network externality），是指这样一种现象，即一个消费者得自某商品的效用（或收益）依赖于另一市场消费者的数量（反之亦然），它是一种间接的网络效应——涉及两个市场而非同一市场。比如，21世纪初索尼主导的蓝光光碟技术，由于人们并不关心其他人拥有什么样的播放机，因此没有直接的网络效应，但存在一种间接的网络效应：播放机的销量越大，可播放的蓝光光碟就越多；反过来，可播放的蓝光光碟越多，购买播放机的吸引力就越大。

了解了相关概念之后，让我们回到俱乐部的生产经营。

根据埃文斯和施马伦西的分类，俱乐部身处的是一种受众创造型双边市场。实际上，受众创造型双边市场存在的更多的是单向或单边的网络效应。比如，我们可以说，赛事现场和场外的观众越多，赞助企业所获得的收益就越高；反过来却很难说，赞助企业越多，球迷所得到的效用就越大。

因此，我们反复强调"观众是俱乐部最重要的'资产'"，同时也多次指出"体育组织涉及的是一种（准）双边市场"。

这里，我们进一步明确，竞赛表演双边市场中的网络效应是欣赏赛事的观众数量越多，赞助企业所获得的收益就越高（这意味着俱乐部获得的赞助和支持也会越多）。

12.3.3 双边市场与门票定价

在12.2.3节，我们知道，比赛日收益在总收益中所占的占重小且增长速度慢。

其原因之一是门票价格较为低廉。

2017—2018赛季，在欧洲五大足球联赛之中，英超平均从每个观众处可获得的收益最高，位列其后的是西甲、德甲、法甲和意甲，数值分别为45.7欧元、39.6欧元、35.5欧元、26.9欧元和24.0欧元。需要注意的是，欧足联计算的平均收益，包括高级门票和招待费等。结合居民收入水平来看，各俱乐部的门票价格，尤其是季票价格，相对来说是比较低廉的。即使在平均收益最高的英超，如表12-3所示，其大部分俱乐部（16个俱乐部）的普通季票的价格，都要低于或远低于当地居民的周薪。

表 12-3　2017—2018 赛季英超俱乐部最惠季票价格与居民收入

排序	职业俱乐部	最惠季票价格	居民周薪	价格周薪比	排序	职业俱乐部	最惠季票价格	居民周薪	价格周薪比
1	西汉姆联	289.00	591.50	0.49	11	水晶宫	550.00	681.10	0.81
2	哈德斯菲尔德	299.00	581.70	0.51	12	埃弗顿	485.00	567.30	0.85
3	曼城	299.00	552.90	0.54	13	纽卡斯尔联	544.00	611.30	0.89
4	伯恩利	390.00	567.10	0.69	14	斯托克城	459.00	504.80	0.91
5	沃特福德	528.00	735.20	0.72	15	伯恩茅斯	550.00	581.60	0.95
6	莱切斯特城	395.00	521.50	0.76	16	曼联	532.00	552.90	0.96
7	西布朗	399.00	521.60	0.76	17	阿森纳	891.00	889.90	1.00
8	斯旺西	439.00	562.30	0.78	18	南安普敦	570.00	545.40	1.05
9	布莱顿	515.00	649.50	0.79	19	托特纳姆热刺	695.00	661.60	1.05
10	切尔西	750.00	929.20	0.81	20	利物浦	685.00	567.30	1.21

数据来源：英国票务网站 Ticketgum（历年门票价格及相关情况亦可参见英超官方研究报告）。

俱乐部门票价格除较为低廉外，还基本稳定。

我们可以看看"红魔"曼联。作为全球最受欢迎的俱乐部之一，曼联的比赛一直备受追捧。每年购买曼联季票的球迷一般在 10 万人以上。不过曼联的主场——老特拉福德球场的座位数只有 76000 个，球票供不应求。但让球迷高兴的是，曼联的季票价格不但相对偏低——在英超 20 支球队中处于中等水平，而且非常稳定——截至 2018—2019 赛季，已连续 7 个赛季不曾涨价。

门票价格当然不会一成不变。在成功卫冕 2018—2019 赛季英超冠军后，曼城宣布将调整自己的门票价格。在德甲获得 7 连冠后，拜仁慕尼黑也宣称要上调自己的季票价格。需要注意的是，曼城的普通季票——低于 500 英镑的季票的上调幅度都不超过 15 英镑，即平均一场比赛的门票价格涨了不到 1 英镑。拜仁慕尼黑的情况也非常类似，季票价格上调幅度为 5～10 欧元，即平均一场比赛的门票价格涨了 0.5 欧元左右。

为什么门票价格较为低廉且基本稳定？

要回答这一问题，需要考察俱乐部门票的定价决策。

我们知道，竞赛表演服务市场并不是完全竞争的，俱乐部往往具有一定的市场势力，可以看作价格制定者。也就是说，俱乐部的（市场）需求曲线 D 是向右下方倾斜的。容易推导出，俱乐部的边际收益曲线 MR 也是向右下方倾斜的，并且位于需求曲线 D 的下方。

定价决策不仅涉及收益，还涉及成本。俱乐部的成本主要涉及两部分，一是球员、教练等的工资及比赛奖金，二是场馆的资本投入或租赁费用。对某一单场比赛来说，这两种费用一般不会随门票销售数量的变化而变化，都可以看作固定成本。采用常用的处理模式，我们假设俱乐部门票供给的边际成本为常数，如仅考虑门票的印刷成本，而不考虑比赛时的接待、安保、保洁等费用。

为了简便起见，进一步假设俱乐部的目标是利润最大化，且球场既定的座位数足够多。

为了更清楚俱乐部的门票定价决策，我们的分析分成两步。

第一步，考虑门票市场不存在外部性时的定价决策（如电视机诞生之前的情形）。

这一情形下俱乐部的成本和收益可以用图 12-6（a）来描述。由于边际成本为常数，因此俱乐部的边际成本曲线 MC 是水平的（不随门票销售数量变化而变化），它与边际收益曲线 MR 相交于点 A。

遵循边际优化原理，我们知道，俱乐部门票的最优销售数量为 Q_1，在需求曲线 D 上可以找到 Q_1 所对应的价格 P_1，"价格-数量"组合（P_1, Q_1）即为该情形下俱乐部的最优选择。

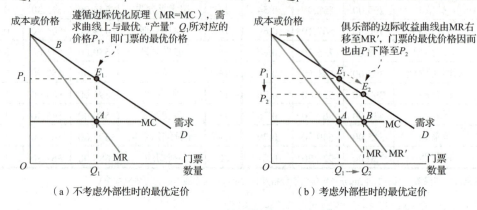

（a）不考虑外部性时的最优定价   （b）考虑外部性时的最优定价

图 12-6　俱乐部门票价格的最优决策

第二步，考虑现场观众对赞助市场有正的外部效应。

正的外部效应，意味着现场每新增一名观众，不仅会给俱乐部带来新的门票收益，也会间接地增加俱乐部的赞助收益。换句话说，现场观众的正外部效应会给俱乐部带来更高的边际收益。如图 12-6（b）所示，俱乐部的边际收益曲线由 MR 右移至 MR′。

在图 12-6（b）中，边际收益曲线 MR′ 与俱乐部的边际成本曲线 MC 相交于点 B。遵循边际优化原理我们知道，在现场观众有正的外部效应的情形下，俱乐部门票的最优销售数量为 Q_2，在需求曲线 D 上可以找到 Q_2 所对应的最优价格 P_2。相比于价格 P_1，正的外部效应让球迷"享受"了价格更为低廉的门票。

"经济学之父"斯密告诉我们，我们每天所需的食品和饮料，不是出自屠户、酿酒师或面点师的恩惠，而是出于他们自利的打算。同样地，我们应该明白，门票价格较为低廉且基本稳定，并非（完全）源于俱乐部或职业联盟的恩惠，不过是他们追求自身利益最大化的一种理性选择而已。

 知识拓展 12-4

服务价格、最优决策与俱乐部总收益

记比赛日收益、转播收益、商业收益分别为 R_M、R_B 和 R_C，因而俱乐部总收益 TR 可以表述为：

$$TR = R_M + R_B + R_C \qquad (12\text{-}8)$$

我们先来看看门票市场。

为了简化分析，我们暂时既不考虑门票市场的外部性，也不考虑赛事转播对门票市场

的影响。或者说，我们考虑这样一种情形——俱乐部历史悠久，已与社区、球迷建立了紧密联系，因而门票市场很成熟。

假设门票市场的球迷数量（买者数量）为 m_1，参考式（12-4），俱乐部门票市场的需求函数可以表述为 $D(P_M) = m_1(1 - P_M/s)$（为了与转播市场相区分，我们把门票价格记为 P_M）。相应地，我们知道，俱乐部门票收益或比赛日收益为：

$$R_M = P_M D(P_M) = P_M m_1(1 - P_M/s) \tag{12-9}$$

与前面假设门票的边际成本 MC 为常数略有不同，这里，我们假设门票的边际成本为 0——试想门票印刷费用极低的情形。此时，在门票市场上，俱乐部的利润最大化问题与收益最大化问题实际上是等同的。

收益最大化问题可以表述为：

$$\max_{P_M} R_M = P_M m_1(1 - P_M/s) \tag{12-10}$$

由最优化的一阶条件容易推知，俱乐部的门票最优价格或均衡价格为 $P_M^* = s/2$。

结合式（12-7），即 $s = \mu w_i + (1-\mu) w_i w_j$，也可写作 $s = w_i - (1-\mu) w_i^2$，把均衡价格代入式（12-9），我们可以得到俱乐部（最大化的）比赛日收益函数为：

$$R_M = \frac{1}{4} m_1 s = \frac{1}{4} m_1 [w_i - (1-\mu) w_i^2] \tag{12-11}$$

也就是说，俱乐部比赛日收益可简要地表述为市场规模与球队胜率的函数，即：

$$R_M = R_M(m_1, w_i) \text{ 或 } R_M = R_M(w_i) \tag{12-12}$$

此外，由式（12-11），我们也可以推导出门票市场上俱乐部的边际收益函数，即：

$$\mathrm{MR}_M = \frac{1}{4} m_1 [1 - 2(1-\mu) w_i] \tag{12-13}$$

记现场参与的球迷数量为 n_1。由于 $n_1 = D(P_M^*) = m_1(1 - P_M^*/s)$，现场参与的球迷数量因而也可以简要地表述为：

$$n_1 = n_1(m_1, w_i) \text{ 或 } n_1 = n_1(w_i) \tag{12-14}$$

其次，我们来看看转播市场。

记球迷数量（买者数量）为 m_2，并把转播"理想化"为无须支出任何费用。类似地，我们可以推导出，俱乐部转播收益 R_B 为市场规模 m_2 与球队胜率 w_i 的函数，即：

$$R_B = R_B(m_2, w_i) \text{ 或 } R_B = R_B(w_i) \tag{12-15}$$

当然，我们知道，门票市场与转播市场的球迷之间存在一定的差异，而且即使是同一场比赛，其在两个市场的"质量"也可能不相同。

记转播市场的场外参与球迷数量为 n_2。由于 $n_2 = D(P_B^*) = m_2(1 - P_B^*/s)$，场外参与球迷数量因而也可以简要表述为：

$$n_2 = n_2(m_2, w_i) \text{ 或 } n_2 = n_2(w_i) \tag{12-16}$$

最后，我们来看看赞助市场。

根据俱乐部双边市场所特有的网络效应——欣赏赛事的现场观众和场外观众越多，赞助企业所获得的收益就越高，商业收益 R_C 可以表述为 $R_C = R_C(n_1, n_2)$。

由式（12-14）和式（12-16），商业收益 R_C 可以表述为：

$$R_C = R_C(m_1, m_2, w_i) \qquad (12\text{-}17)$$

把式（12-12）、式（12-15）及式（12-17）代入式（12-8），有 $TR = R_M(m_1, w_i) + R_B(m_2, w_i) + R_C(m_1, m_2, w_i)$，因而可以把俱乐部总收益改写为：

$$TR = TR(m_1, m_2, w_i) \qquad (12\text{-}18)$$

很多时候，为了简化分析，m_1、m_2 经常被假设为外生给定的。因此，俱乐部总收益 TR 经常被简要地表述为：

$$TR = TR(w_i) \qquad (12\text{-}19)$$

体育经济学家一般会假设，在一定的范围内（很多时候是 $w_i \in [0,1]$），总收益 TR 会随胜率 w_i 的提升而增加。

在研究中，不同于职业联盟所强调的"为联盟考虑"，对单个俱乐部来说，在所有其他因素保持不变的条件下，更多的胜利或更高的胜率（一定范围内的），几乎是讨好、吸引和取悦观众的不二法宝。换句话说，对于个体——某一俱乐部来说，其现场和场外观众的多寡，主要依赖于竞赛中自己的胜率。

正因如此，我们在引言中特别强调，在体育世界里，"胜利就是一切"。

 知识拓展 12-5

"免费的午餐"的奥秘

经济学家总是强调"天下没有免费的午餐"，但现实中却有很多"免费"的产品和服务，如 QQ、微信等社交软件、欧冠决赛直播等。

"免费"如此常见，以至于在《免费：商业的未来》中，安德森强调，世界就是一个"交叉补贴"的大舞台。

在安德森看来，"免费"的模式一般有以下 4 种。

一是"直接交叉补贴"，即企业在销售多种产品时用收费产品补贴免费产品。这一模式可以看作捆绑销售的变形或极端情形，如剃须刀免费但刀片收费，电信运营商的手机免费但通信收费等。

二是"三方市场"，即引入一个独立的第三方来为产品付费。传统的报纸杂志、广播电视，以及互联网世界的流媒体，一般都以此为运营基础，如广告商给媒体付费，媒体为广告商把信息传递给消费者，消费者享受一定的免费服务。

三是"免费加收费"，即对一部分人免费，对另一部分人收费，相当于付费人群给不付费人群提供补贴。比如有些娱乐场所要求男士买票但对女士免票。互联网企业也经常采用这一模式，如为一般用户提供免费版本的普通产品，为 VIP 用户提供收费版本的专业产品。

四是"非货币市场"，即免费产品的提供者获得的是非货币报酬，如关注、声誉、与人分享的快乐等。随着社会不断发展，人们越来越崇尚"共享精神"，越来越愿意与人分享自己的知识和劳动成果，如知乎、豆瓣、维基百科等就是该模式的典型代表。

为什么会有"免费的午餐"？

"免费"的奥秘在于企业成功地设计了交叉补贴——让钱在不同的产品之间、人与人之间、现在与未来之间、不和钱打交道的市场与和钱打交道的市场之间转移。

思考与讨论

1. 从北美四大职业联盟与欧洲五大足球联赛看，职业俱乐部或球队的所有权结构一般是什么样的？它们与中超俱乐部和 CBA 球队相比有什么不同？

2. 在你的身边是否有人经常（现场）观赏体育赛事？如果有，那么在决策时他们重点考虑的因素有哪些？

3. 职业俱乐部的产品和服务市场可以进一步细分为哪些子市场，它们彼此之间存在什么样的联系？

4. 尽管门票收益在总收益中所占的比重并不高，但职业俱乐部却经常强调"球迷是球队的根基"。试从经济学的视角对此予以分析和评价。

5. 从球迷现场参与的影响因素的角度，对中超俱乐部或 CBA 球队的门票销售及市场培育提出建议。

6. 在你身边有哪些产品或服务是"免费"的，它们为什么是"免费"的？

7. 本讲引言强调，职业俱乐部的行为选择背后都清楚地刻着一行字——"胜利就是一切"。对此你怎么看？

第 13 讲

体育劳务与竞争平衡

确保竞争平衡，是职业联盟的基本职责之一。围绕"平衡的根在劳务"，在本讲，我们讨论的问题主要有：①相比于其他市场，体育劳务市场有哪些基本特征？②作为最常见的制度安排，收益分享能否提高职业联盟的竞争平衡程度？③同一项类、同一联盟及同一球队内的球员工资差异显著，其背后的原因是什么？

教学目标

通过学习，认识体育劳务市场的发展沿革、基本特征及工资表现；理解俱乐部对劳务投入的权衡取舍，以及职业联盟竞争平衡经济分析的基本范式；理解 3 种典型的球员工资差异背后的微观机理。

教学要求

章节安排	主要内容	知识要点
13.1 受限的体育劳务市场	体育劳务市场的特征及工资状况	保留条款、自由球员、时间受限、数量受限、薪资受限
13.2 劳务供求与竞争平衡	收益分享对竞争平衡的可能影响	边际产出收益、边际要素成本、瓦尔拉斯猜想、竞赛-纳什猜想
13.3 体育"工人"不同酬	超级明星现象与球员激励	工资差异、人力资本、内部竞争、高工资、延期支付、团队文化

在第 1 讲，我们知道，为了生产出"成功"的产品（结果不确定的），球队之间的实力差距不应"太大"。在第 11 讲，我们清楚，逆序选秀及工资帽和奢侈税直接指向体育劳务市场，它们都可以看作竞争平衡的直接制度安排；收益分享指向产品市场，由于是通过收益而影响劳务投入的，因此可以看作竞争平衡的间接制度安排。

有了这些知识准备，我们自然清楚，职业联盟竞争平衡的根在体育劳务市场。

在本讲，追随"看不见的手"，我们将看到体育劳务市场的演进历程，以及体育劳务价格——球员工资的变化；我们将看见俱乐部对劳务投入的权衡取舍，以及职业联盟为确保竞争平衡而进行干预的内在逻辑；我们将看清球员工资差异的原因，以及俱乐部激励体育"工人"的基本策略。

13.1　受限的体育劳务市场

13.1.1　从保留条款到自由球员

起初，职业棒球球员是"自由"的。他们在各球队之间的流动几乎不受限制，合同到期后，他们可以自由地与所有球队接洽、谈判和签订新劳动合同。

显然，球员"自由"及由此引发的球队之间的竞争，无疑会损害球队的盈利能力。1876年，随着 NL 成立，形势慢慢发生了变化。1879 年，为了避免互挖墙脚，以及压缩开支，NL 各球队业主偷偷地达成了一项"君子协定"：每支球队可列出一个球员"保留"名单（球员数量最多为 5 名），其他球队禁止与名单上这些球员签约。

"保留"名单本是一个秘密，不过世上没有不透风的墙。秘密泄露之后，出现的却是戏剧性的一幕，"潜规则"被明确写入联盟章程——成为正式规则，并被设定为联盟劳动合同的一项标准条款。

这项标准条款，正是著名的保留条款。保留条款确立之后，球员的就业自由便被套上了枷锁，球队业主几乎拥有强买强卖的绝对权力，而且是以"合法"的行规形式。

1969 年，七届金手套奖得主——弗勒德被球队要求交易到费城人。

震惊之余，弗勒德感到无比愤怒。球场上，自己全力以赴、战功卓著；球场外，自己的尊严和利益却被等闲视之。要知道，胜率不到四成的费城人实力有限，与其原来的球队完全不能同日而语，而且当时种族歧视氛围浓厚的费城，也不是非裔美国人的好去处。

尽管意难平，弗勒德还是决定先礼后兵。弗勒德给当时 MLB 的总裁库恩写了一封"求助"信，请求库恩告知其他球队自己在 1970 年的赛季是可选用的。

尽管弗勒德的信写得声情并茂，但库恩的拒绝却是斩钉截铁。

弗勒德只能找米勒帮忙。米勒曾在美国最大的工会之一——钢铁工人联合会担任主席助理和首席经济学家，1963 年被任命为国家劳工关系委员会委员。因"战斗"经验丰富，1966 年，米勒被聘请为美国职业棒球大联盟球员协会 MLBPA 首位全职执行董事。

听闻弗勒德要起诉 MLB，米勒提醒他，胜诉的机会极为渺茫，而且可能不会再有球队雇用他，他的职业生涯将走入穷途末路。

令人敬佩的是，弗勒德没有退缩。

即使初审、二审连续败诉，弗勒德依旧不屈不挠，以保留条款限制州际自由贸易为由，将官司打到联邦最高法院，因而有了著名的弗勒德诉库恩案。

遗憾的是，弗勒德的支持者寥寥无几，没有一个现役球员愿意出庭作证予以支持。而且美国的先例判决传统也深深地影响了案件的走向。MLB 已经赢过两次——1922 年的巴尔的摩诉 NL 案与 1953 年的图尔森诉纽约洋基案，最终 MLB 再一次赢得了官司。

尽管输了官司，但弗勒德不屈不挠的精神、明知不可为而为之的勇气影响深远。联盟及球队业主也开始担心诉讼阴云可能会难以驱散。

有担心，就可能有退让。1970 年，在米勒的领导下，MLBPA 与球队业主达成了一项新的劳资集体协议。新的劳资集体协议规定，只要不涉及"棒球诚信"，球员与业主之间的纠纷都可以交由三人仲裁庭进行仲裁。

1975 年，在米勒的游说下，洛杉矶道奇的投手梅瑟史密斯与蒙特利尔博览会的投手麦克纳利拒绝签约，并向保留条款再次发起了挑战。

球员的申诉提交到了三人仲裁庭，代表业主与工会的两名仲裁员各为其主：业主一方认为，保留条款是合同的一部分，续签一年的合同自然也包括保留条款的更新，根据这个更新了的保留条款，业主有权再次更新合同一年，从而周而复始、无限循环；工会一方则主张，保留条款中的"再续签球员一年"，意思就是仅更新一年。

因而当时的独立仲裁员塞茨就变得举足轻重起来。在说服双方庭外和解失败之后，塞茨做出了自己的决定：一年就是一年，如果劳资双方认同合同是每年自动更新的，那么就应该用清楚明确的语言把它写下来。

在美国，只要仲裁程序符合规定且无重大瑕疵，法律就会认可仲裁的终局效力，法院也会强制执行仲裁裁决。就这样，有着近百年历史的保留条款，在小小的仲裁庭里轰然崩塌。

由此，"联邦反垄断法，棒球不适用"的时代终于一去不返。

相似的一幕，在遥远的欧洲，则要等到 20 年之后——1995 年，由比利时球员博斯曼走向欧盟法庭，才得以成功上演。

13.1.2　体育劳务市场有限制

相比于产品市场，劳务市场更复杂——体育劳务市场尤甚。

复杂的表现之一，是交易参与主体多。

除球员和球队外，一般还会涉及经纪人或经纪公司、球员工会、职业联盟，以及相关的专项体育协会。比如，足球运动员的跨国转会就必须通过国际足联的球员交易匹配系统进行，这样才能获得国际转会证明。

复杂的表现之二，是劳动合同条款多。

球员是职业体育和竞赛表演服务的绝对主角。他们的薪资非常高。球员"买卖"是大生意——对战绩影响大、交易金额高，因此，针对签字费、工资和奖金、福利待遇、伤病保险、肖像权使用、违纪处罚、合同解除、违约责任、争议仲裁等，必然要规定清楚。

如果不考虑市场结构，体育劳务市场的主要特征可以归纳为以下 3 点。

（1）时间受限

一般情形下，企业如果有需要，几乎可以随心所欲地挑选和引进人才。

与一般情形不同，在时间维度上，体育劳务市场至少有两个特殊的地方：一是交易时间受限；二是合同时长受限。在 NBA，除了个别特例，球员转会一般禁止现金交易，只能以人换人，而且只有赛季开始到第十六个星期四晚上 9 时这个时间段，球队才可以自由交换球员。对于合同时长或年限，NBA 也有明确规定：在 2017 版劳资集体协议中，新秀球员、自由球员及老将球员（在联盟效力 10 年及 10 年以上）最长为 4 年，伯德特例最长为 5 年，中产特例最长为 4 年，伤病特例最长为 1 年，双年特例最长为 2 年。

（2）数量受限

为了"人尽其才"，职业联盟一般采用注册制，对球员数量予以一定限制。脱欧之前的英超，就规定俱乐部一线队的注册球员数量上限为 25 人（球员未满 21 周岁则不受限制），并要求其中至少有 8 人是"本土球员"（15～21 岁期间在英格兰或威尔士俱乐部踢球不少于 3 年的选手），非"本土球员"则需要有英国劳工部颁发的劳工证。

在 NBA，也有类似的规定。一般情形下，常规赛每支球队注册球员数量上限为 15 人（特殊情形下可增至 16 人），每场比赛允许上场的激活球员为 12 人（首发 5 人，替补 7 人），剩余的 3 人进入冷藏名单。所以，理论上讲，每个赛季 NBA 的球员人数应该在 450 人左右——剩余的其他签约球员则被下放到 NBA 发展联盟。

（3）薪资受限

为了维护竞争平衡和资方整体利益，对于劳务市场上的"有钱任性"行为，职业联盟几乎都旗帜鲜明地予以反对。就薪资受限而言，在欧洲，代表性的规定是欧足联财政公平法案；在北美，四大职业联盟要么选择了工资帽，要么选择了奢侈税，或者是二者兼而有之。

还是以 NBA 为例，在 2017 版劳资集体协议中，除了工资帽和奢侈税线，NBA 还规定，效力 0～6 年的球员、7～9 年的球员及老将球员的薪资金额，分别不得超过工资帽的 25%、30% 和 35%。至于欧洲，欧足联财政公平法案影响巨大，还有一些职业联盟（如西甲）学习北美的职业联盟，也开始引入和实施工资帽制度。

13.1.3　球员工资的今与昔

1966 年，米勒入主 MLBPA 的时候，很少有人预料到他将带来颠覆式的革新。

作为一位劳动经济学家，米勒的理论素养自然无须多言。他鼓励球员，不要害怕斗争，不要害怕罢工，因为如果爆发罢工，业主将会比球员遭受更大的损失。

1968 年，米勒让业主坐在了谈判桌前，成功地主持了体育史上第一次劳资集体协议谈判；1970 年，米勒推动成立三人仲裁庭，为球员赢取了向仲裁庭提出上诉的权利；1972 年，米勒组织了体育史上第一次球员罢工——一场关于棒球球员养老金的斗争；1976 年，经过十年的不懈努力，米勒瓦解了保留条款，"解放"了棒球运动员，在 NBA、NFL 等联盟紧随其后废除了保留条款后，他实际上也间接"解放"了其他职业运动员。

1982 年，当米勒事了拂衣去的时候，其领导的 MLBPA 已发展为美国最强大的劳工组织之一，众多的职业球员也终于获得了与球队业主平起平坐的权利。

米勒的影响既广又深，但最直接的，无疑是球员的工资变化。

图 13-1 展示的是 1964—2019 赛季 MLB 球员的平均工资。

为了使认识更直观，图 13-1 还展示了 MLB 球员的相对平均工资，即用球员平均工资除以美国平均工资指数，因而通货膨胀对球员名义工资的影响可以忽略不计。

图 13-1　1964—2019 赛季 MLB 球员的平均工资

资料来源：1964—1966 年的数据，引自 Driskill 和 Vrooman 的 "Talent Versus Payroll as Strategic Variables in Game Theoretic Models of Sports Leagues"；1966 年之后的数据，则来自 MLBPA 官方网站。

1966 年米勒入职 MLBPA 时，MLB 球员的平均工资为 1.80 万美元；1982 年米勒卸任时，平均工资上升为 24.15 万美元。16 年间增加了 12.42 倍，年均增速为 17.62%。

在图 13-1 中，我们更想强调以下两个重要时点。

一是 1968 年，MLBPA 与球队业主成功签署了第 1 版劳资集体协议，此时平均工资为 2.10 万美元（相对平均工资为 3.77，可以理解为美国雇员平均工资的 3.77 倍）。

二是 1976 年，自由球员在 MLB 成为常态，此时平均工资增加至 5.15 万美元（相对平均工资为 5.58）。在此之前，尽管平均工资有所增长，但增速较为平缓；在此之后，增速的显著提升是不言而喻的：MLB 球员的平均工资于 1979 年首次突破 10 万美元，然后分别在 1992 年、2001 年、2010 年和 2017 年依次突破 100 万美元、200 万美元、300 万美元和 400 万美元；至于相对平均工资，在 2008 年之后，则再也没有低于过 70。

作为职业化的先行者，MLB 的数据让我们对球员工资的历史变化有了大致认识。

接下来，我们看看当前的基本情况。

考虑到数据的可获得性，我们以北美四大职业联盟与欧洲五大足球联赛为例，将其球员工资情况展示于表 13-1 中。

表 13-1　2019—2020 赛季北美四大职业联盟与欧洲五大足球联赛的球员平均工资情况

职业联盟		赛季	均值/百万欧元	最大值/百万欧元	最小值/百万欧元	标准差/百万欧元	离散系数	球队数量/支
北美四大职业联盟	NFL	2019—2020	2.61	3.76	1.64	0.36	0.14	32
	MLB	2019	3.22	6.15	1.35	1.34	0.42	30
	NBA	2019—2020	6.67	8.03	5.66	0.65	0.10	30
	NHL	2019—2020	2.16	2.65	1.23	0.33	0.15	31
欧洲五大足球联赛	英超	2019—2020	3.17	6.99	0.73	1.73	0.55	20
	西甲	2019—2020	2.09	9.83	0.36	2.75	1.32	20
	德甲	2019—2020	1.64	6.50	0.33	1.49	0.91	18
	意甲	2019—2020	1.79	8.09	0.46	1.76	0.98	20
	法甲	2019—2020	1.05	7.15	0.24	1.54	1.47	20

注：数据引自 Sporting Intelligence《2019 全球体坛年度薪资调查报告》。

如表 13-1 所示，球员工资差异较大。

其特征，可以简要地归纳为以下两个。

特征一：联盟之间差异显著（同一项类）。

对于联盟之间的差异，我们主要关注一个指标——均值。

均值代表的是一组数据的平均或一般水平。在表 13-1 中，可以看到工资水平最高的是 NBA，其均值为 667 万欧元；工资水平最低的是法甲，其均值为 105 万欧元，二者的差值为 562 万欧元，前者为后者的 6.35 倍。

"隔行如隔山"，不同体育项类的联盟之间的差异其实容易理解。一方面，产品的市场需求可能存在差异；另一方面，产品的生产函数也不同，如同样是先发 11 人，欧洲足球联赛球队的注册球员数一般在 25 人左右，而 NFL 球队的注册球员数却往往会超过 50 人（分为进攻组、防守组和特勤组）。

换句话说，讨论联盟之间的差异时，我们更应该关注体育项类相同的情形。

这里，我们观察欧洲五大足球联赛，可以发现"联盟之间差异显著"这个特征依然成立：英超球员的平均工资比排名第 2 位的德甲高 51.7%，更是排名垫底的法甲的 3 倍有余。如果有心，我们当然也可以调查其他体育项类不同联盟之间的差异，如 MLB 与美国职业棒球小联盟 MiLB，或者 NBA 与 NBA 发展联盟。倘若如此，你多半会感叹："没有对比，就没有伤害"。

特征二：球队之间差异明显（同一联盟）。

对于球队之间的差异，我们主要关注 3 个指标——最大值、最小值及离散系数。

在表 13-1 中，对于球队之间的差异，最直观也是最简单的方法，就是看联盟内部各球队的球员平均工资的最大值与最小值。比如，2019 赛季的 MLB，联盟中各球队球员平均工资的最大值和最小值分别为 615 万欧元和 135 万欧元（对应的球队分别为纽约洋基和匹兹堡海盗），二者的差值为 480 万欧元，前者为后者的 4.56 倍。尽管抓的只是一头一尾，不过通过最大值和最小值的比较，我们还是可以大致断定，无论是北美还是欧洲，联盟内部各球队之间的差异多半是不容忽视的。

当然，我们也可以看离散系数。离散系数为标准差与均值之比，离散系数越大，说明数据的分散程度越大（在这里，数据的分散程度越大意味着球队之间工资水平差异越大）。由于离散系数是一个无量纲量——不同于标准差，因此可用于不同组别之间的比较。表13-1中，离散系数大于1的联盟有2个，即法甲和西甲；介于0.5和1之间的联盟有3个，即意甲、德甲和英超；小于0.5的联盟有4个，即MLB、NHL、NFL和NBA。

这里，我们再一次看到，"北美、欧洲两个样"。

13.2 劳务供求与竞争平衡

13.2.1 俱乐部该投入多少

"人们面临权衡取舍"，俱乐部面临的重要问题之一是：

该投入多少？

说到投入，我们需要把目光投向要素市场。

对于要素市场，要明确的第一点，就是它与产品市场不一样。

习惯上，俱乐部投入的生产要素可以分为两种：一种是（物质）资本，如比赛场馆、训练设施、转播设备等；另一种是劳动、劳务或人力资本（human capital，H），如球员、教练、经理、球探、医疗及后勤人员等。考虑到体育场馆等的建设期和使用期都比较长，因而假设俱乐部的资本投入是固定不变的。对于各类劳务需求，假设俱乐部的生产只需要投入球员。这样，"该投入多少"，实际上等同于"该投入多少球员劳务"。

为了简化分析，进一步假设俱乐部追求利润最大化（而不是胜率或效用最大化）。

追求利润最大化，当然要遵从边际优化原理"边际收益=边际成本"。

为此，我们先看看投入要素的边际收益。

为了与产品市场相区分，经济学家将要素投入的边际收益称为边际产出收益（marginal revenue product，MRP），即增加1单位某种要素投入带来的额外产出所带来的额外收益。

如何度量球员劳务的边际产出收益 MRP？

针对定义中的两个"额外"，我们可以将问题一拆为二：

① 增加1单位某种要素投入能带来多少额外产出？

② 这些额外产出又能带来多少额外收益？

正如第4讲介绍的，增加1单位某种要素投入（如更高质量的球员劳务）带来的额外产出（比赛质量的提升），就是球员劳务的边际产出 MP；增加1单位产出所带来的额外收益，就是这1单位产出的边际收益 MR。

由此，我们知道，球员劳务 H 的边际产出收益为：

$$MRP = MP \cdot MR \tag{13-1}$$

由于边际产出是递减的，并且产品市场上俱乐部的边际收益是非递增的，因此在几何图形上，球员劳务的边际产出收益 MRP 曲线表现为向右下方倾斜，如图13-2所示。

接下来，我们看看投入要素的边际成本。

为了与产品市场相区分，经济学家将要素投入的边际成本称为<u>边际要素成本</u>（marginal factor cost，MFC），即<u>增加最后 1 个单位的要素投入所增加的额外成本</u>。

假设俱乐部是价格接受者，球员工资（wage，W）外生给定为 W_0，这意味着：

$$\text{MFC} = W_0 \tag{13-2}$$

"权衡取舍"，需要遵从边际优化原理。如图 13-2 所示，如果期初俱乐部 i 投入的球员劳务为 H_i'，在纵轴上，该球员劳务对应的 $\text{MRP}' > \text{MFC} = W_0$，此时，俱乐部可以通过适当增加劳务量来增加自己的利润（如果期初球员劳务为 H_i''，情形则正好相反）。相应地，我们可以得到一个结论：利润最大化要求球员劳务的边际产出收益等于球员工资，即俱乐部 i 球员劳务的最优投入量为点 A 所对应的 H_i^*。

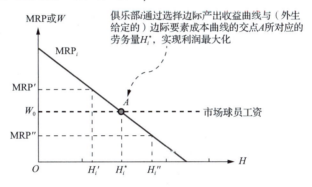

图 13-2　球员劳务的边际产出收益与俱乐部的劳务需求

"人们是在边际上做选择"，实际上，MRP 曲线为俱乐部的"权衡取舍"提供了指导。在这条曲线上，对于任何一个工资水平，俱乐部都可以找到自己需要的最优劳务投入量。换句话说，<u>对于一家以利润最大化为目标的俱乐部，边际产出收益曲线也是它的劳务需求曲线</u>。

在了解了需求之后，俱乐部自然需要先问一问"背景是什么"。为此，我们需要注意，体育劳务市场分析涉及的情形主要有 3 种：一是买方竞争与卖方竞争；二是买方寡头垄断与卖方竞争；三是买方垄断与卖方垄断（如在双边垄断情形下对劳资集体协议进行讨价还价）。

13.2.2　瓦尔拉斯猜想与竞争平衡

与产品市场一样，要素（市场）供给也是经济主体自主决策的结果。一般情形下，球员劳务的市场供给也是符合供给定理的，即球员劳务的供给曲线是向右上方倾斜的。

为了简化分析，我们假设体育劳务市场是完全竞争的，俱乐部是价格接受者，在一定时期内市场上球员劳务的供应量是既定的，并基于数量和质量两个维度把它标准化为 1。也就是说，球员劳务的市场供给曲线是一条垂直线，无论球员劳务的价格——工资 W 如何，其供应量总是等于 1。

类似于工资外生给定为 W_0 时的情形，俱乐部是价格接受者——它们在劳务市场中并无市场势力，这意味着球员劳务的边际要素成本等于工资，即有：

$$\text{MFC} = W \tag{13-3}$$

下面我们回到球员劳务的需求侧。

假设联盟有两家职业俱乐部（或球队），一家是大俱乐部或大市场球队 i，一家是小俱乐部或小市场球队 j，除市场规模不同外，二者的产品市场再无差异。联盟采用双循环赛制，这两支球队需要在主场、客场各进行 1 场比赛，并且球队 i 与球队 j 各自获得自己主场比赛的相关收入——我们暂时不考虑收益分享。

记球队 i 与球队 j 的球员劳务投入分别为 H_i 与 H_j，假设比赛必须分出胜负，没有平局，天气、场地、临场发挥等因素忽略不计。这样，球队 i 的产出——胜率 w_i 就可以简洁地表述为：

$$w_i = H_i / (H_i + H_j) \tag{13-4}$$

从式（13-4）中，我们再次看到反向联合生产——球队 i 的胜率 w_i 不仅取决于自己的投入 H_i，也取决于对手的投入 H_j。

由于假设球员劳务供应量既定为 1，即球员劳务的供给曲线是一条垂直线，而球队 i 与球队 j 是仅有的买家，因此，当劳务市场出清或达到均衡时，我们有 $H = H_i + H_j = 1$。也就是说，在这两个假设之下，球队 i 的胜率被简化为 $w_i = H_i$。相应地，图 13-2 中的横坐标既可以表示球员劳务量，也可以表示球队的胜率。正如图 13-2 中的纵坐标既表示球员劳务的边际产出收益 MRP，也表示边际要素成本 MFC 或工资 W。

假设球员劳务既定为 1（意味着 $H_i = w_i$、$H_j = w_j$），球队 i 与球队 j 的产出——赛事质量 s 可以表述为球队 i 的胜率 w_i 的函数（$w_j = 1 - w_i$）。参照常规的处理方法（以及第 12 讲的知识拓展 12-4），将球队 i 的市场规模标准化为 1，将球队 j 的市场规模假设为 m（$0 < m < 1$），它们的边际收益 MR_i、MR_j 则可以分别表述为：

$$\mathrm{MR}_i = a - bw_i (a, b > 0) \tag{13-5}$$

$$\mathrm{MR}_j = m(a - bw_j) \tag{13-6}$$

式（13-5）意味着，球队 i 的总收益为：

$$\mathrm{TR}_i = \left(a - \frac{b}{2} w_i \right) w_i + c_i \quad （c_i \text{ 为常数}） \tag{13-7}$$

式（13-7）表明，总收益 TR_i 是球队的胜率 w_i 的二次函数。起初，总收益 TR_i 随着胜率 w_i 的提升而增加，当总收益到达峰值后，胜率 w_i 的进一步提升却会导致总收益下降。也就是说，俱乐部的胜率并不是越高越好，这也体现了球迷偏好结果不确定。

由式（13-7）和式（13-4）可以推知，球队 i 的球员劳务投入的边际产出收益为：

$$\mathrm{MRP}_i = (a - bw_i) \left[1 - w_i \left(1 + \frac{\mathrm{d}H_j}{\mathrm{d}H_i} \right) \right] \tag{13-8}$$

式（13-8）较为复杂，倘若分析对象是球队数量众多的大联盟，类似于完全竞争的情形——单个买者或卖者对市场价格的影响都微不足道，那么一个简化方法就是引入体育经济学中常用的 <u>瓦尔拉斯固定供给猜想</u>（Walrasian fixed-supply conjecture，以下简称瓦尔拉斯猜想）——对于球队 i 劳务投入的一个微小调整 $\mathrm{d}H_i$，它的竞争对手（球队 j）不会做出反应。由于总的球员劳务（以下简称劳务）供给固定为 1，因此对手增加多少，自己就会减少多少，即有 $\mathrm{d}H_i + \mathrm{d}H_j = 0$ 或 $\mathrm{d}H_j / \mathrm{d}H_i = -1$。

在瓦尔拉斯猜想下，式（13-8）可以简化为：

$$\mathrm{MRP}_i = (a - bw_i) \tag{13-9}$$

"依葫芦画瓢"，在这一猜想下，可以得到球队 j 劳务投入的边际产出收益：

$$MRP_j = m(a - bw_j) \tag{13-10}$$

参照图 13-2，可以把球队 i 与 j 劳务投入的边际产出收益曲线 MRP_i、MRP_j 绘制在图 13-3 中。

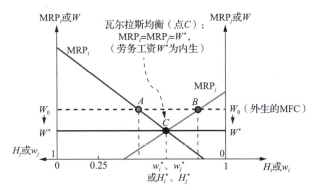

图 13-3　瓦尔拉斯均衡与球队胜率及球员工资

图 13-3 有两条纵轴。其中，左侧的纵轴代表的是球队 i 的 MRP_i 或 MFC_i；右侧的纵轴代表的是球队 j 的 MRP_j 或 MFC_j（由于两支球队都是价格接受者，因此我们把它们各自的边际要素成本 MFC 统一标示为 W）。同时，代表球队 j 投入的劳务量 H_j 或胜率 w_j 的箭头指向左侧。类似于翻书，在把球队 j 的 MRP_j 曲线绘制成图 13-2 中的曲线后，我们把它翻过来——翻转 180°，然后让它向右侧平移直至球队 i 与球队 j 的横轴重合的长度恰好等于总的球员劳务供应量。

在图 13-3 中，如果初始工资为 W_0，那么遵从边际优化原理，球队 i 与球队 j 将分别选择点 A 和点 B 所对应的劳务量。此时，二者投入的劳务量小于 1，即劳务供给存在过剩。为了避免失业，球员之间会展开竞争，选择降低工资以获得就业岗位，各球队自然乐意接受较低的价格。沿着图中的 MRP_i 与 MRP_j 曲线，工资下降引起需求增加，从而使得过剩减少。只要存在供给过剩，这种竞争就会持续下去，直到工资下降到 W^*（如果初始工资低于 W^*，情形则正好相反）。

在 MRP_i 与 MRP_j 曲线相交的点 C，球员劳务实现了供求平衡、市场出清。此时，有 $MRP_i = MRP_j = W^*$，以及 $H_i^* + H_i^* = 1$。由式（13-4）、式（13-9）和式（13-10），可以求得瓦尔拉斯均衡的解：(H_i^*, H_j^*, W^*) 或 (w_i^*, w_j^*, W^*)。其中，$w_i^* = H_i^* = \dfrac{bm + a(1-m)}{b(1+m)}$，

$w_j^* = H_j^* = \dfrac{b - a(1-m)}{b(1+m)}$，$W^* = \dfrac{m(2a-b)}{1+m}$。由于模型隐含要求 $W^* > 0$ 或 $2a - b > 0$，因此有

$\dfrac{H_i^*}{H_j^*} = \dfrac{w_i^*}{w_j^*} = \dfrac{a(1+m) - m(2a-b)}{a(1+m) - (2a-b)} > 1$。由此，可以得到

结论一：相比于小市场球队 j，大市场球队 i 有更高的劳务量和胜率。

进行了均衡分析后，我们再来看看收益分享时的情形。

考虑最简单的情形，各球队要将主场比赛相关收入的 $(1-\beta)$（$1/2 < \beta < 1$）转付给对手，即进行收益分享后，球队 i 的总收益为 $\beta TR_i + (1-\beta)TR_j$，球队 j 的总收益为 $\beta TR_j + (1-\beta)TR_i$。

由于对手之间的胜率是反向等量变化的，即有 $dw_i / dw_j = -1$，因此，在引入收益分享

之后,球队 i 与球队 j 劳务投入的边际产出收益分别为 $\beta\mathrm{MRP}_i - (1-\beta)\mathrm{MRP}_j$ 及 $\beta\mathrm{MRP}_j - (1-\beta)\mathrm{MRP}_i$。如图 13-4 所示,与不实施收益分享相比,两个球队的边际产出收益都出现了一定程度的下降。

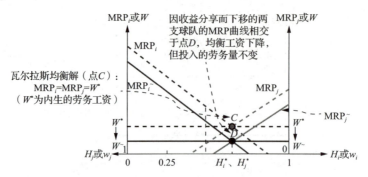

图 13-4　实施收益分享后的瓦尔拉斯均衡

如图 13-4 所示,引入收益分享之后,球队 i 与球队 j 的新的劳务投入的边际产出收益曲线相交于点 D——在点 C 的正下方,因为,新均衡所要求的 $\beta\mathrm{MRP}_i - (1-\beta)\mathrm{MRP}_j = \beta\mathrm{MRP}_j - (1-\beta)\mathrm{MRP}_i$(同时它们也等于 $W^\sim$),简化后有 $\mathrm{MRP}_i = \mathrm{MRP}_j$(由之前的瓦尔拉斯均衡可知,它们都等于 W^*),即瓦尔拉斯均衡所要求的条件依旧成立。

也就是说,在瓦尔拉斯猜想下,收益分享导致均衡工资下降,但并不改变球队 i 与球队 j 的劳务量和胜率。参考第 11 讲所讨论的相关测度方法(ASD$_w$ 等),或者简单地将联盟竞争平衡记为 $\mathrm{CB} = w_i w_j$,由此可以得到

结论二:在瓦尔拉斯猜想下,收益分享并不改变联盟的竞争平衡。

体育经济学奠基者罗滕伯格认为,无论球员的所有权属于谁,任何制度和规则设计都不会对球员的分布产生影响。这一观点被体育经济学家称作不变性原理。结论二可以看作是对该原理的一个印证。

13.2.3　竞赛-纳什猜想与竞争平衡

联盟中球队的数量一般为 20~30 家,因而部分体育经济学家强调,球队之间的关系与其说是完全竞争,不如说是寡头垄断,即球队之间的"游戏"是一种非合作博弈。

在第 8 讲,我们知道,纳什均衡是一种稳定状态,是指在其他参与人策略给定的情形下,自己选择的策略已是最优,因而不会有积极性去选择其他策略,也就是说,不会有人愿意偏离这一均衡。

于是,把球队之间的竞争视作静态博弈的体育经济学家提出了一个简单且更为合理的假设,即所谓的"竞赛-纳什猜想"(Contest-Nash conjecture)——对于球队 i 劳务投入的一个微小调整 $\mathrm{d}H_i$,它的竞争对手(球队 j)会让自己的劳务投入水平维持不变,即有 $\mathrm{d}H_j = 0$ 或 $\mathrm{d}H_j / \mathrm{d}H_i = 0$。

在竞赛-纳什猜想下,根据式(13-8),球队 i 的球员劳务的边际产出收益可以简化为:

$$\mathrm{MRP}_i^{\mathrm{N}} = (a - bw_i)w_j = (a - bw_i)(1 - w_i) \qquad (13\text{-}11)$$

"依葫芦画瓢",在这一猜想下,可以得到球队 j 劳务的边际产出收益:

$$\text{MRP}_j^N = m(a - bw_j)(1 - w_j) \tag{13-12}$$

由于 $1 - w_i \leqslant 1$、$1 - w_j \leqslant 1$，因此相比于瓦尔拉斯猜想，竞赛-纳什猜想下球队 i 与球队 j 劳务的边际产出收益要低一些。

我们把 MRP_i^N 与 MRP_j^N 绘制于图 13-5 中。

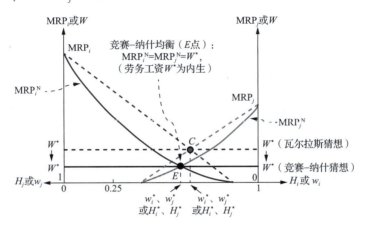

图 13-5　竞赛-纳什均衡与球队胜率及球员工资

图 13-5 中，在 MRP_i^N 与 MRP_j^N 曲线相交的点 E，球员劳务实现了供求平衡、市场出清，此时，我们有 $\text{MRP}_i^N = \text{MRP}_j^N = W^*$，以及 $H_i^* + H_j^* = 1$。由式（13-4）、式（13-11）和式（13-12），我们可以得到竞赛-纳什均衡的解：(H_i^*, H_j^*, W^*) 或 (w_i^*, w_j^*, W^*)。由此可以证明，结论一依然成立。同时，如图 13-5 所示，当 $w_i = w_i^*$ 时，有 $\text{MRP}_i^N < \text{MRP}_j^N$，因而可以得到

结论三：相比于瓦尔拉斯猜想，竞赛-纳什猜想下联盟的竞争平衡程度更高、球员工资更低。

此时我们更感兴趣的是：

竞赛-纳什猜想下不变性原理是否依然成立？

与 13.2.2 节所讲的一样，实施收益分享后，球队 i 的总收益为 $\beta\text{TR}_i + (1 - \beta)\text{TR}_j$，球队 j 的总收益为 $\beta\text{TR}_j + (1 - \beta)\text{TR}_i$。由于对手之间的胜率是反向等量变化的，即有 $\mathrm{d}w_i / \mathrm{d}w_j = -1$，并且在竞赛-纳什猜想下有 $\mathrm{d}w_i / \mathrm{d}H_i = 1 - w_i$，因此，引入收益分享之后，球队 i 劳务的边际产出收益为 $\beta\text{MRP}_i^N + (1 - \beta)[\text{MRP}_j^N - \text{MRP}_j]$。相应地，我们可以推导出，球队 j 劳务的边际产出收益为 $\beta\text{MRP}_j^N + (1 - \beta)[\text{MRP}_i^N - \text{MRP}_i]$。

进行收益分享时，市场均衡依然要求球队 i 与球队 j 的边际产出收益相等，即要求 $\beta\text{MRP}_i^N + (1 - \beta)[\text{MRP}_j^N - \text{MRP}_j] = \beta\text{MRP}_j^N + (1 - \beta)[\text{MRP}_i^N - \text{MRP}_i]$。记该情形下球队 i 与球队 j 的最优胜率分别为 $w_i^\#$、$w_j^\#$，容易证明，有 $w_i^* < w_i^\# < w_i^*$、$w_j^* < w_j^\# < w_j^*$。由此，可以得到

结论四：在竞赛-纳什猜想下，收益分享将恶化联盟的竞争平衡。

结论四的出现，可以说是出人意料的。

理论上，体育经济学家总是强调，竞争平衡是联盟治理的核心。现实中，收益分享几乎是所有联盟的一项基本制度。然而结论四告诉我们，联盟的基本制度与核心诉求是相冲突的——体育经济学家称之为收益分享悖论。

"问题"出在哪里？

应该注意到，为了简化分析，尤其是为了方便用图形展示，上述模型的相关设定都比较简单。瓦尔拉斯猜想也好，竞赛-纳什猜想也罢，都是基于两支球队、球员劳务供给固定、劳务市场卖方竞争及简单比例收益分享的框架，它们更多的是为我们提供一种参照系或研究范式。

我们一直强调，竞争平衡及收益分享是体育经济学的重要研究内容之一，学术界对此展开了大量探讨（尽管不完美）。就像体育"秀"永不落幕一样，科学研究始终是开放的。从现有成果看，在理论分析中放宽或修改相关设定，如假设俱乐部目标为胜率或效用最大化、劳务供给是有弹性的、收益函数涉及绝对劳务量或工资支出受限等，这里的结论四，或者说收益分享悖论往往就不再成立。

13.3 体育"工人"不同酬

13.3.1 体育明星的超级待遇

1986 年 4 月 20 日，面对拥有 5 位未来名人堂成员的东部冠军凯尔特人，"飞人"乔丹豪取 63 分，打破 NBA 季后赛单场历史得分纪录。

乔丹的表演，让球迷大饱眼福，更让芝加哥公牛的业主暗自窃喜。要知道，1984—1985 赛季，乔丹的工资仅为 55 万美元。1988 年，乔丹与球队签下 8 年 2400 万美元的长约，即这 8 年乔丹的平均年薪为 300 万美元。

1996 年，乔丹终于等来了最"好"的褒奖。在 8 年合同结束时，乔丹已手握 4 枚总冠军戒指，可谓战功赫赫。经历数轮谈判后，芝加哥公牛最终被迫为"飞人"乔丹提供了一份 1 年 3014 万美元的"超级"合同，这份年薪不仅高于此前 12 个赛季的工资总和，也远远超出当时 NBA 的工资帽——2300 万美元。

像乔丹一样，金字塔顶端的体育明星风光无限。

2021 年，福布斯发布的体育运动员收入排行榜，就是一个很好的印证，如图 13-6 所示。

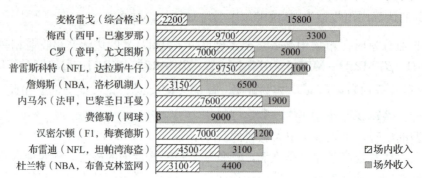

图 13-6　2021 年体育运动员收入排行榜 TOP10（万美元）

在福布斯的统计中，收入被分为两部分：一是场内收入，包括 2020 年 5 月至 2021 年 4 月的所有工资、奖金和津贴；二是场外收入，包括的是对这 12 个月里赞助、出场费和授权收入的估计，以及该运动员经营的企业的现金回报，但不包括投资收入。

不同于表 13-1 体现的是职业球员工资收入的平均水平，图 13-6 反映的是金字塔最顶端的球员的收入状况。在这 12 个月里，尽管有新型冠状病毒感染疫情的影响冲击，但 10 位顶级运动员的总收入依然突破了 10 亿美元大关。其中，场内收入合计为 5.40 亿美元，占总收入的 51.33%；场外收入合计为 5.12 亿美元，占总收入的 48.67%。二者基本旗鼓相当。

塔顶之下那些球员的工资的相关情况，当然也不能视而不见。

为此，我们将 2019—2020 赛季 NBA 各球队球员工资的基本情况列示于表 13-2 中。

表 13-2　2019—2020 赛季 NBA 各球队球员工资基本情况

球队及联盟		球员人数	球员工资/万美元			球队及联盟		球员人数	球员工资/万美元		
			均值	最大值	最小值				均值	最大值	最小值
东部联盟	东南赛区	华盛顿奇才	15	844.00	4278	109.10	西部联盟	西北赛区	明尼苏达森林狼	14	839.70	3165	117.50
		夏洛特黄蜂	13	734.60	2400	127.10			犹他爵士	15	802.10	3052	104.80
		亚特兰大老鹰	15	576.10	1900	111.20			俄克拉荷马城雷霆	15	892.30	3993	78.42
		迈阿密热火	15	835.50	3520	99.25			波特兰开拓者	15	847.50	2798	16.34
		奥兰多魔术	15	824.00	2500	55.54			丹佛掘金	15	892.70	3000	38.45
	大西洋赛区	纽约尼克斯	15	691.50	2070	120.80		西南赛区	孟菲斯灰熊	15	629.00	1570	19.79
		费城76人	15	885.10	3600	93.41			休斯顿火箭	16	848.30	4278	28.98
		布鲁克林篮网	15	850.80	4106	123.90			新奥尔良鹈鹕	15	772.10	2520	112.80
		波士顿凯尔特人	15	796.80	3520	120.80			圣安东尼奥马刺	15	751.40	2780	130.60
		多伦多猛龙	15	782.90	3333	102.30			达拉斯独行侠	15	815.90	3165	81.08
	中部赛区	芝加哥公牛	15	740.50	2663	89.83		太平洋赛区	金州勇士	13	1079.00	4023	116.30
		克利夫兰骑士	15	853.60	3010	100.60			洛杉矶湖人	16	721.40	3833	28.98
		印第安纳步行者	15	777.10	2125	112.80			洛杉矶快船	14	970.30	3438	73.40
		底特律活塞	15	687.40	3423	18.31			菲尼克斯太阳	15	694.70	3165	108.70
		密尔沃基雄鹿	15	863.20	3550	95.63			萨克拉门托国王	15	749.60	2125	28.98

数据来源：美国体育数据网站 Spotrac。

类似于表 13-1，表 13-2 也展现了联盟内部差异明显。

2019—2020 赛季，NBA 各球队中人均工资最高的是大名单球员数仅 13 人的金州勇士，为 1079.00 万美元；人均工资最低的是来自东南赛区的亚特兰大老鹰，为 576.10 万美元，前者是后者的 1.87 倍。

不同于表 13-1，表 13-2 还揭示了球员工资的第三个特征。

特征三：球员之间差异巨大（同一球队）。

2019—2020 赛季，NBA 年工资超过 4000 万美元的球员有 5 人，分别是华盛顿奇才的沃尔、休斯顿火箭的哈登和威斯布鲁克（后者未显示在工资数值表中）、布鲁克林篮网的杜兰特及金州勇士的库里。除此之外，还有 15 名球员的年工资超过了 3000 万美元。

相比于签下顶薪合同的明星球员，联盟里年工资低于 200 万美元——明星球员顶薪 1/20 左右的球员有 138 人，在总人数中的占比高达 30.94%。对各球队的最高工资与最低工资进行比较，也可以发现差异惊人，如底特律活塞的最高工资与最低工资分别为 3423 万美元和 18.31 万美元，前者几乎是后者的 187 倍。就整个联盟来说，各球队最高工资与最低工资之比的均值为 53.02。即便是差异最小的亚特兰大老鹰，其最高工资与最低工资分别为 1900 万美元和 111.20 万美元，前者是后者的 17 倍。

13.3.2　体育"工人"有资本

表 13-1 与表 13-2，让我们了解了球员的工资水平，更让我们注意到了各种工资差异，或者说，让我们注意到了工资的 3 个特征事实：

① 联盟之间差异显著（同一项类）；

② 球队之间差异明显（同一联盟）；

③ 球员之间差异巨大（同一球队）。

工作是类似的甚至是相同的，工资差异却异常醒目，我们自然要问：

体育"工人"为何同工不同酬？

影响体育"工人"同工不同酬的因素有很多，如市场分割、买方竞争、工会力量、就业歧视、风险分担等。

除此之外，经济学家还会强调人力资本的影响。

在第 1 讲和第 6 讲，我们知道，人力资本是指体现在劳动者身上的资本，如劳动者的知识、技能、经验及体力（健康状况）等。经济学家用人力资本的差异表示工人生产力的差异。遵循边际优化原理，企业会根据工人的生产力价值支付对等的工资，因此，不同的人力资本、不同的生产力，可能会导致巨大的工资差异。

职业运动员的体育人力资本与其他人力资本相比，并无本质不同，最突出的是其技艺——技艺不能直接出售，只能出租给别人。

不过，体育人力资本也有自己鲜明的"个性"，具体如下。

（1）术业有专攻，体育人力资本是一种特殊人力资本

人力资本从类型上可以分为两种，即一般人力资本与特殊人力资本。就职业竞技而言，运动员的体育人力资本是一种特殊人力资本（specific human capital）——某项工作积累的知识、技能和经验十分特殊，以至于不能用于别的工作。飞快的速度，惊人的弹跳力，强硬的防守，娴熟的运球或盘带，以及精准的击球、投篮或射门等，在其他领域多半是英雄无用武之地，即使是在体育项类之间，也多半用处不大。

典型的例子如 2017 年，拳击运动员梅威瑟与综合格斗运动员麦格雷戈进行的一场跨界超级拳击赛。由于比赛采用 12 回合职业拳击规则，因此 40 岁的梅威瑟轻松战胜了比其年轻 11 岁的对手。

（2）体力与智力并重，体育人力资本具有多维性

人力资本在内容上涉及两个方面，即智力与体力。比如在足球电子游戏中，对球员能力值的评价和估算一般涉及 6 个二级指标，即速度、射门、传球、盘带、防守、身体。球员能力及其二级指标数值的高低，不仅依赖球员的体力，也高度依赖球员的智力，如难以直接观测到的球员的大局观、注意力、瞬间记忆、分析能力、瞬间判断、创造力、自控力等。

哈维说，"傻瓜踢不好足球"。放眼当今世界体坛，考虑到科学训练、状态调整、战术策略、比赛决断以及营养保健等，可以肯定，仅依靠体力的优秀职业运动员屈指可数。

（3）体育人力资本依赖正规教育，更依赖非正规教育

从来源上看，人力资本的生成和积累主要依赖 3 种投资，即健康保健投资、教育和培训投资、劳动力流动投资。其中的教育和培训，既包括学校正规教育和非学校正规教育，也包括非正规教育或"干中学"——教育机构之外的一种学习方式。

要成为一名职业运动员，一般情形下，除正规教育外，还要依赖非正规教育或"干中学"；除正式比赛外，他们的工作就是"在职培训"——训练。

稍加观察，我们就会发现，职业运动员，尤其是像梅威瑟、哈维、科比那样优秀的职业运动员，无一不是在训练馆里或比赛场上长年累月地挥汗如雨，最终才淬铁成钢的。

 知识拓展 13-1

超级明星为什么收入高？

超级明星收入高，是娱乐产业最突出的特征之一。与体育明星一样，顶级演员的片酬、当红歌星的巡演收入、知名主持人的年薪，往往都是以百万元计的，远远高于他们的大部分同行。

曼昆在《经济学原理：微观经济学分册》中告诉我们，产业中存在收入差距并不奇怪。好木匠赚钱比普通木匠多，好的管道工赚钱比普通管道工多。不过，即使是最好的木匠或管道工，也很难像演员、歌手和运动员那样赚到上千万元，更别说是只用一年时间。

为此，曼昆提醒我们，必须考察他们出卖自己劳务的市场的特征。

在曼昆看来，产生超级明星的市场具有两个显著特征：

第一，市场上每位顾客都想享受最优生产者提供的物品；

第二，生产技术允许最优生产者以低成本向每位顾客提供物品。

如果费德勒是最棒的网球运动员，那么每个人都想看他的下一场比赛——人人都想要最好的；看两场仅有费德勒一半技艺的球员的比赛并不是最好的替代品——资质普通的人即使合力也无法与才华横溢的"天才"相提并论，超级明星的娱乐服务是一种非完全替代品。

此外，由于电视机及互联网的存在，费德勒可以同时向上千万观众提供他的服务——生产技术使市场规模得以扩大，最好的服务可得且价格可承受。

为什么不存在超级明星木匠或管道工？我们知道，在其他条件相同的情形下，每个人都会喜欢雇用最好的木匠，但木匠与娱乐明星不同，他只能为有限的顾客提供服务。因此，尽管好木匠能赚更多，但普通木匠也能获得不错的收入。

（注：资料来源于曼昆《经济学原理：微观经济学分册》中的"超级明星现象"）

13.3.3 体育"工人"需要激励

体育人力资本投资，充满了风险。

在职业竞技领域，能够积累体育人力资本的"干中学"是一个漫长的过程，不确定因素始终伴随其中，"伤仲永"的故事屡见不鲜。比赛及训练中，时时刻刻充满着激烈的体能比拼、身体对抗，球员极有可能面临伤病威胁甚至伤残悲剧。再加上可能的匹配问题，如水土不服、货不对板等，体育人力资本投资打水漂的不在少数。

规避风险时，道德风险无疑首当其冲。

本质上，劳方与资方既不是天然的盟友，也不是天生的对头。与所有的合作一样，在球队劳方与资方之间，存在的是共同但又不完全一致的利益。在米勒 1972 年"第一个吃螃蟹"后，北美联盟间或上演的劳方罢工或资方停摆，便是"利益不完全一致"最好的说明。

赛场上，摄像机布满各个角落；比赛后，关于球员的技术统计内容广泛、数据详尽。不过，竞赛表演非常特殊，一方面，体育世界的胜与负，往往只有一线之隔；另一方面，球员的边际贡献是高还是低，除依赖自身外，还高度依赖队友及对手的技能水平与临场发挥情况。因此，在"生产"过程中，球队其实很难判断，球员是已经竭尽所能了，还是可以"更快、更高、更强"。

利益不一致，意味着"你"可能会坑"我"；信息不对称，意味着"我"难以证实"你"坑了"我"。两种因素碰撞在一起，加剧了道德风险。

对症下药，应对道德风险自然也涉及两个方面：要么提供更多信息（如事前进行更全面的信息收集、事后进行更完善的监管等），从而弱化信息不对称；要么为球员提供激励，让代理人的自利行为与委托人的目标诉求尽可能地保持一致，从而弱化劳方与资方之间的利益冲突。

其中，提供激励的方法是多样的，如内部竞争、高工资、延期支付、团队文化等。

（1）内部竞争

训练场上，足球队的替补球员往往踢得特别卖力，而且一旦获得正式比赛的上场机会，他们很可能会快速取得进球，以至于球迷惊叹教练更换球员的"神奇"。在一些企业的墙壁上，我们经常会看到"今天工作不努力，明天努力找工作"之类的标语。几乎可以肯定，相比于其他人，替补球员对此应该有更深的体会。

不同于普通企业，竞技体育由于比赛激烈、体能消耗大、伤病风险高，其球队的岗位设置和人员安排一般是"几个萝卜一个坑"。北美联盟也好，欧洲联盟也罢，比赛大名单人数都比首发名单人数多。借助这一优势,球队便可以基于相对绩效——相对于其他代理人的产出情况,来设计激励机制。而强化内部竞争,就像一根高举着的"大棒",能让球员产生紧迫感、危机感,让球员清楚"偷懒划不来"。

(2)高工资

一方面,工资就像"胡萝卜",工资越高,对球员的激励强度就越大;另一方面,竞赛表演的典型特征之一是不确定和风险,工资越高,球队承担的风险就越高。用经济学的话来说就是,球队面临激励提供与风险分担的两难冲突,需要在二者之间做出权衡取舍。

激励理论告诉我们,相比于极端的方式(如收取固定租金或支付固定工资),非固定工资分成制(常见的形式有基本工资加线性或非线性的绩效奖金)是解决激励提供与风险分担的两难冲突的一种最优折中。

分成制的设计,要求"干好干坏不一样",让球员清楚"努力更划算"。与理论一致,在北美联盟,几乎所有的劳资集体协议都秉承了"收益分享、风险共担"的原则。比如 NBA,其 2017 版劳资集体协议规定,球员工资约为预期篮球相关收入的 50%。与之相对照,在欧洲,由于欧足联财政公平法案、工资帽等机制尚待完善,因此欧洲足球联赛或俱乐部时常爆发财务危机。

(3)延期支付

与其他劳务市场类似,体育劳务市场上的典型特征之一是工资与工龄正相关。比如,2019—2020 赛季的首轮新秀球员,前 3 年的平均年薪分别为 328.40 万美元、344.83 万美元和 361.49 万美元,为 NBA 整个联盟同期平均年薪的 49.24%、51.70% 和 54.16%;又比如同一赛季的顶薪球员,同样是基于 2017 版劳资集体协议,在联盟效力 0~6 年、7~9 年或 10 年以上,他们的工资可分别达到工资帽的 25%、30% 和 35%。

工资与工龄正相关有两方面原因:一方面,随着时间的推移,"干中学"带来的人力资本积累效应在发挥作用;另一方面,可能涉及延期支付——球员的工资的一部分被留到以后再发放(前提是到时球员还在球队或联盟),如约满时的忠诚奖、续约时的签字费等,就是对道德风险的一种应对。当期少支付的工资相当于一种保证金,旨在让"同坐一条船"的球员清楚,劳资合作不是一锤子买卖,"长远看,努力更划算"。

(4)团队文化

2005 年,由真实故事改编而成的电影《卡特教练》讲述了一个励志故事:一支纪律涣散、屡战屡败的球队,在教练带领下改头换面,最后成为一支常胜之师。在电影中,一名球员为了帮助违规队友返回球队,道出了他们的成功秘诀——"我们是一支球队,有一个人拼命,我们就都要拼命,一个队员的胜利就是我们大家的胜利。"

团队再小,也存在成员偷懒及搭便车的可能性。此时,团队文化——成员在相互合作中为实现人生价值、完成团队目标而形成的一种非正式规则,便是对工资激励的一个有益补充。

鲁梅尼格强调,细节和团队精神决定成败。乔丹指出,伟大的球员让队友变得更好。优秀的团队文化通过增进俱乐部与球迷和族群、俱乐部与社区和城市的联系,激发球员的认同感、归属感、荣誉感及责任心,促使球员树立远大的共同愿景、彼此信任、团结一心,进而让球队产生积极的化学反应,爆发出极强的战斗力和生产力。

思考与讨论

1. 你喜欢的球员的年薪是多少，试解释为什么他比他的队友要挣得多（或挣得少）。

2. 能否将设立诸如 MLBPA 之类的球员工会视为对人才进行的垄断？请说明原因。

3. 在英超，与其他球队合同未到期的球员签约一般需要支付一笔转会费，这对英超联赛的劳务市场会产生哪些影响？

4. 瓦尔拉斯猜想与竞赛-纳什猜想的主要区别是什么？

5. 产生收入上的超级明星的条件是什么？你预期牙医行业会出现超级明星吗？体育产业呢？请解释原因。

6. 假设作为买方垄断的 NBA 对顶级球员的需求表述为 $W = a - bQ$，顶级球员的市场供给表述为 $W = c + dQ$（W 表示以百万元计的工资，Q 表示球员数量，a、b、c、d 为常数）。NBA 将雇用多少顶级球员，他们的工资是多少？

7. 本讲引言指出，"平衡的根在劳务"，对此你怎么看？

第 14 讲

体育博彩与彩票价格

体育博彩带"刺",因而我们更应该正视它、了解它。针对体育产业的双刃剑,在本讲,我们讨论的问题主要有:①在经济贡献的背面,体育博彩有着哪些社会危害?②相比于其他博彩,体育博彩有什么不同,人们为什么会选择参与其中?③在服务价格是隐藏的背景下,体育博彩市场究竟是怎样运行的?

教学目标

通过学习,认识博彩与体育结合的历史必然性,以及(体育)博彩的社会危害;认识体育博彩与传统博彩的不同,以及人们对或有商品的权衡取舍;理解体育博彩公司的权衡取舍,以及体育博彩市场的价格决定。

教学要求

章节安排	主要内容	知识要点
14.1 带刺的体育博彩	体育博彩的演进历程与社会危害	体育博彩、娱乐型彩民、投资型彩民、问题彩民、病态赌博
14.2 派生的"双高一负"	体育博彩的特色及需求特征	派生赌局、非随机试验、或有商品、期望效用、风险偏好
14.3 隐藏的博彩价格	体育博彩市场的价格决定	平赔率、加线、返彩率、抽头率、体育博彩(服务)价格

博彩是一柄双刃剑。

一方面，它的危害不容小觑。比如病态赌博作为一种渐进的失常行为，在伤害自身的同时，还会诱发一系列家庭及社会问题。

另一方面，我们需要看到，博彩是体育产业的重要组成部分，博彩的经济价值不容低估。据统计，2022 年，中国体育彩票销售额为 2765.22 亿元，同比增长 19.7%。

就像大禹治水，我们清楚，对于体育博彩，堵不如疏、疏不如引。而无论是"疏"还是"引"，在加强监管的同时，正确的选择应该是让市场发挥更大的作用。

14.1   带刺的体育博彩

14.1.1   无心插柳的相遇

博彩，即赌博。

或者，更准确地说，博彩是合法的赌博。

赌博的定义比较多。如在现代汉语词典中，赌博是指拿财物做注比输赢；在博彩辞典中，赌博是指对一个不确定的结果做出预测判断，并以所压上的钱来为自己的决策承担后果。

根据定义，可以看到，赌博一般涉及 3 个问题：跟谁赌、赌什么、如何赌。

或者说，赌博涉及 3 个方面的内容，即对手、赌注、工具。

这里的"工具"，是指赌博需要借助一定手段、方式或方法，需要有明确的游戏规则。

为了有更深刻的认识，我们简要地回顾一下人类赌博史。

公元前 3000 年左右，在两河流域的伊拉克与恒河流域的印度，就已出现了掷骰子的赌博游戏。公元前 1500 年，据历史学家希罗多德的记录，那时的埃及人为了忘却饥饿，经常会聚在一起玩骰子游戏。

在罗马，骰子游戏大概也非常流行。公元前 49 年，卢孔比河畔的恺撒在犹豫多日后，为了表明进军罗马的决心，向士兵宣告"骰子已掷出"。恺撒的继承人屋大维，为了修建城墙以及维持军队给养，开创性地把彩票变为一种公共集资方式，从而帮助现代彩票业迈出了坚实的第一步。

1813 年，法国政府颁布了扑克设计的官方标准，规定了 4 种花色、共计 54 张牌。从此，扑克牌游戏，如经典的 21 点、百家乐等，成了世界各大赌场的热门项目。

法国人的贡献，当然不止于此。赌场最重要的工具之一——轮盘，据说是 17 世纪法国人帕斯卡研究永动机原理时的一个附带发明。起初，轮盘上只有 36 个数字。1842 年，另一个法国人为了增强赌场优势，在原有的轮盘上加上了 0 号。后来，一个美国人又加上了 00 号，使轮盘上的数字最终定格为 38 个。

作为后起之秀，美国人不仅改进了轮盘，还发明了另一种重要的赌具——老虎机。1895 年，第一台商业老虎机一经推出，便迅速成了赌场和游戏厅里的爆款。老虎机走红的原因其实很简单，它完全契合了赌博游戏的精髓：一是玩法简单，人们不需要掌握什么技术或者规则，只要将筹码投进投币口，然后拉动手柄或单击"旋转"按钮即可；二是玩法刺激，投入少、回报大（当然中奖概率也非常低）。

说到贡献，英国人可能会会心一笑，毕竟，他们才是博彩商业化、产业化的奠基人。

英国人的贡献之一是大力推动了赛马博彩的发展。

中世纪，庄园主们为了展示实力，经常会举行赛马比赛。1174 年，在伦敦史密斯菲尔德星期五的马市上，首次出现了较为正式的赛马活动。17 世纪，"英国赛马之父"查理二世创立国王杯和银盘赛，并制订了最早的赛马规则。1790 年，英国商人奥格登首次为比赛中的每一匹赛马开出了赔率。

当然，英国人更重要的"贡献"是让博彩遇见了体育。

1863 年，英足总在伦敦成立，现代足球随之诞生。1872 年，在历史最悠久的足球赛事——英格兰足总杯的首届决赛上，人类首次就体育赛事公开设赌，其中大热门皇家工程师获胜的赔率是 4 赔 7。1921 年，英国成立首家博彩公司，其主营业务便是足球博彩。

正如足球赛事所展现的，相比于其他博彩工具，体育比赛具有 4 个显著特征：

① 赛事外生；
② 赛事常态化；
③ 赛事关注度高；
④ 赛事结果不确定。

遇见体育之后，博彩如虎添翼，体育博彩逐渐成为博彩业和体育产业不可或缺的一个组成部分。进入 21 世纪之后，随着互联网的昂首前行，体育博彩更是一飞冲天，展现出强劲的发展态势。

14.1.2　博彩的社会危害

博彩，是一柄双刃剑。

一方面，需要承认，从筹集公益资金等情况看，博彩能为经济发展带来帮助；

另一方面，不能忽视，或多或少地，博彩会对社会造成一定的危害。

从社会层面看，这种伤害，至少涉及两个方面：

① 操纵体育比赛；
② 诱发病态赌博。

在电影《非诚勿扰》中，男主角发明了一个分歧终端机。由于可以公平地解决"石头、剪刀、布"游戏中的争端，因此这一"神器"让男主角一夜暴富。

虽然桥段有点老套，但电影表述了一个重要事实：在博彩游戏中，要想提升自己的获胜概率，作弊几乎是唯一的选择。自然地，与博彩结合之后，体育赛事也不可避免地受到冲击，甚至有人尝试通过操纵比赛来获取非法利益。

1919 年 10 月，对美国芝加哥白袜来说，本应是收获的季节。在之前的常规赛上，白袜表现非常好，并顺利地赢得了美联冠军，因而相比于其季后赛的争冠对手——辛辛那提红人，白袜被一致看好。结果却出人意料，在这届系列赛中，白袜最终以 3∶5 的总比分将 MLB"世界大赛"冠军拱手相让。原因是 8 名白袜球员因对老板心怀不满，与职业赌徒勾结，在比赛中作弊。

对体育来说，博彩带来的危害异常沉重。它可以让一名球员的职业生涯戛然而止、在社会上难有容身之地；可以让一支球队遭受严厉处罚，从此一蹶不振；可以让一个联赛或联盟走向没落甚至解散。

对彩民来说，博彩带来的伤害更严重，甚至可能是致命的。

根据行为动机及依赖程度不同，一般可将彩民划分为：

① 娱乐型彩民；

② 投资型彩民；

③ 问题彩民。

其中，娱乐型彩民参与博彩纯粹是为了好玩，是彩民中最常见的类型；投资型彩民喜欢博彩，参与博彩的动机之一是赢钱，为此他们会经常进行统计分析，但一般不会借钱参与，其生活也不会遭受太大影响；问题彩民则嗜赌成瘾，他们因染有赌瘾深陷博彩而不能自拔，在医学上被称作病态赌博患者。

病态赌博作为一种渐进的失常行为，不仅让问题彩民深陷困境，难以自拔，还会带来一系列家庭及社会问题。如表 14-1 所示，有学者估算了美国病态赌博所引发的社会成本：在 20 世纪 90 年代的美国威斯康星州，每个病态赌博患者每年为 9469 美元；在 21 世纪初的美国内华达州南部地区，每个病态赌博患者每年为 19711 美元。

表 14-1　单个病态赌博患者的社会成本

单位：美元

估算（1） （Thompson 等）			估算（2） （Schwer 等）		
项类	金额	子项说明	项类	金额	子项说明
就业	2941	旷工：1328；生产力下降或失业：1398；失业补偿：214	就业	5125	旷工：2364；辞职：1092；解雇：1582；失业补偿：87
债务与民事	2335	坏账：1487；破产诉讼：334；其他民事诉讼：514	债务与民事	10271	债务或破产：9494；民事诉讼：777
刑事	3498	盗窃：1733；追捕：48；审判：369；缓刑：186；监禁：1162	刑事	3809	盗窃：3379；追捕：95；审判：85；缓刑：170；监禁：80
救助	695	治疗：361；子女抚养援助：233；食品券：101	救助	506	治疗：372；福利：84；食品券：50
合计	9469		合计	19711	

数据来源：Thompson W, Gazel R, and Rickman D, 1997. Social and Legal Costs of Compulsive Gambling[J]. Gaming Law Review, 1(1): 81–89; Schwer K, Thompson W, and Nakamuro D, 2005. Beyond the Limits of Recreation: Social Costs of Gambling in Southern Nevada[J]. Journal of Public Budgeting, Accounting & Financial Management, 17 (1): 62-93。

14.1.3　体育博彩在中国

赌博危害很大。

社会该如何权衡取舍？

从中国历史来看，严令禁止，是一种常见的选择。

战国时期，中国最早的成文法典——《法经》规定，博戏罚金三币，太子博戏则笞，不止则特笞，不止则更立。

唐宋时期，《唐律疏议》规定，"诸博戏赌财物者，各杖一百；赃重者，各依己分，准盗论"；《宋刑统》则进一步明确，"赌得五匹之物，合徒一年；输五匹之物，为徒一年，从坐"。

到了明清，法律的处罚不仅针对赌博的参与者，还针对组织者。《大明律》中，除了规定"凡赌博财物者，皆杖八十，摊场钱物入官"，还规定"其开张赌坊之人，同罪。止据见发为坐。职官加一等。若赌饮食者，勿论"。在《大清律例》中，除载有"凡赌博，不分兵民，俱枷号两月"外，还载有"凡民人将自己银钱开场诱引赌博，经旬累月，聚集无赖放头、抽头者，初犯杖一百，徒三年；再犯杖一百，流三千里"。

传统社会里，赌博被视为一种"恶"。今天，我们知道，博彩是一柄双刃剑，并不是一种绝对的"恶"，它的经济价值也不容小觑。

正如经济学家反复强调的，我们的生活决策，很少是非黑即白式的，相反需要在介于其间的灰色地带做出选择。与微观个体一样，社会决策者也需要遵循边际优化原理，对收益和成本两个维度进行综合考量，以做出权衡取舍。

改变，出现在改革开放之后。

1984 年 10 月，中国田径协会和中国体育服务公司在北京发售"一九八四年北京国际马拉松赛"奖券，此举为我国体育彩票的合法发行开了先河。随后，为了筹集资金以兴建体育场馆或举办体育活动，许多沿海省份纷纷发行体育彩票。截至 1992 年，已有 20 多个省区市发行了体育彩票。

20 世纪 90 年代初期，由于我国的彩票发行既没有专门的管理部门，又缺乏完善的管理制度，因此在巨大的经济利益的诱惑下，各地违规发行彩票的现象愈演愈烈。1993 年 5 月，《国务院关于进一步加强彩票市场管理的通知》明确规定，发行彩票的审批权集中在国务院，任何地方或部门均无权批准发行彩票。1994 年 4 月，国家体委体育彩票管理中心（简称国家体彩中心）正式成立，对全国各地发行的体育彩票进行统一管理、编号、印刷和发行，并将其正式定名为中国体育彩票。

此后，中国体育博彩发展迅速，成就则主要体现在以下几个方面。

一是产品种类更加丰富。尽管我国的体育彩票是由国家垄断经营的，但产品种类却不少。比如传统足彩，就有足球彩票胜负游戏（14 场和任选 9 场）、6 场半全场胜负游戏及 4 场进球游戏等。又比如竞彩，就包括竞彩足球和竞彩篮球两个子类。其中，前一子类的玩法有胜平负、让球胜平负、比分、总进球数、半全场等；后一子类的玩法有胜负、让分胜负、大小分、胜分差等。

二是管理制度不断完善。2002 年 3 月，财政部发布《彩票发行与销售管理暂行规定》；2007 年 8 月，国家体育总局印发《2007—2009 年体育彩票发展实施纲要》；2009 年 5 月，国务院发布《彩票管理条例》；2012 年 1 月，财政部、民政部、国家体育总局联合发布《彩票管理条例实施细则》。

三是销售额迅速增加。如图 14-1 所示，官方统计数据表明，1994—1995 年，中国体育彩票销售额仅为 10 亿元；2001 年，中国体育彩票销售额突破百亿元大关；2012 年，中国体育彩票更进一步，销售额突破千亿元大关；2017 年，中国体育彩票的销售额首次超过 2000 亿元；此后，中国体育彩票的销售额虽然出现了一定的起伏，但整体的上升态势依然非常明显。

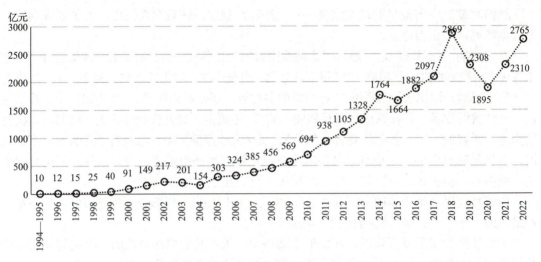

图 14-1　1994—2022 年中国体育彩票销售额（亿元）

14.2　派生的"双高一负"

14.2.1　体育博彩的三要素

什么是体育博彩？

虽然在 14.1 节已有较多论述，但我们的认识可能并不深刻。

认识体育博彩，一般会涉及两种视角：一是基于供给的视角；二是基于消费的视角。从前一视角看，体育博彩（sports betting）是指由博彩企业依托体育比赛而组织的一种合法赌博活动。从后一视角看，体育博彩是指人们预测体育比赛结果并对结果下注的一种活动。

基于上述两个定义，体育博彩的一般结构可以表示为图 14-2。

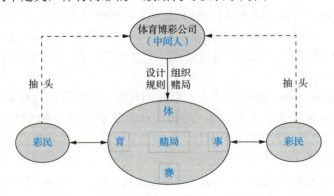

注：彩民与体育博彩公司之间的连线为虚线，意思是说，二者之间通常不是一种对赌关系。

图 14-2　体育博彩的一般结构

如图 14-2 所示，体育博彩有 3 个基本要素，即：

① 体育博彩公司；

② 彩民；

③ 体育赛事。

博彩公司是指从彩民对赌中抽头谋利的商业组织。在博彩游戏中，有时，博彩公司的角色是可有可无的。比如孩童间的"石头、剪刀、布"游戏，或者是平日里朋友间的打赌，一般不需要一个正规的中间人。不过，从经济角度看，博彩公司的存在，却是博彩产业化的重要标志之一。在体育博彩产业中，体育博彩公司担当的角色至关重要——他是赌局的设计者和组织者。

在 14.1 节我们提到，赌博涉及 3 个方面的内容：一是要有对手；二是要有赌注；三是要有工具。显然，在体育博彩中，体育赛事即工具，是判定对赌双（多）方胜负的依据。从类型上看，球类赛事（足球、美式橄榄球、篮球、棒球、冰球、曲棍球等）通常是体育博彩公司常用的工具。当然，对追求利润最大化的体育博彩公司来说，工具当然是多多益善。因此，田径、自行车、汽车、拳击、武术等体育比赛也逐渐被开发，并成为常见的博彩工具。

以体育赛事为工具的体育博彩具有以下特点。

（1）体育博彩是一种派生赌局

从工具来源看，博彩游戏可以分为两类：一类是专门以赌博为目的而设的赌局，即人工设置的赌局，换句话说，如果不是为了赌博，世界上就不会有这些赌局；另一类是博彩公司搭便车，以现实生活中不确定或不可预知的事件为对象开设的赌局，是一种派生赌局。前一类中，常见的有赌场博彩游戏、彩票，以及赛狗或赛马等。后一类中，体育博彩显然是个中翘楚。

对体育博彩公司来说，以体育赛事为工具开设赌局的好处是多方面的。

第一，体育赛事不仅是"免费"的，而且是常态化的，这样，博彩就可以借鸡生蛋，并且可以一借再借。

第二，体育赛事观众数量庞大，往往是成千上万的，有时甚至是数以亿计的，因而体育博彩公司更有可能成为纯粹的赌局中间人。

第三，体育赛事是外生的，因而彩民更容易对体育博彩公司及博彩结果的公正性产生认可。正常情况下，体育比赛，尤其是集体对抗项目的体育比赛，一般不易为体育博彩公司所控制。而由第 8 讲的"重复博弈与默契合作"的知识，我们知道，对那些拥有长期经营资质的体育博彩公司来说，它们实际上并不愿意看到有人操纵体育比赛。

（2）体育博彩是一种非随机试验赌局

在概率论与数理统计中，随机试验（random trial）是指相同条件下可以重复的随机现象。其中的随机现象（random phenomenon）是指一定条件下并不总是出现相同结果的现象。现实生活中，如抛一枚硬币并观察其正面或反面出现的次数，掷一颗骰子并观察其出现的点数，从一副扑克牌中随机抽 5 张牌并观察它们能否组成一个顺子，都是常见的随机试验。

从定义看，随机试验具有 3 个基本特征：一是可以在相同的条件下重复进行；二是试验的可能结果不止一个，且所有可能结果在实验之前便是清楚的、确切的；三是在试验结束之前，不能确定该次实验的确切结果。

在上述 3 个特征中，体育赛事只具有后面两个特征。比如足球比赛，有胜、平、负 3 种可能结果且事前已知；同时，在比赛结束之前，一切皆有可能。

换句话说，体育赛事一般无法在"相同条件"下重复进行。哲学家说，人不能两次踏进同一条河流。体育比赛同样如此，每一场比赛都是不同的。即使是两家历史悠久的足球俱乐部，即使它们的交锋已超过 100 次，在它们的交锋记录中也不可能找到两场完全相同的比赛。

因此，我们说体育博彩是一种非随机试验赌局。

（3）体育博彩是一种开盘下注、盘注互动赌局

从下注与赔率设定的时间次序看，博彩可以分为 3 类：

① 先下注后定赔率；

② 先定赔率后下注；

③ 开盘下注、盘注互动。

现实中，如乐透、赛马、赛狗等，属于第一类。"先下注后定赔率"，即采用按注分彩法来设定赔率。也就是说，博彩业主用全部赌金扣除抽头之后的剩余部分为赢家按注计算赔率。从本质上讲，"先下注后定赔率"就是客户与客户对赌。此时，博彩业主作为"纯粹"的中间人，在客户间抽头谋利，几乎不承担任何风险。

赌场里的博彩游戏一般是"先定赔率后下注"。"先定赔率后下注"，即采用定注分彩法来设定赔率——在客户下注前，赔率就已经固定，不会因客户下注多寡而变化。在这种情形下，博彩业主与客户之间不可避免地会存在一定的对赌关系，也就是说，博彩业主将面临一定的经营风险。不过，由于大数定律和中心极限定理的存在，博彩业主一般都能很好地对此予以控制。

与前两类不同，体育博彩公司选择的是"开盘下注、盘注互动"。除因为体育赛事不是随机试验外，还可能是因为市场潜力巨大、搭便车方便、进入门槛偏低导致行业竞争激烈，以至于体育博彩公司不得已而为之。体育博彩中的"开盘"——赔率的设定，以及"盘注互动"，我们放到后面再去讨论。这里要提醒的是，体育博彩中的"开盘下注、盘注互动"的一个重要经济含义是，相比于其他博彩公司，体育博彩公司将承担更高的经营风险。

14.2.2 体育博彩的"双高一负"

"赌无大小，久赌必输""天下之倾家者，莫速于赌"等，都是人们所熟知的。道理很简单，但现实中仍然有不少人前赴后继，以赌为乐，甚至于债台高筑，陷入困境。

这里，不同于感性劝诫，我们要向消费者——彩民特别强调，体育博彩的典型特征是"双高一负"，即：

① 风险高；

② 负和游戏；

③ 价格高。

先说说"风险高"。

像博彩这样的产品，经济学家称之为或有商品（contingent commodity），即只有在将来特定条件成立时才能进行特定行为的商品。与字面意思一样，"或有"的意思就是"可能有，也可能没有"，至于"有"还是"没有"，则取决于某种尚不确定的东西。比如人寿保险，受益人将来是否会获得保险金，取决于合同有效期内被保险人是否死亡。再比如足球单场竞猜游戏，假如彩民买了"3"，那么只有比赛结果是主队胜，彩民才可以要求体育博彩公司兑付彩金。

不确定性意味着风险。经济学中，风险（risk）是指某种损失发生的可能性。从定义来看，风险可以从两个层面来分析：一是利益受损；二是可能性。在可能性相同的情形下，利益受损越多，风险就越大；相反，在利益受损数量相同的情形下，可能性越高，风险就越大。

作为一种人为创造的风险，博彩的高风险主要体现在两个方面。

一是利益受损数量大。在股票市场，证券交易所一般会为股价的跌幅设置一个限度，如跌幅不得超过 10%。也就是说，倘若投资股票，一个交易日投资者最多亏损 10%。与此不同，体育博彩一旦投注失败，彩民不仅是一无所获，还将血本无归，即亏损率为 100%。

二是利益受损可能性高。说可能性高是因为：一方面，体育赛事不是随机试验，不可观察的、不可控制的因素很多，某一结果的可能性并不对应某一客观概率；另一方面，体育博彩不是公平博彩，由于存在抽头，彩民投注获胜的概率通常是比较低的。

接下来说说"负和游戏"。

假设你很幸运，在一次博彩中赢了钱。

需要注意，我们说的是"赢"了钱，而不是"赚"了钱。

与期货类似，体育博彩实际上是一种合约，即以赛事结果为依据对投注进行赔付的一种合约。作为一种虚拟经济，博彩本质上就是一种直接以钱生钱的游戏。不过，每个人都知道，钱本身并不"生"钱，博彩也不是投资，它并不生产新产品、创造新价值。

也就是说，博彩涉及的只是财富的转移。

赢钱的场景大致是这样的：比赛开始前，你向体育博彩公司付钱投注，如果投注押对了，体育博彩公司按赔率向你支付彩金。看起来是你赢了体育博彩公司，赢了他的钱。实际上，正如图 14-3 所展示的，体育博彩公司的角色主要是设计规则、组织赌局。为了规避风险，体育博彩公司一般会借由组织"职能"，竭尽所能地让赌局变为彩民与彩民之间的一种对赌，从而坐山观虎斗，坐收"抽头"之利。

由于存在抽头，所有幸运的彩民赢的钱一般会少于其他彩民输的钱。

最后说说"价格高"。

之所以最后讲价格，是因为它是"藏"着的、看不见的。

现实中，产品和服务明码标价，几乎是一种常规要求。身处超市时，面对琳琅满目的商品，只要你愿意、不怕麻烦，任何商品的相关价格你都可以了解到。打开手机 App 购买股票时，你一般知道券商收取的佣金（率）是多少。走进银行，无论是存钱还是贷款，对于资本的价格——利率，只要你愿意查找或打听，肯定会一清二楚。

然而，体育博彩公司的服务价格却是"无形的"。

街上经常有彩票店。只要花两元，你就可以购买一张传统足球彩票或者一张竞彩足球彩票。这容易让人产生错觉——以为赢钱的"成本"是两元。不过，聪明的你肯定明白，彩票两元一张，两元说的不是成本或价格，而是博彩中你下的注。

实际上，对于绝大部分博彩产品的价格，我们几乎都是一无所知的。

这里，我们只强调"价格高"，至于怎么个"高"法，留到后面的 14.3 节再讨论。

14.2.3　风险与博彩需求

既然体育博彩风险高、价格高，是一种负和游戏，那

人们为什么会参与博彩？

答案多半是"因为好玩"。

除非是职业赌徒，一般情形下，博彩对人们来说就是娱乐，就是消费。

也就是说，"人们为什么会参与博彩"，是不确定情形下的一个消费决策问题。

为了回答这个问题，我们以简单的博彩——硬币竞猜为例进行简要的分析。

假设有人要和你玩一次硬币竞猜游戏：猜对了，你赢 5 元；猜错了，你输 5 元。现在，你需要做出抉择：是否参与这一博彩？或者说，需要你在"玩"与"不玩"之间做出选择。

我们知道，硬币掷出之后，"字朝上"和"字朝下"的可能性或概率是一样的，都是 50%。也是就说，在这一博彩中，你赢钱（+5 元）的概率是 50%，输钱（-5 元）的概率也是 50%。不过，平均来看，参与这一博彩所获得的收益的均值或期望值（expected value）——所有可能结果（数值）的概率的加权平均数恰好为零，即有 $50\% \times (+5) + 50\% \times (-5) = 0$。

因此，这是一个公平博彩，即期望收益为零的博彩。

前面我们强调，博彩是一种负和游戏（彩民的期望收益为负）。这里之所以假设博彩是公平的，是为了让"玩"与"不玩"之间的选择有一个可参考的比较基准，即让"玩"的期望收益与"不玩"的（确定）收益保持一致——都是 0。

容易理解：参与与否，或者说"玩"或"不玩"，取决于这两种选择的好处孰高孰低。这里的"好处"，在经济学中并非指金钱，而是第 4 讲所讲的"效用"。

假设初始财富为 w_e，如果选择"不玩"，那么此时你的"好处"是清楚的、确定的，即可以用效用函数表述为 $U(w_e)$。相反，如果选择"玩"，那么此时你的"好处"是不确定的，即有 50%的可能为 $U(w_e+5)$，也有 50%的可能为 $U(w_e-5)$。

为了与确定的情形进行比较，经济学家一般会引用冯·诺伊曼和摩根斯坦的期望效用理论。这个理论认为，在不确定的情形下，人们会用期望效用来评价或有商品。所谓期望效用（expected utility，EU），是指消费者在不确定情形下可能获得的各种结果的效用的加权平均数。

在这个例子中，如果选择"玩"，那么你将获得的期望效用为：

$$EU = 50\% U(w_e + 5) + 50\% U(w_e - 5)$$

相应地，"玩"或"不玩"，就取决于前者的期望效用 $EU = 0.5U(w_e + 5) + 0.5U(w_e - 5)$ 与后者的效用 $U(w_e)$ 之间的比较。由于是公平博彩，选择"玩"的财富期望值恰好等于 w_e，因此，确定情形下的效用 $U(w_e)$ 也被称作财富期望值的效用。

而两个效用值孰高孰低，则与消费者对待风险的态度有关。

根据对待风险的态度的不同，经济学家把消费者划分为以下 3 种。

（1）消费者是风险偏好的

在无风险时的确定收益与有风险时的预期收益相等的条件下，如果消费者更喜欢有风险时的预期收益，那么他就是风险偏好的。换句话讲，对风险偏好者来说，因一定数量收入损失而产生的痛苦感，比得到同等数量收入时产生的满足感要小。表现在图形上，就如图 14-3 所显示的，对于该类消费者，有 $0.5U(w_e + 5) + 0.5U(w_e - 5) > U(w_e)$。

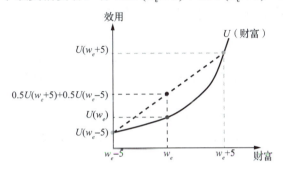

图 14-3　风险偏好者的效用曲线

（2）消费者是风险厌恶的

在同样的条件下，如果消费者更喜欢无风险时的确定收益，那么他就是风险厌恶的。如图 14-4 所示，在风险厌恶者看来，无风险时的确定收益要优于有风险时的预期收益，即有 $U(w_e) > 0.5U(w_e + 5) + 0.5U(w_e - 5)$。

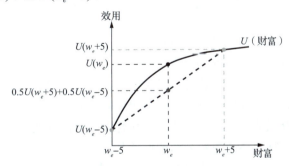

图 14-4　风险厌恶者的效用曲线

比较图 14-3 和图 14-4，容易发现偏好风险的消费者与厌恶风险的消费者之间的差异：前者的效用曲线随着财富的增加变得越来越陡峭，而后者的效用曲线则随着财富的增加变得越来越平坦。也就是说，财富增加给二者带来的边际效用是不同的，前者的边际效用递增，后者的边际效用递减。

（3）消费者是风险中性的

与风险偏好者或风险厌恶者不同，如果消费者认为无风险时的确定收益与有风险时的预期收益是无差异的，那么他就是风险中性的。在图形上，风险中性者的财富效用曲线是一条直线，对于该类消费者，有 $U(w) = 0.5U(w_e + 5) + 0.5U(w_e - 5)$。

回到前面的问题——人们为什么会参与博彩？

或许是因为，人们想要分散风险，像期货一样通过反向操作对冲观赛可能带来的失望；或许是因为，人们对用自己主观的概率去替换赌局的客观的或真正的概率总是感到信心十足；或许是因为，人们笃信自己的判断比其他彩民更精准；或许是因为，在偶尔为之的情形下，"玩的就是心跳"的博彩消费所产生的边际效用并不低。

需要注意的是，从技术层面看，如果玩家的目的只是赢更多的钱，那么投注时就应该选择将手中所有的筹码一次性押出。在数学上，由于抽头的存在，玩家只有一次性投入全部赌注，获胜的概率才是最高的；相反，如果把赌注分割成许多更小的单位并进行反复投注，那么在大数定律和中心极限定理的作用下，玩家的资金将会不断地被博彩公司所蚕食。

倘若走进彩票店，我们容易发现，极少有人会选择一次性押注，更多的人是选择多次投注、反复投注。人们做出这样的选择，本质上是为了延长赌博时间，以降低获胜概率为代价，获得更多的娱乐享受。

大量实证研究表明，在大多数情形下，人们是风险厌恶的，正如范里安在《微观经济学：现代观点》中所说的，除了在拉斯维加斯，几乎没有人偏好风险。但需要承认，参与博彩时，大部分彩民是风险偏好的。

14.3 隐藏的博彩价格

14.3.1 成为纯粹的中间人

在我国，走进彩票店，刮刮乐、双色球、3D、地方福彩、七乐彩、35 选 4、29 选 7、东方 6+1、华东 15 选 5 等，让人眼花缭乱。

在国外，博彩更是无处不在。比如足球博彩，就有单场胜平负、比分、让球胜平负、上半场胜负、进球单双数、球队进球数等，种类应有尽有。

彩民有自己的选择烦恼，体育博彩公司当然也有自己的问题。

与其他博彩业主一样，体育博彩公司的问题是：

如何成为纯粹的"从彩民对赌中抽头谋利的中间人"？

我们知道，相比于其他博彩，体育博彩"个性"鲜明——体育博彩是一种派生赌局，是一种非随机试验赌局，是一种开盘下注、盘注互动的赌局。

与此同时，体育博彩的"生产"特色也非常鲜明，具体如下所述。

（1）产品易被他人模仿，市场竞争性强

派生赌局，通俗地讲，就是借鸡生蛋。

体育博彩公司借的"鸡"，即体育博彩的赌具——体育赛事，用经济学的话来说，就是一种公共物品：第一，它不具排他性，你可以"借"，别人也可以"借"，即使是赛事生产者——职业联盟和俱乐部，一般也难以阻止别人来"借"，而且可以一借再借；第二，它不具竞争性，同一时间，别人的"借"并不妨碍你的"借"（反之亦然）。因此，体育博彩市场竞争性较强。

另外，我们知道，体育博彩产品是一份协议或合约。比如竞彩足球系列产品中的足球单场竞猜游戏，该产品或"协议"规定：假如你买了"3"，那么只有比赛结果是主队胜，你才可以获得彩金；相反，你将一无所获。而作为一种简单的协议或合约，我们知道，体育博彩的突出特征之一是产品容易被拷贝或模仿。

当然，由于具有不容忽视的危害，在绝大多数国家或地区，体育博彩一般会受到一定的规制。比如在市场进入方面，体育博彩具有非常高的进入壁垒——至少要取得合法的博彩执照。

（2）相比于其他博彩业主，体育博彩公司面临着更高的经营风险

世界上，如果有人不愿意参赌，那么体育博彩公司必是其中之一。

倘若必须参赌，体育博彩公司的首选当然是"先下注后定赔率"。此时，体育博彩公司就能成为"纯粹"的中间人，在彩民间通过抽头获利——把输家的投注截留部分之后再赔付给赢家，因此体育博彩公司可以"躺赢"，并几乎无须承担任何经营风险。遗憾的是，信息不对称无处不在，对于体育博彩公司收到的投注总量是多少，是如何构成的，彩民几乎无从了解。

在赌场，博彩业主的选择是"先定赔率后下注"。由于是随机试验赌局，博彩业主几乎立于不败之地。凭借大数定律和中心极限定理，博彩业主可以通过事先设定赔率，让彩民的预期收益为负，自己的预期收益为正，而且只要保证随机试验——赌局的轮次足够多，博彩业主的经营风险就是可控的，现实结果将无限接近事前的"预期"。

理论上，体育博彩公司与博彩业主类似，基于相同的数理统计原理，其经营风险也是总体可控的。不过需要注意的是，体育博彩的特征是彩民数量多、投注总额高，假如有"大热门"比赛，那么彩民投注高度雷同、高度集中的情形可能会难以避免。这样的情形不出现则已，一旦出现，即使深知博彩是高风险的，体育博彩公司依然会身不由己地与彩民对赌，而且赌注高昂。

14.3.2　赔率的设定与调整

体育博彩的价格是隐藏的，自然地，我们要问：

它隐藏在哪里？

为此，我们先来看看体育博彩的交易情形。

赛事开始前，体育博彩公司针对各种可能结果开出具体的赔率。一般来说，彩民对赛事的各种可能结果的相关预期往往不尽相同，他们将自己的预期与体育博彩公司的赔率结合后，便开始各自投注。之后，投注终止，赛事结果揭晓，体育博彩公司与彩民完成最终交割——收下输家的所有投注，并根据投注赔率给赢家返彩金。

容易发现，体育博彩公司的权衡取舍实际上只涉及一个变量——赔率。

因此，问题的答案非常清楚：

体育博彩的价格，隐藏在赔率之中。

尽管价格是隐藏的，但就目标而言，体育博彩公司与其他企业并无两样，都追求利润最大化。或者，更准确地说，体育博彩公司的目标和任务就是要尽量保证无论比赛结果如何，彩民中的输家输掉的钱，在覆盖赢家所赢走的钱的同时还有剩余，从而使自己能够从中获利。

从内容看，体育博彩公司的利润最大化问题大致涉及 3 个基本要素：

① 产品开发；

② 价格设定；

③ 风险控制。

3 个基本要素彼此联系、关系密切。

比如在足球竞猜产品开发方面，除胜平负外，体育博彩公司一般还会提供比分、让球胜平负等多种产品。体育博彩公司这种系列化的产品操作和选择，除了顾及彩民偏好的多样化，实际上也涉及风险控制，即通过人为地增加同一比赛的赌局轮次，分散投注，让中心极限定理能够充分发挥作用。

又比如价格设定与风险控制，二者都涉及赔率，或者说，赔率把它们紧密地联系在一起：一方面，价格隐藏在赔率之中；另一方面，体育博彩公司通过调整赔率，也就是调整价格，影响彩民投注流向，让彩民之间的投注更为匹配，从而降低经营风险，尽可能地使自己成为纯粹的"从彩民对赌中抽头谋利的中间人"。

这种关系体现在赔率上，就是"开盘下注、盘注互动"。

以欧洲赔率盘为例，体育博彩赔率的设定及调整可以分为以下 4 步。

第一步：预测比赛结果

一场体育比赛的结果通常是多样的。比如，甲乙两队的一场足球比赛（假设甲是主队、乙是客队），结果就有 3 种，即甲队胜、两队平，以及甲队输。又比如，这场比赛的全场角球数可能是从 0 到无穷大的（至少理论上是这样的）。这里，预测比赛结果，就是要预测比赛各种可能结果出现的可能性或概率。

博彩中，有些游戏的结果预测并不复杂。比如，掷骰子或美式轮盘赌，由于属于随机现象的一个特例——随机试验，因此容易知道这些游戏各种可能结果的客观概率：在前一种游戏中，骰子点数为 1～6 的概率是等同的，都是 1/6；在后一种游戏中，小球落入 00 号以及 0～36 号坑的概率也是等同的，都是 1/38。

与赌场博彩不同，体育赛事是一种非随机试验的随机现象，即无法通过大量的重复试验来计算各种可能结果的客观概率。正如经济学家所强调的"是公众集体的感觉控制了赔率"，此时，体育博彩公司需要借力于专业人士——开盘手，他们通过分析两队实力、主场优势、赛程安排、场地条件、天气状况等因素，以及彩民的赛事预测、可能投注数量以及历史投注情况等变量，来预测和给出赛事各种可能结果的主观概率。

回到前面的例子，假设开盘手根据甲乙两队的相对实力以及其他因素，预测主队胜、平、负的概率 p_i（$i=3,1,0$，其中 3 代表主队胜，1 代表平，0 代表主队负）分别为 23.07%、26.19% 和 50.74%。我们把这一预测结果列示于表 14-2 的第 2 列。容易知道，各赛事结果的概率之和为 1，即有 $\sum p_i = 1$。

第二步：计算平赔率

所谓平赔率，是指使投注期望利润为零的赔率。也就是说，如果按平赔率给获胜的彩民赔钱，那么博彩将会变成"50:50"的游戏，即成为一个公平博彩。

假设彩民为赛事结果 i 投注了 x_i 元。记该赛事结果的平赔率为 to_i，其出现的可能性或概率为 p_i。也就是说，彩民投注获胜的概率为 p_i，投注失败的概率为 $1-p_i$。相应地，我们可以得到公平博彩情形下，彩民的预期收益为 $p_i x_i \text{to}_i + (1-p_i) \times 0$（其中 $x_i \text{to}_i$ 为含本金在内的赔付金）。

根据平赔率的定义，我们知道，在公平博彩情形下，彩民的期望利润为零，即有 $p_i x_i \text{to}_i - x_i = 0$。因此，赛事结果 i 的平赔率 to_i，实际上就是概率 p_i 的倒数，即有：

$$\text{to}_i = 1 / p_i \tag{14-1}$$

根据式（14-1），我们可以把甲乙两队比赛各种可能结果的平赔率计算出来，并列示于表 14-2 的第 3 列。由于 $\sum p_i = 1$，自然地，我们有 $\sum (1/\text{to}_i) = 1$。

第三步：加线和设定赔率

所谓"线"，是指体育博彩公司为彩民服务而收取的费用。相应地，"加线"就是加服务费或抽头的意思。加线的原因很简单——世界上没有免费的午餐，体育博彩公司不会无缘由地为彩民提供免费服务。试想，如果采用平赔率，博彩就是一个公平博彩，彩民的期望利润为零，博彩公司的期望利润也为零，博彩就会成为一门无利可图的生意。

怎样加线？

假设甲乙两队比赛的最终结果为"主队胜"，而某彩民恰巧为"主队胜"投注 1 元。在公平博彩的情形下，由表 14-2 第 3 列数据可知，该彩民将获得的赔付金 $x_i \text{to}_i$ 为 4.33 元。体育博彩中，从输了钱的彩民那里收取（投注之外的）服务费，既不方便，也不"人道"。因此，体育博彩公司只能转向赢了钱的彩民，找他们收取服务费。

体育博彩公司向获胜彩民收取的服务费，可以是一个绝对数，如从投注 1 元买了"主队胜"的那个彩民收到的赔付金 4.33 元中抽取 0.35 元或 0.25 元；也可以是一个相对数，即从获胜彩民获得的根据平赔率计算的赔付金中收取一定比例的费用。这一比例，经济学家称之为抽头率（记为 tr），即概率意义上体育博彩公司从每笔投注中收取的费用或抽头的比率。

假设彩民对赛事结果 i 的投注为 x_i，体育博彩公司的服务费或抽头为 y_i，则由上述定义可知：

抽头率=服务费或抽头/下注额

$$\text{tr}_i = y_i / x_i \tag{14-2}$$

容易知道，抽头率就是体育博彩的服务价格。

正如贷款利率是银行信贷的服务价格，式（14-2）中的 x_i 类似于客户的贷款金额，y_i 则类似于客户向银行支付的服务费——利息。作为特殊的消费者，彩民用自己付给体育博彩公司的抽头来购买这种服务。用 1 减去抽头率（$1-\text{tr}_i$），我们就可以得到博彩游戏的返彩率，即概率意义上体育博彩公司从每笔投注中返还给彩民的彩金比率。

因此，我们有：

体育博彩价格=抽头率=1-返彩率　　　　　　（14-3）

假设在抽头之后，体育博彩公司为赛事结果 i 设定的实际赔率或庄家赔率为 bo_i，即彩民的实际预期收益为 $E(x_i) = p_i x_i \mathrm{bo}_i$。彩民的实际预期收益，其实就是他在公平博彩情形下的预期收益减去体育博彩公司的抽头或服务费，即有 $E(x_i) = p_i x_i \mathrm{to}_i - y_i$，或 $E(x_i) = x_i - y_i$。

由式（14-2）和式（14-3），我们可以得到庄家赔率：

$$\mathrm{bo}_i = (1 - \mathrm{tr}_i) / p_i$$　　　　　　（14-4）

实际操作中，体育博彩公司一般只会给出赔率，而不会把抽头率或返彩率等公之于众。

正因如此，我们一直强调，体育博彩的价格是隐藏的——它隐藏在赔率之中。

再次回到前面的例子，假设体育博彩公司设定的返彩率为96.91%，即博彩价格或抽头率为3.09%，根据式（14-4），我们可以把该博彩各种结果的真实赔率计算出来，并列示于表14-2第4列中。

表14-2　体育博彩公司的赔率设定及调整

（1） 可能结果 i	（2） 第一步：预测比赛结果 p_i	（3） 第二步：计算平赔率 $\mathrm{to}_i = 1 / p_i$	（4） 第三步：加线和设定赔率 $\mathrm{bo}_i = (1 - \mathrm{tr}_i) / p_i$	（5） 第四步：调线
胜	23.07%	4.33	4.20	根据下注走势，适时调整赔率以规避风险
平	26.19%	3.82	3.70	
负	50.74%	1.97	1.91	

第四步：调线

博彩有意思的一个地方，就是彩民的投注既可以看作"买"，也可以看作"卖"。

比如掷骰子游戏，彩民投注"大"，表明彩民向博彩业主购买了"大"，实际上也可以看作彩民把"小"卖给了博彩业主。假如第一个彩民投注了"大"，第二个彩民投注了"小"，此时交易可以理解为，第一个彩民把"小"卖给了博彩业主，博彩业主再把这个"小"转卖给了第二个彩民。

在图14-3中，体育博彩公司被标示为"中间人"并用虚线与彩民连接起来，说的正是这个意思。

要想成为纯粹的"中间人"，博彩公司在设计和组织赌局时，要做的就是尽量保证无论比赛结果如何，彩民中的输家所输掉的钱，在覆盖赢家所赢走的钱的同时还有剩余。

记某一结果 i 的投注额为 $X_i = \sum x_i$，即所有投注了结果 i 的彩民的投注 x_i 的总和。用数学的话来说，无论比赛结果如何，体育博彩公司的目标和任务就是尽量确保：

$\sum X_i \geqslant X_i \mathrm{bo}_i$（对各种可能结果 i，不等式皆成立）

由式（14-4）式（14-1），这个条件也可以近似地改写为：

$$X_i / \sum X_i \approx 1 / \mathrm{bo}_i \text{ 或 } X_i / \sum X_i \approx p_i$$　　　　　　（14-5）

也就是说，只要赛事各种可能结果的投注额是基本平衡的，或投注是彼此匹配的，即任一结果 i 的投注额 $X_i = \sum x_i$ 在总投注额 $\sum X_i$ 中的占比 $X_i / \sum X_i$ 与这一结果的庄家赔率的

倒数 $1/\mathrm{bo}_i$ 或它出现的概率 p_i 基本保持一致，那么表面上的"庄客对赌"实际上就是"客客对赌"，体育博彩公司因而梦想成真——成为纯粹的"中间人"。

现实中，由于投注的"买"与"卖"并非天然匹配，因此赌局不是纯粹的"客客对赌"，而是一定程度上的"庄客对赌"。博彩公司深知博彩是一种高风险游戏，为了避免陷入危险境地——与彩民对赌，体育博彩公司在接受投注的过程中会紧盯彩民下注走势。如果下注明显走偏——使式（14-5）不成立（对某种或某些可能结果），体育博彩公司就会适时地调整"盘线"。

如图 14-5 所示，在 5 月 22 日至 5 月 23 日期间，下注明显向"主队胜"倾斜，操盘手就会及时地通过降低"主队胜"的赔率（或调整"平""主队负"的赔率），来恢复各种可能结果下注额的匹配度，避免体育博彩公司陷入与彩民对赌，以至于被"偶然"的力量所击败。

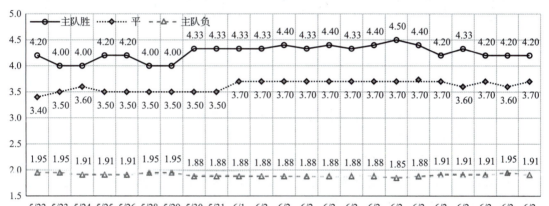

图 14-5　2018—2019 赛季欧冠决赛威廉希尔公司的（部分）即时赔率

数据来源：500 彩票网。

14.3.3　市场竞争与体育博彩价格

14.2.2 节提到，体育博彩的典型特征之一是"价格高"。

而根据式（14-3），我们知道：

体育博彩价格=抽头率=1-返彩率

假设赛事各种可能结果的返彩率是等同的，那么根据体育博彩公司给出的赔率，由式（14-5）" $\mathrm{bo}_i = (1-\mathrm{tr}_i)/p_i$ "及 $\sum p_i = 1$ ，我们就可以推导出抽头率或体育博彩价格。例如，根据表 14-2 第 4 列所示的庄家赔率以及图 14-5 中的数据，容易推算，2019 年 6 月 2 日 2: 45，威廉希尔公司设定的返彩率为 96.91%，即其抽头率（或体育博彩价格）为 3.09%。

为了对"价格高"有更清晰的认识，图 14-6 展示了 30 家体育博彩公司对 2018—2019 赛季欧冠决赛开出的初盘赔率。同时，图 14-6 还基于各种可能结果的返彩率等同的假设，展示了这 30 家体育博彩公司的返彩率的计算结果，即间接地展示了它们的体育博彩价格。

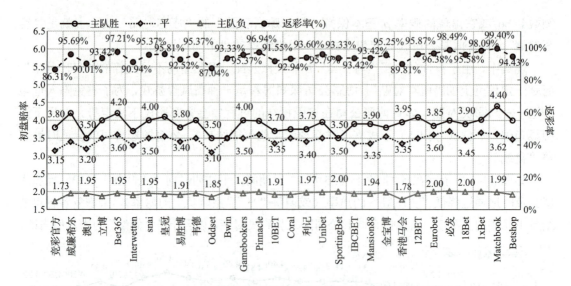

图 14-6　2018—2019 赛季欧冠决赛各体育博彩公司初盘赔率及返彩率

数据来源：500 彩票网。

图 14-6 大致反映了体育博彩价格的基本特征，具体如下。

（1）体育博彩价格高

图 14-6 中的返彩率的均值和中位数分别为 94.01%、94.84%。也就是说，这些公司的体育博彩价格的均值和中位数分别为 5.91%、5.16%。这两个数值看似并不高。但如果将它与我国证券市场的证券交易佣金相比，它是后者的 10 倍以上（根据相关规定，证券交易佣金不得高于成交额的 0.30%）。

此外，需要注意的是，前面也提到，从"生产"来看，体育博彩的特征之一是"产品易被他人模仿，市场竞争性强"。毕竟，体育赛事"免费"是不分对象的，任何体育博彩公司都可以搭便车。

那么在竞争如此激烈的情形下，体育博彩为何"价格高"？

除部分国家或地区存在市场进入壁垒外，原因主要在于体育博彩"生产"的另一个特征——"相比于其他博彩业主，体育博彩公司面临着更高的经营风险"。用经济学的话来说，就是因为体育博彩涉及风险价格或风险溢价。由于承受了较高的经营风险，体育博彩公司会向其服务对象——彩民收取一定的风险补偿。

（2）体育博彩价格差异大

图 14-6 中，返彩率的最大值和最小值分别为 99.40%、86.31%。也就是说，这些公司的体育博彩价格的最大值和最小值分别为 0.60%、13.69%，后者是前者的 22.82 倍。如果更细致一点，可以看到，正好有一半公司的体育博彩价格超过 5%，其中超过 10% 的有 3 家，仅有 6 家博彩公司的价格低于 3%。

价格差异大，除了与企业声誉有关，主要与体育博彩的价格设定模式有关。

体育博彩的价格设定模式一般有两种，即计划模式和市场模式。

其中，计划模式的存在，似乎是理所当然的，因为博彩可能会带来不可忽视的危害。

从积极的角度来看，通过博彩和抽奖合法化，政府可以在这些活动中提取部分收益，从而使私人恶习在一定程度上演变为增进社会公益的"善举"。需要说明的是，博彩作为一种重要的公共筹资方式，一般会成为政府严密监控的对象。比如在澳门，无论是赛马还是赛狗，无论是彩票还是体育博彩，政府对这些产品的返彩率都有明文规定。

 知识拓展 14-1

赌场不能说的秘密：为什么久赌必输？

你能战胜赌场吗？

答案很遗憾——几无可能。

原因很简单，因为价格隐藏在赔率中，因为久赌必输。

其中，价格隐藏在赔率中，是指在操作层面玩家的劣势是"天然"的；久赌必输是因为大数定律和中心极限定理的存在。

大数定律，即在试验不变的条件下，只要试验次数足够多，那么事件发生的频率近似于它的概率。通俗地讲，大数定律的意思就是，偶然在大量重复的情形下将走向某种必然。

比如，玩 3 局硬币竞猜游戏。"运气"好，可能赢 2 次，甚至 3 次；"运气"不好，可能只赢 1 次，甚至 0 次。当游戏次数 n 足够大的时候，大数定律告诉我们，好运气与坏运气相互抵消，赢的次数将无限接近 $n/2$。

大数定律揭示了大量随机变量的平均结果，却没有涉及随机变量的分布问题。作为概率论中最著名的结果之一，中心极限定理论证的是，在一定条件下，大量独立随机变量之和是以正态分布为极限的。

还是以硬币竞猜游戏为例，假设抽头率或博彩价格为 3.09%，而每一次投注都是 100 元。在该情形下，大数定律和中心极限定理告诉我们，平均来说，博彩公司会从下注中赢得 $100×3.09\%=3.09$ 元。如果每次投注都是 100 元，则有 $100÷3.09=32.36$，即在理论上，只要投注 33 次，就会输掉 100 元。

不仅如此，以正态分布为极限，意味着随机变量均值的方差与试验次数成反比。将中心极限定理应用到博彩中，得出的一个推论便是，博彩公司的经营风险与投注频率成反比。

确实，赌场里不时有人赢钱（也正是因为有人赢钱，才会吸引更多的人走进赌场）。了解了大数定律和中心极限定理后，我们清楚，赌场不害怕有人赢钱，他们害怕的是人们赢了之后再也不去"玩"了；我们还知道，所谓"久赌必输"，是指不论人们赢了多少，只要还去赌，早晚会把赢的都还给赌场。

战胜赌场几无可能，幸运的是，立于不败之地其实也很简单——就是始终牢记"远离赌博"。

思考与讨论

1. 为什么说体育博彩是体育产业的一柄双刃剑？

2. 明天有一场考试，你打算今天晚上复习，但你的朋友买了球票邀请你一起去。为了看球赛，你甘愿在考试中获得 80 分。假设在不复习的情形下，你得 90 分、80 分、75 分和 60 分的可能性分别为 10%、35%、30%、25%。你会去看球赛吗？请解释原因。

3. 假设抛硬币游戏的规则是正面朝上你赢得 45 元、反面朝上你输掉 55 元，你会选择参与这个游戏吗？请解释原因。

4. 与其他博彩相比，体育博彩有哪些不同或特色？

5. 从企业经营看，体育博彩有哪些突出特征？

6. 为什么体育博彩公司选择"开盘下注、盘注互动"？

7. 对消费者来说，体育博彩有哪些突出特征？

8. 你是否购买过体育彩票？如果有，你当时是如何考虑的，如今又怎么看？

9. 如果身边有朋友想要参与体育博彩，你会有什么建议？

10. 假设一场足球比赛主队胜、平、负的赔率分别为 1.33、4.40 和 6.25，而且 3 种可能结果的返彩率是等同的，那么体育博彩公司的抽头率或体育博彩价格是多少？

第15讲

体育发展与公共政策

党的二十大报告提出，广泛开展全民健身活动，加强青少年体育工作，促进群众体育和竞技体育全面发展，加快建设体育强国。在本讲，我们讨论的问题主要有：①发展是什么，体育发展主要包括哪些内容？②结合外部性和公共物品来看，应如何客观认识市场并非尽善尽美？③结合体育的一般规律与中国的特色来看，怎样才能将我国建成体育强国？

教学目标

通过学习，认识发展的核心目标，以及体育发展的主要内容和测度方法；认识外部性和公共物品，以及由此可能引发的市场失灵；理解体育发展的一般规律，以及体育强国建设的系统性和复杂性。

教学要求

章节安排	主要内容	知识要点
15.1 体育发展及其测度	体育发展的测度	人类发展指数、欧洲体育指数、体育发展指数、体育锻炼、体育教育、体育产业
15.2 市场并非尽善尽美	外部性、公共物品以及市场不是万能的	外部性、竞争性、排他性、俱乐部物品、公共资源、公共物品
15.3 体育发展是系统工程	发展陷阱与体育强国建设	体育强国、发展陷阱、外部经济或关联效应、偏好、同辈效应

引言：“心碎坡”与“尖叫隧道”

据说在每个马拉松爱好者的心中都有一个波士顿梦。

1897 年创立的波士顿马拉松（以下简称波马），是世界上最古老的城市马拉松。当你跑到波马全程的中点时，你会穿越“尖叫隧道”。在那里，人们欢呼雀跃，为你鼓劲加油。

当然，你也要准备迎接艰巨的挑战，如著名的“心碎坡”——波马赛道 32—33 千米处的一条 600 米左右的上坡，它也是波马赛道的最后一个长距离上坡。“心碎坡”恰好位于 30 多千米处的撞墙高发期，据说，有不少选手在此处功亏一篑、抱憾而归。

与马拉松爱好者一样，中国的体育人也有一个梦——建成体育强国。在路上，“尖叫隧道”也好，“心碎坡”也罢，都已成过往，问题是之后的我们如何才能抵达梦想的彼岸。

15.1　体育发展及其测度

15.1.1　体育是一种现代生活

1791 年，法国的西夫拉克发明了最原始的自行车——木马车。

木马车看起来有点滑稽，却为后来的许多发明家提供了灵感。1817 年，德国的德莱斯设计和制作了自己的木轮车，并为它添加了一个转向装置——把手。1861 年，法国的米修在前轮上装上了可转动的脚踏板，并首次向大众公开发售。

伴随着工业革命的爆发，在英国自行车的发展更是日新月异。

1874 年，劳森设计的链条和链轮让自行车实现了后轮驱动，极大地提升了速度及操控性。1876 年，布劳伊特和哈里森发明了卡钳刹车，自行车的骑行安全自此有了更好的保障。

在踏板、链条、刹车等纷纷出现之后，1885 年，斯坦利设计了一款划时代的产品——“领航员”安全自行车。“领航员”几乎具备了现代自行车的所有元素，它采用了钢制的菱形车架，装备有前叉、刹车和橡胶车轮，前后轮大小相同。更重要的是，斯坦利改进了生产机床并升级了生产工艺，为自行车的大规模生产铺平了道路。

相比之前的产品，“领航员”不仅性能优越，而且价格低廉。为了证明自己的新产品速度更快、更安全，斯坦利特意组织了一场“领航员”自行车比赛。在比赛中，许多选手非常轻松地就打破了当时的骑行纪录。同时，得益于技术进步和大规模生产，“领航员”的售价也逐渐变得更加亲民——1895 年，购买它只需花费一个普通工人几个星期的工资。

斯坦利的设计，再加上之后邓禄普的充气轮胎，使得自行车与自行车运动迎来了自己的黄金时代。自行车也被许多学者看作现代生活的一种象征，原因如下。

（1）改进生活方式

显而易见地，自行车改变了人们的出行方式。1895 年，在伦敦斯坦利自行车展上，有 200 多家公司展示了 3000 多个型号的自行车。1896 年，美国 300 多家工厂生产了 120 多万辆自行车，使自行车业成为美国最大的产业之一。在人类历史上，劳工大众第一次具有了流动性。同时，自行车的大众化还促使政府重视和加快基础设施建设，从而为后来汽车工业的发展铺平了道路。

此外，自行车还改变了人们的休闲娱乐方式。随着经济社会的发展，普通大众也开始拥有自己的闲暇。自由骑行带来的愉悦，让自行车运动迅速在世界各地流行起来。1892 年，比利时、英国、法国、美国等国家的一些自行车爱好者发起成立了国际自行车运动员协会。1896 年，在雅典举行的首届奥运会上自行车被列为正式竞赛项目。至于西夫拉克的故乡——法国，自行车更是迅速发展为体育文化的主角，法国人先后举办了史上首次自行车比赛、第一届业余自行车锦标赛、第一届职业自行车锦标赛，为 1903 年德格朗日创办环法自行车赛奠定了坚实的基础。

（2）革新思想观念

自行车以及自行车运动的兴起和流行，映射的是西方世界经济和社会悄然发生了根本性的变革。与自行车、工业化、城市化相伴随的，是自由意识的觉醒，是独立人格的彰显，是平等观念的普及，正如《奥林匹克宪章》中提到的"每一个人都应享有从事体育运动的可能性"。

15.1.2　体育发展的度量

正如第 1 讲所强调的，体育发展具有不可替代的作用和意义。

为了促进体育发展，可能需要先讨论一个问题：

如何测度体育发展？

回答这个问题之前，我们先来看看 1990 年阿马蒂亚·森主持编制的人类发展指数 HDI。

在阿马蒂亚·森看来，发展就是扩展自由。或者说，发展就是人的可行能力——延长寿命的能力、享受健康身体的能力、获得更多知识的能力、拥有充分收入来购买各种商品和服务的能力、参与社会公共事务的能力等——的不断扩大。

兼顾发展的基本内涵和数据的可获得性的 HDI 由三部分内容构成，即健康长寿（健康水平）、教育获得（文化水平）和生活水平。其中，健康长寿的衡量指标为出生时的预期寿命；教育获得的衡量指标包括 25 岁及 25 岁以上成年人的平均受教育年限和学龄儿童预期受教育年限；生活水平的衡量指标为人均国民生产总值（GNI）的自然对数，用以反映收入的重要性随收入的增加而下降。

尽管不完美（不涉及贫困、平等、赋权以及环境保护等内容），但相比于物质生活质量指数、社会进步指数、国民幸福指数等，HDI 的优点显然更为突出——从健康长寿、教育获得以及生活水平 3 个角度入手，基本反映了一国国民的大致情况，再加上数据易得、计算简单，因而 HDI 是当前学术界公认的、最具影响力的社会发展度量指标。

接下来，我们看看欧洲体育指数（European sport index，ESI）。

简单来说，ESI 的特征有以下 3 个。

一是内容丰富。ESI 包括 7 个二级指标，即体育参与、体育俱乐部会员、学校体育课数量、本地体育机会、国家支持、体育产业增加值以及奥运成功。

二是指标定义清晰、口径明确。比如，体育参与是指经常参加体育锻炼的人口在总人口中所占的比重；其中，"经常参加锻炼"的意思是每周至少锻炼 1 次，且每次时长不少于 30 分钟；"人口"的统计口径为 16 岁及 16 岁以上人口。又比如国家支持和体育产业增加值，分别指体育公共支出及体育产业增加值在国内生产总值 GDP 中所占的比重。

三是数据来源有保障。ESI 的设计针对的是欧盟国家。除欧盟各国的统计数据外，众多泛欧跨国调查，如欧洲晴雨表、欧洲社会调查、欧洲价值观调查等，都为 ESI 的应用提供了坚实的数据基础。

借鉴 HDI 与 ESI，我们立足于体育主体维度的 3 个子类——大众体育、学校体育和精英体育，坚持"体育发展的基本内涵"和"统计数据的可获得性"两手抓，提出体育发展指数（sport development index，SDI），该指数主要涉及以下 3 个指标：

① 体育锻炼；
② 体育教育；
③ 体育产业。

体育锻炼，从"以人为本"的角度看是体育发展的核心目标。需要说明的是，在形式上，体育参与可分为两类：一是直接体育参与，即个体亲自参加到某项体育活动中；二是间接体育参与，即观赏他人的体育活动，尤其是现场观赏体育赛事或通过电视及网络观赏体育赛事。因此，我们将 ESI 中的"体育参与"更名为体育锻炼。

体育教育，可以看作是对 ESI 中的"学校体育课数量"的一个改良。生命在于运动——体育锻炼更在于科学的体育锻炼。考虑到可行能力的重要内容（获得更多知识的能力），因而相比于课程数量，我们更应重视体育教育的质量，即各级学校在校学生及其他居民对体育与健康理论知识的认识及运用情况。正如后面 15.3.2 节表 15-1 所展示的，针对我国的情况，这样的设计可能更科学。

体育产业，测度的是一个国家的体育产业发展情况：一方面，与 ESI 的设计一样，其统计口径仅涉及核心部门和重点部门，而体育旅游、体育建筑以及其他体育服务等都不在统计范围之内；另一方面，不同于 ESI 采用总量口径，我们采用人均指标，即一个国家的人均体育产业增加值。

最后，在计算方法上，考虑到指数的可比性，我们的建议是，SDI 应该尽量向 HDI 靠拢。

15.2 市场并非尽善尽美

15.2.1 吵闹的邻居与外部性

2009 年 9 月，在老特拉福德球场上，面对三度将比分追平的顽强对手，曼联依靠欧文的读秒绝杀险胜曼城。在赛后采访中，尽管获胜非常侥幸，但曼联主帅弗格森仍意气风发，强调自己队的成绩一直很好，并毫不留情地把同城的对手讥讽为"吵闹的邻居"。

"吵闹的邻居"，在经济学家的眼中，却是不得不重视的，因为它涉及的是经济学的重要术语之一——外部性。

外部性或外部效应的定义我们已多次提及，不过，要认识外部性，还有两点需要注意。

第一，影响是无补偿的。一个人的行为对另一个人的福利有影响，用数学语言来说，就是前者的行为是后者福利函数的一个自变量。前者这个行为的有或无、强或弱，都会让后者的福利发生变化。影响是无补偿的，意味着如果没有适当的安排，前者就会"事不关己，高高挂起"，即在做行为决策时不会把这种影响纳入自己的考虑范围。

第二，影响指向局外人。谁是"局外人"？比如，2008 年曼苏尔入主曼城后便大肆招兵买马，因而对曼联及其他英超俱乐部施加了一种外部性。这种特殊的外部性被经济学家称为金钱外部性（pecuniary externality），即通过市场价格机制加以传递的外部性。不过，经济学家谈论的外部性一般是非金钱外部性（non-pecuniary externality），即某个个体的行为对他人产生直接影响。这样，我们自然就明白了，外部性定义中的"局外人"（或旁观者），是指市场交易中除买者与卖者外的其他人，或者说是与买者或卖者无直接关联的"第三方"。

根据影响效果的不同，可以将外部性划分为：

① 负外部性；
② 正外部性。

如果影响是不利的，那么它就属于负外部性（negative externality），即一个人的行为让局外人受损，却没有对该损失予以补偿。吵闹的邻居之所以让人厌恶，是因为他干扰了周边街坊的日常生活及休息。除此之外，负外部性的例子还有很多。比如，一个人在公共场所吸烟，让周围的人成了二手烟的受害者。又比如，一家企业随意向河流排放废水，让下游诸多居民饱受河水污染之苦。

如果影响是有利的，那么它就属于正外部性（positive externality），即一个人的行为让局外人受益，却未能对此进行收费。比如，你家院子的景色很美，不时有路人驻足观看，你却未曾就此收取过任何费用，此时你向路人施加的就是一种正外部性。类似于经济学家喜欢提及的教育，习惯成自然的体育锻炼，不仅会让你身强体壮、精力充沛、充满自信，还有利于减少国家的公共医疗卫生支出。

根据经济行为的不同，可以将外部性划分为：

① 生产外部性；
② 消费外部性。

作为最基本的两类经济行为，生产也好，消费也罢，都可能产生外部性。

在体育生产方面，尤伯罗斯开创的商业模式，不仅让洛杉矶奥运会获得了高额赞助，还促使国际奥委会推出了新的赞助计划。之后，NBA 的全球推广，英超联赛不断扩大的全球招商，无一不是对尤伯罗斯的紧紧追随和精心模仿。

在体育消费方面，外部性对竞赛表演服务市场尤为重要。电视机的流行以及互联网的崛起，使得竞赛表演观赏不再仅仅局限于赛场之内，场外的观众规模变得十分惊人。在信息不对称的世界里，体育赛事因为拥有数量庞大的场内观众和场外观众，成了商家信号发送的重要途径。

15.2.2　广场舞与公共物品

说起"吵闹的邻居"，有人可能会想到广场舞。

跳广场舞的场地十分紧俏，这当然与中国老龄化程度日益加重、城镇化发展速度快、城市公共空间相对稀缺等密切相关。与此同时，我们应该注意到，与很多产品、服务和资源一样，广场舞爱好者需要的场地具有一个显著的特征，即消费中的竞争性。

所谓竞争性（competitiveness），是指同一单位物品不能在同一时间被另一个人使用的特性。更直白地说，竞争性就是你享用的时候，其他人只能看着。例如，一个苹果你吃了，其他人就吃不着；一本书你买了，其他人就只能另换一本。

经常与竞争性一起被提及的是管理上的排他性（exclusiveness），即一种物品具有的可以阻止某个人使用该物品的特性。在前面的例子中，如果苹果是你买的，你当然有权拒绝其他人的享用请求；如果书是你买的，你可以借给别人，也可以不借给别人。

根据竞争性和排他性的强弱不同，经济学家把物品分成了图 15-1 中的 4 种类型。

图 15-1 物品的 4 种类型

（1）私人物品

私人物品（private goods）既有排他性又有竞争性。一方面，私人物品只能被拥有或购买它的人所享用；另一方面，它在同一时间只能被一个人消费。经济中，大多数物品都属于私人物品：除非花钱，否则你无法拥有它；同时，一旦得到了它，你就是那个唯一获益的人。由于这是一种常态，因此在第 4 讲的分析中，我们就隐含地假设体育产品既有排他性又有竞争性。

（2）俱乐部物品

俱乐部物品（club goods）具有排他性但不具有竞争性。比如体育馆里的竞赛表演，要排除某些人观赏它是很容易的——没有门票就禁止入场。不过，从消费的角度来看，竞赛表演是非竞争性的：硕大的体育馆里多增加一个人看表演，由此产生的额外成本是微不足道的，额外增加 1 单位物品的边际成本非常小（几乎为 0）。结合第 7 讲的知识，我们知道，俱乐部物品一般都具有自然垄断属性。正因如此，俱乐部物品也经常被称为自然垄断物品。

（3）公共资源

公共资源（common resources）具有竞争性但不具排他性。比如，公园里有一副双杠，你特别想在上面一展身手，但遗憾的是，一位体操爱好者恰好在锻炼。公园里的双杠属于公共资源，它不具有排他性，因此，你不能强迫别人停下来。此时，你没有别的选择，只能等待。

（4）公共物品

公共物品（public goods）既无排他性又无竞争性。在有电视直播之前，场外球迷要想了解比赛的即时消息，只能通过无线广播。赛事广播时，只要拥有一台收音机，那么谁也无法阻拦你收听节目。同时，广播也不具有竞争性，你的收听并不会妨碍其他人的收听（反之亦然）。

在认识物品分类时，需要注意的是：它们之间的界线并非总是泾渭分明的。

一般来说，竞争性与排他性都是相对的。除游泳池的例子外，我们也可以看看海洋里的鱼。在管理上，由于监督捕鱼非常困难，所以它被认为是不具排他性的。但只要监管足够多，它的排他性就可能会有所增强。在消费中，由于竞争性比较弱，海洋里的鱼一般被认为是一种公共资源。不过，如果渔民的数量很少——相比于海洋里的鱼，那么它的竞争性就可能是非常有限的。

换句话说，情形不同，竞争性或排他性也会随之改变。比如赛事直播，在有线电视技术诞生之后，它的排他性就得到了极大的加强，尽管非法盗播会带来一定的消极影响。

正因如此，在图 15-1 中，我们标示的是"高""低"，而没有写"是""不是"。

15.2.3　市场不是万能的

之所以谈论外部性和物品分类，是因为我们需要知道市场不是万能的。

比如，公共物品需要应对棘手的搭便车问题。

如今，大街小巷上共享自行车遍地开花。由于数量多、分布广，想用的时候总能迅速地找到，因此可以假设共享自行车不具竞争性。进一步地，我们假设每个人都有一把万能钥匙，以至于共享自行车不具排他性。在此情形下，结果应该不难想象：相比于付费骑行，免费使用让人们有了成为搭便车者的激励，或早或迟，入不敷出的共享自行车必将被迫退出市场。

又比如，公共资源可能会诱发公地悲剧。

14 世纪，英国的草地是一种公共资源。由于这一资源对所有人都是敞开的——不具排他性，因此每家农户都选择尽可能地去占用它。不幸的是，公共资源同时具有竞争性，用 1 单位就少 1 单位，一家用得多，其他家就要用得少。二者叠加在一起，最终就诱发了公地悲剧：人们放牧的羊是如此之多，以至于土地失去了自我修复能力，变得青黄不接，最终寸草不生。

公共物品和公共资源的问题，实际上都与外部性有关。

或者说，它们都可以看作外部性的一种特殊情形。

考虑某个人提供了一种公共物品，如在家附近的弯道上安装了一个安全广角镜，此时，不仅仅是这个人自己有得益，其他人的状况也会变得更好，因为他们不用为此付费，却得到了好处，即存在正外部性。再考虑公园里的某个广场被一群人长期占据了，由于公共空间被占用，其他人的状况可能会变得糟糕，因为他们蒙受了损失，但并没有得到补偿，即存在负外部性。

鉴于公共物品、公共资源与外部性联系密切，这里，我们仅以教育的正外部性为例，来看看为什么市场不是万能的。

教育的利益在很大程度上是私人的，它让消费者成为高生产率的劳动者，从而以高工资的方式获得大部分利益。同时，教育也有很强的外部性——它能全面提升人的素质，让人更具创造力，从而促进技术创新及扩散；让人变得更加文明，能够更加理性、睿智地参与公共事务，从而让社会上的每个人都获利。

图 15-2 展示了教育的私人需求曲线和社会需求曲线。

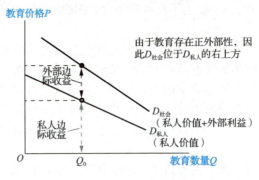

图 15-2　教育与外部利益

在第 4 讲，我们知道，（私人）需求曲线也是消费者的边际收益曲线。对于任一既定教育数量，其对应的教育价格就是边际买者的边际收益或支付意愿，即购买的最后 1 单位物品对边际消费者的价值。将每单位物品的支付意愿进行加总，我们可以得到消费者的总得益或总收益。因此，需求曲线也反映物品对消费者的价值。

由于存在正外部性，因此教育会为其他人带来额外收益。将私人边际收益与外部边际收益相加，我们可以得到社会边际收益，并由此可以画出社会需求曲线。由于教育的社会价值高于私人价值，因此，在图 15-2 中，社会需求曲线位于私人需求曲线的右上方。

在第 4 讲，我们还知道，（私人）供给曲线反映了卖者的成本。对于任一既定教育数量，其对应的教育价格为边际卖者的边际成本——出售的最后 1 单位物品的成本。如图 15-3 所示，私人通常盘算的只是他自己的利益，遵循边际优化原理，他的最优选择是 $Q_{市场}$，而同样是遵循边际优化原理，社会的最优选择却是 $Q_{最优}$。

容易发现，在存在正外部性的情形下，有 $Q_{市场} < Q_{最优}$——市场生产得"太少"了，存在无谓损失，即图 15-3 中阴影区域的面积。

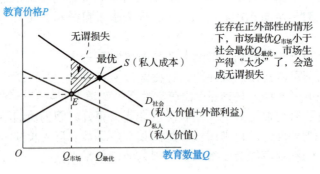

图 15-3　外部性带来的无谓损失

教育的例子告诉我们，对于外部性以及公共物品和公共资源，通过交易影响第三方，追求自身利益最大化的经济人不会将它们纳入自己的权衡取舍之中，因此，"看不见的手"可能会造成无谓损失，即未能让资源得到有效配置。

换句话说，在某些情形下，市场并非完美无缺，尽管"自由竞争是件好事情"。

15.3　体育发展是系统工程

15.3.1　因果循环与发展陷阱

在第 1 讲，借鉴罗斯托的经济成长阶段论，我们将当前中国的体育事业界定为处于起飞阶段。罗斯托告诫我们，起飞阶段是经济摆脱不发达状态的分水岭，所以最为关键；而且由于涉及生产方式的急剧变革，因此也异常艰难。

1943 年，经济学家罗森斯坦-罗丹发表"东欧和东南欧国家工业化的若干问题"。在这篇论文中，他强调，以农业为主的发展中国家要彻底解决贫困落后问题，关键在于工业化，而实现工业化的首要障碍是资本形成不足，最大痛点则在于经济具有不可分性。

经济中的不可分性，主要包括生产函数的不可分性、需求的不可分性、储蓄供给的不可分性。考虑到相关性，这里我们仅介绍生产函数的不可分性和需求的不可分性。

生产函数的不可分性涉及的是社会分摊资本，如交通运输、通信、水坝和电站、学校、医院等基础设施，其特征是投资规模大、建设周期长、收益低，但受益面广（因为基础设施可以供各企业共同使用）。

需求的不可分性，强调的则是各产业的关联互补，以及彼此为对方提供的产品需求及要素供给支持。比如，某企业为生产产品而雇用员工，这些员工的消费就会为其他企业创造需求，引致其他企业产量提升；又比如，某企业开展员工培训，由于可能会"为他人作嫁衣"，因此将有助于其他企业获得更优质的投入要素。

说到这里，容易发现：不可分性与外部性、公共物品以及公共资源密不可分。

经济具有不可分性，体育亦是如此。

考虑到足球在体育领域的代表性和重要性，接下来我们以足球为例进行分析。

如图 15-4 所示，位居体育系统顶端的精英体育，既是体育发展的晴雨表，更是体育发展的风向标和催化剂。榜样的力量是无穷的，乔丹、科比、姚明等的引领和示范，让篮球成了中国校园最受欢迎的体育项目之一。在欧洲，精英足球的发展和繁荣，既为社区足球提供了科学指导和智力支持，还通过足协杯、足总杯等赛事为众多业余球队带去了一定的经济回馈。

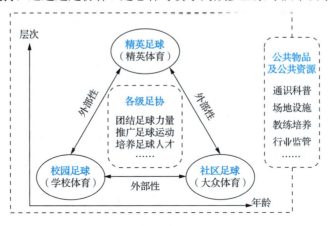

图 15-4　体育系统："三驾马车"（以足球为例）

大众体育代表体育发展的基本面。精英体育有赖于大众体育的滋养——前者既需要后者提供票房保证，也需要后者提供竞技及其他社会支持。同时，如果大众体育发展滞后、水平低下，那么学校体育不仅难以获得更多家庭的支持，其发展空间也会被无情压缩，从而无法成功地转化为终身体育。

学校的正规体育教育，既是造就体育爱好者，尤其是大众体育主力军的兵工厂，也是培育职业运动员和专业运动员的孵化器。毫无疑问，唯有学校体育得到充分发展，大众体育才可能根深蒂固，精英体育才可能敦行致远。

学校体育、大众体育和精英体育互相联系、互相影响，用经济学的话来说，就是三者之间存在广泛的外部性（有时也称作外部经济或关联效应），这决定了它们必然互相依存、共生共荣。

因此，我们强调，体育发展是一项系统工程。

对经济发展来说，具有不可分性，意味着可能会陷入贫困陷阱；对体育发展来说，结果可能亦是如此。

由图 15-4，我们可以归纳体育（足球）的一系列"因果循环链"。

顺时针看，如果校园足球发展落后，青训体系将青黄不接；由于人才供给不足，精英足球只能一成不变；由于精英足球一成不变，大众参与的热情将会日渐消退；由于社区足球不温不火，校园足球得不到家庭及社会的足够支持，如此循环下去。

逆时针看，如果校园足球发展落后，社区足球将缺乏新鲜血液；由于社区足球裹足不前，足球市场将会容量不足；由于市场容量有限，精英足球发展受限；由于精英足球故步自封，校园足球将缺少榜样的引领，如此循环下去。

15.3.2 知易行难与从娃娃抓起

体育作为经济增长的产物和一种复杂的社会文化现象，其发展不是一蹴而就的。

中国体育发展一般来说主要有两个问题，我们先来看第一个问题：

发展什么？

总的来看，中国体育发展的核心目标和主要任务是明确的，尽管后者还有可商榷之处。

先说核心目标。回首 70 多年走过的路，从发展体育运动、增强人民体质到坚持体育为人民服务、以人民为中心，从 20 世纪末把我国建设成世界体育强国到 2035 年建成体育强国，中国体育发展的核心目标及诉求，是坚定不移、一以贯之的。

再看主要任务。翻看与体育发展有关的纲领性文件，如《关于进一步发展体育运动的通知》（1984）、《全民健身计划纲要》（1995）、《中共中央、国务院关于进一步加强和改进新时期体育工作的意见》（2002）、《"十一五"群众体育事业发展规划》（2006）等，容易发现，群众体育、青少年体育和竞技体育（或者说大众体育、学校体育和精英体育），它们各自的核心目标都有很强的连续性，不少目标前后是"高度"一致的。

2019 年 8 月，国务院办公厅印发《体育强国建设纲要》，提出进一步明确体育强国建设的目标、任务及措施。为了直观起见，我们将该纲要的战略目标展示在表 15-1 中。

表 15-1　《体育强国建设纲要》战略目标

时间	战略目标
到 2020 年	建立与全面建成小康社会相适应的体育发展新机制
到 2035 年	体育治理体系和治理能力实现现代化 经常参加体育锻炼人数比例达到 45%以上 人均体育场地面积达到 2.5 平方米 城乡居民达到《国民体质测定标准》合格以上的人数比例超过 92% 青少年体育服务体系更加健全，身体素养显著提升 竞技体育更好、更快、更高、更强……"三大球"与基础大项等实现均衡发展，体育综合实力和国际影响力大幅提升 体育产业成为国民经济支柱性产业 体育文化感召力、影响力、凝聚力不断提高 体育对外和对港澳台交往更活跃、更全面、更协调
到 2050 年	全面建成社会主义现代化体育强国，人民身体素养和健康水平、体育综合实力和国际影响力居于世界前列

如表 15-1 所示，对于发展什么，我们是大致清楚的。

说"大致"，是因为我们没有突出重点——优先发展学校体育。

邓小平指出，"足球不从娃娃搞起，是上不去的""我们中国足球运动要搞上去，要从娃娃、从少年抓起"。正如人们经常说"万丈高楼平地起""问渠那得清如许，为有源头活水来""少年强则国强"，其中的道理其实并不复杂，即使我们不考虑"市场不是万能的"，不考虑在拉动体育发展的"三驾马车"中学校体育具有更强的联系效应。

显然，体育强国建设需要高度重视学校体育教育，大力推进青少年体育发展，让他们有机会、有条件尝试多项体育运动——尤其是终身运动项目（不仅仅是"三大球"），在其中获得愉悦、友谊、健康和发展体育技能，并从此喜欢上体育、爱上体育。

讨论了发展什么之后，我们来看体育发展的第二个问题：

怎样发展？

改革开放以来，我国体育发展的基本方针非常明确——坚持举国体制与市场机制相结合。

"知易行难"，在《以自由看发展》中，感慨市场的整体成就深深地依赖于政治和社会安排的阿马蒂亚·森，曾语重心长地告诫我们，"市场机制在一定条件下取得了巨大的成功，这些条件是：所提供的机会可以被合理地分享。为了使这种情况得以发生，需要适当的公共政策（涉及学校教育、医疗保健、土地改革等），来提供基本教育……甚至在极其强烈地需要经济改革来允许市场有更大的空间时，这些非市场设施仍然要求细致的坚决的公共行动。"

怎样行动才能让举国体制与市场机制珠联璧合、相得益彰？

我们知道，这个问题讨论的不是国家是否应该干预，而是国家应该如何实施干预，即干预什么、如何干预。因此，我们需要识别市场给社会正常运转带来的问题，以及政府干预的边界。

换句话说，我们需要思考 3 个小问题：市场不能做什么？政府应该做什么？政府能够做什么？

对于发展中国家的经济发展，经济学家的一个基本共识是：在那些可以发挥市场功能的领域，或者是通过一些办法能够促进市场运行的地方，政府应该尽量减少干预；在那些不能依靠市场的领域，政府以及社会（第三部门）应当发挥更大的作用，应重视通过促进市场或引导市场来发挥其作用。

至于措施，考虑到体育的特殊性以及中国的特色，我们有以下几点建议。

（1）帮助市场成长

职业联赛是体育发展的龙头，但与许多处于起飞准备阶段或起飞阶段的发展中国家一样，中国体育面临的一个突出矛盾是：一方面，体育发展由起飞走向成熟，需要让市场发挥决定性作用；另一方面，虽然职业联赛已经从无到有，但市场力量还非常薄弱，而北美和欧洲等地区的竞争对手的实力又异常强大。

摆脱困境、让市场发挥决定性作用，首要任务是建立起一套与之相适应的制度框架。具体包括：规范主管部门权力，确保主管部门是市场的守夜人，而不是既当"裁判员"又当"运动员"，让联赛享有独立社团法人资格；完善市场规则，既要尊重俱乐部所有者的主体地位，又要支持球员成立工会，以保护其合法权益；监管联盟运营，围绕竞争平衡以及球迷权益，督促联盟健全自治制度，提高俱乐部运营的透明度。

（2）矫正市场缺陷

改革开放以来，中国的伟大成就与市场化改革密不可分。同时，我们也清楚，"市场不是万能的"。由于外部性、公共物品和公共资源使得私人收益和私人成本与社会收益和社会成本并不一致，因此市场可能是低效率的（有时甚至是无能为力的）。面对罗森斯坦-罗丹强调的经济具有不可分性，实现从"贫困"陷阱向好的均衡过渡，需要追逐私利、分散决策的各部门协调行动，而市场本身却经常无法提供这种协调机制。

矫正市场缺陷、协调集体行动，对发展中国家来说，是必不可少的。为此，政府必须作为"第一责任人"，应加大对学校体育人、财、物的投入，确保儿童、青少年知晓理论知识、掌握基本技能；应围绕城市绿道、体育健身公园、社区文体广场等，统筹大众体育基础设施建设；应加强学校体育、大众体育与精英体育之间的交流合作，确保三者实现协同发展。

（3）扶持社会力量

人类社会的良好生活需要什么？需要时间，也需要空间。体育强国建设除需要市场指挥、政府引导外，还需要空间，需要回到人与人之间，需要仰仗社会大众及其力量。

团结就是力量，有组织才能聚沙成塔，作为第三部门的体育社团不仅是大众体育发展的有力推手，还可以与市场、政府形成合力，使"三驾马车"齐头并进。依赖于"社会安排"的体育强国建设，需要赋予社会大众更多的参与权和发言权：一方面，以政社分开、权责明确、依法自治为原则，深化各体育协会"去行政化"改革，使之真正致力于团结体育力量、推广体育运动、培养体育人才；另一方面，立足于非营利性、透明运营以及规范监管，扶持城镇社区体育组织的成长，并通过财政拨款、公共服务招标等形式予以必要资助。

（4）做好微观激励

经济学家强调，"激励很重要""人们会对激励做出反应"。社会合意的行为和结果没有出现，原因无非是：要么激励有误，要么激励不足。谈到中国体育发展问题，我们既要看到前途是光明的，也要看到任务是艰巨的，需要"摸着石头过河"——不是因为方向不清楚、任务不明确，而是因为它需要全民参与，需要协调行动，需要做好微观激励。

简而言之，两方面的工作势在必行：一方面，通过降低机会成本、增加预期收益，让每个家庭的成员有意愿、有能力、有条件、有机会参与各类体育组织及活动；另一方面，"以人为本"，通过深化改革、优化体制、转变职能，让体育主管部门由向上负责转向向下负责、为民服务。

知识拓展 15-1

从娃娃抓起：偏好从哪里来

从娃娃抓起，就是让青少年尽早与体育结缘，并从此偏爱一生。

偏爱，即是偏好。在第 4 讲，我们知道，偏好是影响人们权衡取舍的关键变量。考察消费决策时，我们假设买者的偏好外生给定、性状良好。

沿着这个假设，我们应该进一步思考：

偏好是谁给的，是谁定的？

或者问，偏好从哪里来？

在《偏好的经济分析》中，贝克尔强调，在所有的社会中，很多选择在很大程度上是由过去的经历和社会力量的影响所决定的。

不同的经历，造就了不同的我们。经历总是根植于一定的环境。实际上，偏好更是我们所在社会影响的结果。

教育学家总是强调，"父母是孩子最好的老师"。在所有的力量中，家庭无疑是最重要的一支。随着成长，我们会慢慢发现，我们喝的饮料、穿的衣服、留的发型、追的明星等背后经常会看见同辈的影子。他们的影响是如此的显著，以至于经济学家将这种影响称为同辈效应。

此外，塑造我们偏好的还有另外一种重要力量——一些人向社会输出他们的意识形态和观念。像《三字经》讲的"兄则友，弟则恭，长幼序，友与朋"等，对中国社会的影响，可以说是源远流长。

社会影响我们，我们也影响社会。当然，正如贝克尔所观察到的，二者互相的影响是不对等的。因此，在某一较大的社交网络中，如果只给予某一个体某种激励，让他去改变投资于社会资本的量，那么这对社交网络中的其他个体只会产生轻微的影响。

回到体育发展——为什么要从娃娃抓起？

从个体来说，是因为孩子更像是一张白纸，好的习惯需要从小培养；从整体来说，是因为体育发展涉及诸多外部性以及公共物品和公共资源，从娃娃抓起效果好、社会成本低。这里，我们多次引用贝克尔，是因为在理论分析之外，他举的例子也极具启发意义："假设人们打网球的欲望取决于有多少其他个体参与这项活动，并且随着网球场数量的增加，打网球的成本会下降……打网球的欲望和参与网球活动的人的数量之间存在互补性，随着时间的推移，这种互补性会使得人们更多地参与网球运动，要么急剧地增加，要么趋向于一个新的、可能是更高的水平。"

思考与讨论

1. 有学者认为，体育与阿马蒂亚·森所强调的自由一样，既是手段又是目的。对此你怎么看？

2. 假设环境研究表明某海滩附近的珊瑚礁每天能够接纳 20 名潜水游客。试探讨将潜水游客的配额设定为每天 20 名的利与弊。

3. 假设作为买方垄断的某支球队的门票需求是 $Q = 40000 - 200P$（对应的边际收益为 $MR = 200 - Q/100$），球场总座位数为 30000，边际成本是 0 元。考虑到现场观众的正外部性，假设每位现场观众将给球队额外带来 50 元的收益，那么它的门票的均衡价格是多少？它与不考虑外部性的情形相比，有什么不同？

4. 试针对某支中超球队或 CBA 球队，分析它的运营情况及生存能力。

5. 结合科学测度与你的教育经历，分析我国学校体育的发展情况及特征。对于促进我国学校体育发展，你有什么好建议？

6. 结合科学测度与你的现实观察，分析我国大众体育的发展情况及特征。对于促进我国大众体育发展，你有什么好建议？

7. 党的二十大报告提出，广泛开展全民健身活动，加强青少年体育工作，促进群众体育和竞技体育全面发展，加快建设体育强国。对此你有怎样的认识、理解以及好建议？

参 考 文 献

阿马蒂亚·森，2013．以自由看待发展[M]．任赜，于真，译．北京：中国人民大学出版社．

阿西莫格鲁，莱布森，李斯特，2016．经济学：微观部分[M]．卢远瞩，尹训东，译．北京：中国人民大学出版社．

丛湖平，郑芳，2015．体育经济学[M]．2版．北京：高等教育出版社．

迪克西特，奈尔伯夫，2023．策略思维：商界、政界及日常生活中的策略竞争[M]．王尔山，译．北京：中国人民大学出版社．

范里安，2015．微观经济学：第9版：现代观点[M]．费方域，朱保华，等译．上海：格致出版社．

基什特尼，2017．经济学通识课[M]．张缘，刘婧，译．北京：民主与建设出版社．

靳英华，2011．体育经济学[M]．北京：高等教育出版社．

李明，霍华斯，马宏尼，2005．体育经济学[M]．叶公鼎，译．沈阳：辽宁科学技术出版社．

李艳丽，2023．体育经济学[M]．北京：科学出版社．

利兹，阿尔门，2003．体育经济学[M]．杨玉明，译．北京：清华大学出版社．

骆秉全，2016．体育经济学概论[M]．北京：高等教育出版社．

马天平，2021．体育经济学[M]．北京：清华大学出版社．

曼昆，2020．经济学原理：第8版：微观经济学分册[M]．梁小民，梁砾，译，北京：北京大学出版社．

米塞斯，2015．人的行为[M]．夏道平，译．上海：上海社会科学院出版社．

梯若尔，2020．共同利益经济学[M]．张昕竹，等译．北京：商务印书馆．

王兆红，许寒冰，2018．体育经济学[M]．北京：电子工业出版社．

张保华，2004．现代体育经济学[M]．广州：中山大学出版社．

张瑞林，王会宗，2016．体育经济学概论[M]．北京：高等教育出版社．

张维迎，2015．经济学原理[M]．桂林：广西师范大学出版社．

钟天朗，2019．体育经济学概论[M]．3版．上海：复旦大学出版社．

BLAIR R, 2011. Sports economics[M]. Cambridge: Cambridge University Press.

DOWNWARD P, FRICK B, HUMPHREYS B, et al., 2019. The SAGE handbook of sports economics[M]. Thousand Oaks: SAGE Publication.

FORT R, 2010. Sports economics: 3rd edition[M]. New Jersey: Prentice Hall.

GARCÍA J, 2019. Sports (and) Economics[M]. Madrid: Cecabank.

LIU D, GRATTON C, RAMCHANDANI G, et al., 2012. The global economics of sport[M]. London: Routledge.

RODRÍGUEZ P, KÉSENNE S, KONING R, 2015. The Economics of Competitive Sports[M]. Cheltenham: Edward Elgar Publishing.

SZYMANSKI S, 2003. The Economic Design of Sporting Contests[J]. Journal of economic literature, 41(4): 1137-1187.

附　　录

AI 伴学内容及提示词

AI 伴学工具：生成式人工智能工具，如 Deepseek、Kimi、豆包、腾讯元宝、文心一言等

序号	AI 伴学内容	AI 提示词
1	第 1 讲　当体育遇见经济学	现代体育产生的经济社会背景是怎样的
2		体育发展的大众化、商业化和全球化有什么样的联系
3		体育发展的经济社会意义是什么
4		体育经济学为什么在 21 世纪之后才获得了快速发展
5		体育经济学的研究内容主要有哪些
6	第 2 讲　认识经济学	经济学的永恒主题是什么
7		经济学的常见假设有哪些
8		体育经济学是什么
9		经济学家为什么会有分歧
10		经济学家为什么总是强调制度很重要
11	第 3 讲　像经济学家一样思考	经济学的思维方式是什么
12		循环流向图模型的特色与不足
13		为什么有人说"商业是最大的慈善"
14		机会成本与会计成本有什么不同
15		为什么经济学家说"理性人考虑边际量"
16	第 4 讲　看见"看不见的手"	需求与需要有什么不同
17		生产理论中短期与长期的区别是什么
18		为什么说市场竞争会带来社会最优
19		"看不见的手"的核心功能是什么
20		共同富裕为什么依赖"看不见的手"
21	第 5 讲　体育世界的"人"与物	体育产品及其类型
22		竞赛表演服务的经济特色是什么
23		为什么说公司是现代市场的塑造者
24		体育产业类型划分的维度有哪些
25		体育产业的一般结构是什么样的
26	第 6 讲　信息不对称与体育生意	信息不对称会带来哪些问题
27		处理信息不对称的市场自治机制有哪些
28		为什么说电视"修改"了体育
29		数字技术对体育发展有哪些影响
30		为什么说信息不对称是理解体育商业的关键要素之一
31	第 7 讲　体育垄断与价格歧视	垄断厂商的典型特征有哪些
32		为什么说 FIFA 是一种特殊的卡特尔
33		如何理解垄断可能引发的无谓损失

续表

序号	AI 伴学内容	AI 提示词
34	第7讲 体育垄断与价格歧视	体育赛事直播平台的价格歧视
35		露天看台与豪华包厢为什么差异巨大
36	第8讲 体育寡头与策略博弈	博弈的基本构成要素有哪些
37		合作与非合作博弈有哪些区别
38		北美联盟为什么推行主场区域制
39		理解囚徒困境中的个体理性与集体理性
40		建立和维持声誉的基本条件是什么
41	第9讲 赛事转播与拍卖设计	体育赛事转播权售卖方式的转变
42		平台直播对体育赛事及其价值的影响
43		拍卖是如何"发现"商品价格的
44		维克里对拍卖理论有哪些突出贡献
45		拍卖设计与策略行为
46	第10讲 体育赞助与讨价还价	体育赞助的经济性质
47		讨价还价的基本要素有哪些
48		职业俱乐部讨价还价涉及的情形有哪些
49		参与人议价能力的影响因素是什么
50		美国四大职业联盟劳资双方是如何讨价还价的
51	第11讲 职业联盟与制度安排	北美与欧洲的职业联盟有哪些显著区别
52		竞争平衡的测度方法有哪些
53		我国职业联赛的竞争平衡情况怎么样
54		职业联盟竞争平衡的典型制度安排有哪些
55		我国"苏超"对职业联盟发展的启示
56	第12讲 职业俱乐部与双边市场	职业俱乐部收入来源的内在联系
57		为什么有些体育赛事直播是免费的
58		双边市场上职业俱乐部的定价策略
59		为什么说观众是俱乐部最重要的"资产"
60		我国体育互联网平台的运营模式
61	第13讲 体育劳务与竞争平衡	我国职业联盟劳务收入的基本情况是怎样的
62		为什么说职业联盟竞争"平衡的根在劳务"
63		职业联盟为什么要干预劳务市场
64		美国四大职业联盟的劳资冲突和合作有哪些启示
65		体育明星获得巨额经济收益公平吗
66	第14讲 体育博彩与彩票价格	博彩有哪些社会危害
67		有害的博彩为什么会被允许合法存在
68		体育博彩三要素是什么
69		体育博彩的高风险体现在哪些方面
70		如何测算体育博彩的服务价格
71	第15讲 体育发展与公共政策	为什么说体育是一种现代生活
72		如何测算一个国家或地区的体育发展水平
73		体育发展需要规避哪些"发展陷阱"
74		2035年体育强国建设远景目标
75		最小政府、有限政府、有为政府的异同